Die Neue Synagoge und das Jüdisches Museum in der Oranienburger Straße, Bildarchiv Abraham Pisarek

Auf der Suche nach einer verlorenen Sammlung

Das Berliner Jüdische Museum (1933 - 1938)

Inhaltsverzeichnis

8   Einleitung
Chana Schütz und Hermann Simon

17   Auf der Suche nach einer verlorenen Sammlung –
Was geschah nach dem 10. November 1938
mit den Beständen des Berliner Jüdischen Museums?
Hermann Simon

48   The Road Paved with Good Intentions:
Between Berlin and Jerusalem 1949-1955
Shlomit Steinberg

59   In Search of "Exile"
Gideon Ofrat

73   Auf der Suche nach Objekten des
Jüdischen Museums Berlin in Polen.
Funde und Hypothesen
Jakob Hübner

87   Der „Millioneneinbruch" (1923).
Wie ein verlustreicher Diebstahl in der Kunstsammlung
die Gründung des Jüdischen Museums beförderte
Jakob Hübner

101   Wer nahm an der Gründung des Jüdischen Museumsvereins
am 28. November 1929 teil? Eine Präsenzliste
Hermann Simon und Anna Fischer

105   Faksimile der Präsenzliste vom 28. November 1929

107   Ergänzte und kommentierte Abschrift der Präsenzliste

114   Ein preußischer Ministerialdirektor zeigt sich zufrieden.
Friedrich Trendelenburg besucht am 2. März 1933
das Jüdische Museum
Jakob Hübner

120	Kult und Form. Moderne religiöse Kunst im Jüdischen Museum	
		Chana Schütz
137	Porträts im Jüdischen Museum	
		Inka Bertz
154	Der Einzug der Moderne. Lesser Ury und die Kunstsammlung der Jüdischen Gemeinde Berlin	
		Sibylle Groß
168	Images of Jewish Men: Marc Chagall in the Pre-War Berlin Jewish Museum	
		Emily D. Bilski
176	‚Refüsiert' – Die Berliner Rumpf-Secession 1913 Anspruch und Wirklichkeit	
		Sibylle Groß
195	Abbilder einer Zeit, Ausschnitte eines Augenblicks. Die Fotografen und die Fotosammlung des Berliner Jüdischen Museums 1933-1938	
		Anna Fischer
213	Die Künstlerhilfe der Jüdischen Gemeinde zu Berlin	
		Chana Schütz
234	Biografien der Autoren	
235	Zur Schrift	
236	Danksagung	
239	Impressum der Ausstellung	

Plakat *Besucht das Juedische Museum, 1936*

Bildarchiv Abraham Pisarek

Einleitung

von Chana Schütz und Hermann Simon

Einst befand sich die größte Filiale der JTA, der 1919 gegründeten Jüdischen Telegraphen-Agentur, in Berlin. Einer ihrer Mitarbeiter war schon als Jurastudent und später als junger Anwalt James Rosenthal. Im Auftrag seiner Agentur nahm er an der Einweihung des Jüdischen Museums am 24. Januar 1933 teil. Nach fast 50 Jahren erinnerte sich der nun bald ebenso lange in Jerusalem lebende James Yaakov Rosenthal an dieses Ereignis:

Es „war der letzte bedeutsame, noch einigermaßen unbeschwerte, gleichsam abendschein-besonnte jüdische Gesamtkultur-Akt in der damaligen Reichshauptstadt, die mehrere Menschenalter hindurch in gewissem Grade die Diaspora-Haupt- und Brennpunkt-Stadt der Gesamtjudenheit war. Da war noch einmal alles festlich versammelt – zu jüdischem Tun und Bekennen – was Klang und Rang im jüdischen wie im allgemeinen Geistes- und Kunstleben hatte, neben den Trägern des jüdischen Gemeindelebens, das damals ebenfalls reich war, an geistig und kultur-politisch führenden Männern und Frauen, ganz abgesehen von den vielen hochbedeutenden führenden rabbinischen und im Kultusleben angesehenen Persönlichkeiten. Da waren, z.B. all die vielen Kunsthistoriker und Kunstkritiker (...), fast sämtlich Juden, jüdische Künstler auch aus anderen Kunstgebieten, wie Musik, auch Literatur- und Musikkritiker (viele, viele Juden darunter), maßgebende nichtjüdische Kulturträger, speziell Künstler, die den jüdischen Kulturbeitrag für Berlin ehren wollten – damals noch nicht Umgang mit Juden und Jüdischem scheuend. Jüdische Maler, Bildhauer, Architekten. Kurz – eine Humanitas-Enzyklopädie. Und – höchste Zierde, mit Verehrung empfangen und mit Stolz und jüdisch-brüderlicher Liebe betrachtet: Max Liebermann und ‚die' Größe der staatlichen Sammlungen, Max J. Friedländer vom Kupferstichkabinett."[1]

Das Berliner Jüdische Museum befand sich in Berlins Mitte, gleich neben der Neuen Synagoge, in einer Etage des Vorder- und Seitengebäudes des von Moritz und Bertha Manheimer gestifteten Hauses Oranienburger Straße 31.

Für den Museumszweck hatte Gemeindebaumeister Alexander Beer das ursprüngliche „Hospital" umgebaut, das nun den modernen Anforderungen an ein solches Haus entsprach. Auch der Inhalt und das Konzept waren nicht minder modern. Dies ist weniger dem Bibliothekar Moritz Stern, der die Kunstsammlung neben der Gemeindebibliothek betreute, als vielmehr dem Kunsthistoriker Karl Schwarz zu verdanken, der seit 1927 hauptamtlich von der Jüdischen Gemeinde für ihre Kunstsammlung angestellt war. Seine Ideen konnte er bei der Errichtung des Museums,

---

[1] Zitiert nach dem Original des Berichts, der sich im Centrum Judaicum befindet. Den damals fast 75-jährigen James Yaakov Rosenthal hat Hermann Simon während dessen Besuchs bei seinen Eltern, Marie und Heinrich Simon, im Frühjahr 1980 kennen gelernt. Damals sprach Simon mit dem Gast über das Jüdische Museum, und bat ihn, seine Erinnerungen an diese Kulturinstitution der Berliner Jüdischen Gemeinde aufzuschreiben. Der hier abgeschriebene Text lag einem Brief vom 09.06.1980 an Hermann Simon bei; der Brief befindet sich ebenfalls im Centrum Judaicum. Rosenthals Bericht ist – geringfügig redaktionell bearbeitet – später publiziert worden: James Yaakov Rosenthal, „Letzte Post" – Museumsweihe 1933, in: Nachrichtenblatt des Verbandes der Jüdischen Gemeinden der DDR, Dresden Dezember 1982, S. 9f.

das er von der Eröffnung bis zu seiner Emigration nach Palästina am 17. Juni 1933 leitete, verwirklichen. „Es war mein Plan", erinnerte sich der spätere Direktor des Jüdischen Museums, Karl Schwarz, „die Sammlung nach verschiedenen Seiten hin systematisch zu erweitern. So sollte z.B. die moderne Kunst, von der nur einige Zufallsstücke vorhanden waren, ausgebaut werden. Eine Sammlung, die die Dokumente jüdischer Kunst und jüdischer Künstler aufweisen sollte, konnte nicht bei einem bestimmten Datum haltmachen. Es waren einige ältere Porträtgemälde da. Warum sollten nicht auch moderne Porträts gesammelt werden? Unsere lebenden jüdischen Graphiker hatten das gleiche Recht, beachtet zu werden wie die früheren."[2]

Karl Schwarz verstand seine Arbeit nicht nur als die eines Kurators, also eines Wissenschaftlers, der seinen Museumsbestand pflegt, sondern auch als „direkter Auftraggeber der Künstler".[3] Dies galt besonders für moderne Judaica: „Obgleich es nur einige Versuche zur Herstellung modernen Kultgerätes gab, so konnte die Sammlung durch eine Auswahl der besten Arbeiten anregend wirken." Zur bildenden Kunst schrieb er: „Die jüdischen Maler und Bildhauer unserer Zeit schufen wichtige Dokumente jüdischer Kunsttätigkeit. Schließlich sollte man das Augenmerk aber nicht nur auf die Jetztzeit, sondern auch auf die Vergangenheit und auf den Anfang unserer Geschichte lenken, die sich nicht allein in Münzen darstellte, vielmehr in den palästinensischen Ausgrabungsfunden wichtige Zeugen unserer Kultur zutage gefördert hatte und dauernd aufs neue zutage förderte."[4]

Um sein selbst formuliertes Ziel zu erreichen, bemühte sich Karl Schwarz, „eine Reihe von Sammlern (…) zu interessieren und wertvolle Schenkungen zu erhalten. Diese private Werbearbeit reichte aber nicht aus, um die Sammlung so auszubauen", dass sie den Vorstellungen von Schwarz für ein modernes Museum entsprachen.[5] So wurde er Spiritus rector des am 28. November 1929 in Berlin gegründeten Jüdischen Museumsvereins; nach seinen Vorstellungen sollte dieser „in ähnlicher Weise wie der Kaiser-Friedrich-Museums-Verein" wirken.[6] Der Plan ging auf, und Schwarz konnte wichtige Kunstwerke erwerben.

Die Sammlung wuchs seit 1928 enorm. So stieg die Zahl der Gemälde

Der Vorstand der Jüdischen Gemeinde zu Berlin gibt sich die Ehre, zu der Dienstag, den 24. Januar 1933, 17¼ Uhr, in den neuen Räumen (Oranienburger Straße 31, im ersten Stock) stattfindenden

ERÖFFNUNG DES JÜDISCHEN MUSEUMS

ergebenst einzuladen.

Gefl. Antwort bis zum 22. 1. an das Sekretariat der Jüdischen Gemeinde, Oranienburger Str. 29, erbeten.

Stiftung Neue Synagoge Berlin – Centrum Judaicum, CJA, 1, 75 D Gr1, Nr. 3

---

[2] Karl Schwarz, Jüdische Kunst – Jüdische Künstler, Erinnerungen des ersten Direktors des Berliner Jüdischen Museums (= Jüdische Memoiren ; Bd. 4), hrsg. v. Chana C. Schütz u. Hermann Simon, Teetz 2001, S. 187.
[3] Ebd., S. 209.
[4] Ebd., S. 187.
[5] Ebd., S. 202.
[6] Ebd., S. 202.

*J.P.A. Tassert Moses Mendelssohn
Stiftung Neue Synagoge Berlin –
Centrum Judaicum*

von 18 auf 80, die der Kultgeräte von 227 auf 348, die der Münzen und Medaillen von 794 auf 910 und die der graphischen Blätter von 3384 auf 6694. Die Zahl der „palästinensischen Altertümer" stieg von 12 auf 187.[7]

Ein besonders wichtiger Zuwachs gelang mit dem Börne-Porträt (1840) von Moritz Oppenheim aus dem Besitz des Bürgervereins Frankfurt/Main, sicher, wie Osborn zu Recht schreibt, die „kostbarste Neuerwerbung" des Jahres 1932.[8]

Mindestens ebenso wichtig, wenn nicht sogar aus heutiger Sicht bedeutender, war der Ankauf des um 1914 entstandenen Bildes „Jude im Gebet" von Marc Chagall. Direktor Schwarz konnte die Arbeit 1929 für den damals günstigen Preis von 600 Reichsmark erwerben. Heute befindet sich das Bild im Israel Museum, Jerusalem, und bildet den Auftakt für die dortige Ausstellung der Moderne.

Die Provenienz des Chagall-Werkes war uns klar, bevor wir uns auf die mühevolle „Suche nach einer verlorenen Sammlung" begaben. Das Wissen darum, dass das Bild einst vom Jüdischen Museum Berlin erworben worden war, ist längst nicht allen bekannt.

Diese Verbindung nach Berlin ins allgemeine Bewusstsein zu bringen, ist u.a. Sinn und Zweck unserer Ausstellung, die aber auch deutlich machen will, was in diesem einstigen Museum von Weltgeltung geleistet worden ist; in einem Haus, das den Verhältnissen, so lange es ging, widerstand.

Dass die Situation der deutschen Juden – und hier steht Berlin pars pro toto – eine Woche nach der Eröffnung des Jüdischen Museums eine dramatische Wandlung nahm, war vielleicht den damals Handelnden bewusst. Ihnen aber heute zu empfehlen, sie hätten das Museum nicht gründen sollen, weil schlimme Zeiten bevorstehen, ist eine rückblickende Beurteilung. In diesem Fall trifft das Wort von Friedrich Schlegel zu, wonach der Historiker ein rückwärtsgewandter Prophet ist.

Der schon zitierte Rosenthal erinnert sich: „Nur Tage nach der Eröffnung waren die Menschen und so viele Worte zerstoben, und wenige Jahre

---

[7] Zahlenangaben nach Max Osborn, Ein „Jüdisches Museum" in Berlin, in: C. V.-Zeitung, 11. Jg., Nr. 30 (22.07.1932), S. 317.
[8] Max Osborn, Das Jüdische Museum in Berlin, in: C. V.-Zeitung, 12. Jg., Nr. 8 (23.02.1933), S. 66.

danach alles auch physisch vernichtet, und damit abgeschlossen, was (…) mit der Bücherverbrennung irrlichterloh begonnen hatte. Vernichtet, mit vielen als Leichtgewicht erwiesenen Vorstellungen."[9]

Dennoch, so glauben wir, war die Arbeit derer, denen wir uns in unserem Tun verpflichtet fühlen, nicht sinnlos.

Karl Schwarz folgte zunächst Erna Stein im Amt. Mit ihrem Namen sind nicht nur einige Ausstellungen, wie die „Spiro-Meidner-Ausstellung" vom April 1934 und im Oktober desselben Jahres die Exposition „Jüdische Köpfe" verbunden, sondern auch die Aktivitäten im Rahmen der Künstlerhilfe.

Nach der Emigration von Erna Stein, nun Erna Stein-Blumenthal, wurde der Kunsthistoriker Franz Landsberger Direktor des Museums.

Kurze Zeit nach Beginn seiner Tätigkeit gab er der C.V.-Zeitung, der Zeitung des Central-Vereins deutscher Staatsbürger jüdischen Glaubens, ein Interview, in dem er sich zu seinen Plänen äußerte.[10] Landsberger wandte sich an die „vielen jüdischen Familien", die „heute ihren Wohnsitz in Deutschland" aufgeben, mit der Bitte, „durch private Zuwendungen eine Erweiterung des Museums möglich" zu machen. „Nicht an die Fortziehenden allein" appellierte Landsberger, „sondern auch an die jüdischen Gemeinden, die jetzt aufgelöst werden müssen, ihr Urkundenmaterial, ihre Kultgeräte dürften dem Museum wertvolle Bereicherung bringen."[11]

Von der zunehmenden Verschlechterung der Bedingungen für jüdisches Leben in Deutschland war auch das Museum betroffen, ja, es war sogar die Schließung zum Januar 1936 zu befürchten, weil die Gemeinde dafür kein Geld mehr aufbringen konnte.

Diese Tatsache war auch uns, die wir uns seit vielen Jahren mit der Geschichte des Berliner Jüdischen Museums beschäftigen, vollkommen neu. Es gelang offenbar Landsberger, den Vorstand der Gemeinde von diesem Vorhaben abzubringen. So war es möglich, dass in den verbleibenden Jahren auch aus heutiger Sicht wichtige und bedeutende Ausstellungen stattfanden.

Landsbergers damalige Argumente für den Fortbestand des von ihm geleiteten Museums kennen wir, weil sich in den Beständen des Warschauer „Żydowski Instytut Historyczny im. Emanuela Ringelbluma" sein Brief in dieser Sache als Abschrift erhalten hat.

Wahrscheinlich an den Gemeindevorstand gerichtet, schrieb Franz Landsberger am 10. Dezember 1935: „Wie mir von der Jüdischen Gemeinde mitgeteilt wird, besteht die Absicht, den Etat des Jüdischen Museums von Beginn des nächsten Jahres an zu streichen und das Museum auf die

---

[9] James Yaakov Rosenthal (Anm. 1).

[10] Hiro, Jüdisches Museum unter neuer Leitung. Professor Dr. Franz Landsberger über seine Pläne, in: C.V.-Zeitung, 14. Jg., Nr. 23 (06.06.1935), 2. Beiblatt (Berliner Blatt der C.V.-Zeitung).

[11] Ebd.

Spenden wohlhabender Gemeindemitglieder zu verweisen. Wenngleich ich mir von der Notlage der Jüdischen Gemeinde ein deutliches Bild machen kann, so halte ich es dennoch für meine Pflicht, alles das anzuführen, was für die Erhaltung des Jüdischen Museums zu sprechen geeignet ist. Da ist nun erstens zu sagen, dass das Jüdische Museum unseren gequälten Glaubensgenossen eine Erholungsstätte bedeutet, in der sie für eine Weile ihre Sorgen vergessen. Da sie in der Mehrzahl nicht mehr öffentliche Museen betreten, bedeutet das Jüdische Museum für sie das Museum schlechthin, hat also als Museum gegenüber früheren Zeiten an Bedeutung außerordentlich gewonnen. (...)
2. Aus den gleichen Gründen geht heute die lernende Jugend, von ihren Lehrern geführt, nur noch an das Jüdische Museum, um hier zur Kunst, aber auch zur Kenntnis jüdischer Gebräuche geführt zu werden.
3. Das Jüdische Museum ist heute die einzige größere Räumlichkeit, in der lebende jüdische Künstler ausgestellt werden können. Das bedeutet, dass dies der einzige Weg ist, in der die Werke der notleidenden Künstler gezeigt werden können, und in der Tat sind auf diese Weise eine Anzahl von Verkäufen getätigt worden.
4. Das Jüdische Museum besitzt eine einzigartige Foto- und Stichsammlung, welche die gesamte jüdische Presse und das jüdische Verlagswesen mit Vorlagen versorgt, die anderswo heute nicht mehr verliehen werden.
5. Die fast 3.000 Stück zählende Lichtbildersammlung, die nicht nur Kunstgegenstände, sondern palästinensische Landschaftsaufnahmen und jüdisches Volksleben enthält, wird fortdauernd für Vorträge in Berlin und im übrigen Deutschland in Anspruch genommen.
6. Durch die Verkleinerung oder Auflösung vieler jüdischer Haushaltungen, bekommt das Jüdische Museum fortlaufend jüdische Altertümer oder Ahnenbilder und ist so ein Sammelbecken jüdischen Kulturguts, das sonst der Vernichtung anheimfallen würde.
7. Das Jüdische Museum, das sich unter meiner Leitung zu dauernd wechselnden Ausstellungen umgebildet hat, gibt den jüdischen Fotografen sowie jüdischen Berichterstattern Arbeit und Brot."[12]

Als Gündungsdirektor Schwarz wenige Jahre zuvor die Sammlung übernommen hatte, "bestand sie nur aus einigen Porträts und wenigen Gemälden und Plastiken. Der Ausbau dieser Abteilung", schrieb er später, "lag mir besonders am Herzen, galt es doch, erstmalig in einer öffentlichen Sammlung die Kunstleistungen der Juden als Maler und Bildhauer vorzuweisen und zu zeigen, welche Kräfte auf diesen Gebieten wirksam sind."[13]

---

[12] Franz Landsberger [vermutlich an den Vorstand der Jüdischen Gemeinde], 10.12.1935, Żydowski Instytut Historyczny im. Emanuela Ringelbluma, Warszawa (ŻIH), Karton B-441, Mappe: Artikel über das Jüdische Museum.
[13] Schwarz, Jüdische Kunst – Jüdische Künstler, S. 210.

So hat er eine bedeutende Sammlung zeitgenössischer Kunst zusammenbringen können. Sowohl Erna Stein als auch Franz Landsberger knüpften inhaltlich hier an, wenngleich sich die Bedingungen verschlechterten. Später sollte Steins Nachfolger Landsberger an Hannah Arendt formulieren, dass das von ihm ab Mai 1935 geleitete Jüdische Museum seinen Sammlungsschwerpunkt vollkommen geändert hat. Es wurde zu einem Ort, in dem jüdische Künstler ihre Arbeiten zeigten, weil sie woanders nicht mehr ausgestellt wurden. Dabei waren jüdische Themen nicht mehr zwingend.[14]

Die skizzierte Bandbreite in den wenigen Jahren der Existenz des Museums stellt der vorliegende Band dar; er berücksichtigt dabei die verschiedensten Facetten der Tätigkeit des Berliner Jüdischen Museums.
Eine Facette dieser Bemühungen war die Arbeit mit Schülerinnen und Schülern der jüdischen Schulen.
Erwähnenswert ist in diesem Zusammenhang der Zeichenlehrer der Jüdischen Mittelschule in der Großen Hamburger Straße 27, Otto Geismar, der mit seinen Schülern häufig eine Unterrichtsstunde in das Museum verlegte. Solange sie lebten, erinnerten sich viele dieser Schüler seiner in Dankbarkeit, so auch die spätere Historikerin Erika Herzfeld: „Ich habe bei Geismar sehen gelernt!"
Der Journalist Lutz Weltmann hat im April 1934 Schüler im Museum begleitet und berichtet über eine Führung durch die Sammlung von Kultgeräten: Die „Jungen fragen immer wieder nach der legendären Lampe, die Hakenkreuze zum Ornament hat, und sind ein wenig enttäuscht, dass es eine winzige Tonlampe in einer Vitrine ist, die Mädels interessieren sich besonders für die Stickereien und fragen, ob sie echt sind und ob mit der Hand oder Maschine verfertigt."[15]
Die Sammlung der Kultgeräte und der „pa-

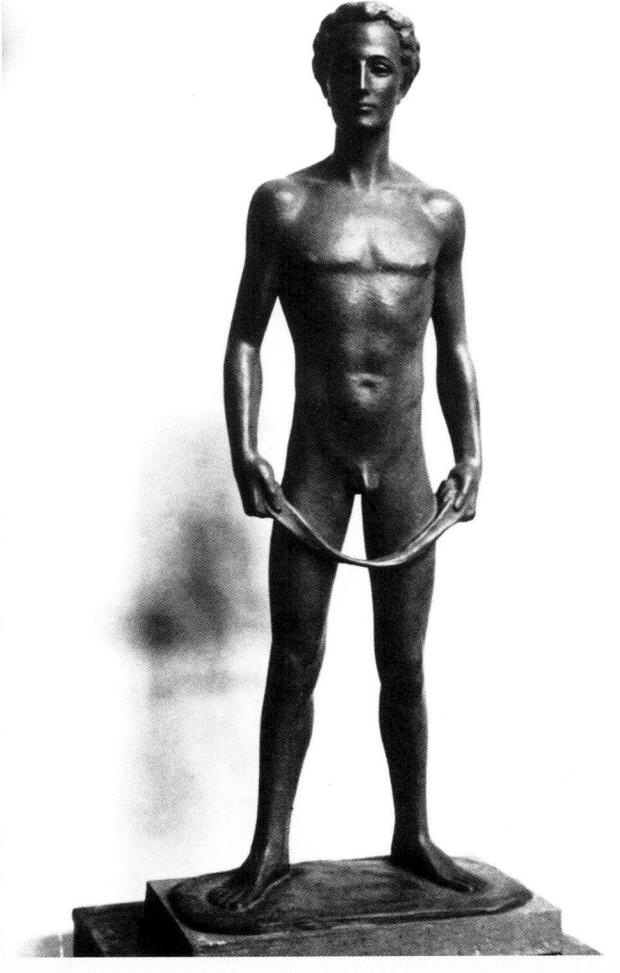

Arnold Zadikow David, Tel Aviv Museum of Art

---

[14] Brief Franz Landsbergers an Hannah Arendt vom 26.03.1952 (Archiv Skirball Cultural Center, Los Angeles): "When, in 1933, Jewish artists were not any more permitted to exhibit publicly, the Jewish Museum changed its aims. From then on it gathered paintings and sculptures by all Jewish artists with no regard to subject matter."
[15] L. W. (=Lutz Weltmann), Ein Vormittag im Berliner Jüdischen Museum, in: C. V.-Zeitung, 13. Jg., Nr. 30 (26.07.1934), 1. Beiblatt.

lästinensischen Altertümer" hat nicht überdauert; andere Teile der Sammlung sind, wie wir in diesem Band zeigen, über die ganze Welt verstreut. Gefunden wurden große Teile der einstigen Gemäldesammlung, die Gegenstand eines Restitutionsverfahrens wurden. Der Beschluss dieses am 8. September 1952 entschiedenen Verfahrens ist im Berliner Landesarchiv überliefert.[16] An ihm wie auch an anderen derartigen Verfahren war die Jüdische Gemeinde zu Berlin, die sich in jener Zeit bald in eine Ostberliner und eine Westberliner Gemeinde trennen sollte, beteiligt. Ihr ist es also mit zu verdanken, dass wichtige Werke des einstigen Jüdischen Museums in Israel und den USA eine neue Heimat gefunden haben.

Für eine am 25. September 1991 eröffnete Sonderausstellung des Jüdischen Museums im Berlin Museum (Lindenstraße) wurden „zum erstenmal in der Nachkriegsgeschichte Kunstwerke nach Deutschland zurückgegeben, um sie als Dauerleihgabe" zu zeigen, wie es in einer aus diesem Anlass erschienenen Pressemitteilung heißt.

Vorausgegangen waren intensive Verhandlungen. Unter Bezug auf § 6 des Leihvertrages zwischen dem Berlin Museum und dem Israel Museum mussten sich beide damals noch getrennten Berliner Jüdischen Gemeinden äußern. Darum hatte am 22. Mai 1990 die Leiterin des Jüdischen Museums im Berlin Museum, Vera Bendt, die jeweiligen Gemeindevorsitzenden in fast gleichlautenden Briefen gebeten.

Joseph Budko Kaddish, *1930, Skirball Museum, Skirball Cultural Center, Los Angeles, CA, Gift of the Jewish Culture Reconstruction, Inc.*

An den Vorsitzenden der Ostberliner Gemeinde, Peter Kirchner, schrieb sie: „Sie kennen das Projekt, für das ‚Jüdische Museum' (Abteilung des Berlin Museums) zehn Porträts bekannter Berliner Juden als Dauerleihgabe aus dem Israel Museum zu bekommen. Die Gemälde, um die es sich handelt, stammen aus dem früheren Jüdischen Museum Berlin Oranienburger Str. 31 (…). Zusätzlich zu Ihrer bereits gegebenen Zustimmung möchte ich Sie um die Bestätigung bitten, daß seitens der Jüdischen Ge-

---

[16] Landesarchiv Berlin (LAB), B Rep. 010-01, Nr. 272 („Rückerstattungsbeschluß in Sachen Jewish Restitution Successor Organization Berlin Regional Office, Berlin-Dahlem, Fontanestraße 16 gegen Deutsches Reich und Berlin, betreffend Rückerstattung von Bildern und Kunstgegenständen des früheren Jüdischen Museums, die im Eigentum der Jüdischen Gemeinde gestanden haben. 1952-1953").

meinde Berlin/DDR nicht beabsichtigt ist, die ausgeliehenen Bilder zur Herausgabe aus dem Israel Museum zu fordern, und keine juristischen Schritte in dieser Hinsicht zu unternehmen."[17]

Dem Wunsch des Jüdischen Museums im Berlin Museum kamen beide Gemeinden nach.

Die Antwort der Ostberliner Gemeinde ist in den Akten des Centrum Judaicum überliefert: „Unsererseits ist nicht beabsichtigt, die ausgeliehenen Bilder zur Herausgabe aus dem Israel Museum zu fordern. Wir werden in dieser Hinsicht keine juristischen Schritte unternehmen."[18]

Heinz Galinski hat mit Sicherheit eine ähnliche Zustimmung gegeben, die allerdings nicht in den Gemeindeakten überliefert zu sein scheint.

Die Journalistin Sibylle Wirsing konstatierte im Tagesspiegel: „Zur Rückführung der zehn Porträts als Dauerleihgabe nach Berlin gehörte (...) nicht zu letzt das Jawort der Jüdischen Gemeinden West- und Ost-Berlins, die ausdrücklich ihren Verzicht auf das Eigentum leisteten."[19]

Welche Intentionen Galinski und Kirchner damals auch immer hatten: Sie waren sich kurz vor der Vereinigung beider Gemeinden bewusst, Nachfolger der einstigen Berliner Jüdischen Gemeinde und damit auch ihres Museums zu sein. In gewisser Weise haben die beiden Gemeindevorsitzenden mit ihren Schreiben an das Berlin Museum der Entscheidung des Wiedergutmachungsgerichts von 1952 noch einmal zugestimmt, dass die Kunstwerke des einstigen Berliner Jüdischen Museums nicht in Berlin verblieben sind.

Moritz Oppenheim Schabbatnachmittag, ca. 1866, Skirball Museum, Skirball Cultural Center, Los Angeles, CA, Gift of the Jewish Culture Reconstruction, Inc.

Geblieben ist allerdings die Idee eines Jüdischen Museums in Trägerschaft einer jüdischen Gemeinde in einer modernen, säkularen Gesellschaft, dem wir noch einmal ein Denkmal setzen wollten.

James Yaakov Rosenthal, den wir einleitend zitierten, erinnerte sich 1980 an die Eröffnung des Museums vor nunmehr bald acht Jahrzehnten mit den Worten: „Doch bleibender Wert bleibt unzerstörbar".

---

[17] Brief Dr. V. Bendt, Jüdisches Museum, Abteilung des Berlin Museums vom 22.05.1990 an Dr. Peter Kirchner (CJA, 5A1, Nr. 1005, Bl. 142). Der Brief an Galinski befindet sich ebenfalls im Archiv des Centrum Judaicum, CJA, 5A1, Nr. 1005, Bl. 141.
§ 6 des genannten Vertrages lautet: "The Berlin Museum will apply for and secure a legal guarantee rendering the works on loan immune from seizure by judicial process while in Berlin. The receipt of this guarantee by the Israel Museum is a sine qua non condition for this loan to take place." (CJA, 5A1, Nr. 1005, Bl.144).

[18] Brief Dr. Peter Kirchner und Dr. Hermann Simon, Jüdische Gemeinde Berlin (Ost) an Dr. V. Bendt, Berlin Museum vom 28.05.1990 (CJA Z 2011/15).

[19] Sybille Wirsing, Das Loch zwischen Aufklärung und Fortschritt. Zehn Heimkehrer auf Probe. Leihgaben aus Jerusalem im Berlin Museum, in: Der Tagesspiegel 08.11.1991, S. 17.

Jüdisches Museum **Eingangshalle,** um 1933

links Jakob Steinhardt *Der Prophet*, 1913/14,
daneben Max Levi, Marmorbüste, *Abraham Geiger*, 1910,
hinten Lesser Ury *Jeremias*, 1897,
mitte Arnold Zadikow *David*

Stiftung Neue Synagoge Berlin – Centrum Judaicum

Auf der Suche nach einer verlorenen Sammlung

Was geschah nach dem 10. November 1938 mit den Beständen des Berliner Jüdischen Museums?

von Hermann Simon

Mit der Pogromnacht vom 9. zum 10. November 1938 fand auch die Geschichte des am 24. Januar 1933 eröffneten Berliner Jüdischen Museums ihr jähes Ende. Es musste geschlossen werden, und blieb es für immer. Was im Detail passierte, wissen wir nicht; denn bisher sind keine Zeugnisse aufgetaucht, also weder Akten noch Erinnerungsberichte, die uns darüber informieren.

Eine Postkarte ist daher von besonderem Interesse. Der letzte Direktor des Museums, Franz Landsberger, hat sie geschrieben. Er leitete das Haus von 1935 bis zu dessen erzwungenen Schließung und gehörte zu jenen Berliner Juden, die in Folge des Novemberpogroms verhaftet und in Konzentrationslager verschleppt wurden. Landsberger kam jedoch aus dem Konzentrationslager Sachsenhausen am 14. Dezember 1938 wieder frei, weil ihm ein Freund, der klassische Philologe Konrat Ziegler (1884-1974), die Auswanderung ermöglicht hatte.[1] Ziegler wurde übrigens 2001 postum von der israelischen Gedenkstätte Yad Vashem als „Gerechter unter den Völkern" geehrt.[2]

Wenige Wochen nach seiner Entlassung aus dem Konzentrationslager bat der Schriftsteller Arthur Silbergleit (1881–1943) Landsberger für einen Schweizer Kunstsammler um Publikationen des Jüdischen Museums. Landsberger antwortete per Postkarte An-

Postkarte von Franz Landsberger an Arthur Silbergleit. Centrum Judaicum Archiv, 7.200, Bl. 5a

---

[1] Entlassungsdatum nach Mitteilung des Archivs der Gedenkstätte und Museum Sachsenhausen vom 14.01.2011. Konrat Ziegler verschaffte Landsberger eine Einladung seines Kollegen Guilbert Murray nach Oxford. „Nur durch diese Einladung" wurde Landsberger „aus dem KZ Oranienburg befreit und blieb, wie zwei andere deutsch-jüdische Ehepaare und einige deutsch-jüdische junge Mädchen für ein halbes Jahr bei Murrays im Hause, bis der Ruf vom (…) Hebrew Union College [Cincinnati, H. S.] an ihn kam und er noch kurz vor Ausbruch des zweiten Weltkrieges nach USA fahren konnte." (Brief von Dorothy Landsberger 06.01.1970 an Dr. Muehsam, Leo Baeck Institute, Archiv AR 2318/18).

[2] Vgl. http://de.wikipedia.org/wiki/Konrat_Ziegler

fang Februar 1939: „Der Katalog des Jüd[ischen] Museums ist, wie dieses selbst, unter Verschluss und daher nicht versendbar. (...) In 6-8 Wochen hoffe ich in Oxford zu sein; später USA."[3]

Franz Landsberger hat also seine Wirkungsstätte nach dem 10. November 1938 nicht wieder betreten.

Wenn wir der Frage nachgehen, was mit den Kunstschätzen in den folgenden Jahren und Jahrzehnten geschah, sind wir gezwungen, aus den verbliebenen wenigen Mosaiksteinen ein Bild zusammenzusetzen. Dabei können wir auf Hypothesen und Vermutungen nicht verzichten.

Der letzte belegte Zeitpunkt, an dem die Museumssammlung noch an ihrem Ort war, dürfte Ende Dezember 1939 gewesen sein. Folgern können wir dies aus einem Detail, das Alexander Szanto (1899-1972) uns in seinen 1968 abgeschlossenen Erinnerungen hinterlassen hat.

Szanto stand in den Jahren 1923 bis 1939 im Dienst der Berliner Jüdischen Gemeinde und berichtet unter anderem über seine letzten Berliner Arbeitstage, bevor er Ende Dezember 1939 seine Wirkungsstätte verlassen musste. Er ging „noch einmal allein durch die Räume des Gemeindegebäudes (...). Da war, im ersten Stockwerk, das Jüdische Museum. Sein Eingang war versperrt. Das Siegel der Gestapo lag auf dem Schloß – die Kunstschätze gehörten uns nicht mehr. Sie waren beschlagnahmt, das heißt mit anderen Worten geraubt."[4]

An ein Kunstwerk der Gemäldesammlung erinnerte sich Szanto besonders, nämlich an das Bild von Samuel Hirszenberg *Sie wandern*; es gehört heute zu den am meisten gesuchten Judaica.[5]

Schülerinnen der Mittelschule der Jüdischen Gemeinde für Knaben und Mädchen (Große Hamburger Straße 27) mit ihrem Zeichenlehrer Otto Geismar (1873-1957) beim Betrachten des Gemäldes von Samuel Hirszenberg Sie wandern. *1936, vermutlich Januar/Februar. Der Zeigestock geht über das Gesicht von Ursula Lewinsky verh. Herzberg (1921-2008). Bildarchiv Abraham Pisarek*

Szanto schreibt über das Werk, „das den Leidensweg verfolgter Juden darstellte": Es „war gemalt worden, lange bevor noch irgendjemand etwas von Hitler wußte, und der Maler hatte wohl kaum daran gedacht, daß die Visionen seiner Kunst jemals in Deutschland Wirklichkeit werden könnten. Aber wir, wir hatten es nun vor unseren Augen gesehen, und wir wußten jetzt, was jüdisches Schicksal war."[6]

Interessant ist, dass dieses Gemälde schon seit Herbst 1936 nicht mehr an prominenter Stelle im Museum zu sehen war, weil

---

[3] Postkarte von Franz Landsberger an Arthur Silbergleit, Berlin (undatiert), Poststempel „3.2.39", Centrum Judaicum Archiv (CJA), 7.200, Bl. 5a; die Vorderseite mit seiner Adresse hat Silbergleit selbst beschriftet.

[4] Alexander Szanto, Im Dienste der Gemeinde 1923-1939, Leo Baeck Institute New York, Memoirensammlung M. E. 838 (London 1968), S. 229. Die Emigration von Landsberger erfolgte am 27.03.1939 (Brandenburgisches Landeshauptarchiv (BLHA), Rep. 36 A Oberfinanzpräsident Berlin-Brandenburg [II] Nr. 21136, Bl. 4).

[5] Vgl. den Beitrag von Gideon Ofrat in diesem Band.

[6] Alexander Szanto (vgl. Anm. 4).

Landsberger es im Zuge der Veränderung der ständigen Ausstellung umgehängt hatte. Alle Großformate fanden ihren neuen Platz an der „Verbindungswand vom Eingangsraum zu den Direktorenzimmern".[7]
Dieses Detail war Szanto sicher nicht gegenwärtig, als er im Dezember 1939 – ein Jahr nach dem Pogrom – zum Abschied durch das Gebäude ging, in dem sich das Museum befand.

Die Behauptung eines israelischen Journalisten Jahrzehnte später, wonach „in der sogenannten Kristallnacht (...) uniformierte SA-Vandalen ins Jüdische Museum eindrangen und von dort zahlreiche Kunstschätze – darunter Steinhardts ‚Propheten' – entfernten", ist in keiner Weise belegt und scheint nicht zu stimmen.[8]
Dass die Jüdische Gemeinde nach dem November 1938 nicht mehr über ihre Kunstwerke verfügen durfte, ja staatlicherseits über eine Auflösung des Museums und der Bestände nachgedacht wurde, war in Berlin bekannt, zumindest in der Museumswelt. Dies schließe ich daraus, dass sich der Direktor des Märkischen Museums, Walter Stengel (1882-1960), um ein für seine Sammlung wichtiges Stück bemühte; die entsprechende Korrespondenz ist von Marlies Coburger schon vor einiger Zeit veröffentlicht worden.[9] Stengel hatte übrigens bereits zu Zeiten der Kunstsammlung, dem Vorläufer des Museums, mit Karl Schwarz, dem Gründungsdirektor des Jüdischen Museums, zusammen gearbeitet. Schwarz erwähnt in seinen Memoiren, dass er mit ihm „oft in kollegialem Gedankenaustausch" stand und nennt ihn unter den Gästen der feierlichen Eröffnung des Museums am 24. Januar 1933.[10]
Daran dürfte sich Stengel ungern erinnert haben, als er am 13. Mai 1939 an das Reichsministerium für Volksaufklärung und Propaganda schrieb. Er wandte sich an die für Bildende Kunst zuständige „Abt. IX". Offenbar kannte Stengel dort einen Beamten, den er zuvor angerufen hatte und der ihm vermutlich empfahl, sich schriftlich an ihn zu wenden.
Stengel schreibt nun: „Bezugnehmend auf einen fernmündlichen Anruf bitte ich, für den Fall, daß eine Auflösung des jüdischen Museums erwogen wird, folgenden Wunsch des Märkischen Museums zu berücksichtigen: In der jüdischen Sammlung befindet sich ein Strickteppich [Tippfehler für Stickteppich, H. S.] mit dem großen Brandenburgischen Wappen. Er stammt aus derselben Werkstatt wie ein zweiter, den das Märkische Museum schon besitzt und ist für dieses, da es sich um eine Berliner Arbeit handelt, wichtig. Es wäre bedauerlich, wenn das Stück in den Handel oder in Privatbesitz käme."[11]
Eine direkte Antwort erhält Walter Stengel, seit 1925 Direktor des Märki-

---

[7] Neuordnung im Jüdischen Museum, in: C.V.-Zeitung, 15. Jg., Nr. 40 (01.10.1936), Beiblatt „Buch und Kunst". Es handelte sich ferner um die Gemälde von Lesser Ury: *Jeremias* und *Moses sieht das gelobte Land* sowie von Jakob Steinhardt: *Der Prophet*.

[8] Haim Mass, Das Gemälde, in: Neueste Nachrichten, Jedioth Chadashoth, Tel-Aviv, 03.12.1965. Ähnlich auch kurz zuvor: [Meir Ronnen], Steinhardt painting, looted by Nazis, is bought back, Jerusalem Post 01.12.1965, S. 6.

[9] Marlies Coburger, Der Silberschatz im Märkischen Museum, in: Jahrbuch Stiftung Stadtmuseum Berlin, Band IV (1998), Berlin 2000, S. 263.

[10] Karl Schwarz, Jüdische Kunst – Jüdische Künstler. Erinnerungen des ersten Direktors des Berliner Jüdischen Museums (= Jüdische Memoiren; Bd. 4), hrsg. v. Chana C. Schütz u. Hermann Simon, Teetz 2001, S. 119 und 214. Zu Stengel vgl. Kurt Winkler, Walter Stengel (1882-1960). Eine biographische Skizze, in: Jahrbuch Stiftung Stadtmuseum Berlin, Band III (1997), Berlin 1999, S. 186ff.

[11] Hausarchiv der Stiftung Stadtmuseum. Dank an Kurt Winkler und Andrea Jahn für ihre Auskünfte vom 12. und 13.07.2004.

schen Museums, nicht, wohl aber einen ausgefüllten Vordruck, dass sein Schreiben betreffend „Auflösung des jüdischen Museums" aus Zuständigkeitsgründen an „den Reichsführer SS und des Sicherheitshauptamtes, Berlin Wilhelmstraße 102", weitergeleitet wurde.

Stengel hat den Stickteppich, den er in dem zitierten Brief an das Propagandaministerium bewusst vage beschreibt, bestens gekannt. Wenn nicht durch die Erstpublikation von Moritz Stern, so spätestens seit er in der Ausstellung des Märkischen Museums „Altes Berlin – Fundamente der Weltstadt" (1930) in den neu erbauten Hallen am Funkturm in dem von Schwarz kuratierten jüdischen Teil der Schau gezeigt wurde.[12] Es handelte sich bei diesem Exponat um einen Toravorhang der Alten Synagoge. König Friedrich Wilhelm I. hatte am dritten Halbfeiertag des Pessachfestes, am Mittwoch, dem 20. April 1718, die Alte Synagoge in der Heidereutergasse besucht. Anlässlich seines Besuchs stiftete er den Teppich als Vorhang für die Heilige Lade des Gotteshauses. Auf die Geschichte dieses außerordentlichen Stücks, das der Judenheit wegen dargestellter Tiere damals große Verlegenheit bereitet hat, soll hier nicht in extenso eingegangen werden. Nur so viel: Auf dem Innenstück des Vorhangs, der die Jahreszahl 1590 trägt, sieht man das Wappen des Hohenzollernkurprinzen Joachim Friedrich (1563-1598), des späteren Kurfürsten (1598-1608). Das Märkische Museum besitzt in der Tat ein Parallelstück.[13]

Wenige Jahre nach der Befreiung, im Jahr 1950, beschäftigte sich Stengel noch einmal mit diesem Stickteppich und konstatiert, dass der erwähnte Joachim Friedrich bemüht war, seine Teppichsammlung zu erweitern. Dies beweise, so Stengel, „der mit dem Jüdischen Museum vernichtete, seidene Torateppich mit dem großen Brandenburgischen Wappen und der Jahreszahl 1590".[14] Kenntnisreich zitiert Stengel den zur Eröffnung des Berliner Jüdischen Museums erschienenen „Führer durch das Jüdische Museum"; vielleicht hatte er ihn aus diesem Anlass am 24. Januar 1933 geschenkt bekommen.[15]

Daran, dass er sich einstmals um den Toravorhang für sein Haus bemühte, wollte oder konnte sich Stengel weniger als zwei Jahrzehnte später allerdings nicht mehr erinnern.

Vor diesem Hintergrund ist Marlies Coburger kein Vorwurf zu machen, wenn sie nach Veröffentlichung des Schriftverkehrs von Stengel mit dem Propagandaministerium das Fazit zieht, dass „der Teppich nicht ins [Märkische] Museum gelangt zu sein" scheint und nicht weiß, dass er

---

[12] Moritz Stern, Die erste Ausstellung der Kunstsammlung der Jüdischen Gemeinde zu Berlin, Berlin 1917, S. 20f.; Die zweite Ausstellung in der Kunstsammlung der Jüdischen Gemeinde zu Berlin, VIII Kultusgeräte, in: Ost und West, 22. Jg. H. 5/6 (Mai-Juni 1922), S. 140f.; Ders., Der Thora-Vorhang in der Alten Synagoge, Israelitisches Familienblatt, Ausgabe für Gross-Berlin, 30. Jg., Nr. 21 (24.05.1928), Berliner Chronik S. 2. [Karl Schwarz], Führer durch das Jüdische Museum. Sammlungen der Jüdischen Gemeinde zu Berlin, Berlin 1933 und Moritz Stern. Geschichte der Alten Synagoge zu Berlin, hrsg. v. Hermann Simon u. Harmen H. Thies, Teetz, 2007, S. 197f. Zur Ausstellung am Funkturm vgl. Karl Schwarz, Jüdisches in „Altes Berlin", Gemeindeblatt der Jüdischen Gemeinde zu Berlin, 20. Jg., Nr. 7 (Juli 1930), S. 324f.

[13] Auskunft von Heike-Katrin Remus, Abt. Modesammlung, Textilien der Stiftung Stadtmuseum vom 14.01.2011.

[14] Walter Stengel, Tapeten, in: Ders., Quellen-Studien zur Berliner Kulturgeschichte; Märkisches Museum Berlin, 1950; geringfügig verändert: Ders. Alte Wohnkultur in Berlin und in der Mark im Spiegel der Quellen des 16.-19. Jahrhunderts, Berlin 1958, S. 45. Für den Hinweis danke ich Jakob Hübner (Berlin).

[15] [Karl Schwarz], Führer durch das Jüdische Museum. Sammlungen der Jüdischen Gemeinde zu Berlin, Berlin 1933.

einstmals als Toravorhang der Alten Synagoge zum Bestand des Jüdischen Museums gehörte.[16]

Wo er geblieben ist, können wir nicht sagen, denn wie viele andere Museumsstücke, ist auch dieses Exponat verschollen, und wir können nur vermuten, wann und wohin der Museumsbestand aus der Oranienburger Straße abtransportiert worden ist. Wie dieser Abtransport geschah, wissen wir nicht.

Um Anhaltspunkte zu bekommen, wann und unter welchen Umständen dies vor sich gegangen sein könnte, halte ich es für hilfreich, zu untersuchen, was nach dem November 1938 mit den dem Museum verwandten Einrichtungen der Jüdischen Gemeinde passiert ist.

In dem Gebäudekomplex Oranienburger Straße waren neben dem Museum (Nr. 31) das Gesamtarchiv und die Bibliothek (beide Nr. 29) untergebracht. Über das Schicksal dieser beiden Institutionen sind wir durch die Erinnerungen von Jacob Jacobson (1888-1968) und einen sich daran anschließenden Briefwechsel mit dem Leo Baeck Institute etwas besser informiert.[17]

Jacobson berichtet in seinem Ende 1965 abgeschlossenen Manuskript, dass ihn

Toravorhang aus der Synagoge Heidereutergasse, 1718 von König Friedrich Wilhelm I. geschenkt, in der Ausstellung des Jüdischen Museums ca. 1935, verschollen

am frühen Morgen des 10. November eine seiner Sekretärinnen anrief und mitteilte, „dass auch die Oranienburger Synagoge brannte. Ich eilte sofort dorthin, um zu sehen, was mit dem Archiv geschehen war. Ich wurde aber in höflicher Weise am Betreten des Gebäudes gehindert (...). Das Gesamtarchiv der Juden war ursprünglich beschlagnahmt worden, wurde aber nach wenigen Wochen freigegeben, nachdem ich auf Wunsch von [Gemeindevorsitzenden] Direktor Stahl beim Reichssippenamt vorstellig geworden war."[18] Jacobson fährt fort, dass seine Kontaktaufnahme zu dieser Nazibehörde dazu führte, dass „das Reichssippenamt seine auf Juden bezügliche Abteilung in das Gebäude Oranienburger Straße 28 verlegte, und immer mehr Raum für sich beanspruchte, besonders nachdem die Bibliothek der (...) Gemeinde beschlagnahmt und abgeholt worden war, so dass deren Räumlichkeiten (...) der Abteilung des Reichssip-

---

[16] Coburger (vgl. Anm. 9).

[17] Jacob Jacobson, Bruchstücke 1939-1945, Leo Baeck Institute New York, Memoirensammlung, M.E. 560. Wie sich „Bruchstücke" und Briefwechsel mit Max Kreutzberger (Leo Baeck Institute) zueinander verhalten, vgl. Stefi Jersch-Wenzel u. Thomas Jersch, Jacob Jacobson – deutscher Jude und Archivar (1888-1968), in: Archive und Gedächtnis. Festschrift für Botho Brachmann (= Potsdamer Studien ; Bd. 18), hrsg. v. Friedrich Beck [u.a.], Potsdam 2005, S. 567f.

[18] Jacob Jacobson, Bruchstücke 1939-1945, S. 1f. Zu Stahl vgl. Hermann Simon, Heinrich Stahl (13. April 1868-4. November 1942) Vortrag gehalten zur Gedenkfeier der Jüdischen Gemeinde zu Berlin am 22. April 1993, Berlin 1993.

penamtes zur Verfügung standen."[19]

Die Beschlagnahme der Bibliothek, so erinnert sich Jacobson in einem Brief an Max Kreutzberger, erfolgte im Sommer 1939.[20] Gemeindevorsitzender Stahl hatte ihn telegrafisch von einer Archivreise zurückbeordert, damit er versuche, „die Beschlagnahme rückgängig zu machen. Das gelang mir natürlich nicht, da alles bereits eingepackt war. Ich erreichte so viel, daß ich Bücher aus dem Lesesaal ins Gesamtarchiv übernehmen konnte."[21]

Diana Schulle hat sich mit der Geschichte des Reichssippenamtes ausführlich beschäftigt und ein Dokument bekannt gemacht, aus dem hervorgeht, dass „Ende März 1939 (...) je ein Angestellter der Reichsstelle für Sippenforschung und des Amtes für Sippenforschung der NSDAP in die bisherigen Geschäftsräume des Gesamtarchivs der deutschen Juden" einzogen.[22]

Jaocbsohn berichtet über die Zeit danach: „Wir schrumpften an Raum u. Personal – durch die Deportationen [also nach Oktober 1941, H. S.] – immer mehr zusammen und warteten auf das Ende (...), dann erschienen eines Morgens zwei mir persönlich bekannte Diener des damaligen Geh. Preuß. Staatsarchivs und übernahmen den gesamten gebündelten Aktenbestand unseres Archivs. Er sollte aufgeteilt und den einzelnen Provinzialarchiven zugewiesen werden. Dazu kam es aber nicht, sondern der ganze Bestand wurde ausgelagert (...). Mit meiner Verhaftung am 12. Mai 1943 war das Gesamtarchiv völlig erledigt."[23]

Zur Bibliothek konnte Jacobson keine detaillierten Angaben machen: Weder wusste er, wohin, noch „wann der wertvolle Bücherschatz der Gemeindebibliothek von Berlin endgültig wegkam".[24]

Wichtig für unseren Zusammenhang ist ein Hinweis von Berthold Breslauer (1882-1948), der nach der Befreiung am 22. März 1946 vom Gemeindevorsitzenden Erich Nelhans den Auftrag bekommen hatte, „mit den zuständigen Dienststellen über die Rückführung der früher in jüdischem Besitz befindlichen Bibliotheksbestände und Archivalien zu verhandeln".[25] Breslauer bemühte sich u. a. beim „Offenbach Archival Depot", der Hauptsammelstelle geraubter jüdischer Bibliotheken, Archive und Ritualobjekte, Ersatz für die von der Gestapo beschlagnahmte Gemeindebibliothek, die einst „ungefähr 70.000 Bände" umfasste, zu beschaffen.[26] Breslauer schreibt an das Offenbacher Depot, dass die Bibliotheksbestände „nebst sämtlichen Regalen und Katalogschränken, (...) in das Reichssicherheitshauptamt, Berlin [Schöneberg], Eisenacher Strasse 11/13 überführt [worden sind] und (...) dort als Teil einer jüdischen Spezi-

---

[19] Jacob Jacobson, Bruchstücke 1939-1945, S. 2. „Reichssippenamt" hieß die Institution erst seit November 1940; zu dieser Zeit noch „Reichsstelle für Sippenforschung".

[20] Jacob Jacobson an Max Kreutzberger am 07.04.1966, S. 1, (Leo Baeck Institute New York, Memoirensammlung M. E. 838).

[21] Ebd.

[22] Diana Schulle, Das Reichssippenamt. Eine Institution nationalsozialistischer Rassenpolitik, Berlin 1938 bis 1945, hrsg. v. Beate Meyer u. Hermann Simon, Berlin 2000, S. 339f.

[23] Jacobson an Kreutzberger, am 07.04.1966, S. 2f.

[24] Ebd., S. 2.

[25] CJA, SA1, Nr. 0065, Bl. 60.

[26] Brief von Berthold Breslauer an Commanding Officer, Offenbach Archival Depot vom 05.12.1946. U.S. National Archives RG 260: US Occupation HQ. WMII. OMGUS (= Office of Military Government for Germany). Records of the Property Division. Reparations and Restitution Branch. MFAA Section Chief, 1944-49, Box 722.

albibliothek zur Aufstellung" gelangten. [27]

Wenn wir den Weg der Kunstwerke des Jüdischen Museums verfolgen wollen, dann scheint es mir sinnvoll, auch in diese Richtung zu suchen.

Über das Schicksal der Bestände des Jüdischen Museums hatte man sich bereits während des Krieges im Ausland Gedanken gemacht. Im April 1943 fand in London eine „Conference on Restoration of Continental Jewish Museums, Libraries and Archives" statt.

In seinem Eröffnungsreferat führte Cecil Roth aus, dass ihm „in der Vorkriegszeit mehr als einmal Kunstobjekte von deutsch-jüdischer Herkunft durch seriöse Agenturen in diesem Lande [also in England, H. S.] angeboten wurden, die auf Befehl der nationalsozialistischen Regierung verkauft worden waren. Im Jahr 1939 wurde sogar, auf Anordnung des Reichsfinanzministeriums, die Sammlung des Berliner Jüdischen Museums in der Kunstwelt verhökert." [28]

Die Aussage von Roth ist nach heutigem Wissensstand eher unwahrscheinlich. Weder lässt sich ein Befehl oder eine Verordnung des Nazi-Finanzministeriums finden, noch konnten Stücke des Museums, die durch einen Verkauf in den Besitz Dritter gekommen sind, nachgewiesen werden.

Woher Roth von einem erzwungenen Verkauf von Museumsgut des Jüdischen Museums wusste, ist nicht zu sagen. Vermutet werden kann, dass ihm eine Meldung des vom American Jewish Committee herausgegebenen „Contemporary Jewish Record" vom 10. Februar 1939 bekannt war, bzw. eine dieser Mitteilung zu Grunde liegende Meldung.

Dort heißt es, dass Berichten zu Folge, das Jüdische Museum seine Bestände ins Ausland verkaufen musste. Die dafür eingenommenen Devisen mussten abgeführt werden.[29] Auch diese Mitteilung lässt sich nicht bestätigen.

Welche Abteilungen der Jüdischen Gemeinde sich unmittelbar nach November 1938 im Haus Oranienburger Straße 31 befanden, in dem einst das Museum beheimatet war, ist mir nicht bekannt; zeitweise waren hier u.a. eine Filiale der Schule, Große Hamburger Straße 27 und bis Anfang Mai 1939 eine „Kinderlesestube" untergebracht.[30]

Szanto ist ein Jahr nach der „Kristallnacht", wie wir gesehen haben, mindestens bis in die erste Etage des Hauses gekommen; es war zugänglich und gehörte der Jüdischen Gemeinde, die seit dem 29. März 1938 nicht mehr Körperschaft des öffentlichen Rechts, sondern eingetragener Verein (ab 1. Dezember 1939) war.

Dem Berliner Telefonbuch aus dem Jahr 1941 können wir entnehmen, welche Institutionen der Gemeinde hier ihren Sitz hatten. Die Eintragung

---

[27] Ebd. Als Datum der Beschlagnahme gibt Breslauer irrtümlich „im November 1938" an.

[28] Cecil Roth, Opening Address; Conference on Restoration of Continental Jewish Museums, Libraries and Archives, London, 11.04.1943, S. 1. "More than once in pre-war days I was offered, through reputable agencies in this country, objects of Art of German Jewish provenance, sold by order of the Nazi Government; and in 1939 even the contents of the Jewish Museum in Berlin were hawked about the art-world on the instructions of the Reich's Minister of Finance."

[29] "The Berlin Jewish Museum is reported to have been ordered to sell its objects of art abroad in return for foreign exchange to be appropriated by the Government." (Hinweis von Jakob Hübner).

[30] CJA, 1, 75 A Be 2, Nr. 87, # 316, Bl. 19 und 40.

unter „Jüdische Kultusvereinigung – Jüdische Gemeinde zu Berlin e.V."[31] lautet für das Verwaltungsgebäude Oranienburger Straße 31 nach Angabe der Telefonnummer 42 51 31:
„Die Zentr[ale] verbindet mit folgenden Dienstst[ellen]: Auswanderungsst[elle] – Berufsumschichtung u. Fürs[orge] – Schlichtungs- und Beratungsstelle – Wanderfürs[orge] – Wirtschaftshilfe (Kasse), Arbeitseinsatz und Auslandsst[elle]".[32]

Der Berliner Historiker Akim Jah hat mich wissen lassen, dass sich in der Oranienburger Straße 31 vermutlich bis Ende 1942 eine Notunterkunft der Reichsvereinigung der Juden in Deutschland befand. Wann diese eingerichtet wurde, kann ich nicht sagen.
Formal existierte die Jüdische Gemeinde bis zum 29. Januar 1943; danach erfolgte ihre Eingliederung in die Reichsvereinigung der Juden in Deutschland.[33] Die Deportationen hatten zu jenem Zeitpunkt bereits ein ungeheures Ausmaß erreicht.
Spätestens am 27. April 1943 fand in dem Haus, in dem früher das Jüdische Museum war, eine Kinderunterkunft ihr Domizil, und zwar bis zum 10. Juni 1943.[34]
An selben Tag wurde das Vermögen der Reichsvereinigung der Juden in Deutschland beschlagnahmt, die wenigen verbliebenen nicht „arisch versippten" Mitarbeiter verhaftet. Eine gleiche Aktion erfolgte in der Berliner Jüdischen Gemeinde und in den Bezirksstellen der Reichsvereinigung im übrigen Reichsgebiet.
Unter die Beschlagnahme fielen auch die Grundstücke Oranienburger Straße 28-31. In die Nummer 31 zogen nun Dienststellen der Staatspolizeileitstelle Berlin (vorher Burgstraße 28 und dort im November 1943 ausgebombt)[35]; vermutlich wurde auch das Gemeindegebäude Nr. 29 von der Gestapo besetzt.
Das Gebäude Oranienburger Straße 31 wurde seit Ende 1943 zu einem Gestapogefängnis, die „berüchtigtste und schrecklichste Folterkammer von Berlin"[36]
Es scheint, als ob hier vornehmlich Ausländer inhaftiert wurden, aber

---

[31] Die Gemeinde musste sich seit dem 2. April 1941 „Jüdische Kultusvereinigung" nennen.
[32] Amtliches Fernsprechbuch für den Bezirk der Reichspostdirektion Berlin 1941, S. 581.
[33] Vgl. Beate Meyer, Gratwanderung zwischen Verantwortung und Verstrickung. Die Reichs vereinigung der Juden in Deutschland und die Jüdische Gemeinde zu Berlin 1938-1945, in: Juden in Berlin 1938 bis 1945, hrsg. v. Beate Meyer u. Hermann Simon, Berlin 2000, S. 295.
[34] Zur Kinderunterkunft vgl. Chana Schütz/Hermann Simon, Die Geschichte der Rettung von Hildegard Dondorf, in: Aus Kindern wurden Briefe. Die Rettung jüdischer Kinder aus Nazi-Deutschland, Berlin 2004, S. 255ff. Von der Unterkunft sind Listen der Kinder überliefert; die zeitlich früheste stammt vom 27.04.1943; die letzte vor dem Umzug in den Komplex des Jüdischen Krankenhauses in der Iranischen Straße vom 10.06.1943. (BArch R 8150, Nr. 763; Kopien im Archiv des Centrum Judaicum).
[35] Diese Angabe verdanke ich Johannes Tuchel, Berlin, der mich auch auf die entsprechende Belegstelle hinwies: Die vom 01.01.1971 bis zum 01.08.1971 ergangenen Strafurteile, Lfd. Nr. 747 – 758, bearb. von C. F. Rüter u. D. W. Mildt (= Justiz und NS-Verbrechen. Sammlung deutscher Strafurteile wegen nationalsozialistischer Tötungsverbrechen 1945 – 1999 ; Bd. 35), Amsterdam 2005, Lfd. Nr. 754 (Bovensiepen-Urteil).
„Am 20.12.1943 schreibt die Stapoleitstelle in einem internen Rundschreiben, dass die Dienststellen aus der Burgstraße sich ,jetzt' in der Oranienburger Straße 31 befinden." (E-Mail Akim Jah vom 23.06.2011).
[36] Brief von Edith Hirschfeld an Ricarda Huch, in: Den Unvergessenen. Opfer des Wahns 1933 bis 1945, hrsg. v. Hermann Maas u. Gustav Radbruch, Heidelberg 1952, S. 17f.

auch von Berliner Juden wissen wir dies, so z.B. von Ralph Neumann.[37] Die Berlinerin Liselotte Lewy berichtete 1991, dass sie 1943/44 sowohl von der Kriminalpolizei als auch von der Gestapo in die Oranienburger Straße 31 gebracht wurde und auch dort eingekerkert war. An Einzelheiten konnte sie sich jedoch nicht erinnern.[38]

Die wohl ausführlichste Beschreibung verdanken wir Jennie Lebel, die mir vor vielen Jahren die Verhältnisse in diesem Gefängnis, in das sie sie im Herbst 1944 kam, schilderte.[39]

Lebel wusste zu berichten, dass das ganze Gebäude von der „Geheime[n] Staatspolizei – Staatspolizeileitstelle, Dienstgebäude, Berlin N 24 Oranienburger Straße 31" als Gefängnis in Beschlag genommen war.[40]

Sie teilte ferner mit, dass im Erdgeschoß und im Souterrain Zellen waren und im Stockwerk darüber die Verhöre stattfanden. Dies deckt sich mit einem Fund, der vor 50 Jahren gemacht wurde: In einem Raum, in dem Menschen vor Verhören eingesperrt waren, wurden in die Wände geritzte Inschriften gefunden.[41] Einige sind noch heute sichtbar; sie stammen aus dem Zeitraum August bis Oktober 1944 und befinden sich in Raum 201 des Gebäudes.[42]

Wandinschrift im Gestapo-Gefängnis (1944) Oranienburger Straße 31. Foto 1998

Genau dieses Zimmer in der ersten Etage des Gebäudes diente einst dem Jüdischen Museum als Depotraum. Es befand sich unmittelbar hinter dem rekonstruierten Synagogenraum der Synagoge Schönfließ (Neumark).

Zu der Zeit, als die Inschriften entstanden, waren mit Sicherheit keine Museumsstücke mehr in dem Haus.

Wann könnten nun die Kunstwerke des Museums geraubt worden sein? Für den Raub ist, wie wir gesehen haben, als Terminus ante quem non

---

[37] Ralph Neuman, Erinnerungen an meine Jugendjahre in Deutschland 1926-1946, Berlin 2005, S. 35. Zu Neumann vgl. auch Britta Wauer / Amélie Losier, Der jüdische Friedhof Weißensee. Momente der Geschichte, Berlin 2010; S. 90f. und 156f.

[38] Mündliche Mitteilung Liselotte Lewys (Berlin) während eines Besuchs am 27.11.1991 in der Oranienburger Straße 31 in den damaligen Räumen des Zentralrats der Juden in Deutschland.

[39] Fax Jennie Lebel (Tel Aviv) an Hermann Simon vom 16.09.1995. Seit 2008 liegen ihre Erinnerungen in serbischer Sprache als Buch vor, worauf mich Jakob Hübner hingewiesen hat wie auch auf die Rezension von Aleksandar Sasa Vuletic, Militärgeschichtliche Zeitschrift 69, 2010, S. 191ff.

[40] Jennie Lebel (gest. 2009) kannte sogar die Telefonnummer: 42 51 31. Ich gehe davon aus, dass sie ein offizielles Papier oder einen Stempelabdruck der Gestapo-Dienststelle besaß. Es ist übrigens dieselbe Telefonnummer, die das oben zitierte Telefonbuch 1941 für Einrichtungen der Jüdischen Gemeinde in der Oranienburger Str. 31 angibt, worauf mich Jakob Hübner aufmerksam gemacht hat.

[41] Der Tagesspiegel hat am 05.05.2011 in der Rubrik „Berliner Chronik" seinen vor fünfzig Jahren erschienenen Artikel noch einmal nachgedruckt http://www.tagesspiegel.de/berlin/6-mai-1961-jahre-mauerbau/4139830.html

[42] Das Centrum Judaicum hat alle erhaltenen Inschriften Anfang der 1990er Jahre fotografisch dokumentiert. Vgl. auch Diana Schulle, Die Gebäude in der Oranienburger Straße 28-30, in: Juden in Berlin 1938 bis 1945, hrsg. v. Beate Meyer u. Hermann Simon, Berlin 2000, S. 346.

rechts: Sammel-Nachtrag (...)
zur Einbruchdiebstahl-Versicherung vom
12.10.1940. Centrum Judaicum Archiv,
1, 75 A Be 2, Nr. 87, Bl. 41

Ende Dezember 1939 anzunehmen, d.h. danach sind die Kunstwerke weggebracht worden. Das Gestaposiegel auf dem Türschloss, von dem Alexander Szanto Ende Dezember 1939 berichtet, ist für diese Hypothese ein Indiz. Denn: Zunächst wurde versiegelt – in diesem Fall vermutlich in der Nacht vom 9. zum 10. November 1938 – und später geraubt.

Als Terminus post quem non ist – wie wir gesehen haben – Mitte 1943 anzunehmen.

Wir sind in der Lage, diesen Endtermin zu präzisieren. Willi Schweig (1898-1988), der mit der „Abwicklung der Reichsvereinigung [vor allem] mit den noch vorhandenen Vermögenswerten der jüdischen Gemeinde, in der Hauptsache Wohnhäuser" befasst war, wie er mir am 10. Februar 1984 schrieb, hatte mir zuvor mitgeteilt: „Diese Dienststelle war eine Unterabteilung der Vermögensverwaltungsstelle des Oberfinanzpräsidenten mit 15 Mitarbeitern, darunter ich. Die Leitung und Aufsicht hatten Beamte des Oberfinanzpräsidenten. Das jüdische Museum war in den Vermögenslisten nicht enthalten. Nach Kenntnis des Herrn Dr. Fabian, nach Kriegsende Richter am Kammergericht in Berlin, wurde es noch vor der Eingliederung der jüdischen Gemeinde in die Reichsvereinigung [28. Januar 1943, H. S.] von den Nazi's beschlagnahmt und weggebracht."[43]

Die Frage ist nun, wann genau dieses Wegbringen aus der Oranienburger Straße 31 geschah.

Lässt sich also der Zeitraum zwischen Ende 1939 und Ende 1942 einengen? Dass wir dies können, haben wir einem Fund zu verdanken, den die Archivarin Barbara Welker im Archiv des Centrum Judaicum gemacht hat. Es handelt sich dabei um die Akte der Jüdischen Gemeinde „Sammel-Einbruchdiebstahl-Versicherung", die sie bei der Victoria-Versicherung für die „Zeit vom 22. April 1936 (...) bis zum 21. April 1941" abgeschlossen hat.[44] Demnach war das Museumsgut zunächst mit RM 500.000 versichert; diese Summe wurde ab 22. April 1938 auf RM 200.000 gesenkt.[45]

Für unseren Zusammenhang besonders wichtig ist das Schreiben der Victoria vom 12. Oktober 1940: „Sammel-Nachtrag (...) zur Einbruchdiebstahl-Versicherung", in dem es heißt: Es wird davon Kenntnis genommen, dass ab 10. Oktober 1940 mittags 12 Uhr, das Risiko Nr. 8) eine Kunstsammlung in der Oranienburgerstr. 31 RM. 200.000.- - (...) in Wegfall gekommen" ist.[46]

Die Kunstwerke dürften danach nicht mehr lange im Haus geblieben sein oder waren zu diesem Termin vielleicht sogar schon weg. Jedenfalls sah die Gemeinde keine Veranlassung mehr, die Kunstsammlung, die ihr nicht mehr gehörte, versichern zu lassen.

Es ist zu vermuten, dass nicht alle Bestandsgruppen auf einmal geraubt, bzw. an unterschiedliche Orte verbracht wurden.

---

[43] Brief von Willi Schweig an Hermann Simon vom 11.01.1984. Bei „Dr. Fabian" handelt es sich um Hans-Erich Fabian, Bromberg 22.9.1902-25.12.1974, New York. Fabian war ab November 1947 Vorsitzender der Jüdischen Gemeinde. Vgl. auch Nachruf von E. G. Lowenthal in: Allgemeine Jüdische Wochenzeitung, 17.01.1975.

[44] CJA, 1, 75 A Be 2, Nr. 87, # 316.

[45] Ebd., Bl. 22 und 25. Vgl. auch ein Schreiben von Franz Landsberger vom 27.04.1938 an die Rechtsabteilung der Jüdischen Gemeinde (ebd., Bl. 139 und 140) in dem er mitteilt, dass ihm die Summe von 500.000 RM für den Wert der Kunstsammlung „schon in früheren Jahren als zu hoch" erschien, „da jüdisches Kunstgut seit 1933 erheblich im Preis gefallen ist, wenigstens in Deutschland".

[46] Ebd., Bl. 41.

VICTORIA

Feuer-Versicherungs-Actien-Gesellschaft

Bezirksverwaltung: Geschäftsstelle:

Berlin 576

Sammel- **Nachtrag** Nr. 8070

zur Einbruchdiebstahl-Versicherung Nr. 59 399, Serie IV

An den

Vorstand der Jüdischen Gemeinde,

B e r l i n
Oranienburgerstr. 28/29

Es wird davon Kenntnis genommen, dass ab 10. Oktober 1940, mittags 12 Uhr, das
Risiko Nr. 8) eine Kunstsammlung
        in der Oranienburgerstr. 31   RM. 200.000.--
und " Nr. 9) Kindergenesungsheim
        in Salzelmen   " 30.000.--
in Wegfall gekommen sind.
    Die Gesamtversicherungssumme ermässigt
sich dadurch auf   RM. 1.679.368.--

Hiervon übernehmen die nachstehend genannten Versicherungs-Gesellschaften als Einzelschuldner pro rata eines jeden Gegenstandes und Wertes die dabei angegebenen Versicherungssummen:
1. Die Victoria Feuer-Vers. Actien.Gesellschaft   RM. 839.684.--
2. Die Nationale Allg. Vers. A.G.   RM. 839.684.--

Berlin, den 12. Oktober 1940
Gleichzeitig für die mitbeteiligte Gesellschaft
V I C T O R I A
Feuer-Versicherungs-Actien-Gesellschaft
Bezirksverwaltung Berlin

Im Gebäudekomplex Oranienburger Straße 28-31 sind unmittelbar nach 1945 meines Wissens keine Objekte gefunden worden, die zum Bestand des Jüdischen Museums gehörten. Landsberger hatte sich explizit dazu in einem Brief nach Berlin im Dezember 1947 erkundigt: Er wollte wissen, „ob die früheren Räume des Jüdischen Museums in Berlin auch in ihren Magazin-Räumen durchsucht worden sind, die sich hinter zwei verschlossenen Türen befanden. Auch im Keller des Nebenhauses, dem Haupthause der Jüdischen Gemeinde, befanden sich Bilder verstaut, auch hier würde es mich interessieren, zu hören, ob alles gründlich untersucht worden ist."[47] Eine Antwort ist nicht überliefert; sie dürfte negativ ausgefallen sein. Eine Ausnahme könnte allerdings ein Toravorhang sein, den Daniel Itzig und seine Frau Mirjam der Alten Synagoge 1764 geschenkt haben und der heute dem Centrum Judaicum gehört. Wie er genau überdauert hat, wissen wir nicht. Ich erinnere mich daran, dass er in meiner Jugend als Decke auf dem Vorbeterpult der Synagoge Rykestraße lag; ein Foto aus dem März 1965 beweist dies. Die Geschichte des Vorhangs ist in den letzten Jahren mehrfach mitgeteilt worden.[48] Ganze Sammlungsteile sind verloren gegangen, wie z.B. die Sammlung palästinensischer Kunst, die Medaillen und Skulpturen. Für die verlorenen Zeremonialobjekte konnte ich eine Spur finden, auf die noch einzugehen ist.

Zunächst möchte ich jedoch festhalten, welche Objekte wir „auf der Suche nach einer verlorenen Sammlung" nachweisen konnten; zu einzelnen Objekten werde ich mich ausführlich äußern.

oben: Der Alten Synagoge von Daniel und Mirjam Itzig gestifteter Toravorhang (1764), als Pultdecke in der Synagoge Rykestraße benutzt. Foto entstand während eines Konzerts am 28.03.1965. Stiftung Neue Synagoge Berlin – Centrum Judaicum

unten: Johann Christoph Frisch (1738-1815): Bildnis Daniel Itzig (1723-1799) Eigentum des Jüdischen Museums; als Leihgabe des Israel Museums, Jerusalem, im Centrum Judaicum

Wir fanden:

1. den größten Teil der Bildersammlung des Jüdischen Museums und eine Ketubba,
2. an Privatleute zurückgegebene Bilder, die das Jüdische Museum ausgeliehen hatte,
3. Bestände im Warschauer Żydowski Instytut Historyczny im. Emanuela Ringelbluma, darunter ein Waschgefäß aus der Alten Synagoge,

---

[47] Franz Landsberger an Ernst Grumach 20.12.1947. Das Dokument befindet sich heute in den Central Archives for the History of the Jewish People Jerusalem, Nachlass Ernst Grumach – P 205. http://sites.huji.ac.il/cahjp/RP205%20Grumach.pdf.
Die Tochter von Ernst Grumach, Irene Shirun-Grumach, Jerusalem, hat mir dankenswerter Weise schon im Januar 1987 Kopien der Unterlagen ihres Vaters zur Verfügung gestellt.

[48] Hermann Simon, Geschenk von Daniel Itzig und seiner Frau Mirjam an die Alte Synagoge, in „Erbe und Auftrag". Eine Ausstellung aus Anlaß des 325jährigen Bestehens der Jüdischen Gemeinde zu Berlin, Berlin: Stiftung Neue Synagoge Berlin – Centrum Judaicum, 1996, S. 13ff. und Moritz Stern. Geschichte der Alten Synagoge zu Berlin, hrsg. v. Hermann Simon u. Harmen H. Thies, Teetz 2007, S. 204f.

4. Nach Berlin zurückgekehrte Objekte, Max Liebermann: *Selbstbildnis* 1933; Jakob Steinhardt: *Der Prophet* und die Miniatur *Frau Enoch aus Scieracz*.[49]

Die Bildersammlung

Mit ziemlicher Wahrscheinlichkeit sind die großformatigen Bilder nach November 1938 von den anderen Bildern getrennt aufbewahrt worden. Dies hat dazu geführt, dass sie alle, mit Ausnahme von Steinhardts Prophetendarstellung, auf die ich später eingehen werde, verloren gegangen sind.

Der größte Teil der kleinformatigen Bilder der Sammlung ist nach dem Krieg aufgetaucht. Im November 1946 berichtete Franz Landsberger im „Aufbau", dass die Bilder des Museums gefunden worden sind: „Schon vor Monaten hörte ich, daß das Berliner Jüdische Museum den Raubzügen der Nazis und den Bomben der Alliierten entgangen sei. Um nähere Erkundigungen einzuziehen; wandte ich mich an Dr. Ernst Grumach, den früheren Lehrer an der Hochschule für die Wissenschaft des Judentums (…)".[50]

Landsberger teilt weiter mit, Grumach habe ihm eine alphabetisch nach Künstlern geordnete Liste aller in der Schlüterstraße erhaltenen Bestände des Jüdischen Museums geschickt. Dieses Inventarverzeichnis ist heute nicht mehr komplett erhalten. Es beginnt mit dem Buchstaben „L" auf Seite 6; die ersten fünf Seiten fehlen also.

Rachel Cylus hat sich ausführlich mit diesem Verzeichnis und anderen Listen auseinandergesetzt, so dass hier darauf verwiesen werden kann.[51] Zunächst hatte sich Landsberger am 7. Dezember 1945 an den ehemaligen Studenten der Berliner Lehranstalt für die Wissenschaft des Judentums, Wolfgang Hamburger (*1919) gewandt, der in Berlin überlebt hatte. Der „letzte Direktor des Jüdischen Museum in Berlin" bat um Beantwortung folgender Fragen: „1.) ob das Museum noch an alter Stelle in der Oranienburgerstrasse ist 2.) ob es ganz oder nur teilweise erhalten ist 3.) ob die Tausende Photos, Stiche, Lichtbilder noch da sind." Er fuhr fort: „Ich plante zuletzt eine Leih-Ausstellung: ‚Kunst und Bibel', – das Museum hat daher viele Werke, die nicht sein eigen sind. Hat es schon einen Leiter?

Artikel von Franz Landsberger im „Aufbau", New York, 27.12.1946

Friday, December 27, 1946

Jüdische Welt
A Fortnightly Section of "Aufbau"
Devoted to the Knowledge and Study of Judaism

Aufbau Vol. XII, No. 52   Dec. 27, 1946-Jewish Review VI, 26

Ein wiedergefundener Schatz
Die Bilder des Berliner Jüdischen Museums gerettet

Von FRANZ LANDSBERGER, letztem Direktor des Berliner Jüdischen Museums

---

[49] Bei den zurückgekehrten Objekten sind 43 Kartons mit aufgeklebten Fotos, die das Centrum Judaicum im Dezember 2009 von einem Privatmann aus Görlitz erwarb, nicht gesondert beschrieben. Sie sind in einer Originalkiste und stammen aus der Vorlagensammlung des Jüdischen Museums.

[50] Franz Landsberger, Ein wiedergefundener Schatz. Die Bilder des Berliner Jüdischen Museums gerettet, in: Aufbau, New York, 27.12.1946, S. 19.

[51] Siehe ihren Beitrag „Ein wiedergefundener Schatz. Die Gemäldesammlung des Berliner Jüdischen Museums – nach 1945 entstandene Verzeichnisse" im parallel erscheinenden Band „Bestandsrekonstruktion des Berliner Jüdischen Museums in der Oranienburger Straße", hrsg. v. Chana Schütz u. Hermann Simon, Berlin 2011.

Gedenkt es, seine Photos usw. nach dem Ausland zu verkaufen? – Ich bin heute Professor für Jüdische Kunst am Hebrew Union College in Cininnati, könnte mir aber denken 1 Jahr Urlaub zu nehmen, um Ihr Museum wieder sachgemäss aufzubauen."[52]

Hamburger gab den Brief an Ernst Grumach weiter, weil er die gewünschte Antwort nicht geben konnte, aber davon ausging, dass Grumach, den er sehr häufig im Juni/Juli 1945 vor Hamburgers Auswanderung im März 1947 sah, dazu in der Lage war. An Einzelheiten erinnerte sich Hamburger, als ich ihn 1982 danach fragte, nicht mehr.[53]
Grumach, der übrigens Landsberger dringend abriet zum Wiederaufbau des Museums nach Deutschland zu kommen, beantwortete nun die ursprünglich an Hamburger gerichteten Fragen am 20. Februar 1946:
„Im August vorigen Jahres wurde mir gleichzeitig von zwei verschiedenen Seiten gemeldet, daß in dem Gebäude der ehemaligen Reichskulturkammer und jetzigen Kammer der Kunstschaffenden in der Schlüterstraße 45 [Berlin-Charlottenburg, H. S.] einige Bilder aufgetaucht waren, die aus dem Besitz des früheren Jüdischen Museums stammten."[54] Grumach schreibt weiter, er habe sich sofort dorthin begeben und festgestellt, „daß es sich nicht nur um einzelne Bilder, sondern um einen großen Teil unserer früheren Gemäldesammlung handelte, der dort in einem finsteren Keller untergebracht war. Einzelne weitere Bilder fanden sich verstreut in verschiedenen Räumen der Kunstkammer [i. e. Kulturkammer, H. S.], daneben auch einige wenige Kultgegenstände, nach dem Rest fahnden wir bis jetzt leider vergeblich. In mehrwöchiger Arbeit habe ich darauf, unterstützt von meiner Frau und den Beamten der Kunstkammer, sämtliche Räume des Hauses abgesucht und alle aus früherem jüdischen Besitz stammenden Bilder und Gegenstände sichergestellt und neu inventarisiert. Eine Abschrift des Inventarverzeichnisses werde ich Ihnen zugehen lassen."[55] Dieses bereits erwähnte, heute ab „L" vorhandene Inventarverzeichnis war Grundlage des zitierten Artikels von Landsberger im „Aufbau".

Nicht alle gefundenen Bilder gehörten dem Jüdischen Museum; manche waren Leihgaben, was Grumach bereits in seinem Brief anklingen ließ.
Dass Ernst Grumach nur 350 Meter vom Fundort entfernt wohnte, und zwar seit 1937 in der Schlüterstraße 53, sei ausdrücklich betont.
Möglicherweise hat Grumach von der Existenz der Bilder durch diese räumliche Nähe erfahren. Ich schließe aber auch eine andere Möglichkeit nicht aus, und zwar die, dass er selbst an dem Verbringen der Bilder an diesen, ihm daher später bekannten Ort beteiligt war bzw. davon noch während des Krieges Kenntnis erhalten hat.
Grumach musste, wir haben dies an anderer Stelle ausführlich beschrie-

---

[52] Abschrift eines Briefes von Franz Landsberger an Wolfgang Hamburger vom 07.12.1945.
[53] Brief von Rabbiner Wolfgang Hamburger, Saint Joseph, Missouri, vom 01.10.1982 an Hermann Simon.
[54] Brief von Dr. Ernst Grumach, Berlin, an Prof. Dr. Franz Landsberger, Cincinnati, vom 20.02.1946, S. 1.
Die konstituierende Sitzung der Kammer der Kunstschaffenden fand am 6. Juni 1945 statt; sie bestand nur bis zum Ende des Jahres. Sitz dieser Kammer war das Haus Schlüterstraße 45. (Bärbel Schrader, Die erste Spielzeit und die Kammer der Kunstschaffenden, in: Ursula Heukenkamp, Unterm Notdach: Nachkriegsliteratur in Berlin 1945-1949, Berlin 1996, S. 251ff. u. 455f.). Vgl. auch: Wolfgang Schivelbusch, Vor dem Vorhang. Das geistige Berlin 1945-1948, München u. Wien 1995, S. 66ff.).
[55] Brief Grumach an Landsberger vom 20.02.1946, S. 1.

ben, in der Zentralbibliothek des Reichssicherheitshauptamts (Eisenacher Straße) Zwangsarbeit leisten.[56] Zu den Zwangsarbeitern gehörte auch Breslauer, den ich oben mit der Information zitiert habe, dass die Gemeindebibliothek samt Regalen in das RSHA kamen. Weiter berichtete er: „Zum Schutze vor Fliegerangriffen wurden die Bestände der Bibliothek im August 1943 nach der Tschechoslowakei in Sicherheit gebracht (…)."[57]

Auch nach Schlesien gingen Transporte; die heute in Warschau (Żydowski Instytut Historyczny) befindlichen Akten und Bestände des Jüdischen Museums, darunter ein Waschgefäß der Alten Synagoge, über das noch zu sprechen sein wird, stammen aus diesen Auslagerungsorten.

Nicht nur Breslauer hat nach dem Krieg von den Verlagerungen der Bestände der Eisenacher Straße berichtet, sondern auch Ernst Grumach: „Im August 1943 kam (…) der Befehl zur Evakuierung. (…) Die meisten Transporte gingen nach Schlesien und nach dem Sudetengau (...)."[58]

Ich halte es nun nicht für ausgeschlossen, dass auch die Bilder des Jüdischen Museums, mit Ausnahme der großen Formate, vor August 1943 in die Eisenacher Straße gekommen waren. Von dort – und das wusste Ernst Grumach möglicherweise – gelangten sie in den Keller der Reichskulturkammer, Schlüterstraße 45.

Dass beschlagnahmte jüdische Kulturgüter in dem seit 1942 der Reichskulturkammer gehörenden Haus gelagert wurden, ist nicht überraschend. Die Reichskulturkammer untergliederte sich in eine Reihe von Einzelkammern; hierzu gehörte auch die Reichskammer der Bildenden Künste. Der in Breslau geborene, israelische Historiker Joseph Walk fasst einen Runderlass des Wissenschaftsministeriums vom 21. Februar 1941, der die „Verwertung der Schmuck- und Kunstgegenstände aus jüdischem Besitz" betraf, folgendermaßen zusammen: „Die Pläne zur Errichtung einer besonderen Stelle zur Behandlung jüdischen Kulturguts werden der Reichskammer für Bildende Künste übertragen. Diese Stelle soll auch entscheiden, wem Kunstgegenstände zum Verkauf angeboten werden sollen, und ob sie in Deutschland oder im Ausland verkauft werden."[59]

Von Versuchen, die Gemälde des Jüdischen Museums zu verkaufen, wissen wir allerdings nichts. Dass die Großformate nicht zu den unmittelbar nach der Befreiung aufgefundenen Bildern gehörten, erlaubt die Vermutung, dass diese vielleicht verkauft werden sollten bzw. auch wurden.

In seinem bereits zitierten Brief vom 20. Februar 1946 schildert Grumach dem letzten Direktor des Jüdischen Museums ausführlich, wie er die Bilder auffand und was anschließend mit ihnen geschah.

Grumach hatte versucht, „die Bilder bis zur endgültigen Entscheidung über die Zukunft der Sammlung der Kammer der Kunstschaffenden zu treuen Händen zu überlassen. Die Kammer sollte die volle Haftung für

---

[56] Hermann Simon u. Chana Schütz, „Sonderarbeiten im behördlichen Auftrag" (1941-1945). Bekannte und unbekannte Quellen - Das Tagebuch des Künstlers Arno Nadel, in: Zwischen Rassenhass und Identitätssuche: Deutsch-jüdische literarische Kultur im nationalsozialistischen Deutschland. Internationale Konferenz der Freien Universität Berlin, des Leo Baeck Instituts und des Jüdischen Museums Berlin, 9.-11. Oktober 2006, S. 441-465.

[57] Brief Breslauer (vgl. Anm. 26).

[58] Gedächtnisniederschrift über die Besprechung am 3. März 1960 mit Herrn Professor Dr. Ernst Grumach in seinem Hause in Berlin-Wilmersdorf, Berliner Straße 60, Landesarchiv Berlin (LAB) B Rep. 057-01, A I a-12-, S. 5.

[59] Joseph Walk (Hrsg.), Das Sonderrecht für die Juden im NS-Staat. Eine Sammlung der gesetzlichen Maßnahmen und Richtlinien - Inhalt und Bedeutung, Heidelberg/Karlsruhe 1981, S. 335.

die Erhaltung der Bilder übernehmen und dafür das Recht erhalten, einzelne besonders schöne und wertvolle Stücke in ihren Repräsentations- und Amtsräumen aufzuhängen. (...) Auch der Magistrat der Stadt Berlins schloss sich meiner Ansicht an, nachdem der Leiter des Städtischen Bergungsamtes für Kunstdenkmäler sich mit mir zusammen von der sicheren Unterbringung der Bilder überzeugt hatte. Der Plan scheiterte an dem jüdischen Leiter der Vermögensverwaltungsstelle des früheren Oberfinanzpräsidenten der Mark Brandenburg, jetzt Generalsteuerdirektion, Herrn Schweig, der die Ansicht vertrat, dass die Bilder als vom Reich beschlagnahmt seiner Verwaltung unterständen, und nicht eher ruhte, bis sie aus dem Gebäude der Kammer der Kunstschaffenden in sein nur drei Häuser entferntes Amtsgebäude überführt waren. Auf diese Weise sind die Bilder, die so lange in einem Keller geschmort haben, nun wieder für unbestimmte Zeit in einem Keller gelandet, diesmal in dem der Generalsteuerdirektion."[60]

Zu dem ganzen Vorgang haben sich Akten im Landesarchiv erhalten, die die Ausführungen von Grumach im Wesentlichen bestätigen und ergänzen. Am 14. August 1945 wendet sich die Vermögensverwaltungsstelle des Berliner Magistrats an die Kammer der Kunstschaffenden, die in der Schlüterstraße 45 im ehemaligen Gebäude der Reichskulturkammer ihren Sitz hat.

„Wir nehmen Bezug auf die vor etwa zwei Monaten mit Ihnen geführte mündliche Rücksprache, in deren Verlauf Sie uns zusagten, eine Aufstellung über die in den Räumen Ihrer Dienstelle vorgefundenen Gemälde aus dem Besitz der früheren jüdischen Kultusvereinigung anfertigen zu lassen. Verabredungsgemäss hat Sie unser Mitarbeiter Moser in der Zwischenzeit bereits zu verschiedenen Malen aufgesucht. Er konnte Sie aber leider nie persönlich sprechen. Ihrem Sekretariat hat er stets die Dringlichkeit der Angelegenheit dargelegt, weil auch von uns die Vorlage der Aufstellung mit der Bestätigung einer Sicherstellung verlangt wird.
Dem Wunsche Ihres Sekretariats entsprechend, wiederholen wir nunmehr schriftlich unsere Bitte um Anfertigung der Aufstellung und bitten Sie nochmals, für eine vordringliche Erledigung zu sorgen. Gleichzeitig möchten wir Sie darauf hinweisen, daß Sie, als Dienststelle des Magistrats, bis zur Übergabe der Gemälde an uns für deren sichere und ordnungsmässige Aufbewahrung die Verantwortung tragen."[61]

Die Kammer der Kunstschaffenden hatte ihrerseits offenbar die Jüdische Gemeinde informiert, denn in einem Brief an die Gemeinde vom 16. August 1945 heißt es: „Wunschgemäss erklären wir Ihnen nach einem Besuch Ihrer Herren Dipl.-Ing. Benjamin und Dr. Grumach, Schlüterstr. 53

---

[60] Brief Grumach an Landsberger vom 20.02.1946, S. 1. Die genaue Bezeichnung der Dienststelle von Schweig lautet: „Magistrat der Stadt Berlin, Finanzabteilung, Generalsteuerdirektion, Vermögensverwaltungsstelle". Schweig „wurde nach dem Krieg, Ende Juni, anfangs Juli 1945, von der amerikanischen und britischen Militärregierung zum Treuhänder bestellt und anfangs August 1945 von der Alliierten Kommandantur für alle vier Militärregionen bestätigt." (Brief Schweig an Simon 11.04.1984); vgl. auch: Senator Heinz Strieck verabschiedet Haupttreuhänder für Rückerstattungsvermögen, Pressedienst des Landes Berlin vom 06.03.1968, S. 1. Zu den Bemerkungen über „Herrn Schweig" habe ich Willi Schweig befragt. Er schrieb mir: Einen Herrn Grumachs (sic!) kenne ich nicht. Habe auch seinen Namen nie gehört." (Brief Schweig an Simon, 11.04.1984).
[61] LAB C Rep. 120, Nr. 2423, Bl. 35.

G[ar]t[en]h[aus], daß sich aus dem Kunstbesitz der jüdischen Gemeinde eine ganze Anzahl von Bildwerken nach wie vor in unserem Hause befindet, ein Teil noch verpackt in einem Keller, ein anderer Teil in verschiedenen Zimmern des Hauses untergebracht oder an den Wänden aufgehängt. Sobald Zeit und Gelegenheit vorhanden sein wird, werden wir diesen Besitz listenmässig erfassen und Ihnen als Abschrift zustellen."[62]

Es schließt sich nun ein Tauziehen um den Verbleib der Bilder an, denn die Kammer der Kunstschaffenden geht gegenüber der Vermögensverwaltungsstelle des Magistrats davon aus, dass die Bilder der Jüdischen Gemeinde gehören.
Die Vermögensverwaltungsstelle des Magistrats hingegen teilt am 13. September 1945 der Kammer unter dem Betreff „Gemälde der früheren jüdischen Kultusvereinigung in Berlin/beschlagnahmtes Vermögen der Reichsvereinigung der Juden in Deutschland" mit, dass die in der Schlüterstraße „befindlichen Gemälde aus dem Besitz der früheren jüdischen Kultusvereinigung in Berlin – Bestandteil des beschlagnahmten Vermögens der Reichsvereinigung der Juden in Deutschland – zu dem (…) von der Militärregierung beschlagnahmten Vermögen" gehört und „in unserer Verwaltung zu verbleiben hat". „Gleichzeitig weisen wir darauf hin", heißt es weiter, „daß der jetzigen Jüdischen Gemeinde, die sich als Besitzerin des Kunstgutes bei Ihnen gemeldet hat, vorläufig ein Verfügungsrecht hierüber nicht zusteht. Die Vertreter der Jüdischen Gemeinde, die sich bei uns ebenfalls gemeldet haben, sind durch uns hiervon unterrichtet worden."[63]
Diese Position wird am 20. Oktober noch einmal bekräftigt: Mehrfach „haben wir Sie gebeten, uns eine Aufstellung der in Ihrem Besitz befindlichen Gemälde der früheren jüdischen Kultusvereinigung zu fertigen, damit wir für die Sicherstellung der Kunstwerke Sorge tragen können. Durch unsere Maßnahme wollten wir Sie der Verantwortung für die Aufbewahrung der Gemälde, die auf Grund des Gesetzes Nr. 52 der Militärregierung für Deutschland als beschlagnahmt gelten, entheben. (…) Es liegt in Ihrem Interesse, wenn sie uns unverzüglichst die gewünschte Aufstellung zukommen lassen."[64]
Beide Schreiben tragen die handschriftliche Unterschrift des bereits erwähnten Willi Schweig, der mir, wie zitiert, 1984 unter Berufung auf Hans-Erich Fabian mitgeteilt hat, dass die Bildersammlung nicht Teil des Vermögen der Reichsvereinigung geworden ist. Im September und Oktober 1945 war seine Position eine andere.

Das Hin und Her zwischen Kammer der Kunstschaffenden, Jüdischer Gemeinde und Vermögensverwaltungsstelle des Magistrats fand am 22. Dezember 1945 ein Ende. An dem Tag sagte die Kammer eine Übergabe der

---

[62] Ebd., Bl. 42. Die Adresse „Schlüterstr. 53 Gth." ist handschriftlich hinzugefügt. Bei „Dipl. Ing. Benjamin" handelt es sich um Fritz Benjamin (geb. in Berlin 13.10.1888). Er wanderte im März 1948 in die USA aus.
[63] Magistrat, Vermögensverwaltungsstelle, an Kammer der Kunstschaffenden, Schlüterstraße, 13.09.1945, ebd., Bl. 5. Von dem Schreiben hat Ernst Grumach am 20.10.1945 eine Kopie erhalten.
[64] Magistrat, Vermögensverwaltungsstelle, an Kammer der Kunstschaffenden, Schlüterstraße, 20.10.1945, ebd., Bl. 41.

„Gemälde der früheren jüdischen Kultusvereinigung" zu; ab 27. Dezember 1945 fand diese dann statt.[65] Die Gemälde lagerten nun im Haus Kurfürstendamm 193-194, wenige Meter von der Schlüterstraße 45 entfernt. In einem von Schweig unterschriebenen Protokoll vom 30. Januar 1946 heißt es: „Die in dem anliegenden Katalog auf S. 1 bis 16 verzeichneten 430 Bilder, auf S. 16 diversen Kunstgegenstände und auf S. 17 verzeichneten Rahmenstücke und Teile, zu dem beschlagnahmten Vermögen der Reichsvereinigung der Juden in Deutschland gehörig, sind heute von der Kammer der Kunstschaffenden Berlin an die Generalsteuerdirektion – Vermögensverwaltungsstelle – als Verwalter des beschlagnahmten Vermögens der Reichsvereinigung der Juden in Deutschland übergeben worden."[66]

Auf der heute ab „L" vorhandenen Liste von Grumach standen insgesamt 390 Gemälde, wie Grumach an Hannah Arendt am 26. März 1952 geschrieben hat.[67]

Laut dem oben zitierten Protokoll übernahm die Vermögensverwaltungsstelle von der Kammer der Kunstschaffenden vierzig Bilder mehr, die in einem „Katalog", der umfangreicher als die Liste von Grumach war, verzeichnet waren. Dieser Katalog hat sich nicht erhalten.[68]

Über den Fortgang des Geschehens berichtete mir Schweig, dass die Berliner Zweigstelle der JRSO (Jewish Restitution Successor Organization) 1949 die Bilder „im Zentralmeldeamt zur Rückerstattung angemeldet [hat und der] Anspruch (…) an das Wiedergutmachungsgericht weitergeleitet" wurde.[69]

Das genaue Anmeldedatum ist zwar nicht zu eruieren, lässt sich aber ungefähr bestimmen: Hannah Arendt, die im Auftrag der JCR (Jewish Cultural Reconstruction Inc.) in Deutschland als „Executiv Director" tätig war, berichtet über ihren Aufenthalt in Berlin zwischen dem 11. und 18. Februar 1950 u. a., dass die Sammlung der Bilder des Jüdischen Museums jetzt von dem neuen Berliner JRSO-Büro entsprechend einer JCR-Liste zur Rückerstattung angemeldet wurde.[70]

Zeitlich nah und unabhängig von der JRSO agierte in dieser Sache auch die Jewish Agency, die in Berlin ein Büro unterhielt, für das Shoshana Rosenberg-Elbogen tätig war. Am 20. März 1949 berichtet sie dem Direktor des Tel Aviv Museum, Moshe Kaniuk, von ihren Aktivitäten. Sie teilt mit, man sei zusammen mit der Israelischen Botschaft in Prag mit der

---

[65] Ebd. Bl. 38.
[66] Protokoll vom 30.01.1946. Ebd. Bl. 3.
[67] Vgl. den Beitrag von Rachel Cyrus „Ein wiedergefundener Schatz. Die Gemäldesammlung des Berliner Jüdischen Museums – nach 1945 entstandene Verzeichnisse" im parallel erscheinenden Band „Bestandsrekonstruktion des Berliner Jüdischen Museums in der Oranienburger Straße", hrsg. v. Chana Schütz u. Hermann Simon, Berlin 2011.
[68] Auf meine Bitte hat Gisela Erler, Landesarchiv Berlin, „eine umfangreiche Recherche in der Registraturbildnerakte des Bestandes B Rep. 006, Senatsverwaltung für Finanzen", durchgeführt: „Es gibt keinen Zugang, der Akten des Haupttreuhänders beinhaltet. Der Bestand des Haupttreuhänders gibt ebenfalls keine Hinweise auf Generalakten oder Akten der Person des Haupttreuhänders. (E-Mail vom 20.07.2011).
[69] Brief Schweig an Simon 11.01.1984.
[70] "The collection of paintings of the Jewish Museum which is now being claimed by the new offices of JRSO in Berlin, according to a specified JCR list." (Jewish Cultural Reconstruction, Inc., Field Report No. 16, zitiert nach: Hannah Arendt. Gershom Scholem. Der Briefwechsel, hrsg. v. Marie Luise Knott, Berlin 2010, S. 507). Die „JCR list" konnte ich bisher nicht finden.

Berliner Jüdischen Gemeinde zu einer Vereinbarung gekommen. Inhalt dieses Übereinkommens war, die in Berlin gefundene Bildersammlung – in der Vereinbarung ist aller Wahrscheinlichkeit nach von „Kunstwerken des früheren Jüdischen Museums" die Rede – dem Tel Aviv Museum zu überlassen.[71]

Diese Vereinbarung konnte – ebenso wie der Brief von Rosenberg-Elbogen – nicht gefunden werden. Wir können davon ausgehen, dass die Vereinbarung wirklich zustande gekommen ist, denn Kaniuk formuliert an Rosenberg-Elbogen am 6. Mai 1949: „Sie schreiben in Ihrem Brief, dass Sie eine Kopie des Übereinkommens mit dem Vorstand der Gemeinde in Berlin über den Transfer der Sammlung beifügen, doch ist diese Kopie nicht bei uns angekommen." Weiter heißt es in diesem Schreiben: „Ich schicke an Sie unseren Brief an den Vorsitzenden der Jüdischen Gemeinde, und hoffe, dass dieser Brief in dem von Ihnen gewünschten Sinne geschrieben ist. Falls das so ist, übergeben Sie ihn bitte dem richtigen Mann und im richtigen Moment. Wenn aber nach Ihrer Meinung die Formulierung ungeeignet ist, teilen Sie mir das mit, und ich werde das Betreffende ändern."[72]

Der Vorsitzende der Gemeinde, Hans-Erich Fabian, ist am 14. April 1949 in die USA ausgewandert.[73] So hat der Brief den Empfänger, den „richtigen Mann", vermutlich nie erreicht. Letzten Endes aber wissen wir es nicht.

Durchschlag eines Briefes von Moshe Kaniuk an Hans-Erich Fabian 16.05.1949, Archiv Tel Aviv Museum of Art

Wir wissen hingegen, warum sich Kaniuk nach Abschluss der Vereinbarung an Hans-Erich Fabian gewandt hat. Rosenberg-Elbogen hatte nämlich empfohlen, er (Kaniuk) solle „aus formalen Gründen" den Vorsitzenden der Berliner Jüdischen Gemeinde (Fabian) um leihweise Überlassung [Unterstreichung H. S.] der Kunstwerke bitten.[74]

Nicht ahnend, dass Fabian nicht mehr in Berlin ist, schreibt Kaniuk am 16. Mai 1949 erneut an „Dr. Hans Erich Fabian, Vorsitzender der jüdischen Gemeinde Berlin". Mit Sicherheit hat dieser Brief nun wirklich niemals seinen Empfänger erreicht; hingegen hat die Briefkopie überdauert. In dem Schreiben, dass in deutscher Sprache verfasst ist, heißt es: „Das Berliner Büro der Jewish Agency teilt uns mit, dass die jüdische Ge-

---

[71] Der Inhalt des nicht auffindbaren Briefes von Rosenberg-Elbogen wird referiert nach der Kopie eines hebräischen Briefes von Moshe Kaniuk an [Eliezer] Lewin-Epstein vom 18.08.1949, Archiv Tel Aviv Museum.
Epstein war "member of the Board of the Tel Aviv Museum". (Mitteilung von RA Rony Golan, Tel Aviv, 13.07.2011).

[72] Moshe Kaniuk an Shoshana Rosenberg-Elbogen 06.05.1949, Archiv Tel Aviv Museum.

[73] Vgl. Hermann Simon, „Ihnen und der Gemeinde alles Gute". Der Dichter Arnold Zweig – Ein prominentes Mitglied der (Ost) Berliner Jüdischen Gemeinde, in: Integration und Ausgrenzung. Studien zur deutsch-jüdischen Literatur- und Kulturgeschichte von der Frühen Neuzeit bis zur Gegenwart, Festschrift für Hans Otto Horch zum 65. Geburtstag, hrsg. v. Mark von Gelber, Jakob Hessing und Robert Jütte, Tübingen 2009, S. 353f.

[74] Kaniuk an Rosenberg-Elbogen 06.05.1949.

meinde in Berlin bereit ist, ein sichtbares Zeichen zum Andenken an die ermordeten Juden Berlins zu errichten, indem es die Kunstwerke des früheren Jüdischen Museum unserem Museum leihweise überlässt."[75]
Interessant, dass Kaniuk die Geschichte so darstellt, dass die Initiative für das Verbringen der Kunstwerke nach Israel von der Berliner Jüdischen Gemeinde ausgeht. An Rosenberg-Elbogen hatte er am 6. Mai 1949 geschrieben, er danke ihr für die „wunderbare Idee, die Kunstwerke des Jüdischen Museums in Berlin unserer Institution zu überstellen".
Wer also wem den Vorschlag gemacht hat, ist nicht zu entscheiden, dennoch spricht wohl einiges dafür, dass das Ganze eine Idee von Rosenberg-Elbogen und Kaniuk war. In Israel sollten die Bilder jedenfalls bleiben.
Es war wohl reine Rhetorik, wenn Moshe Kaniuk, der Fabian um ein „Verzeichnis der Kunstwerke" bittet, schreibt: „Wir verstehen, dass bei einer etwaigen Wiedererrichtung des Jüdischen Museums Berlin die Bilder auf Verlangen wieder zurückzusenden sind."[76]

Zu der Überlassung nach Tel Aviv ist es nicht gekommen. Die Gründe kennen wir nicht. Vielleicht hängt es damit zusammen, dass Heinz Galinski, der nach dem Weggang von Fabian die Geschäfte führte, dies nicht wollte.[77]
Wichtig allein ist aber, und dies sei nachdrücklich unterstrichen: Die Jüdische Gemeinde Berlin spielte in dem ganzen Prozess eine Rolle, war also eine der handelnden Parteien.

Der Beschluss des am 8. September 1952 entschiedenen Wiedergutmachungsverfahrens ist im Berliner Landesarchiv überliefert; das zu diesem Beschluss gehörige Verzeichnis hat Rachel Cylus untersucht.[78]
Im Beschluss ist übrigens von „450 Gemälde[n] und Kunstgegenstände[n] und 12 Zubehörstück[en] die Rede.[79] Bei genauer Durchsicht des Verzeichnisses und Addition der Positionen ergibt sich, dass auf der Liste verzeichnet sind: 375 Gemälde, sechs „Zeichnungen und Aquarelle" (unter einer Nummer), ein Foto sowie 17 „diverse Kunstgegenstände"; hinzu kommen „diverse Rahmenstücke und Teile".
Für wichtig erachte ich die Tatsache, dass in diesem Fall die JRSO gegen das „1) Deutsche Reich – gesetzlich vertreten durch den Regierenden Bürgermeister von Berlin [und] 2) [gegen] Berlin" geklagt hat und der Beschluss ausdrücklich vermerkt: „Die Antragsgegner haben ebenso wie die als Beteiligte gehörte Jüdische Gemeinde zu Berlin (…) vorbehaltlich der Frage der Aktivlegitimation der JRSO Einwendungen nicht erhoben.

---

[75] Kaniuk an Fabian 16.05.1949, Archiv Tel Aviv Museum.
[76] Ebd.
[77] Ob Heinz Galinski wirklich schon am 01.04.1949 zum Vorsitzenden gewählt wurde, wie er später angab, ist strittig. (Vgl. Andreas Weigelt, Julius Meyer 1909-1979, in: Zwischen Bleiben und Gehen. Juden in Ostdeutschland 1945 bis 1956. Zehn Biographien, hrsg. v. Andreas Weigelt u. Hermann Simon, Berlin 2008, S. 96).
[78] Vgl. Rachel Cylus, „Ein wiedergefundener Schatz. Die Gemäldesammlung des Berliner Jüdischen Museums – nach 1945 entstandene Verzeichnisse" im parallel erscheinenden Band „Bestandsrekonstruktion des Berliner Jüdischen Museums in der Oranienburger Straße – Auf der Suche nach einer verlorenen Sammlung", hrsg. v. Chana Schütz u. Hermann Simon, Berlin 2011.
[79] LAB B Rep. 010-01, Nr. 272 („Rückerstattungsbeschluß in Sachen Jewish Restitution Successor Organization Berlin Regional Office, Berlin-Dahlem, Fontanestraße 16 gegen Deutsches Reich und Berlin, betreffend Rückerstattung von Bildern und Kunstgegenständen des früheren Jüdischen Museums, die im Eigentum der Jüdischen Gemeinde gestanden haben. 1952- 1953").

Der Rückerstattungsanspruch ist begründet, da die allein als Gläubigerin in Frage kommende Jüdische Gemeinde zu Berlin ihr Einverständnis erklärt hat."

Der Beschluss des Gerichts wurde rechtskräftig. „Darauf", schreibt Schweig, wurden die Bilder von meiner Dienststelle an die JRSO ausgeliefert."[80]

Wer dann von der JRSO welches Bild erhielt, war nicht von Anfang an klar; auf die Kämpfe hinter den Kulissen soll hier nicht weiter eingegangen werden; das Ergebnis ist bekannt: Über 80% des einstigen Gemäldebestandes ging nach Israel, allerdings nicht nach Tel Aviv, sondern an das israelische Nationalmuseum (damals Bezalel Museum, heute Israel Museum, Jerusalem). Über die Gründe, warum nach Jerusalem, können wir nur Vermutungen anstellen; eine innerisraelische Auseinandersetzung zwischen dem Tel Aviv Museum einerseits und Jerusalemer Museum andererseits scheint mir wahrscheinlich. Einige Spitzenstücke kamen in die USA; sie befinden sich heute im Skirball Cultural Center, Los Angeles, ebenso wie eine Ketubba aus Pisa (Italien), 1790. Eine Aufstellung dieser Stücke findet sich im Beitrag von Rachel Cylus.[81]

An Privatleute zurückgegebene Bilder, die das Jüdische Museum ausgeliehen hatte

In dem eben genannten Beschluss „betreffend Rückerstattung von Bildern und Kunstgegenständen des früheren Jüdischen Museums' ist ausdrücklich vermerkt, dass sechs Gemälde von dieser Rückerstattung ausgenommen sind. Dabei handelt es sich um Gemälde, die einst dem Museum geliehen worden waren und von den Leihgebern oder deren Erben zurückgefordert wurden.[82]

Eines ist das Bildnis von Moritz Oppenheim, das Bernhardine Friedeberg geb. Oppenheim (1822-1893) zeigt, die Nichte des Malers. Das Bild befand sich im Besitz des Enkelsohnes, Harold Friedeberg, und wurde von Landsberger, der eine Abbildung im Philo-Lexikon gesehen hatte, im Jahre 1937 ausgeliehen.[83] Ob er es jemals ausgestellt hat, war nicht zu ermitteln.

Harold Friedebergs Tochter, Hariett Wilson, hat mir vor Jahrzehnten die Geschichte des Gemäldes mitgeteilt, auch, dass ihr Vater das Bild ihrer Urgroßmutter in den 50er Jahren zurückerhalten hat.[84] Details und das genaue Datum der Entscheidung zur Rückgabe kannte Wilson allerdings nicht.

Durch Zufall konnte ich den Beschluss zur Rückerstattung dieses Gemäldes in einer anderen Restitutionsakte als Abschrift finden.[85] Demnach erging der Beschluss bereits am 15. Januar 1951 mit folgender Begründung:

---

[80] Brief Schweig an Simon 11.01.1984.
[81] Vgl. Rachel Cylus, „Ein wiedergefundener Schatz. Die Gemäldesammlung des Berliner Jüdischen Museums – nach 1945 entstandene Verzeichnisse" im parallel erscheinenden Band „Bestandsrekonstruktion des Berliner Jüdischen Museums in der Oranienburger Straße", hrsg. v. Chana Schütz u. Hermann Simon, Berlin 2011.
[82] Aufstellung dieser Bilder bei Rachel Cylus, ebd.
[83] Philo-Lexikon, Handbuch des jüdischen Wissens, Berlin 1935, Sp. 505.
[84] Vgl. Hermann Simon, Das Berliner Jüdische Museum in der Oranienburger Straße – Geschichte einer zerstörten Kulturstätte, [3. überarb. u. erw. Aufl.], Teetz 2000, S. 126; 130f. u. 147.
[85] LAB B Rep. 025-02 Nr. 2104/50, Bl. 27.

„Das Gemälde ist seinerzeit vom Antragsteller [Dr. Harold E. Friedeberg, H. S.] leihweise dem Jüdischen Museum zur Verfügung gestellt und bei der Einziehung des Vermögens der Jüdischen Gemeinde beschlagnahmt worden. Der Antragsgegner hat sich mit der Rückerstattung des Gemäldes an den Eigentümer einverstanden erklärt. Weitere Ansprüche sind nicht erhoben worden. Dem Antrag wird daher stattgegeben."[86]
Wann der Antrag gestellt wurde, war nicht zu ermitteln.

In einem anderen Fall, und zwar im Fall zweier Gemälde von Max Liebermann, beides Porträts von Lola Leder, wissen wir genau, wann der Antrag gestellt wurde und wie lange sich das Verfahren von Antragstellung bis Rückgabe hinzog; in dieser Akte fand sich der eben zitierte Beschluss, Friedeberg das Gemälde von Oppenheim zurückzugeben.
Unter den vielen Porträts von Max Liebermann sind die von Lola Leder geb. Bernstein (1892-1977) ganz besonders eindrucksvoll; wiederholt hat der Künstler die Frau des erfolgreichen Kaufmanns David Leder porträtiert; Matthias Eberle verzeichnet in seinem Werkverzeichnis eine ganze Reihe von Lola Leder-Porträts.[87]
Zwei dieser Gemälde waren im Jüdischen Museum deponiert, und zwar schon sehr früh. Sie waren Gegenstand einer Auseinandersetzung zwischen Karl Schwarz, dem ersten Direktor des Museums und seiner Nachfolgerin Erna Stein.
Bereits am 7. Juni 1934 – Schwarz lebte seit einem Jahr in Tel Aviv – fordert er Erna Stein harsch auf, fünf Punkte „sehr dringend", schnellstens zu erledigen, darunter bittet er „3) um Übersendung der bei Ihnen deponierten Liebermannbildnisse von Frau Lola Leder".[88]
Dazu ist es nicht gekommen; die beiden Bilder gehören zu denen, die in der Schlüterstraße im Keller der ehemaligen Reichskulturkammer gefunden worden waren.

Für seine Mutter, Lola Leder, wird der Schriftsteller Stephan Hermlin [geboren als Rudolf Leder] am 14. Mai 1947 tätig. Er schreibt auf Englisch – in den Akten ist nur eine Übersetzung überliefert: „Meine Mutter, Frau Lola Leder, (...) London N. W. 10, teilte mir vor einigen Tagen mit, dass zwei Porträts von ihr, von Max Liebermann, die während der Naziherrschaft verschwunden waren, durch die Britischen Behörden zur Verfügung der Eigentümer gehalten würden. Meine Mutter hat jetzt den Wunsch ausgedrückt, dass die Bilder an mich ausgehändigt werden sollen."[89]
Nach einem komplizierten bürokratischen Verfahren, in dessen Verlauf der frühere Direktor des Jüdischen Museums, Franz Landsberger, am 12. August 1948 die einstige Leihnahme bestätigt, ergeht am 6. Dezember 1951 der Beschluss, der am 28. Dezember desselben Jahres rechtskräftig wurde.[90]

---

[86] Ebd. Antragsgegner ist „das Deutsche Reich, vertreten durch den Oberbürgermeister von Gross-Berlin, Finanzabteilung-Hauptvermögensverwaltung, Berlin W 30, Nürnberger Str. 53/55".
[87] Matthias Eberle: Max Liebermann 1847-1935. Werkverzeichnis der Gemälde und Ölstudien. Band II 1900-1935, München, 1996, Nrn. 1920/9f; 1921/9f.; 1922/11-1922/14.
[88] Briefkopie befindet sich in den Unterlagen von Karl Schwarz im The Tel Aviv Museum of Art.
[89] LAB B Rep. 025-02, Nr. 2104/50, Bl. 2. Der Brief ist vermutlich an den Treuhänder der Alliierten gerichtet.
[90] Ebd., Bl. 32.

Für mich ist das Faktum interessant, dass der Antragsgegner in diesem Fall nicht nur das „Deutsche Reich" war, wie wir es zuvor gesehen haben, sondern auch die Jüdische Gemeinde, deren „Büro für Wiedergutmachungsfragen" am 29. November 1951 sein Einverständnis zur Rückgabe der Liebermann-Bilder an die Dargestellte, Lola Leder, gegeben hatte. [91]

Es hat noch weitere Rückerstattungen von Leihgaben gegeben, aber in diesen Fällen kenne ich keine Akten. Auch von Entschädigungen für verlorene Leihgaben, die Landsberger für seine letzte, nicht mehr durchgeführte Ausstellung „Jüdische Künstler erleben die Bibel" entliehen hatte, wissen wir. Im Falle mehrerer Werke von Lesser Ury hat dies Sibylle Groß in diesem Band berichtet. Die genannte Ausstellung sollte ab 11. November 1938 für das Publikum zugänglich sein.

Überdies ist mir ein Fall bekannt, in dem sich einstige Besitzer an die Jüdische Gemeinde gewandt haben. So erkundigt sich die bekannte Malerin Käte Ephraim-Marcus (1892-1970) aus Ramat Gan am 20. Oktober 1952, ob die von ihr „gemalten Porträts Frau Eschelbacher (Eigentum des Jüd. Museums) und Frau Paula Ollendorff (Breslau) (Leihgabe) gerettet und in welchem Zustande sie sind". [92]

Dass es sich bei *Paula Ollendorff* um eine Leihgabe handelt, ist vermutlich ein Irrtum der Künstlerin. Das Gemeindeblatt jedenfalls spricht am 5. Mai 1934 von einer „glänzende[n] Neuerwerbung" des Jüdischen Museums; „breit und überaus lebendig hingesetzt". [93]

Kurz und falsch antwortet die Jüdische Gemeinde nun auf den Brief der Künstlerin am 14. November 1952: „Sehr geehrte Frau Marcus! Auf Ihr Schreiben (...) teilen wir Ihnen höflichst mit, dass leider durch Kriegseinwirkung die von Ihnen angeführten Porträts vollkommen vernichtet wurden." [94]

Falsch ist die Antwort deshalb, weil beide Bilder nicht vernichtet worden sind. Sie sind auf der dem Rückerstattungsbeschluss beigegebenen Liste verzeichnet und gehören zu den Bildern, die wenig später von der JRSO, der Jewish Restitution Successor Organization, nach Israel gegeben worden und dort im Sommer 1954 angekommen sind. [95]

Käte Ephraim-Marcus, vermutlich im November 1935 nach Palästina ausgewandert, die 1952 bei der Jüdischen Gemeinde Berlin nach ihren Arbeiten fragte, war zwei Jahre später nur ca. 70 Kilometer vom Standort der Bilder entfernt! Zu Gesicht bekommen hat sie sie vermutlich nie wieder.

Käte Ephraim-Marcus (1892-1970):
Bildnis Ernestine Eschelbacher
(1858-1931), Eigentum des Jüdischen
Museums; heute Israel Museum.
Ansichtskarte ca. 1937

---

[91] Ebd., Bl. 34.
[92] Brief Käte Ephraim Marcus vom 20.10.1952 „An das Jüd. Museum z. H. der Jüdischen Gemeinde", CJA, 5 A 1, Nr. 192, Bl. 766. Biographie der Künstlerin vgl. http://www.cohengallery.com/artist.asp?Oman=18.
[93] Gemeindeblatt der Jüdischen Gemeinde zu Berlin, 24. Jg. Nr. 19 (05.05.1934), S. 3. Das Bild weist noch heute die alte Inventarnummer des Jüdischen Museums auf: 7980
[94] CJA, 5 A 1, Nr. 192, Bl. 765.
[95] Vgl. Sophie Buchholz, „Bestandsverzeichnis: Gemälde und Handzeichnungen", im parallel erscheinenden Band „Bestandsrekonstruktion des Berliner Jüdischen Museums in der Oranienburger Straße", hrsg. v. Chana Schütz u. Hermann Simon, Berlin 2011.

Bestände im Warschauer Żydowski Instytut Historyczny, darunter ein Waschgefäß aus der Alten Synagoge

„Als ich 1979 in Polen war", schrieb mir 1983 die israelische Kunsthistorikerin Elisheva Cohen, „sah ich im Magazin des Jüdisch Historischen Instituts in Warschau eine große Menge von verpackten und verschnürten Paketen. Auf meine Frage, was sie enthalten, antwortete man mir, dass dies das Fotoarchiv des Berliner Jüdischen Museums sei. Auf meine Bitte öffnete man mir einige der Pakete, die Fotos jüdischer Persönlichkeiten, Synagogen, jüdischer Institutionen usw. enthielten. Man sagte mir, dass man beginnen würde, die Sammlung zu katalogisieren (…). Man schätzt dort, dass die Sammlung etwa 5.000 Objekte enthielte, davon etwa 3.000-3.500 Fotos und der Rest graphische Blätter. Es befanden sich dort auch eine große Zahl von Negativen (…)."[96]

Durch die Hilfe der polnischen Kollegen war es uns schon in den 1990er Jahren möglich, an der Fotosammlung zu arbeiten und sie für das Centrum Judaicum zu kopieren.

Die von Elisheva Cohen genannten Negative sind nicht mit der einstigen Diapositivsammlung des Museums zu verwechseln, von der sich mehr als ein Drittel im Muzeum Ziemi Lubskiej, Zielona Góra, befindet.[97]

Im Warschauer Jüdischen Historischen Institut werden heute neben vielen Blättern der grafischen Sammlung sowie der Vorlagensammlung auch sehr große Teile der Korrespondenz des Berliner Jüdischen Museums und diverse seiner Akten verwahrt.

Wie die Bestände und die Akten des Jüdischen Museums über Auslagerungsorte in Schlesien dorthin gekommen sind, hat Jakob Hübner in diesem Band ausführlich beschrieben.[98]

Waschgefäß aus der Alten Synagoge, 1823. An der Wand Toravorhang der Alten Synagoge aus dem Jahr 1788, in der Ausstellung des Jüdischen Museums, Ansichtskarte ca. 1937

Wie bereits angekündigt, soll uns das Waschgefäß aus der Alten Synagoge interessieren, denn es handelt sich dabei um das bisher einzige Stück aus der Judaica-Sammlung, das in Europa überdauert hat. Wie, wissen wir nicht. Das Stück befand sich, ebenso wie die großformatigen Bilder, im hinteren Teil des Museums in der Oranienburger Straße 31.

---

[96] Brief Elisheva Cohen vom 17.03.1984 an Hermann Simon.
[97] Vgl. Jakob Hübner, Diapositivsammlung des Berliner Jüdischen Museums 1933-1938 im Muzeum Ziemi Lubskiej. Gesammelte Bilder – Verlorene Welten (= Berichte gegen Verdrängen und Vergessen ; Bd. 7), Berlin u. Teetz 2009.
[98] Zur Geschichte des Instituts vgl. auch Stephan Stach, Geschichtsschreibung und politische Vereinnahmungen: Das Jüdische Historische Institut in Warschau 1947 – 1968, in: Jahrbuch des Simon-Dubnow-Instituts Bd. 7 (2008), S. 401ff.

Als Chana Schütz zur Vorbereitung der Ausstellung „Jüdische Lebenswelten" um das Jahr 1988 in Warschau war, entdeckte sie zufällig bei einem Depotrundgang dieses Objekt, konnte es aber nicht sofort zuordnen. Ein Polaroid-Foto, das dann auch den Weg nach Ost-Berlin fand, war schnell gemacht, und so konnte ich das Stück als das identifizieren, was es war. Ich war damals mit dem Manuskript von Moritz Stern über die Alte Synagoge beschäftigt. In ihm beschreibt er das Geschenk des Gemeindeältesten Ruben Gumpertz an seine Gemeinde.[99] „Es ist ein kupfernes Waschgefäß, das der Synagoge nach der Renovierung im Jahre 1823 geschenkt wurde und ursprünglich im Vorraum der Alten Synagoge installiert war."[100]

Dieses Waschgefäß ist in einem Übergabe-Protokoll des Polnischen Ministeriums für Kultur an das Warschauer Jüdische Historische Institut vom 14. September 1951 aufgeführt. Das in polnischer Sprache verfasste Dokument hat Jakob Hübner in seinem Beitrag behandelt, so dass ich hier darauf verweisen kann.

Auffällig ist, dass die Judaica auf dieser Liste nicht mit den adäquaten Begriffen bezeichnet sind. So wird das Waschgefäß der Alten Synagoge unter 24/1971 als „Kupferbehälter, rituell" verzeichnet.

Waschgefäß aus der Alten Synagoge, 1823, in der Ausstellung des Żydowski Instytut Historyczny im. Emanuela Ringelbluma, Warschau, 2010

Nach Berlin zurückgekehrte Objekte

Max Liebermann „Selbstbildnis mit Pinseln und Palette" (1933)

Unter den vielen Selbstporträts, die Max Liebermann geschaffen hat, ist für uns sein letztes von ganz besonderer Bedeutung. Der Künstler schenkte es dem Jüdischen Museum anlässlich der Eröffnung am 24. Januar 1933.

Der für die Jüdische Telegraphenagentur anwesende Berliner Rechtsanwalt James Rosenthal (1903-1997), damals ihr jüngster Mitarbeiter, erinnerte sich im Juni 1980 an die Eröffnung Jahrzehnte zuvor: „Immer wieder wandten sich Blick und Sinn, von den Weihereden, zum schönsten Museumsschmuck: Liebermanns neuestem Selbstporträt, in dessen Nähe er saß, von ihm ein paar Tage vorher dem Museum als Symbol seiner Gemeinschafts- und Gemeinde-Verbundenheit, als eine Art ‚Weihgabe' geschenkt.[101]

Matthias Eberle vertritt die Auffassung, dass Liebermann „wahrscheinlich (…) auch nach der Übergabe an das Museum noch daran gearbeitet" hat.[102] Das Gemälde gehört zu denen, die im Keller der ehemaligen Reichskulturkammer gefunden worden waren. Grumach schrieb in dem bereits zitierten Brief an Landsberger: „Nur einige wenige und zufällig nicht sehr

---

[99] Moritz Stern. Geschichte der Alten Synagoge zu Berlin, hrsg. v. Hermann Simon u. Harmen H. Thies, Teetz 2007, S. 238f.

[100] Chana Schütz, Das Inventar der Alten Synagoge in der Heidereutergasse. Versuch einer Bestandsaufnahme, ebd., S. 259.

[101] Ich zitiere nach dem Original dieser Erinnerungen (Centrum Judaicum), die einem Brief vom 09.06.1980 an mich beigegeben waren. Dieser ist – geringfügig redaktionell bearbeitet – später publiziert worden: James Yaakov Rosenthal, „Letzte Post" – Museumsweihe 1933, Nachrichtenblatt des Verbandes der Jüdischen Gemeinden der DDR, Dresden Dezember 1982, S. 9f. Dass Liebermann anwesend war, ist nur durch den Bericht von Rosenthal überliefert; die Presse zur Eröffnung erwähnt dies nicht.

[102] Brief von Matthias Eberle an Hermann Simon vom 14.12.1995.

Eröffnungsfeier des Jüdischen Museums am 24. Januar 1933. Am Rednerpult: Dr. Karl Schwarz; vorne rechts: Dr. Aron Sandler; zweiter von links: James Rosenthal, Korrespondent der J.T.A.

wertvolle Bilder sind stark zerstört, einige andere werden sich mit geringer Mühe restaurieren lassen. Über einigen hat der Himmel sichtbar seine Hand gehalten, wie z. B. über dem herrlichen Selbstbildnis von Liebermann, das unter einem Haufen leerer Rahmen in einem offenen Kellerfenster gesteckt hat und jahrelang Schnee und Regen ausgesetzt war."[103]

Das Bild ist in Folge des am 8. September 1952 entschiedenen Wiedergutmachungsverfahrens an das Israel Museum gegeben worden; dort trennte man sich im Jahr 1987 davon.

Vollkommen unbemerkt wurde es auf einer Auktion der „Villa Grisebach" am 29.11.1991 zum Verkauf angeboten, aber von niemandem ersteigert, so dass es an den Einlieferer – einen Privatsammler aus Tel Aviv, der es vermutlich bei einer Auktion der Tel Aviver Stieglitz Gallery 1987 ersteigert hatte – zurückging.[104]

1992 erschien es im Katalog von Sotheby (Tel Aviv) und wurde dort versteigert.[105] Nachdem es in der Ausstellung des Centrum Judaicum „Was vom Leben übrig bleibt, sind Bilder und Geschichten" (1997) – einer Exposition, die die Liebermann-Schau des Jüdischen Museums von 1936 zu rekonstruieren versuchte – zu sehen war,[106] konnte es mit Hilfe der Stiftung Deutsche Klassenlotterie Berlin vom Centrum Judaicum erworben werden.

Jakob Steinhardt „Der Prophet"

Zur Eröffnung des Jüdischen Museums zierte eines der Hauptwerke der expressionistischen Künstlergruppe „Die Pathetiker", das Monumentalwerk von Jakob Steinhardt *Der Prophet* (1913/1914), die Eingangshalle des Jüdischen Museums, und zwar in der Nachbarschaft von Lesser Urys Gemälden *Jeremias* und *Moses sieht das gelobte Land* sowie von Arnold Zadikows Bronzeplastik *David*.[107]

Nach 1933 sollte es mehr und mehr „von der Bildfläche" verschwinden,

---

[103] Brief Grumach an Landsberger vom 20.02.1946, S. 1.

[104] Villa Grisebach, Auktionen Nr. 21 (29.11.1991), Nr. 7. Das Bild ist im Auktionskatalog mit „um 1925/30" falsch datiert.

[105] Sotheby's Nineteenth and Twentieth Century Paintings, Drawings and Sculpture Tel Aviv, 20. 10. 1992, Nr. 16. Die Datierung entspricht der bei Grisebach; eine Provenienz ist nicht angegeben.

[106] Vgl. „Was vom Leben übrig bleibt, sind Bilder und Geschichten". Max Liebermann zum 150. Geburtstag. Rekonstruktion der Gedächtnisausstellung des Berliner Jüdischen Museums von 1936. - Ausstellung der Stiftung „Neue Synagoge Berlin - Centrum Judaicum" gemeinsam mit dem Museumspädagogischen Dienst Berlin und der Max-Liebermann-Gesellschaft Berlin, hrsg. v. Hermann Simon, Berlin 1997, S. 258.

[107] Inka Bertz, Propheten und Ostjuden. Zur Verarbeitung von Zeiterfahrung im Werk Jakob Steinhardts vor und nach dem Ersten Weltkrieg, in: Jakob Steinhardt, Der Prophet. Ausstellungs- und Bestandskatalog - Jüdisches Museum im Berlin Museum 1995, S. 75.

schreibt Chana Schütz in ihrem Beitrag über die Jüdische Künstlerhilfe in diesem Band. Bereits erwähnt habe ich, dass die Großformate, so auch dieses Bild, im Herbst 1936 zusammen mit anderen großen Bildern des Jüdischen Museums umgehängt wurden.

Wie alle diese Bilder, die das Jüdische Museum besaß, gehörte es nicht zu den Werken, die nach der Befreiung im Keller des Hauses Schlüterstraße 45 gefunden worden sind.

Wie das zuvor besprochene Liebermann'sche Selbstbildnis, befindet sich Steinhardts Frühwerk heute im Centrum Judaicum.

Der Künstler Jakob Steinhardt (1881-1968) konnte noch erleben, dass *Der Prophet*, den er für verschollen hielt, in den 1960er Jahren auftauchte. Verschiedene Zeitungen haben über dieses Ereignis berichtet; glaubhaft ist die Geschichte aber nicht in allen geschilderten Einzelheiten, insbesondere die bereits zitierte Mitteilung, SA-Leute seien in der „Kristallnacht" in das Museum eingedrungen und haben auch dieses Bild gestohlen, halte ich für höchst unwahrscheinlich.[108]

Gefunden wurde das Bild nach dem Krieg, so auch die Berliner Zeitung „Der Telegraf", in einer zerstörten Villa auf Schwanenwerder. „Details über die Lage des Hauses, die der Finder später seinem Sohn übermittelte", schreibt die genannte Zeitung, „ließen die Vermutung aufkommen, daß es sich hier um die Residenz des ehemaligen Propagandaministers Goebbels gehandelt haben muß."[109]

Zwar hatte Goebbels sein 1936 erworbenes Anwesen auf Schwanenwerder, Inselstraße 8-10, im Jahre 1943 verlassen, um mit seiner Familie in ein Grundstück am Bogensee bei Lanke, nördlich von Berlin in der Nähe von Bernau, zu ziehen; er kehrte aber noch einmal Anfang März 1945 auf die Insel zurück, so dass die Geschichte des Finders sich so zugetragen haben könnte.[110]

Dennoch bleiben in mir Zweifel am Wahrheitsgehalt der Schilderung, denn es ist schwer vorstellbar, dass das Gemälde jemals im Hause von Goebbels hing, musste doch der Propagandaminister mit prominenten Nazi-Besuchern rechnen. Schließlich war er von Hitler dazu bestimmt worden, „durchzusetzen, was [dieser] unter Kunst im nationalsozialistischen Deutschland verstand".[111] Werke wie *Der Prophet* gehörten mit Sicherheit nicht dazu.

Die bereits zitierte „Jüdische Allgemeine" berichtete weiter, dass „Dr. Schiff, der damalige Direktor des Museums in Haifa, in den 1960er Jahren einen Brief [erhielt], dem ein Foto des Bildes Steinhardts [beigegeben war] und der besagt[e], daß sich das Bild in den Händen eines Mannes in Bayern befände."[112] Das Gemälde war Schiff von dem Besitzer angebo-

---

[108] Steinhardt painting, looted by Nazis, is bought back, a.a.O.; Haim Mass (vgl. Anm. 8).
[109] Heino Eggers, Odyssee eines Bildes. Zweimal behielt „Der Prophet" recht, in: Telegraf Berlin, 14.11.1965.
[110] Vgl. auch Christine Fischer-Defoy, Schwanenwerder im Nationalsozialismus. Ein Inselrundgang, in: Aktives Museum (Hg.), Rundbrief Nr. 62 (Januar 2010), S. 6.
http://www.aktives-museum.de/fileadmin/user_upload/Extern/Dokumente/rundbrief_62.pdf
Fischer-Defoy vermutet, Goebbels hat sein Anwesen nicht aufgegeben, sondern er wollte seine Kinderschar außerhalb von Berlin in Sicherheit wissen. Vermutlich blieb dort alles so erhalten und damit auch das Bild dort. So konnte es dann 1945 im geplünderten Haus gefunden werden. (E-Mail vom 17.07.2011).
[111] Chana C. Schütz, „Weil ich ein eingefleischter Jude bin ...", in: „Was vom Leben übrig bleibt, sind Bilder und Geschichten", S. 70.
[112] Joachim M. Goldstein, Die Geschichte eines Bildes. Jakob Steinhardt in Berlin, in: Jüdische Allgemeine Nr. XX/31 vom 20.10.1965, S. 14.

ten worden, wie Mass zu berichten wusste. Er teilte ferner mit, dass der Haifaer Museumsdirektor Steinhardt von der Sache informierte.[113]

Die „Jüdische Allgemeine" wusste überdies mitzuteilen, dass sich der Generaldirektor der Staatlichen Museen, Leopold Reidemeister (1900–1987), in die Sache einschaltete. Schließlich konnte die Berliner Jüdische Gemeinde das Bild Ende 1965 für 3.000 DM erwerben. Fritz E. Croner (1913-1983), damals Mitglied ihrer Repräsentantenversammlung, fuhr mit seinem Auto zu dem Besitzer, einem Hotelier in Seebruck am Chiemsee. Er verhandelte dort intensiv mit ihm und überzeugte ihn schließlich, der Jüdischen Gemeinde Berlin das Bild für die genannte Summe zu überlassen.[114]

Der Maler Jakob Steinhardt hat dann sein Bild persönlich im Gemeindehaus in der Fasanenstraße in Augenschein genommen und es aufgefrischt.

Es mutet wie ein Wunder an, dass Steinhardts prophetisches Bild heute wenige Meter vom einstigen Ausstellungsort, der Eingangshalle des Berliner Jüdischen Museums, in der ständigen Ausstellung des Centrum Judaicum Besucher beeindruckt.

Weniger beeindruckend als dieses gewaltige Werk, aber für die „Suche nach einer verlorenen Sammlung" wichtig, ist folgende Bildnisminiatur und ihre Geschichte:

„Frau Enoch aus Scieracz"

Wir wissen nicht, wer die porträtierte Frau Enoch war. Die Originalbeschriftung sagt, die Dargestellte stamme aus „Scieracz (Russ. Polen)"; dabei handelt es sich um das heutige Sieradz, Powiat Sieradzki, Wojewodschaft Łódź, Polen.

Wie und wann das Bild in den Bestand des Jüdischen Museums gekommen ist, kann ich nicht sagen.

Ich erinnere mich noch deutlich – mein Buch über das Jüdische Museum war gerade im Januar 1983 als Publikation des Berlin Museums erschienen –, da öffnete der Vorsitzende der Jüdischen Gemeinde Berlin (Ost), Dr. Peter Kirchner, während eines Gesprächs den Stahlblechschrank in seinem Büro. Er hatte das Buch gelesen, und dabei war ihm eingefallen, was er mir nun zeigte, nämlich jene Miniatur.

Den Aufkleber auf der Rückseite „Kunstsammlung der Jüdischen Ge-

oben: Miniatur Frau Enoch aus Scieracz Vorderseite, Centrum Judaicum

unten: Miniatur Frau Enoch aus Scieracz Rückseite, Centrum Judaicum

---

[113] Haim Mass, (vgl. Anm. 8).
[114] Vgl. Haim Mass, ebd. und Heino Eggers (vgl. Anm. 109).

meinde Berlin" kennen wir von anderen Werken; die Signatur 7526 ist in der Handschrift geschrieben, die sehr oft auf Bildern des Jüdischen Museums vorkommt; charakteristisch ist die Zahl „7". Wem diese Handschrift zuzuordnen ist, kann ich nicht sagen.

Was die Miniatur, oder besser gesagt deren Rückseite, so interessant macht, sind die sonstigen Beschriftungen, die wir dort vorfinden. Rätsel gibt der polnische Text auf, weil er nur bruchstückhaft erhalten ist. Vermutlich handelt es sich um einen Reiseausweis (poln. „dokument podróży"), also eine Ausfuhrerlaubnis oder -bescheinigung, was darauf hindeuten könnte, dass der Zettel integral zum Bild gehört und man ihn deshalb auf die Rückseite geklebt hat.[115] Ich vermute, dass dieser Reiseausweis aus der Zeit stammt, als die Miniatur nach Deutschland in die Kunstsammlung gelangte.

Der andere Aufkleber oben rechts ist eine sowjetische Inventarnummer. In dieser Vermutung wurde ich von Jörn Grabowski, dem Leiter des Zentralarchivs der Staatlichen Museen zu Berlin, bestätigt. Er vermutete, dass es sich bei „Opis 3 167" möglicherweise „um eine Registratur-Nummer aus dem Historischen Museum in Moskau handeln könnte".[116]

Nun hatte ich ohnehin vor, mich an dieses Moskauer Museum in einer anderen Angelegenheit zu wenden, und zwar verfolge ich schon seit vielen Jahren eine Spur, die das Silber des Jüdischen Museums betrifft:

Im Rahmen der Nachfolgekonferenz der „Washington Conference on Holocaust-Era Assets" in Vilnius, Oktober 2000,[117] berichtete Valery Kulishov, der als „independent researcher" an der Konferenz teilnahm, von einem Brief des Historischen Museums Moskau aus dem Jahre 1946 oder 1948, in dem das Museum dem sowjetischen Kulturministerium mitteilte, dass man eine Kiste mit Silberobjekten aus dem Bestand des Berliner Jüdischen Museums „erworben" habe. Zugleich wurde in diesem Brief angefragt, wie damit nun umzugehen sei.

Sowohl das Problem Miniatur *Frau Enoch aus Scieracz* als auch die eben erzählte Geschichte habe ich dem Direktor des Historischen Museums Moskau, Aleksej Lewykin, geschildert und erhielt die Antwort, dass im Moskauer Museum 1946 in der Tat sowohl die Miniatur *Frau Enoch aus Scieracz* als auch jüdische Kultgegenstände (darunter silberne) eingetroffen sind. Im April 1954, so Lewykin weiter, wurde beides an das Museum für die Geschichte der Religion und des Atheismus, Leningrad übergeben.[118]

Später muss die Miniatur nach Berlin gekommen sein, höchstwahrscheinlich im Jahre 1958 im Zuge der Rückführung von Kunstwerken aus der

---

[115] Für die Hilfe bei Lesung und Übersetzung danke ich Elżbieta Blumenbach und Ingo Loose, beide Berlin.

[116] E-Mail von Jörn Grabowski, Staatliche Museen zu Berlin, an Hermann Simon vom 03.12.2009.

[117] Vilnius International Forum on Holocaust-Era Looted Cultural Assets, 3-5 October 2000.

[118] Brief des Direktors des Staatlichen Historischen Museums Moskau, A. K. Lewykin, an Hermann Simon vom 17.02.2011.

„Действительно, в 1946 г. в Государственной исторический музей в числе культовых ценностей (в том числе серебрянных) поступил интересующий Вас предмет (миниатюра фрау Енох из Серач). Однако, в апреле 1954 г. вся указанная коллекция была передана в Музей истории религии и атеизма в Ленинграде." (А.К. Левыкин)

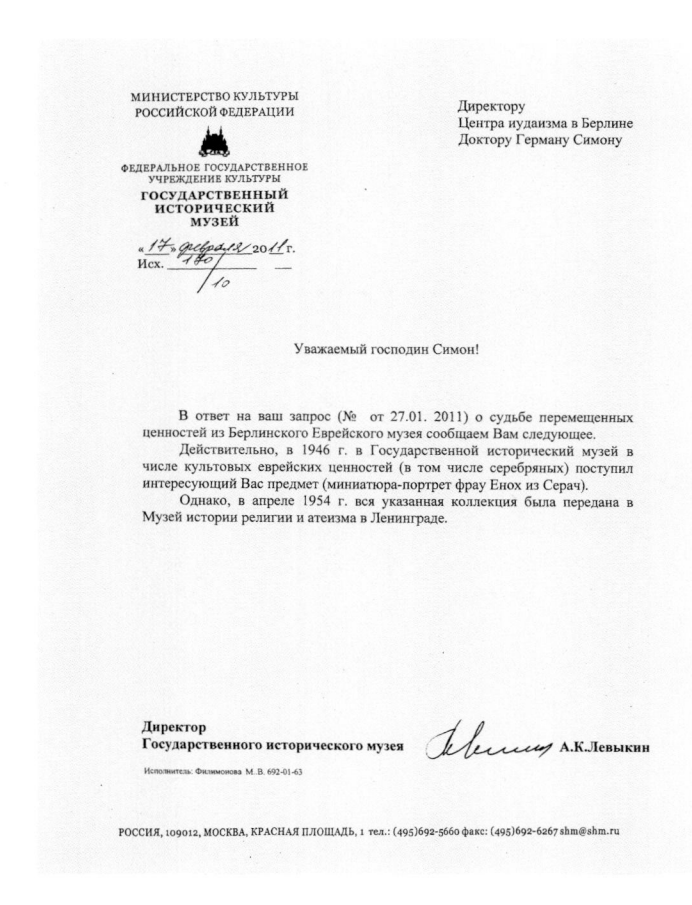

Brief des Direktors des Staatlichen Historischen Museums Moskau, A. K. Lewykin, an Hermann Simon vom 17.02.2011

UdSSR.[119] Sie könnte sich unter den zurückgekehrten Werken der Gemäldegalerie befunden haben. Möglich ist aber auch, dass *Frau Enoch aus Scieracz* irrtümlich in eine der 92 Kisten mit Münzen und Medaillen gelangt war, die das Berliner Münzkabinett, nachdem sie ein Mitarbeiter des Kabinetts bis zum 20. November 1958 in Leningrad verpackt hatte, zurückerhielt.[120]
Beide Berliner Sammlungen befanden sich damals im Bode-Museum. Beim Auspacken wurde sicher die eindeutige Provenienz Jüdische Gemeinde bemerkt und das Stück vermutlich dann in die nur wenige hundert Meter entfernte Hauptverwaltung der Jüdischen Gemeinde in die Oranienburger Straße gebracht. Dort fand Peter Kirchner die Miniatur bei seinem Amtsantritt 1971 vor und verwahrte sie im Stahlblechschrank der Gemeinde. Wie und von wo aus sie zuvor in das Historische Museum Moskau gelangt war, konnte ich nicht feststellen. Ich schließe nicht aus, dass sowohl die Silberobjekte als auch die Miniatur nach der Beschlagnahme durch die Gestapo in einen Auslagerungsort kamen, vielleicht dorthin, wo die heute in Warschau befindlichen Dinge von der Roten Armee aufgefunden worden sind.

Vermutlich ist damals nicht alles an das Warschauer Żydowski Instytut Historyczny gegeben worden, denn auch im Staatlichen Militärarchiv Moskau (ehemals Sonderarchiv) sind eine Reihe von Dokumenten und zahlreiche Blätter der Vorlagensammlung des Jüdischen Museums archiviert. Auszuschließen ist auch nicht, dass eine der sowjetischen Trophäenkommissionen das Silber aus Berlin abtransportiert hat. Diesbezügliche Archivrecherchen blieben leider bisher ohne Ergebnis. Irgendwann wird auch das Rätsel der Rückseitenbeschriftung der „Bildnisminiatur Frau Enoch aus Scieracz (Russ. Polen)" gelöst. Davon bin ich fest überzeugt.

Wenn ich meine jahrzehntelange Beschäftigung mit der Geschichte des Berliner Jüdischen Museums überdenke, kann ich feststellen, dass wesentlich mehr über das Schicksal dieses Museums und seiner Bestände ermittelt worden ist, als ich bei Beginn meiner Nachforschungen vor etwas mehr als 30 Jahren zu hoffen wagte.
Die Suche nach der verlorenen Sammlung des Berliner Jüdischen Museums bleibt auch weiterhin eine – ja, meine – Aufgabe.

---

[119] Zur Rückführung vgl. die Broschüre Verlust + Rückgabe, Berlin 2008; http://www.kulturstiftung.de/aufgaben/deutsch-russischer-museumsdialog/projekt-verlust-und-rueckgabe/

[120] Vgl. die Tätigkeitsberichte der Gemäldegalerie (von Irene Geismeier) und des Münzkabinetts (von Arthur Suhle) in: Forschungen und Berichte der Staatlichen Museen zu Berlin, Bd. 3/4 Berlin 1961, S. 163 und 144.

Jüdisches Museum **Eingangshalle**, um 1933

rechts an der Wand Julius Obst *Betender*

Stiftung Neue Synagoge Berlin – Centrum Judaicum

The Road Paved with Good Intentions: Between Berlin and Jerusalem 1949-1955

by Shlomit Steinberg

It was during the bitter days of the Berlin Blockade that a confidential trip report, compiled on April 8th, 1949, by the executive secretary of The Jewish Cultural Reconstruction Organization (JCR), Dr. Joshua Starr, after his two-day visit to the torn and divided city of Berlin, was dispatched to the offices of the Jewish Restitution Successor Organization (JRSO) on Broadway in New York City.

"…Paralleling the handling of the libraries and archives the Hitler regime took over the Berlin Jewish Museum with a view to maintaining an anti-Jewish exposition. Dr. Grumach suspected that the present holdings of the Jewish Museum of Prague derive in part from the Berlin institution. He gave me an inventory of about 300 paintings, which have survived (the same list which served as the basis of an article by Franz Landsberger in the New York Aufbau)…"[1]

The Jewish philologist Dr. Ernst Grumach, mentioned in Starr's report, knew the whereabouts of the collection already by early 1945 and later assisted JRSO and other restitution organizations. Grumach had remained in the city throughout the war. Sentenced to forced labor in Berlin by the S.S. in November 1941, he, and other Jewish intellectuals working under his supervision as "Gruppe Grumach", sorted confiscated collections of rare Hebraica, Judaica, books and manuscripts until the end of the war. Grumach saw the paintings at a facility at Schlüterstraße 45, only a few houses away from his own apartment at number 53 on the same street.[2] Later that year he mailed a copy of the list he compiled of his findings to the former director of the Jewish Museum, Dr. Franz Landsberger, who by then had moved to Cincinnati in the US.[3]

This article begins in Berlin, April 1949, with Starr's report, and will follow a time-span of exactly six years until April 1955, when a large part of

---

* I would like to express my gratitude to Inka Bertz, a fountain of knowledge, who helped me with all things concerning Berlin between 1949 and 1954.
[1] Dr. Franz Landsberger (1883 - 1964) was an art historian and director of the Berlin Jewish Museum from 1935 to 1938. After escaping from Germany in 1938 and a short stay in England, he immigrated to the U.S. in 1939 and was appointed director of the museum at The Hebrew Union College in Cincinnati.
[2] See: Nachlass Ernst Grumach, at The Central Archive of the History of the Jewish People, Jerusalem. In file P205/18 there is a rental lease for an apartment on Schlüterstraße 53 for the years 1937-1945.
[3] This important list proved that the treasures of the Jewish Museum were not altogether lost and prompted Landsberger to write his seminal article "Ein wiedergefundener Schatz" in: Aufbau, Vol. XII, No. 52, 27 December 1946, pp. 19-20. This article was the reason why Starr went looking for the collection in 1949 while he visited Berlin.

Ein steiniger Weg gepflastert mit guten Absichten: Zwischen Berlin und Jerusalem 1949 – 1955

von Shlomit Steinberg

Das Schicksal der Kunstsammlung des alten Berliner Jüdischen Museums zwischen 1945 und 1955 nachzuzeichnen, ist so faszinierend wie schwierig. Im hier vorliegenden Beitrag soll der Prozess, während der Nachkriegsjahre einen neuen Standort für diese bedeutende Sammlung zu bestimmen, genauer beleuchtet werden. Als Belege wurden ausschließlich Primärquellen herangezogen, die den Verlauf der Restitutionsbestrebungen über eine Zeitspanne von insgesamt zehn Jahren dokumentieren. Zwischen 1949 und 1955 wurde intensiv versucht, ein neues Domizil für Hunderte von Gemälden zu finden, die anschauliches Zeugnis des einst blühenden Geisteslebens in der Berliner jüdischen Gemeinde waren, einer Gemeinde, die nach dem Holocaust nicht mehr existierte.

Der Weg der Sammlung, die als verschollen galt, bis sie 1945 von Ernst Grumach wiederentdeckt und unter anderem durch den renommierten Kunsthistoriker Mordechai Narkiss begutachtet wurde, beginnt in Berlin nach Ende des Zweiten Weltkriegs und endet Mitte der Fünfzigerjahre in Jerusalem. Im Verlauf der Bemühungen, sie von Berlin an einen sicheren Ort zu verbringen, stießen die Mitarbeiter der Treuhandorganisation Jewish Trust Corporation (JTC) in London und Berlin, und der Jüdischen Restitutionsnachfolger-Organisation (JRSO) in New York auf viele Schwierigkeiten. Der Artikel ist auch ein Beitrag zur Würdigung der Arbeit der Frauen und Männer, die damals für die beiden Schwesterorganisationen tätig waren.

Besuch der Makkabi-Handballmannschaft aus Palästina im Jüdischen Museum, Juni 1937 dahinter Max Liebermann Schreitender Bauer, 1894 (1935 Geschenk von Lotte Fürstenberg-Cassirer) und rechts Max Band Mutter und Kind, 1930 Bildarchiv Abraham Pisarek

these paintings finally reached a new repository at the Bezalel National Museum in Jerusalem (later to become the Israel Museum in 1965). It is written with the intention of tracing that long process of restitution during those years, and in order to do so, I will be using primary sources such as official reports, letters, and documents which will help explore what happened during that time period. Furthermore, I intend to use this opportunity to shed some light on various people who took it upon themselves to rescue the Jewish Museum treasures and transport them to safe havens within the Jewish world, men who felt obliged to save the incredible cultural heritage left by the intellectual Jewish community of Berlin and aimed to re-plant it, nurture and revive it wherever the achievements of that community would be appreciated by generations to come.

But let us return to Dr. Starr and his sojourn to Berlin:

Max Band Mutter und Kind, 1930,
The Israel Museum, Jerusalem

Starr's visit to the divided city was planned by the headquarters of the Jewish Restitution Successor Organization with the intention of obtaining updated information as to the whereabouts of Berlin's Jewish cultural property in the aftermath of the Holocaust and World War II.[4] In section 2 of the field report quoted above, Starr related the little information he had gleaned concerning the location of the art collection of the Berlin Jewish Museum which had closed in November 1938, right after the events of the November Pogrom. Due to the division of the city of Berlin between the Western Allies (American, British and French) and the Soviets, after its surrender in May 1945, the current location of the Jewish Museum's collection happened to be within the zone allotted to the British Army. Starr pointed out that restitution of the art at that time would be rather problematic "...and until an effective restitution ordinance is promulgated, the Museum property must remain in status quo post bellum, meaning, „The state of affairs existing after the war".

An undated report, probably compiled circa August 1949 by Mordechai Narkiss, director of the Bezalel National Museum in Jerusalem, after his visit to Berlin, elaborated on the technical state of this collection of paintings and suggested a possible solution for their future safe-keeping:

---

[4] Starr, Joshua, Field Report no. 6, 8 April 1949, addressed to the Jewish Cultural Reconstruction headquarters in New York, (JRSO New York, File no. 923a).

"...There are left 400 paintings of Jewish artists beginning with Oppenheim to Chagall. The collection (part of which is in bad condition because of moisture) is in trusteeship of a custodian, Mr. Schweig. The latter was appointed by the Magistrate of Berlin, a converted Jew.[5]

The whole collection is in a room in the Finanzamt on Kurfuerstendamm 193/194. The collection is badly preserved. It is therefore very important, that it is taken over and brought to Israel and divided between the museum and other institutions..."[6]

These two important reports by Starr and Narkiss, were a testimony to the survival of the collection of the Jewish Museum in post-war Berlin. The paintings were part of a larger collection which included sculptures and Jewish artifacts as well. The museum itself had opened in January 1933 on Oranienburger Straße, several days before Hitler came to power. It was closed on November 10th, 1938.

After the pogrom of November 9-10, 1938, the museum's collection was confiscated by Nazi authorities, before which they had been under the custodianship of the Reichsvereinigung der *Juden in Deutschland*.[7]

A year later on December 27, 1939, an ad was published in the Jüdisches Nachrichtenblatt, the only Jewish newspaper still allowed to operate in Berlin, advising collectors who had loaned works of art to the museum to come and collect them, because the museum no longer existed.[8] The address in the ad was Johannisstraße 16, not far from the museum building where the Jewish Reformed community had its offices.

Henryk Barcinski Jude mit Torarolle
The Israel Museum, Jerusalem

Very little is known about the whereabouts of the Jewish Museum's collection between its forced closing in late 1938 and Grumach's discovery in early 1945. Had the paintings remained under lock and key inside the Museum until the bombardment of the city proved too dangerous to keep them there? When were they moved to a safer storage place at Schlüterstraße 45, where Grumach saw them? And why again, sometime between 1945 and 1949, were they relocated to another storage facility at 193-194 Kurfürstendamm?

---

[5] The above-mentioned Willi Schweig was the Berlin chief custodian ("Treuhaender der amerikanischen, britischen und franzoesischen Militaerregierung fuer zwangsübertragene Vermoegen"). For an interview with him see AJR Information, Vol. IV, No. II, November 1949, p. 2.

[6] Narkiss, Mordechai, Document concerning Ceremonial Objects in German Museums, undated, addressed to the Jewish Cultural Reconstruction headquarters in New York (JRSO New York, File no. 923b).

[7] See also Hermann Simon's article in this catalogue. Simon expresses a different view, based on a letter to him by the above-mentioned Willi Schweig dated January 11, 1984 [editor's note].

[8] Hermann Simon, Das Berliner Jüdische Museum, Teetz, 2000, p. 137.

The Road Paved with Good Intentions 51

Moise Kisling Mann mit Pfeife, *1923,*
The Israel Museum, Jerusalem,
Foto Elie Posner

Upon returning to Jerusalem, JRSO officials promised Narkiss that works of art (paintings, prints, drawings and Jewish ceremonial objects) which were left in the central collecting points of Munich and Wiesbaden would be ear-marked for his museum. Narkiss hoped to add the Jewish Museum's collection to the other unclaimed works of art under his museum's custody and thus enrich it with important master works by major Jewish artists such as Oppenheim, Chagall, Lesser Ury and Liebermann to name but a few. He also felt that Jerusalem, which became the new home for many ex-Berliners, was the appropriate place for works from a former Berlin museum. Exhibiting the paintings at the Bezalel National Museum might help this withdrawn and fragile-spirited community rekindle its old pride.

Similar thoughts had also crossed Moshe Kaniuk's mind in mid-May 1949. Kaniuk was the director of the Tel Aviv Museum in Israel, a museum which had much in common with the collecting and curatorial philosophy of the Jewish Museum in Berlin.[9] He wrote to Hans-Erich Fabian, chairman of the Jewish community in Berlin that he would like to receive the recovered paintings and offered to take them, even as a loan, to his museum.[10]

However by the time Kaniuk's letter reached Fabian, the latter was no longer chairman. In his place was Heinz Galinski, who might not have been aware of this initiative but more than likely had much more pressing and important issues at hand.

For a while during 1949 some interest was expressed concerning the paintings, their location, their physical condition and most of all the inventory

---

[9] The Jewish Community of Berlin, a community of 1400 survivors who had returned to live in their city, was re-established in 1946 as a public corporation with Hans-Erich Fabian as its chairman.

[10] Simon, p. 144.

of what had been found. Then came a long silence until late 1952, when an inventory of the paintings and some miscellaneous items (in English) was compiled, probably by someone at the Jewish Trust Corporation in the British Zone of Berlin, most likely based on Grumach's list from 1945.

But how did the restitution process of the collection come about?
The Americans were foremost in setting up a framework, and the first Jewish body for claims in the American Zone, the Jewish Restitution Successor Organization (JRSO), was established in 1948 with offices in Nuremberg. In 1950, a similar body - the Jewish Trust Corporation (JTC) - was established in the former British Zone (northwest Germany) with the approval of the British government. It was headed by Sir Henry d'Avigdor Goldsmid with Dr. Charles I. Kapralik as its general secretary.

Later a separate branch of the organization was also established in the French Zone and a joint office was created for the three sectors of West Berlin. The primary task of the JTC was to locate, within an 18-month time limit, property that remained unclaimed after June 30, 1950, the deadline established by the Restitution Law for the British Zone for claims by original owners or their heirs. Among the many tasks JTC took upon itself was finding a new location for the Jewish Museum treasures, yet that mission was probably a concern of lesser importance, if one considers the state of Jewish affairs in the city during the post-war years.
Why were the paintings still in Berlin in 1952?

The main reason for not moving the paintings to one venue or another had to do with the restitution law, which enabled claimants to demand return of their businesses, bank accounts, real-estate and art collections. The deadline for the restitution process was set for September 30th, 1952, but claims kept pouring in even after December 31st, 1952. So even though the JTC had wanted a definite deadline for claims, they extended it, and while claims kept coming, there was no point in sending works of art whose owners – former lenders to the museum – might come for them.[11] As the collection consisted of both privately-owned works of art and communal property, it was essential to allow private claimants to be able to request and receive their works of art prior to sending the collection away from Berlin. Leaving the collection intact in Berlin was also out of the question, since there were no facilities in which to keep it, not to mention any means to restore damaged works and exhibit them. In a city already prey to The Cold War, with its small Jewish community concentrating on survival, art was not an urgent concern.

---

[11] Charles I. Kapralik, Reclaiming the Nazi Loot, London, 1962, p. 58.

Issai Kulviansky Tod des jüdischen Zimmermanns, 1926,
The Israel Museum, Jerusalem

On January 12th, 1953, Samuel Dallob, who had worked as the executive officer at the headquarters of the Jewish Restitution Successor Organization in the U.S. Army barracks in Nuremberg between July 1951 and October 1955, wrote to Saul Kagan in New York with news concerning the long awaited shipping of the paintings:

"The paintings of the Berlin Jewish Museum have now been restituted to us and are awaiting our disposition. Could you please ask Hannah Arendt whether the paintings are to be shipped to Israel, U.S., England, or elsewhere? We should prefer to ship the paintings directly from Berlin to their end destin-ation and would appreciate doing so as speedily as possible".[12]

On April 8th a list of the paintings from Dr. M. Kreutzberger of the Jewish Agency in Munich was sent to Eliyahu Dobkin at the Jewish Agency in Jerusalem stating that it would be wise to start choosing works from that list.[13] Dobkin sent the list to Narkiss, who wrote back apprehensively:
"Thank you for the list…I am sorry that many things I have seen with my own eyes in Berlin, in the summer of 1949, are missing from the list."[14] He did not specify what was missing, but certainly the transferring of works from one place to another and the long stretches of time was the cause of probable thievery.

The next step was reaching a decision as to the future repository of the collection, and from New York, Saul Kagan sent his observations to Dr. Charles Kapralik of the JTC London:

"You will recall that …you indicated to me that the JTC would favor the transfer to Israel of the entire collection of paintings of the Berlin Jewish Museum…JCR has now informed me that they agree that the Berlin collection should be sent intact to Israel".

Kagan also points out cautiously:
"As you know, the Bezalel Museum is not the only museum in Israel…", while expressing the hope that if the paintings should indeed reach Jerusalem as an intact collection they will, "preserve the name and the memory of an important former Jewish cultural institution".[15]

---

[12] Letter dated 12 January 1953, Dallob to Kagan, in the IMJ Archive, File no. 33.
[13] Letter (in Hebrew) dated 8 April 1953, Kreuzberger to Dobkin, IMJ Archive, File no. 33.
[14] Letter (in Hebrew) dated 27 April 1953, Narkiss to Dobkin, in the IMJ Archive, File no. 33.
[15] Letter dated 29 April 1953, Kagan to Kapralik, CHJP Archive.

However the road to Jerusalem, though obviously paved with many good intentions, proved to be a complicated one. A note written on July 1st, 1953, by Benjamin B. Ferencz, chairman of JRSO in New York, to Dr. Kapralik in London, rejected the idea of sending the entire collection to The Hebrew Union College in Cincinnati. This idea was brought up by one of the JTC members, the lawyer Dr. Hans Reichmann, who was the honorary secretary of the Council of Jews from Germany in London.[16] In his unique style and humor Ferencz wrote:

"I am shattered. I am tempted to send it [the paintings s.s.] to Reichmann. Why do you do this to me?"

But humor aside, opening the subject of restitution to other options worried Ferencz, who recognized that the whole process would take a step backward, and so he declared:

"The paintings remain where they are until I hear from you".[17]

Pressure adding to this already complicated state of delays, came via another letter, which landed on Kapralik's desk, featuring an unexpected interest on the part of Dr. Karl Schwarz, former director of the Jewish Museum in Berlin and later director of the Tel Aviv Museum (1933-1947), who stated his personal wishes regarding a certain painting in the collection:

Arthur Segal Selbstporträt, 1932, The Israel Museum, Jerusalem

"I was told by my successor Prof. Landsberger, now in Cincinnati, that the greater part of the paintings had been found in a cellar at Kantstrasse in Charlottenburg, and that there existed a list of the said works. Among those pictures were many precious works by Jewish artists, specially also of historical value…I want to draw your special attention to one particular painting; the great picture "The Wandering Jews", also called "Galuth" by Samuel Hirszenberg … The picture was half the property of the Jewish Community and half the property of the late Dr. Theodor Zlocisti … A few weeks ago there was inaugurated in Sefad the "Glicenstein Museum" in memory of the great sculptor. And there is also a special section of works by Samuel Hirszenberg, who was brother-in-law of Glicenstein. The proper place for the above said painting by Hirszenberg would be the Museum in Safed!"[18]

---

[16] The United Restitution Organization was founded in 1948 as a legal aid society, to help claimants of limited means, living outside Germany, to recover both in restitution and compensation what was due to them from Nazi Germany. Legal offices were set up for this purpose, staffed by expert Jewish and European lawyers in the countries of refuge, in Germany itself and later in Austria. The URO was sponsored by the British Foreign Office as a qualified and responsible public service to undertake the preparation and pleading of claims in return for a modest fee in case of success. The administrative center, established in London, was headed by Secretary-General Hans Reichmann, a German-Jewish civil servant from 1949 until his death in 1964. For more information see: N. Bentwich, YLBI, 10 (1965), pp. 204–24.

[17] Letter dated 1 July 1953, from Ferencz to Kapralik, (JRSO File 3320).

[18] Letter dated 3 June 1953, from Dr. Karl Schwarz in Tel Aviv to Kapralik, JRSO New York File 296b.

When Schwarz wrote his letter he was not aware of the fact that the whereabouts of this particular masterpiece were unknown.[19]

For his part, Franz Landsberger was worried that paintings, which were not part of the Jewish Museum property but which had been there on loan in the 1930s, might be shipped to Israel as well. Then their rightful owners would not be able to trace them. This apprehension found an ear with Saul Kagan of JRSO New York who pointed it out to Kapralik, making sure Landsberger's fear was addressed by noting that: "No one proposed that the paintings which belonged to individuals should be turned over to the Bezalel Museum."

Kagan pointed out that Landsberger, "understandably desires that a part of the collection would go to Cincinnati"[20]

An anxious letter from Dallob to Narkiss from November that year stressed Landsberger's wishes and specified that the paintings which remained on loan at the Museum in November 1938 were meant for the exhibition "Biblical Subjects as Seen by Jewish Artists", as well as several family portraits of members of the Berlin community. Dallob apologized that, "the entire matter is again at a standstill".[21]

Ernst Oppler Bronislaw Hubermann, um 1927, The Israel Museum, Jerusalem

Dr. Kapralik's memo to Kagan from November 26th took matters a step further, when he informed his overseas colleague that a sub-committee had met in London and reached a decision regarding the choice of paintings to be shipped to Cincinnati. The list included works by Budko, Spiro, Meidner, Struck, Steinhardt, and other works by important Jewish masters as well as some Chanukah menorahs. Five paintings were to be shipped to Jewish institutions in England and three or four paintings to like institutions in France via the French Branch of JTC."The rest of the pictures should go to the Bezalel Museum or to the Museum in Tel Aviv….Both Museums are to be requested to place at the disposal of the Irgun Oley Merkaz Europa a certain number of pictures (25-30) …"[22]

Needless to say, this decision was far from favored by the Bezalel Museum administration who felt that the entire collection should come to Jerusalem as originally promised. The very same Professor Bentwich, who was part of the sub-commitee, wrote to Dr. Kapralik a month later from his office at the Hebrew University, Jerusalem, that Dr. Schiff from the Bezalel Museum disagreed with the proposed division of the goods:

---

[19] For more information about the search for the lost painting Galut see Dr. Gideon Ofrat's article in this catalogue.
[20] Letter dated 14 September 1953, from Kagan to Kapralik, IMJ Archive file 33.
[21] Letter dated 20 November 1953, Dallob to Narkiss, IMJ Archive file 33.
[22] Letter dated 3 December 1953, from Kapralik to Kagan, JRSO New York File 296b.

"He had received an agreement that the whole collection of the Berlin Museum should come to Bezalel...They are prepared to take the whole collection...I think the best thing would be to have the whole collection dispatched without delay to the Bezalel Museum in Jerusalem..."[23]

Samuel Dallob was the bearer of good news on February 25th, 1954, when he informed Narkiss:
"I imagine you will be pleased to hear that it has now finally been decided that a substantial portion of the paintings from the Berlin Jewish Museum will within a short time be sent on to the Bezalel Museum."[24]

On January 25, 1954, it was decided by Hannah Arendt, the executive secretary of JCR New York, that 40% of the works (mostly portraits of members of the former Berlin Jewish community) would be shipped to the Bezalel Museum, several important narrative paintings would be transferred to the Hebrew Union College in Cincinnati and a few paintings would be sent to Jewish retirement homes in London and Paris.[25]

The next step was the actual transport of the paintings to Jerusalem, coordinated by Dr. Zvi Doriel, head of the Berlin branch of the Israeli Mission to Germany. His letter dated May 17th, 1954, sheds light on a certain urgency that motivated him to take matters into his own hands.

"According to the formal legal state of affairs we need to ship the paintings not later that 20th of June 1954...we do not allow ourselves to delay the shipment mostly of fear that after the 20th of June there will be difficulties with export licenses from Germany."[26]

The last letter concluding the long awaited shipment was mailed from Hannah Shomron, secretary of the Bezalel Museum, to Dallob stating:
"We should appreciate ...your sending us these paintings via Shoham at the earliest possible opportunity."[27]

In April 1955, it turned out that, contrary to previous decisions, almost 80% of the Jewish Museum's paintings, including several important masterpieces by Oppenheim, Ury, Lieberman and Chagall, arrived safely in Jerusalem and were registered in the Museum's inventory. Since 1955 the paintings have been in the museum's permanent exhibition as well as in various important exhibitions in Israel and abroad, and they have appeared in numerous publications. Paintings are still being restored and researched, and the great legacy of the Berlin Jewish Community is proudly remembered.

---

[23] Letter dated 23 December 1953, Bentwich to Kapralik, in the IMJ Archive file 33. Norman De Mattos Bentwich OBE MC (1883 – 1971) was a Jewish British Barrister and a lifelong Zionist. From 1932 to 1951 he occupied the Chair of International Relations at the Hebrew University. He was also the Director of League of Nations, High Commission for Refugees from Germany between 1933 and 1935 and Chairman of the United Restitution Office between 1948 and 1971 as well as Foreign Office Committee on Restitution in British Zone of Germany, 1951.
[24] Letter dated 25 February 1954, from Dallob to Narkiss, IMJ Archive file 33.
[25] Letter dated 25 February 1954, from Dallob to Narkiss, in the IMJ Archive file 33. See also Saul Kagan and Ernst Weismann, The Jewish Restitution Successor Organization, New York, 1973, p. 32.
[26] Letter (in Hebrew), 17 May 1954, Dr. Zvi Doriel to the Bezalel Museum, IMJ Archive, file 33.
[27] Letter dated 19 July 1954, Hannah Shomron to Dallob, IMJ Archive file 33. Shoham was the Israeli Shipping company by sea.

Makkabi-Handballmannschaft aus Palästina
vor der Neuen Synagoge, Juni 1937

Bildarchiv Abraham Pisarek

In Search of "Exile"

by Gideon Ofrat

I recall the heavy darkness of my aunt Zila's living room, a seven-year-old taken on a visit to his father's great aunt. An old apartment, gray and peeling, on the corner of Allenby and Ge'ula streets in Tel Aviv, its back turned on the glimmering sea down the road. A world of shadows: the crowded furniture, heavy pieces brought by Aunt Zila from Poland, her snow-white hair, her long black dresses, the curtains blocking out the light, the lacework table cloth, the sugar cubes for sweetening tea, the engraved silver spoons, the fancy tea-cup saucers, the foreign language through which my aunt and father communicated with each other. Crypt-like shadows, tomblike darkness enveloped an old woman, alone in her old age. Aunt Zila came from the Diaspora, and her home was a diaspora in Tel Aviv, by the Yarkon River.[1]

The child's eyes inadvertently wander to the painting that hangs on the wall. It is a distressing image, but the child's gaze is drawn to it: a gloomy reproduction in black and white, somewhat blue, horizontal, narrow and elongated, framed in varnished wood and covered with glass. It is *Exile*: a famous, large, Zionist painting, made in 1904, the most famous of all the paintings created by Samuel Hirszenberg, a renowned Jewish Pole who died in Jerusalem in 1908 at the age of 43, six months after having arrived to teach painting at the Bezalel Academy of Art. He is buried in Jerusalem, on the Mount of Olives. Reproductions of *Exile* hung in thousands of Zionist homes in the early twentieth century, exiled people looking at a reflection of their exile, shadows observing their likeness.

The darkness of the room and that of *Exile*. Shadows within shadows. A black mass of Jewish refugees, swaddled in warm overcoats, hats, and kerchiefs, drag along an endless desert of snow toward the unknown. Their gaze is gloomy, their heads are bowed. The old people lead the way, followed by women, men and children. It is a painting that emanates old age, finality, death. Dozens of years later, having foolishly exchanged my diasporic family name (Friedlander) for a proud Hebrew one (Ofrat), I look at an old print on my desk, at this academic realism which is itself tomblike, and seek to enter that crypt, to pierce the painting's distressing secret, which has not ceased haunting me for so many years.

This is my people, this is my family. What do we have in common? An abyss lies between us – between my colorful life and their monochromatic somberness, between their landscapes and mine, between my solitary uniqueness and their assembly. Are these my forefathers? Do I really share their lot? Is their Holocaust indeed my own Holocaust? Is *Exile* my own exile?

---

[1] This is a reference to Ezekiel 10:22, "by the river Chebar" (Translator's Note).

And at the same time, what is it about this depressing painting, so menacing and clingingly murky, that would attract a child? What is it in this painting, which is as burdensome as a genocidal albatross, which does not allow the man, still looking at it in his sixties, to let it go? Why was it so important to him to purchase a tattered copy of Hirszenberg's *Exile* and place it on his desk? Why is his home becoming more and more a reflection of Aunt Zila's apartment? Why does he bother to tirelessly search for the original painting, lost somewhere between Poland and Germany around 1940?

For dozens of years I have been searching for this painting, whose hold on my mind has not ceased. Over the years I have become more and more passionate in my desire to bring *Exile* to Israel.
The challenge of locating the lost painting may have been sparked while working on some chapters in my book, *Schatz's Bezalel*.[2] I remember how impressed I was by Lesser Ury's description in "Die Welt" magazine of Berlin Jews quickly passing by the painting in 1907 (in the "Exhibition of Jewish Artists"), avoiding it, lest they be identified with the *Ostjuden* (Jews from Eastern Europe) it portrays.
September 1995: On a visit to ZIH, the Jewish Historical Institute in Warsaw, I discover a photograph of *Exile* hanging in an exhibition at the Jewish Museum in Berlin in 1939![3] I take a photograph of this photograph and wonder what the Nazis did with the painting. I am well aware that the Nazis were experts at preserving Jewish art and even planned a central Jewish museum in Prague. They couldn't have destroyed *Exile*. Years later, after I have made sure that Hirszenberg's *Exile* was not left in some remote corner of the Prague Jewish Museum's storerooms, I would find out that all the large works from the collection of the Jewish Museum in Berlin disappeared after 1939. Could they have been stored together by the Nazis, still awaiting our discovery? My discovery? Could they have been destroyed in a bombing?

Toward the end of a meeting with Zusia Efron, a veteran Jewish art scholar (who headed the Ein Harod Museum of Art for many years), I asked if he knew anything about Hirszenberg's *Exile*. "Sit down!" Efron commanded. "Sit down, so you don't pass out," he added with a mysterious smile, sitting down in front of me. Well, as it turned out, he had been searching for the lost painting himself for years. He let me know that there was no point in searching for it in Polish museums, for it was purchased shortly after it was painted in 1904 by the Jewish Museum of Berlin, and they had owned it throughout the years.[4] It was no accident that this painting was exhibited there in 1907, nor was it by chance that it was photographed there on the eve of WWII. At that time, Zusia continued, the museum directors were ordered to shut their doors forever. They made a detailed

---

[2] Gideon Ofrat, *Schatz's Bezalel* (Jerusalem: The Israel Museum, 1982).
[3] This is the date noted by the Warsaw archive. I now understand that the photograph was probably taken about a year before, since the Nazis closed the museum in 1938.

Auf der Suche nach „Galut"

Gideon Ofrat

Der israelische Kunsthistoriker Gideon Ofrat erzählt in diesem Beitrag die Geschichte seiner persönlichen Suche nach Samuel Hirszenbergs berühmtem Gemälde mit dem Titel *Galut* [hebr. Wort für Exil/Diaspora, deutsch: *Sie wandern* oder englisch: *Exile*] aus dem Jahr 1904. Es verschwand mit Schließung des alten Jüdischen Museums in Berlin 1938, blieb jedoch in der jüdischen Welt unvergessen und lebendig in unzähligen Darstellungen und Reproduktionen. Für den Autor spielte es bei der Herausbildung der eigenen jüdischen Identität eine prägende Rolle als er sich mit der Frage beschäftigte, welche Bedeutung der Diaspora in Israel zukommt.

Der Wunsch, das verschollene Meisterwerk ausfindig zu machen, um es auf Dauer in Israel zu präsentieren, führte Ofrat und seine Frau, die Fotografin Aliza Auerbach, auf eine viele Jahre währende detektivische Spurensuche durch polnische und israelische Archive und schließlich ins georgische Tiflis. Im Besitz der Synagoge in Tiflis befindet sich tatsächlich ein Gemälde mit Darstellungen, die an Hirszensbergs berühmtes Kunstwerk erinnern. Doch die Geschichte seiner Herkunft ist geheimnisumwittert und umflort von heimatgeschichtlichen Überlieferungen. Ist es wirklich das Original, ist es Hirszenbergs *Galut*? In seinem persönlichen Bericht zeichnet Ofrat die Geschichte eines der beliebtesten Werke des alten Jüdischen Museums in Berlin nach und bringt sie schließlich für sich zu einem Ende.

Samuel Hirszenberg
Sie wandern, 1904,
verschollen,
Bildarchiv Centrum
Judaicum

inventory of the museum's collection and asked donors and lenders to take back their works, also donating some works to Jewish institutions in England, the USA, etc. Zusia, who saw the inventory list, which preceded the museum´s dissolution, was astonished to find no mention of *Exile*. He lost all hope until, years later, he was informed by Joanna, a Polish friend who worked as a librarian and curator in Warsaw, that she had traced it to a Jewish community "somewhere in Asia." "Where in Asia?" I pressed him excitedly, but Zusia refused to specify. ("I'm afraid of the Americans arriving there first and ruining everything.") eventually he divulged: "The Caucasus." Has any contact been made with the community? Yes, and photographs were also sent. ("The painting still has a stamp on it with the registry number of the Jewish Museum in Berlin.") How did the painting get there? Apparently it was hidden during the war in Berlin in the wealthy Charlottenburg district, and when the city was taken by the Soviets, a Russian-Jewish officer (from the Caucasus?) sent it to the Caucasus. That was it. At this stage, Zusia was attempting, he said, to enlist the help of Avraham Burg, Speaker of the Israeli Knesset and former Chairman of the Jewish Agency, in order to bring the painting to Israel. Not a simple matter, I understood, due to legal complications related to questions of ownership, reparations, etc. "Most importantly, the Americans must remain out of the picture, or they may ruin everything."

Eight years before, in 1991, my wife, Aliza Auerbach, traveled to Georgia for a project photographing emigrants in Ethiopia and the Commonwealth of Independent States. In the Sephardic synagogue she photographed the synagogue manager (the gabai) against a backdrop of paintings of Rabbis, dignitaries, the Israeli flag, and... Samuel Hirszenberg's *Exile*. For eight years, until my meeting with Zusia Efron, I had assumed it was a reproduction. And now, this morning, having heard the story of my meeting with Efron, my wife emerges from her study carrying the photograph: "There it is, *Exile*, in Tbilisi, in the Caucasus Mountains…"

I am in shock. Should I travel to Tbilisi? Should I try to purchase the painting? Should I let the people at the Israel Museum in Jerusalem know? And how should I go about it without spoiling the efforts of Zusia Efron and his people, and without putting the "Americans" in the picture?

One thing was quite clear to me: *Exile* was about to reach the end of its exile.

I weighed the possibilities and then telephoned my friend Ami Brown in Tel Aviv, a mega-collector and generous supporter of the arts in Israel.[5] I suggested that he travel to Tbilisi with me and attempt to buy *Exile*. He had the financial means for such a purchase and could ensure that the painting would be on public view in Israel.

Ami Brown suggested that my wife and I travel without him: "If they see someone like me, they'll think I'm a dealer and name an exaggerated

---

[4] I have recently learned from Dr. Chana Schütz, chief curator of the Centrum Judaicum in Berlin, that the painting belonged to two collectors who, upon immigrating to Palestine, left it at the Jewish Museum of Berlin as a long-term loan.

price. It is better that you go there with your art-history sentiments," he said decisively. "The expenses are all on me. Call me from Tbilisi and I will transfer the funds immediately."

(Would I be removing a "national treasure" from Georgia?) First and foremost I would not stand between Zusia Efron and the painting. If I heard anything about negotiations in progress I would back off.

I was quite anxious about the journey. Luckily, Aliza recalled Marina Shaushvili, a journalist and TV reporter from Tbilisi, who had been very hospitable when she visited Georgia in 1991. I made contact with Shaushvili, and then Itsik Moshe, Head of the Israel-Georgia Chamber of Business, who has astonishing connections and unusual clout around Georgia. It was only a matter of hours before he sent us a fax informing us that Kabuli Yitzhakshvili,[6] "a very wise Jew, [who] speaks Hebrew fluently and is very well thought of in the community and in government circles, a close friend" would await us at the tarmac, take care of all our business for four whole days and wrap up loose ends (together with Itsik Moshe) with the Georgian Minister of Culture! Our visit was practically turning into a State visit… Suddenly I became worried that involving the Georgian authorities might turn out to be a boomerang if they refuse to let *Exile* go on "national" Georgian grounds. But there was no turning back. Speaking on the phone with Kabuli Yitzhakshvili he let me know that he was quite familiar with the painting and would commence negotiations with the Jewish community prior to our arrival.

It seemed nothing could stop the safe arrival of *Exile* in Israel. Then, two days before we were to leave, I woke up in the middle of the night with a strange premonition to compare the reproduction of Exile on my desk with the one that appears in Aliza's photograph. To my horror, it seemed to me that there was a difference between the oblong format of the reproduction and the square one of the Tbilisi painting. Neither did the clear signature in the lower left corner of the reproduction – S. Hirszenberg, Lodz, 1904 – appear in the photograph taken by Aliza. I tried to console myself. The photograph might be misleading, and the small caption sign on the painting could be covering the signature…

A day before our departure I was overcome by doubts. Browsing through my archive, I located the copy of the photograph I received in Warsaw in 1995 showing *Exile* alongside other works at the Jewish Museum in Berlin. Only about a third of the painting is visible, but it leaves no doubt that this is a huge work. Right next to it hangs Marc Chagall's *Praying Jew* 1913/1914, which I know for a fact to be 40x30 cm, and next to *Exile* it looks like a miniature. I concluded that *Exile* is over 1.5 meters high and 2.5 meters long. The painting in my wife's photograph appeared to be smaller than that.

---

[5] Ami Brown died in October 2010 at the age of 82 after a long illness.
[6] For understandable reasons, I have changed his name.

But was it? Was I being misled by deceptive photographic perspectives? Or was the original painting perhaps cut?

On 31 August 2000 at noon, Aliza and I started our journey to Tbilisi. I was carrying Richard Cohen's book *Jewish Icons: Art and Society in Modern Europe*, which describes the various Jewish types assembled by Hirszenberg in the painting, explains its connection to the 1903 Kishinev pogrom, and gives an account of the exhibitions in which the painting was displayed and of the impression it left on observers and notable Jewish painters (Maurycy Minkowski, Abel Pann, etc.). I recalled that on the back of a Polish postcard from the early 20th century the painting was titled *Refugees*, and that in a booklet written (in Yiddish) about Hirszenberg by Yosef Sandel (Warsaw, 1952) it was called *Proletariat*.

We land in Tbilisi airport and head to the VIP lounge. At the top of the stairs, dressed in a suit, stands a full-bodied, round-faced man who introduces himself as Kabuli Yitzhakshvili.

After a preliminary polite exchange, I cut to the chase: How do we get

Samuel Hirszenberg Sie wandern, 1904, verschollen,
Bildarchiv Centrum Judaicum

In Search of "Exile"   65

Besucher im Jüdischen Museum vor dem verschollenen Gemälde Sie wandern von Samuel Hirszenberg, 1936, Bildarchiv Abraham Pisarek

Exile out of here? "Well, it is an extremely complicated business," says Kabuli in his calm voice. "There is the Rabbi, there is a synagogue manager, there is a community leader, but none of them are prepared to take responsibility for the decision. Also, there have already been visits by several Israelis and Americans interested in the painting." (Aha! Zusia Efron's representatives…). "In addition," Kabuli continues, "it is quite a problem to get the picture out of Georgia. The painting, you see, belongs to the State. This is no simple matter: some people, for instance, wanted to take some Bibles out of Georgia, just to repair and then return them, and were taken for questioning by the KGB." (I feel my blood go cold.)

"I made enquiries," Kabuli continues, "and learned that the painting, which hangs at the Sephardic synagogue, was donated by a rich man of Ashkenazi origins from Tbilisi, who is now deceased. One of the community elders told me that he helped transport the painting by a horse-drawn cart. At the synagogue you will see a small caption near the painting reading, in Georgian and Russian, 'The Spanish Inquisition'. Rabbi Adin Steinsaltz, on his visit here, told me that this is not a depiction of the Jews' expulsion from Spain, for that is not how Spanish Jews dressed in 1492. Anyway, that donor brought the painting to Tbilisi in the 1940s."

– "So, what should we do?" I ask.

– "I have an idea," Kabuli answers, "We'll find someone to forge the painting."

– "Forge?!" I ask in horror.

– "Copy," Kabuli corrects himself with a smile and adds: "At night, the original painting at the synagogue will be quickly replaced by its copy, and all will be well. I have already found a painter who can do it."

– "And how will the painting be transported to Israel?"

–"Only through official channels, of course. It is all a matter of payment…"

I am speechless with astonishment. A high Georgian official is suggesting that I forge a painting on Georgian soil and "pay" the authorities.

– "No one would know. No one would care. The only thing that matters is that the money can be used to the community's benefit." And as for the Israeli and American enquiries? "Nothing has come of it. They received a

negative answer and dropped the matter altogether," Kabuli concludes.
Kabuli and I make an appointment to go to the synagogue in an hour. "I will stay in the car," he says. "It would not do for me to be seen with you after having made all these enquiries around the community. We shouldn't make too much commotion around the painting. It wouldn't do to show any special interest in the painting. Go in as tourists, look around innocently; look at *Exile* as you would at any other exhibit."
Something seems fishy. Why am I being prevented from examining the painting? Could it be a copy, and that is why nobody cares if it is copied and exchanged as long as it is paid for?

The Sephardic synagogue is in the heart of the Old City of Tbilisi. We park at the synagogue's gate. Kabuli remains in the car but, before we have closed the doors behind us, he is recognized by some synagogue elders standing outside, so we go inside all three of us. My attention is given to the great hall decorated by wall paintings and the wooden Holy Ark. But, as I pass through the entrance hall, I get a glimpse of *Exile*, hanging in a small room on the right. And in that split second the painting's format and colors already signal to me that this *Exile* is not the one I am looking for. I take a short turn around the hall and go into the room.
I am appalled. Among photographs of local Rabbis, the painting is wretchedly cramped (I measure with the palm of my hand: its length is about 1.40 meters, its height about 1 meter). It is not only the miserable state of the fabric, but the poor quality of the copy. Not a trace remains of Hirszenberg's superb realistic depiction or his intense expressiveness. I am standing in front of a poor copy, only semi-professional. Was it for this that we made the great effort of coming here? And of course there is no signature on the painting. The copier did not even presume to make a forgery; he just copied the image, perhaps from the famous black-and-white reproduction.
I feel terrible but try to maintain a "business as usual" atmosphere. Both Aliza and I hold back our reactions.
The next morning I ask to look at the painting again. Yosef and Michael,[7] two young assistants of Kabuli's, take us once more to the Sephardic synagogue. This time Aliza and I walk right into the synagogue manager's room, take out photographs, a slide and a magnifying glass and start making comparisons. Aliza climbs on a chair, almost giving a local old man a heart attack. There is no doubt in my mind. It is a bad copy; the original is still missing.
I tell Kabuli the bad news. He asks to see my documents and has to concede that, indeed, Tbilisi can no longer claim ownership of the original *Exile*. It is Friday, and in the evening, we go to the Ashkenazi synagogue, where we are surprised to see, hanging in the entrance hall, a photograph

of the *Exile* painting which hangs at the Sephardic synagogue. We immediately seek an explanation from the old synagogue manager. He breaks into a self-assured monologue, saying:

"There was an old Jew living in Tbilisi, Lenenski was his name, who was famous for his charitable donations and good deeds for the city's Jews. This Lenenski worked for the Soviet NKVD and was later executed for his Jewish activities. But before things came to that, in 1942 or 1943, one of his beneficiaries decided to give him a present as a show of gratitude. The Tbilisi-based painter, Shalom Koboshvili,[8] was asked to copy the *Spanish Inquisition* painting made by some Russian painter and repainted it in oil on canvas without ever having seen the original. The Inquisition painting hung in Lenenski's house until he was executed, and then the government gave it to the Sephardic synagogue. We transported it there in a horse-drawn cart."

All my questions were answered. The *Spanish Inquisition* painting – that is, the Kishinev pogrom *Exile* – was nothing but a questionable copy based on one of those popular early 20th century black-and-white postcards.

– "There is only one thing we can do," Kabuli uttered after a prolonged silence. "Lela."

– "Lela?"

– "A clairvoyant, a woman who has an uncanny ability to foresee things. President Shevardnadze himself consults her. Tomorrow morning we shall go to her and she will inform us of the whereabouts of the original *Exile*."

What can we lose? The next morning, at eleven o'clock, we find Lela in an old church in the midst of Mass. Lela takes us back to a tiny room in her apartment filled with religious icons and prayer books. I sit in front of her and lay out the photographs of *Exile*. Lela fingers the prints and the slide, closes her eyes and starts speaking in fluent Georgian (simultaneously translated by Kabuli):

"The painting was stolen. It was in Germany and was stolen there. No, it is not in Europe. It was first transported to Italy by a Christian missionary and then arrived in Africa. I see it in Africa. It is slightly burned on one side. It is in a city, not the jungle, a city with a Jewish community. But the painting is not in Jewish hands. It is held by a Christian. The painting was made by a painter more renowned among Jews and less so around the world. He painted approximately thirty paintings, and this is the most famous one. Go, go to Africa. You will find the painting. Do not discuss art with the painting's owner. Only discuss money with him. He will sell you the painting. I see you hitting the jackpot…"

And as we were leaving, she promised once again: "Go to Africa, you will find the painting there!"

---

[7] These are not their actual names.
[8] A renowned primitivist painter at the time.

I did not go to Africa. I went to Philadelphia, where I worked for six months at the Center for Advanced Judaic Studies. The center's secretary, Etty Lassman, was acquainted with a senior member of the American Commission for Art Recovery. I suggested that she ask her friend to make enquiries among the South African Jewish community (for where else has a Jewish community remained in Africa?)

On 10 December 2000 a copy of a letter sent to a member of the American Commission for Art Recovery was forwarded to me:

"...I made an inquiry with my former assistant, Joelle Bollag, who now works at the Jewish Museum, Berlin. She forwarded my request to Iris Blochel. Ms. Blochel's response ...may offer you some further information:
... about the Hirszenberg picture. In fact, it was in the possession of the Jewish Museum Berlin, where it figured under the title Sie wandern (They are Wandering). The painting was very popular, though modernist critics like Max Osborn called it an antiquated outgrowth of a sentimentalist view on Jewish culture. It was exhibited until the closing of the museum in November 1938... Some of the paintings of the Jewish Museum were found in Berlin after the war; there exists an inventory list of them, made by the JRSO. These pictures were distributed, most of them were given to the Bezalel Museum (now, they are in the possession of the Israel Museum); as I did not find out by now where the files of the JRSO are stored now, I do not know where the other pictures went to. The Hirszenberg picture was rather big and seems to have been stored in another place during the war (as other big pictures of the Jewish Museum, for example, the „Jeremias" by Lesser Ury) and counts as lost. Detailed information about the history of the collection of the former Jewish Museum in Berlin (and a photo of the Hirszenberg picture) you can find in the book by Hermann Simon, „Das Jüdische Museum Berlin", Berlin, 2000.
Sincerely yours,
Iris Blochel
I have sent an e-mail to a colleague in South Africa and will forward her response or information to you by e-mail as soon as it is received....Thank you for bringing this case to my attention."

I have not heard another word since then about the painting, from Africa or any other place.

12 November 2010: I locate the phone number of Joanna, the late Zusia Efron's contact in Warsaw. Zusia passed away in 2005, taking his secret with him. Will Joanna share with me the information she passed on to him years ago? Was she indeed referring then to the Tbilisi painting, and if so, how was it that she saw on its back a stamp made by the Jewish Museum in Berlin?

I remind her who I am and tell her about my conversation with Zusia, ad-

ding that I went to Tbilisi and was disappointed by the copy.
- "Yes, Tbilisi, that's right," Joanna says.
- "Just a moment, are you saying that the original painting is indeed in Tbilisi?"
- "Yes."
- "But I saw it at the Sephardic synagogue, and it is not the original. How is it possible that you saw the Jewish Museum stamp on its back, as Zusia said you told him?"
- "I'll be coming to Israel next month. Let's meet and I will show you the documents I have. It is in the Jewish Museum in Tbilisi. This museum is no longer active. We'll speak about this when we meet."
I am worn out. I traveled all the way to Tbilisi, and I was standing just meters away from Hirszenberg's *Exile* – and I missed it! A moment before completely losing my mind, I Google the Jewish museum in Tbilisi and find that the Georgian Jewish Historic-Ethnographic Museum was shut down in 1951 and then reopened in 1992, and is now named after David Baazov, a famous local Rabbi and public figure.

On Monday, December 6, 2010, I meet with Joanna Bryanska in an apartment in Tel Aviv. I realize that I have been too hasty in my effort to find funding for purchasing the painting. (Indeed, I found a local "oligarch" willing, even enthusiastic, to buy it for the amount I estimated.) Joanna tells me about a photograph of *Exile* taken by a British photographer in 1992. The frame of the photographed painting, Joanna maintains, was typical of those made by the Jewish Museum in Berlin. It was based on this photograph that Zusia asked Joanna to make further enquiries. In 1996, an acquaintance reported having seen the painting at the Jewish Center, where it had been transferred when the Tbilisi Jewish Museum closed in the early 1950s. Zusia had asked some people from the Jewish Agency to get involved, but he never heard back from them. The more we speak, the more I am ridden with doubt. Only a close examination of the photograph, which is in Zusia's archive (currently at the Center for Jewish Art at the Hebrew University of Jerusalem), will determine for sure.
I rummage through cardboard boxes filled with envelopes containing documents and photographs which Zusia collected throughout his life. The photograph I seek is not there. I call Irena, Zusia's widow, and ask if any archival material was left at their home. Irena mentions a small box of photographs and promises to call me back with a more precise answer.
She does not find anything. She remembers Zusia referring mysteriously to this whole *Exile* issue and thinks that he may have hidden the relevant materials. Perhaps, she suggests, he hid the papers in one of his many books, which have been sold to someone in Berlin. That's it, I am exhausted. No more. I quit. Let others continue this endless saga.

Jüdische Gemeinde Tbilisi, Georgien, an der Wand Kopie des Bildes von Samuel Hirszenberg, Foto Aliza Auerbach, Israel

In Search of "Exile"

Jüdisches Museum **Kultraum I**, 1933

Bildarchiv Abraham Pisarek

Auf der Suche nach Objekten des Berliner Jüdischen Museums in Polen

Funde und Hypothesen

von Jakob Hübner

Dass die Suche nach Exponaten bzw. Objekten des im November 1938 zwangsweise geschlossenen Museums in deutschen Sammlungen und Museen kaum große Erfolge zeigen würde, war schon vor Beginn der Recherchen für diese Ausstellung bekannt.[1] Damals wie heute führten die Spuren zu Objekten des Jüdischen Museums vor allem in die USA, nach Israel – und nach Polen. Inzwischen ist auch Russland mit in das Blickfeld der Forschungen geraten, wie Hermann Simon in diesem Band berichtet.

In Polen sind uns bislang zwei Institutionen bekannt, in denen sich Teile der ehemaligen Bestände des Berliner Jüdischen Museums befinden: 1. Das Jüdische Historische Institut (Żydowski Instytut Historyczny im. Emanuela Ringelbluma, kurz: ŻIH) in Warschau mit einer Vielzahl aus Berlin stammender Dokumente und Objekte. 2. Das Museum des Lebuser Landes (Muzeum Ziemi Lubuskiej) im westpolnischen Zielona Góra (Grünberg), in dem sich ein im Vergleich zu Warschau deutlich kleineres, aber ebenfalls interessantes Fragment des Berliner Jüdischen Museums erhalten hat.[2] Für die Rekonstruktion der hier im Fokus stehenden „verlorenen Sammlung" sind beide fragmentarischen Sammlungsteile unersetzlich. Neben einer kurzen Beschreibung der Bestände und ihrer Relevanz für unser Rekonstruktionsvorhaben, soll vor allem geklärt werden, weshalb sich im heutigen Polen Sammlungsfragmente des Berliner Jüdischen Museums befinden.

Die Bestände des Berliner Jüdischen Museums im Jüdischen Historischen Institut in Warschau (Żydowski Instytut Historyczny)

Der bislang eindrucksvollste Fund in polnischen Museen und Archiven für unsere Rekonstruktionsausstellung ist ein kupfernes Waschbecken

---

[1] Aufgrund von umfangreichen Recherchen und Korrespondenzen konnte dies bereits Hermann Simon in den 1980er Jahren feststellen. Vgl. Hermann Simon, Das Berliner Jüdische Museum in der Oranienburger Straße. Geschichte einer zerstörten Kulturstätte, Berlin 1983.

[2] Dem Direktor des Muzeum Ziemi Lubuskiej in Zielona Góra, Dr. Andrzej Toczewski, und den Museumsmitarbeitern, insbesondere Longin Dzieżyc, Izabela Korniluk und Dr. Anitta Maksymowicz danke ich sehr für vielfache Unterstützung bei meinen Rechercheaufenthalten.

aus der Alten Synagoge in der Heidereutergasse in Berlin. 1823 der hiesigen jüdischen Gemeinde von Ruben Gumpertz geschenkt, gehörte es zum festen Bestandteil des Jüdischen Museums.³

In den ehemaligen Museumsräumlichkeiten, Oranienburger Straße 31, sind trotz Umbaumaßnahmen in den vergangenen Jahrzehnten die Stellen für die Halterung des Waschgefäßes, dürftig verputzt, noch deutlich sichtbar. Heute wird das Waschgefäß, im Gegensatz zu den meisten Objekten des Berliner Jüdischen Museums, wieder in einer ständigen Ausstellung gezeigt – nämlich im Jüdischen Historischen Institut in Warschau. Dieses Institut, viele Jahrzehnte die einzige wissenschaftliche Einrichtung in Polen, die sich der vielschichtigen Vergangenheit von Juden in Polen widmete, wird zukünftig noch mehr die wissenschaftlichen Aufgaben auf diesem Gebiet übernehmen, wenn ab 2013 voraussichtlich das derzeit im Bau befindliche neue „Museum der Geschichte der polnischen Juden" (Muzeum Historii Żydów Polskich) in Warschau eröffnet sein wird.⁴

Von erheblicher Bedeutung für die Rekonstruktion der Tätigkeit des im Januar 1933 eröffneten Berliner Jüdischen Museums ist ein ebenfalls im ŻIH befindlicher Aktenbestand.⁵ Obwohl die

Das Waschgefäß der Alten Synagoge in der Heidereutergasse in Berlin in der ständigen Ausstellung im Jüdischen Historischen Institut (ŻIH) in Warschau, Stiftung Neue Synagoge Berlin – Centrum Judaicum, Foto Anna Fischer

Überlieferung nur unvollständig ist, ermöglicht das daraus entstehende fragmentarische Bild einen tiefen Einblick in die Museumsarbeit in den 1930er Jahren.⁶ Eine Reihe von Sonderausstellungen des Jüdischen Museums lassen sich anhand von Leihverträgen und umfangreicher Korrespondenz in den Akten nachvollziehen. Sie dokumentieren und veranschaulichen die vielseitigen Aktivitäten dieser Kulturstätte, die sich trotz oder gerade wegen der zunehmenden Repressionen gegen Juden seit 1933 besonders lebhaft gestalteten. Im Museum entstandene Kinderzeichnungen ergänzen das Bild der Museumsarbeit auf ungewöhnliche Weise. Auch birgt das Quellenmaterial eine Anwesenheitsliste, die vermutlich auf der Gründungsveranstaltung des Jüdischen Museumsvereins 1929 entstand. Ebenso sind die 1923 bei einem Einbruch in die Kunstsammlung der Jüdischen Gemeinde entstandenen Verluste genau dokumentiert. Der Einbruch hatte zur Folge, dass die bis dahin vernachlässigte

---

³ Vgl. den im Rahmen des Ausstellungsprojekts erarbeiteten Bestandskatalog: Bestandsrekonstruktion des Berliner Jüdischen Museums in der Oranienburger Straße, hrsg. v. Chana Schütz u. Hermann Simon, Berlin 2011. Vgl. auch: Moritz Stern. Geschichte der Alten Synagoge zu Berlin, hrsg. v. Hermann Simon u. Harmen H. Thies, Teetz 2007, S. 238f.
⁴ Informationen zu diesem Vorhaben (auch in englischer Sprache) unter http://www.jewishmuseum.org.pl/ [Zugriff am 01.05.2011].
⁵ Der Bestand des Berliner Jüdischen Museums im ŻIH trägt die Signaturen B-441 u. B-442.
⁶ 1983 hatte Hermann Simon in einer ersten umfangreichen Beschreibung des Jüdischen Museums noch konstatiert: „Es war angesichts des Verlustes der Akten des Museums schwer, die Geschichte dieser Institution nachzuzeichnen (...)" Vgl. Simon (wie Anm. 1), S. 82.

Einrichtung an Beachtung gewann. Über beide Dokumente (die „Präsensliste"(!) und die „Liste der gestohlenen Gegenstände") und die damit verbundenen Ereignisse wird in gesonderten Beiträgen in diesem Band berichtet. Ein Aktenkonvolut der Helene-Fischbein-Stiftung, die in den Jahren der Weimarer Republik jüdische wie christliche Berliner Künstlerinnen förderte und nicht direkt mit dem Jüdischen Museum verbunden war, erlaubt ein interessantes Bild von der sozialen Lage dieser Frauen nachzuzeichnen.[7] Um hingegen über die Zusammensetzung der Sammlungsbestände des Berliner Jüdischen Museums genauere Angaben zu erhalten, halfen in Berlin in den 1920er und 1930er Jahren entstandene, heute in Warschau bewahrte Erwerbungslisten und „Belege zu bezahlender Rechnungen" (u.a. sind Ankäufe von Kunstwerken und neuer Museumsobjekte darin dokumentiert).

Weiterhin befinden sich im Jüdischen Historischen Institut Hunderte aus Berlin stammende Graphiken. Es sind teils Originale, teils qualitativ hochwertige Blätter der Vorlagensammlung des Berliner Jüdischen Museums, Aquarelle, Zeichnungen, Lithografien, Kupferstiche usw. von Max Liebermann, Joseph Budko, Hermann Struck, Lesser Ury, Jakob Steinhardt, Ludwig Meidner sowie seiner Schülerin und späteren Ehefrau Else Meidner, um nur einige herausragende Künstler zu erwähnen.[8]

Ein überaus wertvolles, in Berlin angelegtes Bildarchiv ist ebenfalls im Warschauer Archiv erhalten. Es handelt sich um eine Negativ- und Fotosammlung, die in ihrer Anlage, Art und Größe zweifellos Seltenheitswert besitzt. Die Bilder zeigen das gesamte Themenspektrum, das das Jüdischen Museum abzudecken versuchte: Jüdische Ritualgegenstände, darunter auch zahlreiche im Museum ausgestellte Objekte; Aufnahmen von Synagogen und Friedhöfen in Mittel- wie Osteuropa ebenso wie moderne Architektur in Palästina; ein umfangreiches Porträtarchiv; Kunstwerke; Grabungsfunde und –orte in Palästina usw. Dieser Bestand umfasst mehrere Tausend Aufnahmen und korrespondiert in Teilen mit einer Sammlung, die sich heute nur gute 50 Kilometer von der deutschen Grenze entfernt in Zielona Góra (Grünberg) befindet. Das dortige Museum des Lebuser Landes ist im Gegensatz zu dem nicht-staatlichen Warschauer Jüdischen Historischen Institut das Museum der polnischen Wojewodschaft Lubuskie. Hier konnte ein weiterer Fund bereits in den 1990er Jahren gemacht und kürzlich genauer untersucht werden.[9]

---

[7] Im Kuratorium der Helene-Fischbein-Stiftung saß neben Käthe Kollwitz u.a. Karl Schwarz, der sie offenbar verwaltete. Eine entsprechende Untersuchung des Autors zur Helene-Fischbein-Stiftung und zu den Biographien der von ihr geförderten Künstlerinnen ist in Vorbereitung.

[8] Im einzelnen konnte bislang nicht geprüft werden, ob es sich um Originale des Künstlers oder um Vorlagenblätter der Sammlung handelt.

[9] 1996 fand eine erste Katalogisierung im Bezirksmuseum in Leszno (Muzeum Okręgowe w Lesznie) durch den Mitarbeiter der dortigen Judaica-Abteilung, Dariusz Czwojrak, statt. In der polnischen Presse berichtete Karolina Fórmanowska über die Diapositive unter dem Titel „Zamknięci w szkle" [Verschlossen in Glas], in: Gazeta Zachodnia, Wrocław, Nr. 232, 04.10.1999, S. 5. Im Jahr 2009 erschien ein Bericht von Jakob Hübner über die Sammlung: „Gesammelte Bilder – Verlorene Welten. Diapositivsammlung des Jüdischen Museums 1933-1938 im Muzeum Ziemi Lubuskiej" [= Berichte gegen Verdrängen und Vergessen; Bd. 7], Berlin u. Teetz 2009. Auf Polnisch erschienen die Ausführungen zuvor leicht verändert unter dem Titel: Diapozytywy berlińskiego Muzeum Żydowskiego w Muzeum Ziemi Lubuskiej, in: Zielonogórskie Zeszyty Muzealne, Bd. 7, Zielona Góra 2008, S. 135-150.

Die Diapositivsammlung des Berliner Jüdischen Museums – heute in Zielona Góra

oben: Originalkasten aus dem Berliner Jüdischen Museum mit ca. 80 Diapositiven, 2008, Muzeum Ziemi Lubuskiej, Foto Tomasz Daiksler

unten: Diapositiv in einem der Aufbewahrungskästen, 2008, Muzeum Ziemi Lubuskiej, Foto Tomasz Daiksler

Im Mittelpunkt der Arbeit des Jüdischen Museums stand die Ausgestaltung seiner Museumsräumlichkeiten und die Vorbereitung zahlreicher Sonderausstellungen. Im Zentrum Berlins gelegen, hatte jeder Interessierte Zugang zu der kulturellen Einrichtung, doch hatte sie wohl – den Verhältnissen geschuldet – vornehmlich jüdische Besucher. Es war eine der wenigen Kulturstätten der Stadt, die Juden bis zum November 1938 uneingeschränkt zugänglich war.[10]

Doch darüber hinaus wurden die Inhalte und Bestrebungen des Museums mit einer speziell für Vortragszwecke eingerichteten umfangreichen Diapositivsammlung weit über die Räumlichkeiten in der Oranienburger Straße hinaus verbreitet. Bereits vor 1933 waren die mit Bildmaterial bereicherten Veranstaltungen bei den Gemeindemitgliedern beliebt, nach der Museumseröffnung wurde die Vortragssammlung stetig erweitert. Auf „Gemeindeabenden", so lobte im Mai 1930 der damalige Berliner Gemeindevorsitzende Georg Kareski (1878-1947) in einer Repräsentantenversammlung, wurden Vorträge von Karl Schwarz (1885-1962) über die von ihm geleitete Kunstsammlung geschätzt, weil „diese Art Vorträge geeignet sei, auch Leute in unsere Versammlung zu bringen, die bei Behandlung von rein gemeindepolitischen Fragen sonst nicht zu uns kommen würden."[11] Die Lichtbildervorträge fanden Anklang bei Gemeindemitgliedern unterschiedlicher religiöser und politischer Strömungen, weil das gemeinsame Interesse an jüdischer Geschichte und Kultur im Vordergrund dieser Abende stand.

Nicht nur in Berlin, sondern reichsweit dienten die Diapositive der Veranschaulichung von Vorträgen. So wurden auch Juden in anderen Groß- und Kleinstädten sowie in ländlichen Regionen erreicht. Die Vorträge wurden mit zunehmender Ausgrenzung seit 1933 immer wichtiger, verschafften sie doch für einige wenige Stunden lehrreiche Unterhaltung sowie Ablenkung von Sorgen und Nöten in einer zunehmend repressiven Umgebung. Die Vorträge,

---

[10] Formal wurde Juden erst am 12. November 1938 der Besuch von staatlichen, d.h. „arischen" Kultureinrichtungen verboten. Vgl. Bruno Blau, Das Ausnahmerecht für die Juden in Deutschland 1933-1945, Düsseldorf 1965, S. 54, Nr. 189.

[11] Aus der Repräsentantenversammlung. Sitzung vom 1. Mai 1930, in: Gemeindeblatt der Jüdischen Gemeinde zu Berlin, 20. Jg., Nr. 6 (Juni 1930), S. 294.

meist vom Jüdischen Kulturbund organisiert, hielten umherreisende Referenten. In Orten, in denen keine festen kulturellen Zentren (wie Theater) für Juden existierten bzw. zugänglich waren, waren solche Vorträge sicherlich von großer Bedeutung. Zum Zeitpunkt seiner erzwungenen Schließung besaß das Museum mindestens 3.600 Dia-Glasplatten. Bereits 1935, als Franz Landsberger (1883-1964), der letzte Direktor des Museums, seine Arbeit begann, galt die Kulturstätte bereits als „die Zentrale für jüdische Lichtbilder".[12] Nur schätzungsweise rund ein Drittel, nämlich ca. 1.250 Diapositive, sind uns heute noch bekannt.

Wie kamen Bestände des Berliner Jüdischen Museums nach Polen?

Der Novemberpogrom 1938 beendete erzwungenermaßen die Arbeit der meisten jüdischen Institutionen und Organisationen im Deutschen Reich. Während andernorts, entgegen des ausdrücklich von Reinhard Heydrich (1904-1942) angeordneten Schutzes jüdischer Kulturgüter, unkontrolliert auch Bibliotheken, Museen usw. zerstört wurden,[13] blieben die Bestände des Berliner Jüdischen Museums von den gewaltsamen Ereignissen nach bisherigen Erkenntnissen verschont. Nach dem Pogrom wurde das Museum nicht mehr geöffnet. Vorerst versiegelt, blieben die Bestände mindestens bis Dezember 1939 an ihrem angestammten Platz in der Oranienburger Straße. Wie Hermann Simon auf seiner Spurensuche nach Hinweisen auf das Schicksal des Jüdischen Museums herausfinden konnte und in diesem Band darstellt, wurden die Bestände bis spätestens Ende 1942 aus den Museumsräumen und -magazinen in der Oranienburger Straße 31 abtransportiert. Es ist völlig unklar, was mit der Sammlung während dieser Zeitspanne von bis zu drei Jahren geschah. Darüber hinaus ist bislang nicht geklärt, wo sich welcher Sammlungsteil ab wann bis zum Kriegsende befand.
Fest steht hingegen, dass nach Kriegsende 1945 die Museumsbestände an verschiedenen Orten wieder auftauchten, nämlich in Berlin und in den hier betrachteten Fundorten in Polen. Erst in der Nachkriegszeit gelangten wesentliche Teile der Bildersammlung von Berlin nach Israel und in die USA. Weshalb Teilbestände des Museums nach Polen kamen, wie und wann sie dorthin gelangten, ist bislang durch keine Dokumente belegt, einige Fundorte der Museumsstücke sind hingegen bekannt.

In der schlesischen Stadt Sława, in der damals wie heute nur wenige tausend Einwohner lebten, wurden nach Kriegsende höchstwahrscheinlich die Diapositive des Berliner Jüdischen Museums gefunden.[14] Die Stadt Sława, rund 80 Kilometer südwestlich von Poznań (Posen) gelegen,

---

[12] Hiro, Jüdisches Museum unter neuer Leitung, in: Berliner Blatt der C.V.-Zeitung, 14. Jg., Nr. 23 (06.06.1935), 2. Beiblatt, o. S. Zu den Zahlenangaben vgl. Franz Landsberger, Unser Museum. Rückblick auf 1935, in: Gemeindeblatt der Jüdischen Gemeinde zu Berlin, 26. Jg., Nr. 1 (05.01.1936), S. 18. Sowie: Hübner, Diapositivsammlung (wie Anm. 9), S. 27 u. 78.

[13] Der Chef der Sicherheitspolizei, Heydrich, hatte veranlasst, „die Archive der jüdischen Gemeinden von der Zerstörung auszunehmen." Vgl. Markus Kirchhoff, Häuser des Buches. Bilder jüdischer Bibliotheken, Leipzig 2002, S. 120.

[14] So vermutete es 1999 Dariusz Czwojrak im Bezirksmuseum in Leszno (Muzeum Okręgowe w Lesznie). Vgl. Fórmanowska (wie Anm. 9).

trug bis 1937 den Namen Schlawa und wurde dann von den Nationalsozialisten „germanisiert" und hieß bis 1945 Schlesiersee. In dieser unscheinbaren Stadt mit damals weniger als 2.000 Einwohnern richtete im August 1943 das Amt VII des Reichssicherheitshauptamts (RHSA) eine „Ausweichstelle" in dem am See befindlichen, in der ersten Hälfte des 18. Jahrhunderts erbauten Schloss, ein. Mit den zunehmenden Bombenangriffen der Alliierten auf Berlin begann das RSHA – wie viele andere staatliche Institutionen, Bibliotheken und Archive – Pläne auszuarbeiten, um die Bestände in zunächst vor Bombenangriffen sicheren Orten unterzubringen. In den jeweiligen Auslagerungsorten des RSHA, in die nur ein Teil der zusammengetragenen Bestände verbracht wurde, wurde die in der Reichshauptstadt begonnene Arbeit teilweise fortgesetzt.

Das Amt VII für „Weltanschauliche Forschung und Auswertung"[15] lagerte umfangreiche Bestände des Referats C (u.a. Archiv und wissenschaftliche Sonderaufträge) für die angestrebte „Gegnerforschung" nach Schlesiersee, nur knapp 200 Kilometer vom Berliner Stadtzentrum entfernt, aus.

Nicht nur in Schlesiersee befassten sich Mitarbeiter des Amts VII mit den gesammelten Materialien. Neben anderen Orten im damaligen Osten Deutschlands, wurden auch im KZ Theresienstadt ausgewählte Häftlinge herangezogen, um die geraubten Bücher, hier vor allem Hebraica, für das RSHA zu sortieren und katalogisieren.

Die Buch- und Archivbestände ruhten bis zu ihrer Auslagerung zu großen Teilen in Magazinen mitten in Berlin, wozu u.a. die beiden ehemaligen Logenhäuser in der Eisenacher Straße 11-13 und in der Emser Straße 12-13 dienten.[16]

Mit welchem Ziel betrieb das Amt VII des im Herbst 1939 neugeschaffenen Reichssicherheitshauptamtes die sogenannte „Gegnerforschung"? Auf der „Oktobertagung 1943 des RSiHA" in Schlesiersee behandelte SS-Sturmbannführer Dr. Rudolf Levin[17] diese Frage. Auf der Tagung wurden die „Grundprobleme der Gegnerforschung" erörtert und Levin, im Amt VII mit „Wissenschaftlichen Sonderaufträgen" befasst, charakterisierte unter anderem die „Typologie der Gegner":

„Wir müssen uns zunächst darüber klar sein, daß der Begriff des Gegners kein eindeutiger ist. Sehen wir uns die Arbeitsgebiete an, die uns

---

[15] Schon mehrfach wurde das Amt VII und seine Entstehungsgeschichte betrachtet. Vgl. ein führend zum Amt VII: Michael Wildt, Generation des Unbedingten. Das Führungskorps des Reichssicherheitshauptamtes. Studienausgabe, Hamburg 2003, S. 364-377. Weiterhin: Jörg Rudolph, „Sämtliche Sendungen sind zu richten an: ...". Das RSHA-Amt VII „Weltanschauliche Forschung und Auswertung" als Sammelstelle erbeuteter Archive und Bibliotheken, in: Michael Wildt, Nachrichtendienst, politische Elite, Mordeinheit. Der Sicherheitsdienst des Reichsführers SS, Hamburg 2003, S. 204-240. Sowie: Thorsten J. Querg, Spionage und Terror. Das Amt VI des Reichssicherheitshauptamtes. 1939-1945, Berlin 1997, S. 137-139.

[16] Die für uns hier wichtigen Forschungsergebnisse, die zu diesem Thema besonders seit den 1990er Jahren veröffentlicht wurden, wurden in folgendem Band zusammengefasst und in maßgeblichen Punkten ergänzt: Patricia Kennedy Grimsted, F. J. Hoogewoud u. Eric Ketelaar, Returned from Russia. Nazi archival plunder in Western Europe and recent restitution issues, Builth Wells 2007, insb. S. 33-38, 46-49 u. 55-58. Sowie: Rudolph (wie Anm. 15), S. 204-240, hier S. 235f. Vgl. auch Dov Schidorsky, Confiscation of Libraries and Assignments to Forced Labor: Two Documents of the Holocaust, in: Libraries & Culture, 33. Jg., Nr. 4 (Herbst 1998), S. 353f. In einem im Januar 1945 begonnen Bericht des Amt VII in Schlesiersee hieß es: „(...)Die Ausweichstelle Schlesiersee des Amtes VII bestand seit August 1943. (...) Die Stärke betrug zwischen 50 und 60 Köpfen, ein großer Teil davon waren weibliche Angestellte. (...)", Bundesarchiv (BArch), R58/1044, S. 24.

[17] Zu Levin vgl. Wildt, Generation des Unbedingten (wie Anm. 15), S. 375f.

hier näher beschäftigen: Judentum – Freimaurerei – politische Kirchen – Emigration – Liberalismus – Marxismus – Bolschewismus. Welche Vielfalt tut sich hier vor uns auf!" Levin war sich durchaus darüber im Klaren, dass der entwickelte „Gegnerbegriff" einer rein wissenschaftlichen-systematischen Betrachtung nicht standhalten konnte, doch stammte die Begrifflichkeit aus der „politischen Arbeit der Bewegung". Gegner waren hiernach „schlicht und einfach die Personen und Gruppen (...), die sich, aus welchen Motiven auch immer, gegen die Bewegung wandten. (...) Der Gegnerbegriff ist somit ein politischer Begriff, den wir nun wissenschaftlich zu klären haben." In drei „Typen" gliederte Levin die Gegnergruppe auf: Der „Rassengegner"[!], der „Volksgegner" und der politisch-weltanschauliche „Reichsgegner".[18] Levin erhoffte mit seiner Methode „vom Ganzen des Menschen" auszugehen, den größten „Rassengegner" genauer analysieren zu können, um schließlich die „Gegnerforschung unmittelbar in die Politik" münden zu lassen: „Wir sehen uns erst den ganzen Juden an, wie er leibt und lebt, wie er geht, Mimik und Habitus, Gestik und Sprechweise usw. Wir beobachten still und unauffällig. Wir notieren unsere Eindrücke, ich möchte sagen, wir beschreiben die geisteswissenschaftlichen Merkmale. Wir studieren jüdische Literatur, Kunst und Wissenschaft. Wir achten dabei sowohl auf Inhalt (nihilistische Ideen, bakteriengleiche Zersetzungsideen usw.) als auch auf Form (jüdische Satzbildung, Wortprägung, jüdische Klangform in Dichtung und Musik). Je feiner wir verstehen, je mehr wir uns im stillen Hinhören üben, desto schärfer werden Auge und Ohr für rassische Elemente. Es muß eine ausgesprochen geisteswissenschaftliche Schärfung der Sinne für rassische Probleme eintreten."[19]

Um diese von Levin erschreckend präzise formulierten Ziele zu erreichen, wurde also die in Berlin begonnene Arbeit des RSHA-Amts VII u.a. in Schlesiersee mit „Gegnermaterial" aus ganz Europa fortgesetzt. Hunderttausende von Büchern aus unzähligen europäischen Bibliotheken, teils aus Privatbesitz, aber u.a. auch aus der Bibliothek der Berliner Jüdischen Gemeinde, die sich in unmittelbarer Nachbarschaft zum Jüdischen Museum befand, galt es „wissenschaftlich" für die nationalsozialistische Ideologie zu untersuchen.[20] Die über Jahre hinweg erarbeiteten Ergebnisse der „Gegnerforschung" wurden bei Kriegsende weitgehend vernichtet. Die geraubten und schließlich vom RSHA missbrauchten Archivalien, Bücher usw. wurden hingegen nur in geringem Maße zerstört. Aus dem „Kriegstagebuch der Dienststelle Schlesiersee des Amtes VII des Chefs der Sicherheitspolizei und des SD" geht hervor, dass seit dem 21. Januar 1945 „die wichtigsten und besonders belastenden Akten" des RSHA verbrannt und „das uebrige Material stehen" gelassen wurde.[21] Weiterhin heißt es dort: „Es versteht sich von selbst, dass besonders von den Juden- und den Marxistenreferenten ein grosser Teil des Aktenma-

---

[18] Levin referierte über die „Geisteswissenschaftliche Methodik der Gegnerforschung". Die Broschüre erschien mit dem Vermerk: „Geheim! Nur für den Dienstgebrauch". Vgl. Grundprobleme der Gegnerforschung. Vorträge gehalten auf der Oktobertagung 1943 des RSiHA, Amt VII, hrsg. v. Reichssicherheitshauptamt, [Schlesiersee 1943], S. 1-27, hier S. 9-11.

[19] Ebd., S. 13f. u. 27.

[20] Vgl. Schidorsky (wie Anm. 16). Sowie: Patricia Kennedy Grimsted, Twice Plundered or 'Twice Saved'? Identifying Russia's 'Trophy' Archives and the Loot of the Reichssicherheitshauptamt, in: Holocaust and Genocide Studies, 15. Jg., 2001, S. 191-244, hier S. 202ff.

[21] Vgl. hierzu die Aufzeichnungen im „Kriegstagebuch der Dienststelle Schlesiersee des Amtes VII des Chefs der Sicherheitspolizei und des SD (für die Zeit vom 20.1.45 bis[!]", BArch, R58/1044, S. 3f.

terials verbrannt werden musste."

Zur gleichen Zeit war das Schloss, wie das Kriegstagebuch ebenfalls festhält, „dicht mit Fluechtlingen belegt".[22] Nur wenige Wochen später sollen in dem Schloss sowjetische Soldaten einquartiert worden sein. Während der letzten Kriegstage und in den Wochen nach Kriegsende nahmen die von den Nationalsozialisten geraubten Bestände unter den geschilderten Umständen erheblichen Schaden.[23] Der Warschauer Kunsthistoriker Witold Kieszkowski, der bereits im Mai 1945 erste Sicherungsmaßnahmen für Kunstwerke u.ä. leitete, berichtete, dass „keine der mir bekannten Lagerstätten in unberührtem Zustand erhalten [blieb]. Alle wurden in geringerem oder größerem Maße geplündert, wahrscheinlich noch während der Kampfhandlungen".[24] Ähnlich wie in Schlesiersee/Sława dürfte die Situation in den anderen Auslagerungsorten, den Gutshäusern, Schlössern und Klöstern, ausgesehen haben. Kaum ein Depot ist wohl nicht von Plünderern heimgesucht oder durch Kampfhandlungen und Brände beschädigt oder gar vernichtet worden.[25]

Die polnische Forschung geht heute – wie oben berichtet – davon aus, dass die Diapositive in eben der Ortschaft gefunden wurden, in der sich die „Ausweichstelle" Schlesiersee des RSHA, Amt VII, bis 1945 befunden hatte. Zwei jüdische Zwangsarbeiter, die in der bereits erwähnten zentralen Bibliothek des RSHA, Eisenacher Straße 11-13, arbeiten mussten, erinnerten sich in der Nachkriegszeit unabhängig voneinander ebenfalls an Auslagerungstransporte u.a. nach Schlesien und in den Sudetengau.[26] Ein zweiter Fundort, besser gesagt eine Fundgegend, von Beständen des Berliner Jüdischen Museums in Polen liegt in örtlicher Nähe zu weiteren RSHA-Auslagerungsorten. Rund um Kłodzko (Glatz), südlich von Wrocław (Breslau), wurden jene aus Berlin stammende Bestände gefunden, die sich heute im Warschauer Jüdischen Historischen Institut (ŻIH) befinden. Dorthin wurden sie in der Nachkriegszeit transportiert.

Bislang sind drei Orte bekannt, in denen die Berliner Bestände des ŻIH erstmals nach Kriegsende auftauchten: Bożków (Eckersdorf, Krs. Neurode), Trzebieszowice (Kuntzendorf, Krs. Habelschwerdt) und Żelazno

---

[22] Ebd., S. 10.

[23] Noch 1999 konnten sich Bewohner von Sława daran erinnern, dass mit den ledernen Rücken von 1945 im Schloss befindlichen Büchern Schuhe ausgebessert wurden. Vgl. Fórmanowska (wie Anm. 9).

[24] Vgl. Witold Kieszkowski, Składnica muzealna Paulinum i rewindykacja zabytków na Dolnym Śląsku, in: Pamiętnik. Związku Historyków Sztuki i Kultury [Das Museumsdepot Paulinum und die Rückführung von Kunstobjekten in Niederschlesien], Bd. 1, Warszawa 1948, S. 135-158, hier S. 156. Zitiert nach der Übersetzung von Piotr Łukaszewicz, Das Nationalmuseum in Breslau vor dem Hintergrund der Geschichte der Breslauer Kunstmuseen, in: Piotr Łukaszewicz (Red.), Die Blume Europas. Meisterwerke aus dem Nationalmuseum Breslau (Wrocław). Ausstellung im Wallraf-Richartz-Museum 22. April bis 23. Juli 2006, Wolfratshausen 2006, S. 13-28, hier S. 19f.

[25] Łukaszewicz (wie Anm. 24), S. 19.

[26] Die entsprechenden Aussagen der beiden Zwangsarbeiter, Berthold Breslauer (1882-1948) und Ernst Grumach (1902-1967), werden von Hermann Simon in diesem Band zitiert. Vgl. weiterhin: Hermann Simon und Chana Schütz, „Sonderarbeiten im behördlichen Auftrag" (1941-1945). Bekannte und unbekannte Quellen - Das Tagebuch des Künstlers Arno Nadel, in: Zwischen Rassenhass und Identitätssuche: Deutsch-jüdische literarische Kultur im nationalsozialistischen Deutschland. Internationale Konferenz der Freien Universität Berlin, des Leo Baeck Instituts und des Jüdischen Museums Berlin / 9.-11. Oktober 2006, S. 441-465. Ich danke Magdalena Sieramska (ŻIH) für diese ergänzenden Angaben (eMail an den Verfasser vom 07.07.2011), sowie für Unterstützung während der Archivbesuche 2007 und 2010, ebenso ihrem Kollegen Artur Pałasiewicz.

(Eisersdorf, Krs. Glatz).[27] In der selben Region, nur wenige Kilometer entfernt, liegt südlich von Kłodzko die Ortschaft Wilkanów (Wölfelsdorf), wo das RSHA während des Krieges ebenfalls ein Depot eingerichtet hatte. Es ist denkbar, dass die in den drei genannten Orten gefundenen Bestände zuvor in Wölfelsdorf/Wilkanów lagerten und entweder während der Kriegswirren, in den ersten Monaten des Jahres 1945 oder in der frühen Nachkriegszeit in diese Orte kamen.

In Wilkanów jedenfalls wurden sehr umfangreiche Bestände nach Kriegsende von der Roten Armee entdeckt und ein großer Teil des Bestandes Amt VII (RSHA) in 28 Waggonladungen nach Moskau überführt, wo sie in einem neueingerichteten sogenannten „Sonderarchiv", heute „Zentrum für die Aufbewahrung historisch-dokumentarischer Sammlungen", aufgingen.[28] Auch aus der Ausweichstelle Schlesiersee wurden Archivalien nach Moskau verbracht, die jedoch bereits in den 1950er und frühen 1960er Jahren an die DDR gegeben wurden.[29]

Das russische „Sonderarchiv" mit Archivalien aus mehr als 20 Ländern, darunter mehrere Regalkilometer deutscher Provenienz, ist erst seit den frühen 1990er Jahren der Forschung zugänglich.[30] Dort sind, wie Hermann Simon in seinem Beitrag in diesem Band berichtet, auch Unterlagen aus der Berliner Jüdischen Gemeinde und dem Museum zu finden.

Doch nur ein Teil der Archivalien, Bücher und Objekte aus den Depots im Glatzer Land wurde in die UdSSR abtransportiert. In Bożków (Eckersdorf) errichtete die polnische Verwaltung nach Kriegsende ein Depot für Museums- und Kulturgüter. In dieser Sammelstelle übergab am 14. September 1951 das Museumslager des polnischen Ministeriums für Kultur und Kunst dem erst wenig zuvor (1947) gegründeten Warschauer Żydowski Instytut Historyczny (Jüdisches Historisches Institut) die oben vorgestellten Bestände.[31]

Den quantitativ weitaus größten Anteil der Übergabe nahm – wie aus dem Protokoll ersichtlich ist – ein Konvolut von 3.926 Grafiken, Reproduktionen und Fotografien aus dem Berliner Jüdischen Museum ein. Unter den rund 150 synagogalen Ritualgegenständen, darunter mehr als ein Dutzend Leuchter, befand sich auch das bereits erwähnte Waschgefäß aus

---

[27] Ich danke Magdalena Sieramska (ŻIH) für diese ergänzenden Angaben (eMail an den Verfasser vom 07.07.2011), sowie für Unterstützung während der Archivbesuche 2007 und 2010, ebenso ihrem Kollegen Artur Pałasiewicz.

[28] Grimsted berichtet: „Most of the archives captured by the RSHA were evacuated to Silesia in 1943 (…) and ended the war in the RSHA Amt VII Archival Centre in Wölfelsdorf […]." Vgl. Grimsted/Hoogewoud/Ketelaar (wie Anm. 16), S. 37, sowie S. 55-64, S. 88-102.

[29] Bereits von 1952 bis 1961 wurde der größere Teil deutscher „Beuteakten" von der UdSSR an die DDR abgegeben, sodass sie in das heutige Bundesarchiv gelangten. Vgl. Kai von Jena, Die Rückführung deutscher Akten aus Rußland – eine unerledigte Aufgabe, in: Archiv und Geschichte. Festschrift für Friedrich P. Kahlenberg, hrsg. v. Klaus Oldenhage, Hermann Schreyer und Wolfram Werner, Düsseldorf 2000, S. 391-420, hier S. 402.

[30] Eine der ersten Übersichten stellten zusammen: Götz Aly u. Susanne Heim, Das zentrale Staatsarchiv in Moskau („Sonderarchiv"). Rekonstruktion und Bestandsverzeichnis verschollen geglaubten Schriftguts aus der NS-Zeit, Düsseldorf 1993. Aktuellere Informationen sind u.a. auf der privaten Webseite http://www.sonderarchiv.de/ [Zugriff am 18.02.2010] zu finden, die nach und nach ergänzte Informationen über die Bestände und weiteres Wissenswertes, u.a. eine Literaturliste, über das Moskauer Archiv bereitstellt.

[31] Eine Kopie des Übergabeprotokoll („Protokół zdawczo-odbiorczy", wörtlich: Übergabe-Abnahme-Protokoll) erhielt ich dankeswerter Weise von Magdalena Sieramska (ŻIH). Die genaue Bezeichnung des Museumsdepots lautet: „Składnica Muzealna Ministerstwa Kultury i Sztuki w Bożkowie" (Zamek Narożno).

Protokół zdawczo-odbiorczy

Spisany w Składnicy Muzealnej Ministerstwa Kultury i Sztuki w Bożkowie w dniu 14 września 1951 r. Podstawa: pismo Min.Kult. i Sztuki z dnia 8 września 1951 r. Nr.D.M.IV-132-32/51 oraz upoważnienie Żydowskiego Instytutu Historycznego w Warszawie z dnia 10 września 51 r.L.h.1094/51 S.H. Przekazuje się niżej wyszczególnione Judaica:

1/	1948	3926	kartonów z grafiką, reprodukcjami i materiałem fotograficznym
2/	1949	79	pudełek z kliszami fotograficznymi
3/	1950	64	plansze graficzne
4/	1951	12	plakiet
5/	1952	1	korpus zdewastowany od świecznika
6/	1953	2	duże lichtarze 9-ramienne
7/	1954	3	małe lichtarze 9-ramienne
8/	1955	1	duży lichtarz pojedynczy
9/	1956	8	lichtarzy pojedynczych różnych
10/	1957	1	lichtarz trójramienny
11/	1958	2	pary nożyczek do obcinania knotów
12/	1959	1	wskaźnik do czytania tory
13/	1960	52	kołatki bóżnicze /koronki na torę/ częściowo uszkodz.
14/	1961	7	rogów do trąbienia
15/	1962	24	książki /6 ręcznie pisanych w tym 3 na pergaminie/
16/	1963	2	starodruki niemieckie
17/	1964	14	pergaminów
18/	1965	1	pergamin w języku niemieckim
19/	1966	3	pakiety z aktami zbioru sztuki przy Żydowskiej Gminie w Berlinie
20/	1967	25	worków modlitewnych
21/	1968	23	tekstylii bóżniczych bardzo zniszczonych
22/	1969	11	serwetek bóżniczych
23/	1970	14	podłużnych szarf z haftowanymi napisami
24/	1971	1	naczynie miedziane, rytualne
25/	1947	20	kołnierzy obszywanych frendzlami

Ponadto Ob. Henryk Eliowicz przejął w dniu 1 września 1951 dla Żydowskiego Instytutu Historycznego w Warszawie dwa kartony z grafiką: w/g N-ru ewidenc.Składnicy 1948.

przekazał: przejął:

KIEROWNIK SKŁADNICY

JERZY DERYNG

der Alten Synagoge in der Heidereutergasse (Berlin). In dem Protokoll von 1951 ist es lediglich als „Kupfergefäß, rituell" angegeben. Es ist der einzige Kultgegenstand, der dem Berliner Jüdischen Museum eindeutig zugeordnet werden kann. Neben den Leuchtern werden verschiedene Textilien aus Synagogen erwähnt, Torakronen, ein „Zeiger zum Toralesen", verschiedene alte Drucke und Bücher, teils handgeschrieben sowie „Pakete mit Akten aus der Kunstsammlung der Jüdischen Gemeinde zu Berlin".[32] Diese Akten befinden sich heute im ŻIH in Warschau.

Wie die Bestände mit Berliner Provenienz erhielt das ŻIH viele andere „Fonds" in den Jahren um 1950. Sie stammten aus polnischen Kulturgutlagern, wie jenem in Bożków. Innerhalb Polens verblieben sie u.a., weil vor 1945 entstandenes Kunst- und Kulturgut nicht aus der polnischen Volksrepublik ausgeführt werden durfte.[33] Auch wurden, in Anbetracht der eigenen schweren Verluste während des Krieges, seit 1945 in Polen entdeckte und gesicherte Kulturgüter, insbesondere die deutschen Kulturschätze, zu denen auch (von den Nationalsozialisten geraubte) deutsch-jüdische zählten, von polnischer Seite als eine Form der Reparation erachtet.[34] Das jüdische Kulturgut in Polen sollte, wie in den späten 1940er Jahren beschlossen wurde, in das ŻIH verbracht und dieses zum Zentralarchiv ausgebaut werden.[35]

links: Übergabeprotokoll von 1951. Das polnische Ministerium für Kunst und Kultur übergibt verschiedene Bestände an das Jüdische Historische Institut in Warschau im Museumsdepot Schloß Narożno in Bożków (Eckersdorf). Verzeichnet sind u.a. die Bestände des Berliner Jüdischen Museums. Żydowski Instytut Historyczny im. Emanuela Ringelbluma

---

[32] M. Sieramska hat bereits in den 1990er Jahren von den Übergaben des polnischen Ministeriums für Kultur und Kunst berichtet. Vgl. Magdalena Sieramska, Z problematyki wojennych strat żydowskiej sztuki kultowej [Zur Frage der Kriegsverluste jüdischer Ritualkunst], in: Cenne, bezcenne, utracone, 2/1999, S. 8-20, hier vor allem S. 9. Sowie Renata Piątkowska u. Magdalena Sieramska, Wstęp, in: Muzeum Żydowskiego Instytutu Historycznego. Zbiory artystyczne, Warszawa 1995, S. 5-16, hier S. 6.

[33] Nawojka Cieślińska-Lobkowicz, Judaika in Polen. Herkunft, Schicksal, Status, in: Osteuropa, 61. Jg., 4/2011, S. 85-132, hier S. 127.

[34] Innerhalb Polens verschoben, sollten die deutschen Kulturgüter ihrer angestammten Umgebung zunächst entrissen und für die polnische Bevölkerung neu kontextualisiert werden. Der Plan wurde später aufgegeben und Kulturgüter tlw. an die DDR abgegeben. Der Warschauer Kunsthistoriker Witold Kieszkowski, der mit der „fast völlige[n] Neugestaltung des von den Deutschen hinterlassenen Erbes" leitend betraut war, erklärte 1947, dass „Sammlungen (...) nach ihrer Verbringung in andere Gebiete und in Verbindung mit polnischer und ausländischer Kunst eine andere Aussage und Bedeutung haben [werden], als wenn man sie in einer Umgebung belässt, die dauerhaft den Begierden der feindlichen Propaganda ausgesetzt ist". Die Übersetzung des Zitats besorgte Łukaszewicz, der folgende Quelle angibt: Zagadnienie muzeów na Ziemiach Odzyskanych, in: Pamiętnik Muzealny, H. 8, 1947, S. 62. Vgl. Łukaszewicz (wie Anm. 24), S. 20.

[35] Stephan Stach schreibt hierüber ausführlich in seiner Magisterarbeit (eingereicht 2008 an der Universität Leipzig, Fakultät für Geschichte, Kunst- und Orientwissenschaften. Historisches Seminar): Das Jüdische Historische Institut in Warschau 1947-1968, S. 46. In überarbeiteter und gekürzter Fassung wurde die Arbeit veröffentlicht, allerdings ohne die hier relevante Passage. Stephan Stach, Geschichtsschreibung und politische Vereinnahmunge. Das Jüdische Historische Institut in Warschau 1947-1968, in: Jahrbuch des Simon-Dubnow-Instituts, Jg. 7, 2008, S. 401-431. Ich danke Hermann Simon für den Hinweis auf die Arbeit von Stach.

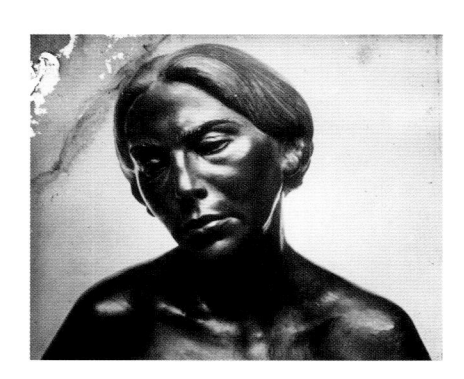

Eine Serie moderner jüdischer Kunst

Kleine rote, handschriftlich vermerkte Zahlen auf mindestens fünfzig Diarahmen kennzeichneten im Berliner Jüdischen Museum eine spezielle Diaserie. Heute ist sie nur noch in Fragmenten erhalten und – wie alle Diapositive – vollkommen ungeordnet über alle Aufbewahrungskästen im Muzeum Ziemi Lubuskiej in Zielona Góra verteilt. Wer die Dias als Serie erkennt und wieder soweit möglich zusammenstellt, erhält eine überaus interessante und vielfältige Auswahl moderner jüdischer Kunst. Gezeigt werden wichtige und weniger bekannte Kunstwerke des späten 19. und der ersten Jahrzehnte des 20. Jahrhunderts. Die Diaserie erfasste also offenbar den Sammelschwerpunkt des Museums, nahm es doch im Bereich moderner jüdischer Kunst eine Vorreiterrolle ein und förderte moderne Künstler durch seine Arbeit und Ausstellungen.

Verwunderlich ist es also nicht, dass diese Lichtbilder mit Motiven moderner jüdischer Kunst Teil der Diasammlung waren und damit für Vorträge bereit standen. Die in dieser Diaserie fotografisch festgehaltenen Werke zeigen zudem Kunstwerke, die zu einem ganz überwiegenden Teil im Jüdischen Museum selbst ausgestellt wurden. Dazu zählen bekannte Avantgardisten jüdischer Kunst, darunter einer der bedeutendsten Vertreter moderner jüdischer Plastik in Deutschland, Arnold Zadikow (1884-1943), der Radierer und Maler Hermann Struck (1876-1944), sowie der hauptsächlich Porträts und Genrebilder malende Max Fabian (1873-1927). Darüber hinaus ist ein Werk des polnischen Malers und Bildhauers Henryk Glicenstein (1870-1942) und eines von Jakob Plessner (1871-1936), der als Bildhauer neben Porträtbüsten auch Grabmäler und Kleinplastiken schuf, zu sehen. Abschließend sei auf den heute weitgehend unbekannten dänischen Bildhauer Siegfried Wagner hingewiesen.[36]

Die Serie ist nicht nur ein Beispiel für die didaktische Museumsarbeit und erlaubt einen fokussierenden Blick auf einen speziellen, wichtigen Teil der Museumssammlung. Die sichtbaren Schäden allein an diesen wenigen Dias – Wasserschäden, Schimmel, zersprungenes Glas – und die Unvollständigkeit der Serie veranschaulichen wie es um den verlorenen und zerrissenen Bestand als Ganzes steht. Immerhin sind von schätzungsweise mindestens 50 Bildern der Serie heute noch rund zwei Drittel vorhanden.

*oben: Max Fabian Auswanderer**
*mitte: Hermann Struck Alter Jude aus Jaffa**
*unten: Arnold Zadikow Frauenbüste**

---

[36] Nähere Angaben zu Siegfried Wagners Leben und Werk konnten bislang nicht ermittelt werden. Eine Abbildung seines wohl berühmtesten Werks, „Der Brunnen des Lebens" in Kopenhagen, ist ebenfalls in der Diasammlung vertreten, jedoch nicht (nachweislich) in der in diesem Kapitel vorgestellten Spezialreihe. Wenige Angaben zu Wagners Schaffen und Leben vgl. Adolph Donath, Siegfried Wagner, in: Ost und West. Illustrierte Monats¬schrift für das gesamte Judentum, 8. Jg, H. 5, Mai 1908, Sp. 295-298.

Siegfried Wagner Weibl. Büste (Bildnisbüste)*   *Jakob Plessner Moses Mendelssohn**   *Henryk Glicenstein Der alte Prophet II**

Die aufgefundenen Originale bieten neben ihrem kulturhistorischen Wert ohne Zweifel ein unersetzliches Informationsreservoir für das schwierige Rekonstruktionsvorhaben „Jüdisches Museum (1933-1938)". Die zentrale Frage, wie die nur fragmentarisch überlieferten Objekte und Unterlagen des Berliner Jüdischen Museums nach Polen gelangten, stand von Anbeginn auf der Rechercheagenda. Mit genauerer Kenntnis des Wegs eines Objekts oder eines Bestands von Berlin nach Polen wurde immer auch die Hoffnung verbunden, den Verbleib weiterer Bestände des Berliner Jüdischen Museums klären zu können. Dass die heute im Jüdischen Historischen Institut (Żydowski Instytut Historyczny im. Emanuela Ringelbluma) in Warschau und im Museum des Lebuser Landes (Muzeum Ziemi Lubuskiej) in Zielona Góra aufbewahrten Bestände nur Fragmente darstellen und viele andere Sammlungsbestandteile auf dem Weg dorthin verschollen sind, wird bei genauer Betrachtung des Sammlungskonvoluts deutlich. Zu klären, wann und wo der größte Teil der Bestände des Jüdischen Museums verloren ging oder ob er bis heute unentdeckt blieb, muss zukünftiger Forschungsarbeit vorbehalten bleiben.

Arnold Zadikow Sandalenbinderin*

---

* Die Angaben zum Titel der Kunstwerke wurden unverändert, wie auf den Original-Diapositiven vermerkt, übernommen. Muzeum Ziemi Lubuskiej Fotos Tomasz Daiksler

Jüdisches Museum, **Kultraum I**, 1933

Bildarchiv Abraham Pisarek

Der „Millioneneinbruch" (1923)
Wie ein verlustreicher Diebstahl in der Kunstsammlung der Jüdischen Gemeinde zu Berlin die Gründung des Jüdischen Museums beförderte

von Jakob Hübner

Berlin im Mai 1923. „Nachts, als alles ruhig war, stiegen sie auf das Dach. Groß, Schneider und Erich ließen nun Schütz mit der Strickleiter durch das geöffnete Oberlichtfenster hinab. Ihm folgte Schneider mit einem Rucksack und einer großen Tasche."[1] Die vier Einbrecher waren ohne große Umstände in die Ausstellungsräume der Kunstsammlung der Berliner Jüdischen Gemeinde gelangt und fanden reiche, ungenügend gesicherte Beute. Sie „raubten alles, was in jener Inflationszeit einen höheren Vermögenswert darstellte: Gold und Silber. So sind ihnen u. a. goldene Eheringe mit seltsam schmückendem Aufbau, die manchen Beschauer entzückt hatten, große silberne Becher und viele wertvolle Kultusgegenstände zur Beute gefallen."[2] – Ein „Millioneneinbruch", wie die Berliner Presse berichtete.[3]

Die Diebe entwendeten der Kunstsammlung größtenteils unersetzliche Stücke und fügten ihr damit einen erheblichen, dauerhaften Schaden zu. Das Diebesgut stammte zu großen Teilen von dem Dresdener Juwelier Albert Wolf (1841-1907), der 1905 der damals reichsweit größten und zugleich international bedeutenden jüdischen Gemeinde in Berlin sein sammlerisches Lebenswerk vermacht hatte, das später im Jüdischen Museum in der Oranienburger Straße aufging. Mit seinem Tode zwei Jahre später kam die Sammlung als „Wolf'sche Stiftung" nach Berlin, wo die Gemeinde sich verpflichtet hatte, sie auszustellen. Wolf hatte sich hier „die Bürgschaft planmässiger und kräftiger Unterhaltung und Ergänzung an einer dem Forscher mühelos zugänglichen Stelle"[4] erhofft. Ein Jahrzehnt blieb sein Wunsch unerfüllt. Erst 1917 wurden die Bestände als Kunstsammlung der Jüdischen Gemeinde zu Berlin erstmals der Öffentlichkeit präsentiert.

---

[1] Der Museumsraubzug aufgeklärt, in: Berliner Tageblatt, Jg. 52, Nr. 227 (16.05.1923), o. S.

[2] P. E., Zum 25jährigen Bestehen der Gemeinde-Bibliothek Berlin. „Kunstsammlung der jüdischen Gemeinde zu Berlin" (Wolf'sche Stiftung), in: Israelitisches Familienblatt. Ausgabe für Groß-Berlin, Jg. 29, Nr. 5 (03.02.1927), Berliner Chronik, S. 9f., hier S. 10. Der Autor des Artikels ist vermutlich der damalige, u.a. mit der Kunstsammlung betraute Bibliotheksmitarbeiter Dr. Eugen Pessen, die Verfasserangabe „Dr. P. E." unter dem Artikel mithin ein Versehen.

[3] Diebstahl in einem jüdischen Museum, in: Vossische Zeitung, Nr. 222 (12.05.1923), Morgen-Ausgabe, Erste Beilage [, S. 6].

[4] Vgl. die Traueranzeige für Wolf in den Mitteilungen zur Jüdischen Volkskunde. Neue Folge, Jg. 3, H. 22, 1907 (H. 2), o. S. Für die „Mitteilungen" war er einer der „eifrigsten Mitarbeiter", ebenso veröffentlichte er u.a. in der renommierten Monatsschrift für die Geschichte und Wissenschaft des Judentums.

Einladung.

Wir beehren uns, Sie zu der am Sonntag, den 18. Februar ds. Js., mittags 12 Uhr, im Sitzungssaal der Repräsentanten-Versammlung (Eingang Oranienburgerstraße 29) stattfindenden

Eröffnung der Kunstsammlung der jüdischen Gemeinde
(Wolf'sche Stiftung)

ergebenst einzuladen.

Anschließend Besichtigung der Sammlung und der Bibliothek.

Berlin, den 11. Februar 1917.

Vorstand der jüdischen Gemeinde.

Einladung zur Eröffnung der Kunstsammlung der jüdischen Gemeinde (Wolf'sche Stiftung) im Jahre 1917
Stiftung Neue Synagoge Berlin – Centrum Judaicum

Wolfs Sammelleidenschaft war lange davon getrieben, die zusammengetragenen Stücke auch öffentlich zu präsentieren. In einem Nachruf wurde seiner progressiven Ideen gedacht: „Vor länger als drei Jahrzehnten hat Albert Wolf bereits den Plan eines jüdischen Museums entworfen. Systematisch, mit seltener Begeisterung und Opferfreudigkeit hat er ihn ausgeführt. Der dämmernde Morgen fand ihn oft noch über seine Mappen, Kataloge und Manuskripte gebeugt."[5] Mit diesem sammlerischen Konzept war er der erst einige Jahrzehnte jungen Wissenschaft vom Judentum verpflichtet. Damit galt er der jüdischen Kunst- und Kulturgeschichte als einer „der ersten, weitschauendsten und ernsthaftesten Sammler, zugleich auch [als] der bedeutendste wissenschaftliche Forscher (...). In rastlosem Forscher- und Sammlereifer hat er in jahrzehntelanger stiller Arbeit nicht nur zusammengetragen, sondern auch das Gefundene wissenschaftlich zu ergründen und systematisch anzuordnen versucht."[6] Darüber hinaus interessierte ihn das damals neue und so noch unerforschte Gebiet der jüdischen Kunst. Später sollte dieser Komplex im Jüdischen Museum einen zentralen Platz einnehmen. In seinen zahlreichen Beiträgen richtete Wolf „den Blick erstmals auf jüdische Künstler und Kunsthandwerker sowie auf Kunstgegenstände (...), die von jüdischen und nicht von christlichen Kunsthandwerkern hergestellt worden waren."[7] Art und Umfang der Sammlung, die er mit akribischer Sammelleidenschaft zusammengetragen und der jüdischen Gemeinde in Berlin vermacht hatte, waren allein schon auf Grund ihrer Zusammenstellung einzigartig. „Was diesen Sammler auszeichnete, war nicht nur ein literarisches, nicht nur ein künstlerisches, sondern mit beiden vereint ein religiöses Streben."[8]

Mit ihrer Vielzahl der gesammelten Objekte bot die „Wolf'sche Stiftung" den Grundstock für ein jüdisches Museum in Berlin, das in seiner thematischen Anlage Seltenheitswert besaß und mit der Fülle der bereits von Wolf zusammengetragenen Objekte einen äußerst breiten Ansatz bot.

---

[5] Ebd.

[6] Karl Schwarz, Das jüdische Museum – eine Kulturforderung, in: Jahrbuch für jüdische Geschichte und Literatur, Bd. 29, Berlin 1931, S. 210-225, hier S. 216.

[7] Christoph Daxelmüller, Hundert Jahre jüdische Volkskunde - Dr. Max (Me'ir) Grunwald und die „Gesellschaft für jüdische Volkskunde", in: Aschkenas. Zeitschrift für Geschichte und Kultur der Juden, Band 9, 1999, H. 1, S. 133-143, hier S. 137f. Daxelmüller verweist u.a. auf: Albert Wolf, Etwas über jüdische Kunst und ältere jüdische Künstler, in: Mitteilungen zur jüdischen Volkskunde 8, Heft 15 [Neue Reihe 1, Heft 1], 1905, S. 1-58.

[8] Diese „Worte des Gedenkens" sprach Ludwig Geiger zwei Tage nach dem Tode Wolfs in der Repräsentantenversammlung der Jüdischen Gemeinde zu Berlin, abgedruckt in: Der Gemeindebote. Beilage zur „Allgemeinen Zeitung des Judentums", 71. Jg., Nr. 8 (22.02.1907), S. 1.

Auf die zunächst private Wolfsche Sammlung aufbauend, sollte in Berlin „eine Zentralstätte jüdischer Kunst und Kultur aller Länder und Zeiten von den Anfängen der jüdischen Geschichte bis auf die Kulturerscheinungen unserer Tage [entstehen], ein wissenschaftliches Zentralinstitut, das der Forschung des Alten und dem Schaffen nach Neuem in gleicher Weise dient."[9] Der Einbruch 1923 zerstörte nicht nur das Gesamtensemble der Sammlung von Albert Wolf, sondern es wurde darüber hinaus auch das breit angelegte Fundament der Berliner Kunstsammlung nachhaltig beschädigt.

Der Tathergang im Spiegel der zeitgenössischen Presse

Weniger die kultur- und kunsthistorischen Werte als die Marktpreise für Edelmetalle hatten „die Habgier eines tschechoslowakischen Juweliers, Rudolf Schütz, gereizt".[10] Schütz kam – wie das Berliner Tageblatt[11] nach der raschen polizeilichen Aufklärung des Falls schrieb – „eigens zu dem Zwecke, sich der Schätze zu bemächtigen" aus Wien in die Reichshauptstadt.[12] Ob der erst zwanzigjährige Schütz in der Kriminellenszene bereits Kontakte geknüpft hatte, kann heute nicht mehr ausgemacht werden.[13] In der über den Diebstahl berichtenden Presse jedenfalls wurde er stets als „Juwelier" bezeichnet.

Fraglos ist der Überfall kein herausragender Fall in der Berliner Kriminalgeschichte und nicht zu vergleichen mit den noch heute bekannten, teils gewitzten Einbrüchen, Diebstählen und Raubüberfällen der Fassadenkletterer und Tresorknacker in der Weimarer Republik. Doch begünstigte die politisch wie gesellschaftlich instabile Umbruchphase nach dem Ersten Weltkrieg sicherlich kriminelle Machenschaften. Schütz jedenfalls hatte das Gold und Silber der Kunstsammlung gelockt. Zur praktischen Umsetzung seines Plans suchte er sich einige Komplizen in der Berliner Unterwelt.[14] Das Berliner Tageblatt berichtete am ausführlichsten über den Ablauf des Einbruchs: „Am 6. Mai besuchte er das Museum und öffnete in einem unbewachten Augenblick ein Oberlichtfenster. Dann suchte er, da er allein den Einbruch nicht ausführen konnte, die nötigen Helfer. Den ersten fand er in einer Schankwirtschaft in einem Einbrecher Adolf Groß aus der Weberstraße. Dieser glaubte aber, der Aufgabe auch noch nicht gewachsen zu sein und gewann noch den Einbrecher Karl Schneider, der vor längerer Zeit aus dem Gefängnis entwichen ist. Schneider holte dann noch einen vierten Mann herbei. Nachdem sich die

---

[9] Wie Anm. 6, hier S. 217.
[10] Wie Anm. 1.
[11] Es berichteten alle großen Berliner Tageszeitungen (Berliner Morgenpost, Berliner Tageblatt, Vossische Zeitung, Berliner Lokalanzeiger), am ausführlichsten und eindrucksvollsten das Berliner Tageblatt. In den einschlägigen deutschen und österreichischen Archiven konnten keine Unterlagen zum geschilderten Einbruch gefunden werden.
[12] Wie Anm. 1.
[13] Das „Wiener Stadt- und Landesarchiv" konnte im Bestand „Historische Meldeunterlagen" einen im Januar 1902 in Wien[!] geborenen Rudolf Schütz ausfindig machen. Für ihn konnte kein „Strafakt" im genannten Archiv nachgewiesen werden. (Anfrage des Autors an das Wiener Stadt- und Landesarchiv, Januar 2011). Es ist unklar, ob es sich um den o.g. Einbrecher in die Kunstsammlung der Jüdischen Gemeinde zu Berlin handelt.
[14] Der Einbruchsdiebstahl im Jüdischen Museum aufgeklärt, in: Berliner Morgenpost, Jg. 26, Nr. 116 (17.05.1923), 1. Beilage.

Vorstand der jüdischen Gemeinde.

Tagebuch=Nr. 1434/17 IIb.

Es wird ersucht, vorstehende Tagebuch=Nr. bei Beantwortung dieses Schreibens anzugeben.

Berlin, den 7ten Februar 1917

N. 24, Oranienburger Str. Nr. 29.

Die Eröffnung der Kunstsammlung der jüdischen Gemeinde (Wolf'sche Stiftung) soll am 18. ds. Mts., 12 Uhr mittags, im Lesesaal der Gemeindebibliothek stattfinden. Wir bitten Sie hierdurch ergebenst, die Leitung der Feier freundlichst übernehmen zu wollen.

Die Feier wird aus drei Ansprachen bestehen und zwar von Herrn Geheimrat Professor Dr. G e i g e r , Bibliothekar Dr. S t e r n und dem unterzeichneten Vorsitzenden.

Einladungen werden von uns versandt werden an die Mitglieder des Gemeinde-Vorstandes, der Repräsentanten-Versammlung, der Bibliothek-Kommission, des wissenschaftlichen Beirats, die Rabbiner, die Familienangehörigen des Stifters, sowie an eine Anzahl von Gelehrten, bei denen auf besonderes Interesse für die Sammlung zu rechnen ist.

Vorstand der jüdischen Gemeinde.

Eisner

Herrn B e n a s L e v y ,

B e r l i n W. 15,

Fasanenstrasse 69.

F

vier mit Strickleitern gut ausgerüstet hatten, traten sie abends den Beutezug an und ließen sich zunächst auf dem Museumsgrundstück heimlich einschließen. Nachts, als alles ruhig war, stiegen sie auf das Dach. Groß, Schneider und Erich ließen nun Schütz mit der Strickleiter durch das geöffnete Oberlichtfenster hinab. Ihm folgte Schneider mit einem Rucksack und einer großen Tasche. Nachdem sie diese mit den kostbarsten Sachen gefüllt hatten, ließen sie sich von den beiden anderen auf das Dach wieder hinaufziehen und verschwanden von dort mit der Beute. Schütz und Schneider sind jetzt in die Hände der Polizei gefallen und haben bereits ein Geständnis abgelegt. Die beiden anderen Täter werden noch gesucht. Auf ihre Ergreifung ist [von der Jüdischen Gemeinde,[15] J.H.] je eine Belohnung von 1 Million ausgesetzt, auf die Wiederbeschaffung der noch fehlenden Wertsachen, vor deren Ankauf gewarnt wird, zehn Millionen."[16] Bemerkenswert ist, dass offenbar nur in der jüdischen Presse über die beiden gefassten Täter mitgeteilt wurde, sie seien „ein Christ und ein Jude".[17] Es ist durchaus möglich, dass die Redakteure der jüdischen Blätter damals bewusst darauf hinweisen, um dem Verdacht, es handele sich um einen antisemitisch gesinnten Einbruch, vorzubeugen.

Gold und Silber – Die gestohlenen Gegenstände

Schütz und seine Komplizen konnten zahlreiche Objekte erbeuten. Geschätzt wurde der Schaden zunächst auf „zirka 70 Millionen Mark".[18] Zwei Wochen später stieg die Schätzung, vor allem inflationsbedingt, bereits auf „über eine halbe Milliarde Mark".[19] Im einzelnen gingen während des nächtlichen Einbruchs verloren: „153 Medaillen, meist silberne, und zwei goldene; 90 Münzen aus der Zeit Simons I. Maccabäus und der nachfolgenden Epoche; 10 goldene Trauringe aus dem Mittelalter; 1 goldenes Kettchen; 1 silberner Becher, 17. Jahrhundert; 33 verschiedene Kultusgeräte, meist Silber; 4 große Pokale und zwar 2 „Hachnassath Kallah" mit hebräischen Inschriften und den Namen sämtlicher Vorsteher; 2 Becher der alten Synagoge, 18. Jahrhundert."[20]
Eine genaue Übersicht über den schweren Verlust für die damalige Kunstsammlung verschafft uns eine „Liste der gestohlenen Gegenstände", die am 11. Mai 1923 angefertigt wurde.[21] Wenige Tage später konnte durch die Kriminalpolizei bei einem Hehler „ein Teil der Diebsbeute beschlagnahmt werden." Weiter berichtete die Berliner Morgenpost: „Der größte Teil ist aber noch nicht ermittelt."[22] So konnte wenigstens ein Teil der

Schreiben des Vorstands der Jüdischen Gemeinde an Benas Levy mit der Bitte, die Eröffnung der Kunstsammlung der Jüdischen Gemeinde (Wolf'sche Stiftung) zu leiten.
Stiftung Neue Synagoge Berlin – Centrum Judaicum

---

[15] Wie Anm. 3.
[16] Wie Anm. 1.
[17] Der Diebstahl im Berliner jüdischen Museum, in: C.V.-Zeitung, 2. Jg., H. 21 (26.05.1923,), S. 172.
[18] Kleine Mitteilungen. Berlin, in: Israelitisches Familienblatt, Hamburg, 25. Jg., Nr. 20 (17.05.1923), S. 4.
[19] Neuer Einbruch im Verwaltungshaus der jüdischen Gemeinde, in: Israelitisches Familienblatt, Hamburg, 25. Jg., Nr. 22 (31.05.1923), S. 2f.
[20] Wie Anm. 17. Bzw.: Ein Einbruchsdiebstahl im Berliner jüdischen Museum, in: Wiener Morgenzeitung, 5. Jg., Nr. 1530 (17.05.1923,), S. 6.
[21] Diese Übersicht befindet sich im Archiv des Żydowski Instytut Historyczny (Jüdisches Historisches Institut) in Warschau. Einen Forschungsstand, wie die Unterlagen der Kunstsammlung und des Jüdischen Museums in das Żydowski Instytut Historyczny kamen, skizziert mein Beitrag über die Bestände des Jüdischen Museums in Polen in diesem Band.
[22] Wie Anm. 14.

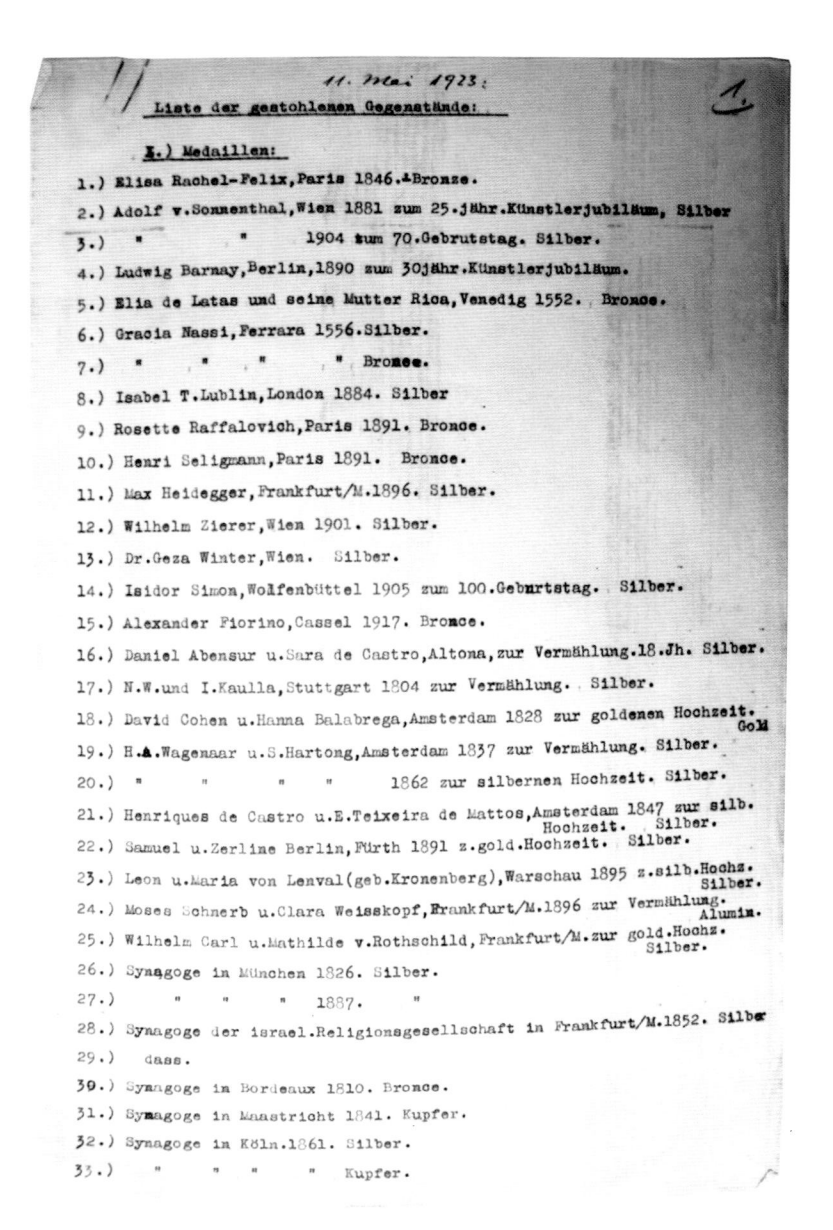

Liste der gestohlenen Objekte, 1923 ŻIH, B-442, Mappe: Geschichte des Jüdischen Museums, Foto Anna Fischer

in der Kunstsammlung gezeigten Gegenstände, die „abgesehen vom Metallwert, unschätzbar und unersetzlich"[23] waren, in das Museum zurückkehren. Die Einbrecherbande um Schütz war damit daran gehindert worden, die „seltenen Münzen aus der Zeit der Kaiser Vespasian und Titus mit der Umschrift: ‚Judaea capta', des Königs Herodes und vom Aufstand Bar Kochbas usw. ins Ausland zu schaffen, wie sie wohl beabsichtigten".[24] An dieses Glück im Unglück erinnerte man sich keine vier Jahre danach in der Gemeinde nicht mehr: „Sicherlich wurde das Edelmetall bald eingeschmolzen, denn keiner der geraubten Gegenstände ist inzwischen irgendwo wieder aufgetaucht"[25], hieß es 1927 in einem Bericht über die Bibliothek und Kunstsammlung der Jüdischen Gemeinde. Der spätere Kustos der Kunstsammlung und erste Direktor des Jüdischen Museums, Karl Schwarz (1885-1962), erinnerte sich im Exil ebenfalls nicht mehr daran: „Jedenfalls fehlten danach die wertvollsten Kultgeräte, fast alle Goldmünzen und -medaillen, die in großer Zahl vorhanden gewesen waren, und viele Silbermünzen und -medaillen. Von den geraubten Stücken konnte nichts mehr entdeckt werden. Es wurde jedoch festgestellt, daß sie eingeschmolzen worden waren."[26]

Tatsächlich sprechen neben den zitierten Zeitungsberichten ebenso spätere Bestandsverzeichnisse und Berichte für die glückliche Rettung von Münzen, möglicherweise sogar aller.[27]

---

[23] Wie Anm. 3.

[24] Der Museumsraubzug aufgeklärt, in: Israelitisches Familienblatt, Hamburg, 25. Jg., Nr. 21 (24.05.1923), S. 2.

[25] Wie Anm. 2.

[26] Karl Schwarz. Jüdische Kunst – Jüdische Künstler. Erinnerungen des ersten Direktors des Berliner Jüdischen Museums, hrsg. v. Chana C. Schütz u. Hermann Simon, Teetz 2001, S. 184. Für sämtliche biographische Angaben zu Karl Schwarz vgl. ebenfalls diesen Band.

[27] Vermutlich konnten alle gestohlenen Münzen wieder in die Sammlung zurückgelangen. Erwähnt wird bspw. die Münze mit der Umschrift „Judaea capta" in einem Artikel der zwischenzeitlichen Leiterin des Jüdischen Museums, Erna Stein (1903-1983). Sie erwähnte diese 1934 in der Jüdischen Rundschau als sie in einer Beilage „Von Jüdischer Kunst" aktuell über „Das Jüdische Museum in Berlin" berichtete (Jüdische Rundschau, Jg. 39, Nr. 16 (23.02.1934), o. S.).

Angemerkt sei, dass der Museumseinbruch im Mai 1923 Nachahmer fand. Er lockte Metalldiebe in andere, ebenfalls nicht ausreichend gesicherte jüdische Einrichtungen in unmittelbarer örtlicher wie zeitlicher Nähe. Ende des Monats wurden im Verwaltungsgebäude in der Oranienburger Straße „zwei große Bronzetafeln und die Metallbeschläge der Haustüren" gestohlen[28] und wenige Tage darauf war ein „Einbruch in die Synagoge auf demselben Gelände [wie die Kunstsammlung] an der Artilleriestraße gefolgt. Die Verbrecher machten auch hier wieder große Beute an Silbersachen. Sie stahlen einen neunarmigen Leuchter mit Sockel und Kultusgeräte, alles Gegenstände aus schwerem Silber."[29]

Einbruch und Diebstahl in der Kunstsammlung wurden von Kriminalkommissar Otto Trettin (1891-1939)[30] innerhalb weniger Tage aufgeklärt, der Haupttäter Schütz und einer seiner Komplizen verhaftet. Trettin, hier noch am Anfang seiner Karriere, galt bald als „Einbruchsspezialist", besonders für „Juwelen- und Museumsdiebstahl"[31] und ermittelte Ende der 1920er Jahre im Fall der berühmten „Geldschrankknacker" Gebrüder Sass. Trotz einer schweren Verletzung aus dem Ersten Weltkrieg schaffte es schließlich der „einarmige, klobige Kriminalrat Trettin (...) die gefährlichste der Berliner Kriminalinspektionen in seine eine Hand zu bekommen (...)" und galt als „Berühmtheit in der Unterwelt".[32]

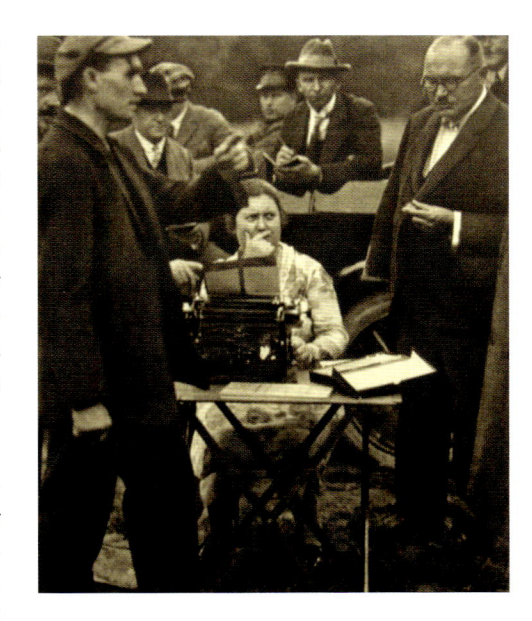

Der einarmige Kriminalkommissar Otto Trettin an einem Tatort mit seiner Sekretärin
Illustrierte Quick, Jg. 16, Nr. 14 (7. April 1963), S. 78]

Vom Einbruchsverlust zum Jüdischen Museum

Als die Diebe 1923 in die Räume der Kunstsammlung der Jüdischen Gemeinde einbrachen, bestand diese erst gut sechs Jahre. Weiten Kreisen war die Wolfsche Schenkung unbekannt, obwohl sie – wie das Gemeindeblatt berichtete – „vergrößert" wurde und „mehrere Spezialausstellun-

---

[28] Wie Anm. 19, hier S. 2.
[29] So berichtet das Israelitische Familienblatt, Hamburg, in seiner „Rundschau. Aus der Reichshauptstadt" am 07. Juni 1923 (25. Jg., Nr. 23, S. 2f, hier S. 2). Obwohl nicht unmittelbar „auf dem selben Gelände" wie die einstige Kunstsammlung gelegen, ist davon auszugehen, dass die genannte Synagoge jene der Gemeinde Adass Jisroel ist, die noch heute an diesem Ort in der Artilleriestraße 31 (heute: Tucholskystraße 40) besteht.
[30] Dermot Bradley (Hrsg.), Deutschlands Generale und Admirale, Teil 5: Die Generale der Waffen-SS und der Polizei. 1933-1945, Bd. 3, Bissendorf 2008, S. 304.
[31] Hsi-Huey Liang, Die Berliner Polizei in der Weimarer Republik, Berlin/New York 1977, S. 166.
[32] [Bernd Wehner], Das Spiel ist aus – Arthur Nebe. Glanz und Elend der deutschen Kriminalpolizei, „2. Fortsetzung", in: Der Spiegel, 13.10.1949, 3. Jg., Nr. 42, S. 24-30, hier S. 30. Sowie die „3. Fortsetzung", in: Der Spiegel, 3. Jg., Nr. 43 (20.10.1949), S. 20-26, hier S. 20. Diese in 30 Teilen erschienene Spiegel-Serie bedarf einer kritischen Betrachtung, bot sie doch in der Nachkriegszeit dem im Dritten Reich führenden Kriminalisten Bernd Wehner die Möglichkeit ein positives Bild der deutschen Kriminalpolizei für die Jahre bis 1945 zu zeichnen. Jüngst wurde in der Ausstellung „Ordnung und Vernichtung" im Deutschen Historischen Museum dieses Bild korrigiert und die Verstrickungen der deutschen (Kriminal-)Polizei in nationalsozialistische Verfolgung und Ermordung ausführlich thematisiert. Für eine Einschätzung dieser Spiegel-Artikel siehe hierzu im Begleitkatalog der Ausstellung: Martin Hölzl, Legenden mit Langzeitwirkung. Die deutsche Polizei und ihre NS-Vergangenheit, in: Deutsche Hochschule der Polizei, Münster (Hrsg., u.a.) Ordnung und Vernichtung. Die Polizei im NS-Staat, Dresden 2011, S. 90-103, hier S. 94. Sowie das Kapitel Neuanfang, aber keine Stunde Null, in: Ebd. S. 280-301, hier S. 289.

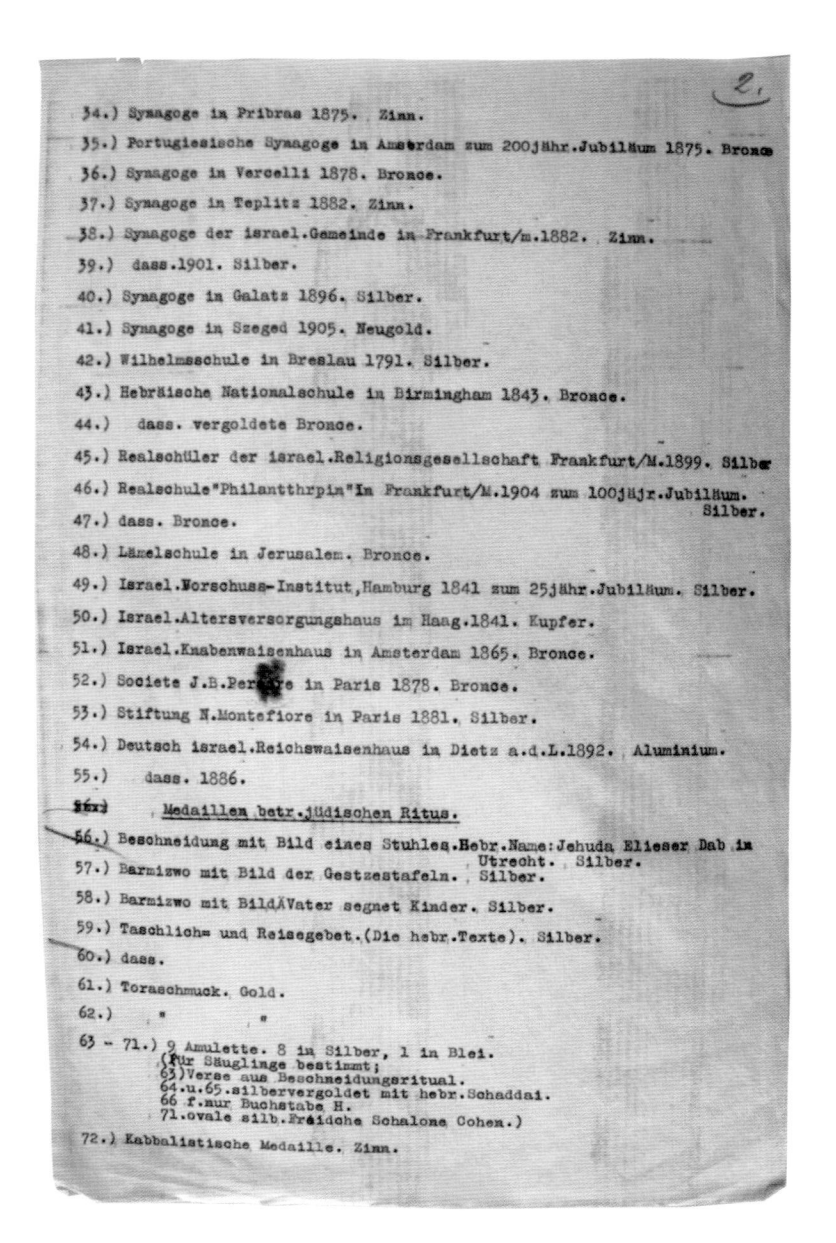

Liste der gestohlenen Objekte, 1923 ŻIH, B-422, Mappe: Geschichte des Jüdischen Museums, Foto Anna Fischer

gen" stattfanden.[33] Dennoch fand die Sammlung im ersten Jahrzehnt ihres Bestehens bis in die zweite Hälfte der 1920er Jahre kaum Beachtung. Wenige Wochen vor dem schwerwiegenden Diebstahl im Mai 1923 machte das Gemeindeblatt der Jüdischen Gemeinde zu Berlin darauf aufmerksam: Die Kunstsammlung, „die seit Jahren bereits ein überaus wertvolles Material zur Geschichte der Berliner Gemeinde sammelt, findet nicht in genügendem Maße das Interesse der Gemeindemitglieder. Vielen ist vielleicht nicht einmal die Existenz dieser Sammlung bekannt. Es ist durchaus lohnend, dem kleinen, aber gehaltvollen Museum einen Besuch abzustatten; mancher dürfte sich dann des in seiner Familie befindlichen Altväterhausrates erinnern."[34] Kurze Zeit nach dem Einbruchsdiebstahl berichteten einige offenbar sensationslustige Zeitungen über die geplünderte „weltberühmte Sammlung".[35] Tatsächlich war sie wohl durchaus – wie andere Blätter meldeten – „auf ihrem Sondergebiete eine der vollständigsten und bekanntesten der Welt".[36]

„Die Verwaltung hatte man dem Oberbibliothekar Dr. Moritz Stern (1864-1939) übertragen. Stern, ein ehemaliger Rabbiner und Lehrer, war ein schlechter Bibliothekar, da er eigentlich von Bibliothekswissenschaft keine Ahnung hatte. Noch weniger verstand er aber von Kunst. Aber bei der Gemeinde kümmerte sich niemand darum, und so ließ man ihn gewähren. Die Sammlung war die bis dahin größte und auch wertvollste jüdische Kunstsammlung, die Münzen, Medaillen, Kultgeräte und graphische Blätter enthielt. Ihre Existenz in Berlin, auch nach ihrer Unterbringung in einem Sonderraum, war völlig unbeachtet geblieben, bis

---

[33] Bericht in der Repräsentantenversammlung vom 5. Februar 1923, in: Die neue Session, in: Gemeindeblatt der Jüdischen Gemeinde zu Berlin, Jg. 13, Nr. 3/4, 23.03.1923, S. 21.
[34] Die Kunstsammlung der jüdischen Gemeinde zu Berlin, in: Gemeindeblatt der Jüdischen Gemeinde zu Berlin, Jg. 13, Nr. 3/4, 23.03.1923, S. 22.
[35] Wiener Morgenzeitung, 23.05.1923, 5. Jg., Nr. 1535, S. 5.
[36] Wie Anm. 1.

sich eines Tages herausstellte, daß bei einem Einbruchsdiebstahl, der durch die ‚Wachsamkeit' des Herrn Oberbibliothekars erst nach mehreren Tagen entdeckt wurde, die wertvollsten Stücke an Gold-, Silber- und Metallgeräten entwendet worden waren. Jetzt begann sich der Vorstand der Gemeinde plötzlich für die Sammlung zu interessieren. Da sah man dann, daß in der Ordnung der Gegenstände nichts Rechtes getan worden, daß Stern ganz unfähig dazu war. Es fehlten ihm die primitivsten Vorkenntnisse."[37]

Es war der erste Direktor des Jüdischen Museums, Karl Schwarz, der später in seinen Erinnerungen dieses sehr kritische Resümee zog. Schwarz war Zionist und erkannte schon sehr früh die Zeichen der Zeit. Bereits wenige Monate nach der Eröffnung in Berlin verließ er im Juni 1933 mit seiner Familie Deutschland und folgte dem Ruf des Tel Aviver Bürgermeisters Meir Dizengoff, um dort ein Kunstmuseum einzurichten, das heutige Tel Aviv Museum of Art.[38] Hier schrieb er die Erinnerungen an seine Berliner Zeit nieder. Über den vernachlässigten Zustand der Kunstsammlung bis in die zweite Hälfte der 1920er Jahre äußerte er sich in seinen Erinnerungen an verschiedenen Stellen. Wann immer Schwarz über den Leiter der Bibliothek und der ihr angeschlossenen Kunstsammlung, Moritz Stern, spricht, wird seine Antipathie gegenüber Stern deutlich.

Liste der gestohlenen Objekte, 1923 ŻIH, B-442, Mappe: Geschichte des Jüdischen Museums, Foto Anna Fischer

Heute kann nicht mehr eindeutig nachvollzogen werden, welche der durch den Einbruch verlorengegangenen Stücke wieder ersetzt werden konnten.[39] Es ist bekannt, dass in den 1920er Jahren der Jüdischen Ge-

---

[37] Wie Anm. 26, S. 181f. Schwarz erwähnt hingegen nicht, dass der Einbruch bei einem außerplanmäßigen Museumsrundgang von Besuchern aus Agram (heute Zagreb) entdeckt wurde; andernfalls wären vermutlich weitere Tage vergangen, bis jemand von dem Einbruch Notiz genommen hätte. Über die „Herren aus Agram" konnte nichts herausgefunden werden. Hierzu z.B. der Hinweis in der Vossischen Zeitung, wie Anm. 3.

[38] Chana Schütz, Der Museumsmann. Der Berliner Karl Schwarz und die Anfänge des Tel Aviv Museums, in: Jüdisches Berlin. Gemeindeblatt der Jüdischen Gemeinde zu Berlin, 13. Jg., Nr. 129 (Dez. 2010), S. 14.

[39] Immerhin schreibt z.B. Moritz Stern, der erste Leiter der Kunstsammlung, die damals noch Teil der von Stern geführten Bibliothek der Jüdischen Gemeinde zu Berlin war, im Rückblick und ohne nähere Angaben hierüber: „Soweit es möglich war, sind übrigens einige Stücke durch Ankäufe wieder angeschafft worden." Moritz Stern, Aus dem Berliner Jüdischen Museum. Palästinensische Altertümer, Münzen, Medaillen, Siegel, Ringe und Kultusgeräte, Berlin 1937, o. S.

Liste der gestohlenen Objekte, 1923 ŻIH, B-442, Mappe: Geschichte des Jüdischen Museums, Foto Anna Fischer

meinde die finanziellen Mittel fehlten, um den Verlust der gestohlenen teuren Stücke aus Silber und Gold ausgleichen zu können. Zunächst blieb die Kunstsammlung nach dem Einbruch im Mai 1923 lange geschlossen. Eine „geplante Ausstellung von Bildern geschichtlich denkwürdiger Synagogen" wurde „angesichts der unsicheren Zustände" nicht mehr durchgeführt[40] und die Räumlichkeiten blieben der Öffentlichkeit zweieinhalb Jahre unzugänglich. Schließlich konnten den Besuchern seit Januar 1926 in einer von Schwarz neu konzipierten dritten Ausstellung „Letzte Erwerbungen" gezeigt werden, darunter „Altertümer und Kunstgegenstände, besonders Bilder, Radierungen, Holzschnitte, Medaillen, Illustrierte Bücher usw."[41]

Nicht erwähnt wurde damals im Jüdischen Gemeindeblatt, dass der bislang unbeteiligte Kunsthistoriker Karl Schwarz kurzfristig die Ausstellung umgestaltet hatte. Später erinnerte sich dieser an den Zustand der Kunstsammlung und der genannten, kurz vor Eröffnung stehenden Ausstellung unter dem Bibliothekar Moritz Stern, der „versuchte", wie Schwarz schrieb, „die Sammlung zu ergänzen. Er kaufte verschiedene Stücke dazu und verlegte sich hauptsächlich auf den Erwerb graphischer Blätter. Er wollte ‚Gelegenheiten' auffinden, d. h. er wollte billig kaufen. Hierbei passierten ihm mangels jeder Kenntnis der Materie die bedauerlichsten Mißgeschicke, und als er 1926 eine Ausstellung seiner Neuerwerbungen veranstalten wollte, wurde Dr. Sandler, der Dezernent der Bibliothek und folglich auch der Sammlung war, mit Schrecken gewahr, welches Unheil hier angerichtet wurde. Dies gab die Veranlassung, daß er [Sandler] mit mir in

---

[40] Wie Anm. 19.
[41] Kunstsammlung der Jüdischen Gemeinde, in: Gemeindeblatt der Jüdischen Gemeinde zu Berlin, Jg. 16, Nr. 1 (08.01.1926), S. 19.

Verbindung trat und, als wir uns über meine zunächst vorläufige Tätigkeit einig geworden waren, mir auftrug, die in dem Sammlungsraum schon aufgehängte Ausstellung, die allerdings noch nicht eröffnet war, zu kassieren [...]."[42]

Die zum Jahresbeginn kurzfristig umgestellte Ausstellung von 1926 blieb nur wenige Monate bestehen. Aron Sandler (1879-1954) trat erneut an Schwarz heran, um diesen für eine Neuordnung und Erweiterung der Kunstsammlung zu gewinnen, wobei die Verhandlungen zunächst an den für den Kunsthistoriker Schwarz wenig attraktiven Konditionen – er sollte zur Hälfte in der Bibliothek arbeiten – scheiterten. Doch es blieb seitens des Gemeindevorstands bei der Feststellung, „daß es unmöglich sei, die Sammlung in diesem Zustand zu belassen, daß Stern unmögliche Dinge treibe und unbedingt ein Fachmann die Sache in die Hand nehmen müsse".[43] Schließlich kam es nach langen Verhandlungen dazu, dass Schwarz die Kunstsammlung – zunächst auf Probe – betreute.

Unter der Ägide von Karl Schwarz wurden in der Sammlung neue Schwerpunkte gesetzt und die Bestände systematisch ergänzt, sowie „durch mannigfache Ankäufe vergrößert [...], so durch Werke vieler in Berlin lebender jüdischer Maler, Graphiker und Bildhauer".[44] Offiziell blieb Moritz Stern die Leitung der Kunstsammlung der Jüdischen Gemeinde zu Berlin vorbehalten und Karl Schwarz' modernisierendes Wirken fand zunächst keine besondere Erwähnung. Im Hinblick auf den Fortschritt nach dem großen Einbruch hieß es anlässlich des 25jährigen Bestehens der jüdischen Gemeindebi-

Liste der gestohlenen Objekte, 1923 ŻIH, B-442, Mappe: Geschichte des Jüdischen Museums, Foto Anna Fischer

---

[42] Wie Anm. 26, S. 184.
[43] Ebd., S. 182.
[44] Wie Anm. 2.

bliothek in Berlin, zu der die Kunstsammlung damals gehörte, allgemein und undifferenziert: „Der jüdische Optimismus läßt der Klage über Verlorenes nicht übermäßig Raum, und mit hoffnungsfreudiger Energie ging man an eine Umgruppierung der Sammlung, nicht ohne vorher durch die Schaffung modernster Sicherungsanlagen unerwünschte Besucher in Zukunft fernzuhalten."[45]

Den Fähigkeiten und dem Engagement von Karl Schwarz ist es zu verdanken, dass die Kunstsammlung der Jüdischen Gemeinde nun an Bedeutung gewann und als eigenständige Einrichtung in der Gemeinde

Liste der gestohlenen Objekte, 1923 ŻIH, B-442, Mappe: Geschichte des Jüdischen Museums, Foto Anna Fischer

---

[45] Ebd.

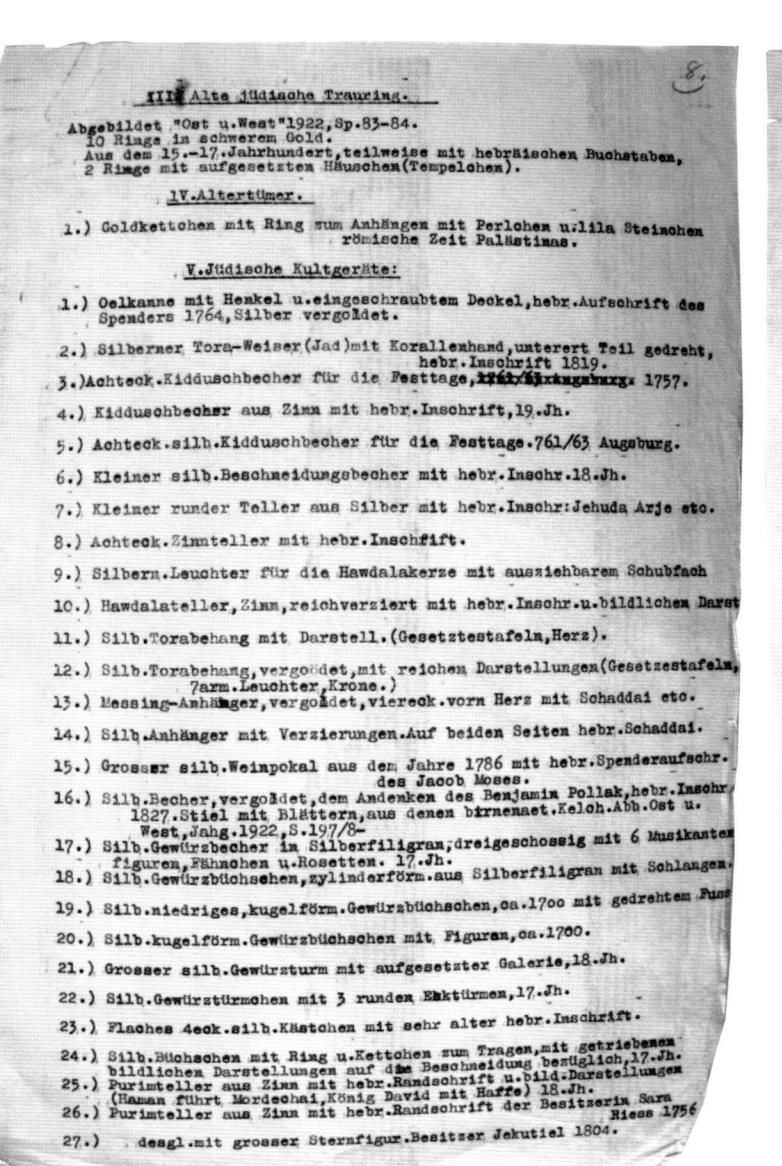

und bald darüber hinaus wahrgenommen wurde. Durch eine gezielte und stetige Bestandserweiterung und -ergänzung, die Förderung von modernen Künstlern wurde nach und nach der durch den Einbruch im Mai 1923 entstandene Schaden ausgeglichen. Die Arbeit von Schwarz, gezielte Ankäufe und damit die Erweiterung der Sammlung führten zur Gründung des Jüdischen Museums in Berlin. Mit seiner zwangsweisen Schließung im November 1938 ging auch ein Großteil der Bestände, die aus der Kunstsammlung stammten, verloren.

Liste der gestohlenen Objekte, 1923 ŻIH, B-442, Mappe: Geschichte des Jüdischen Museums, Foto Anna Fischer

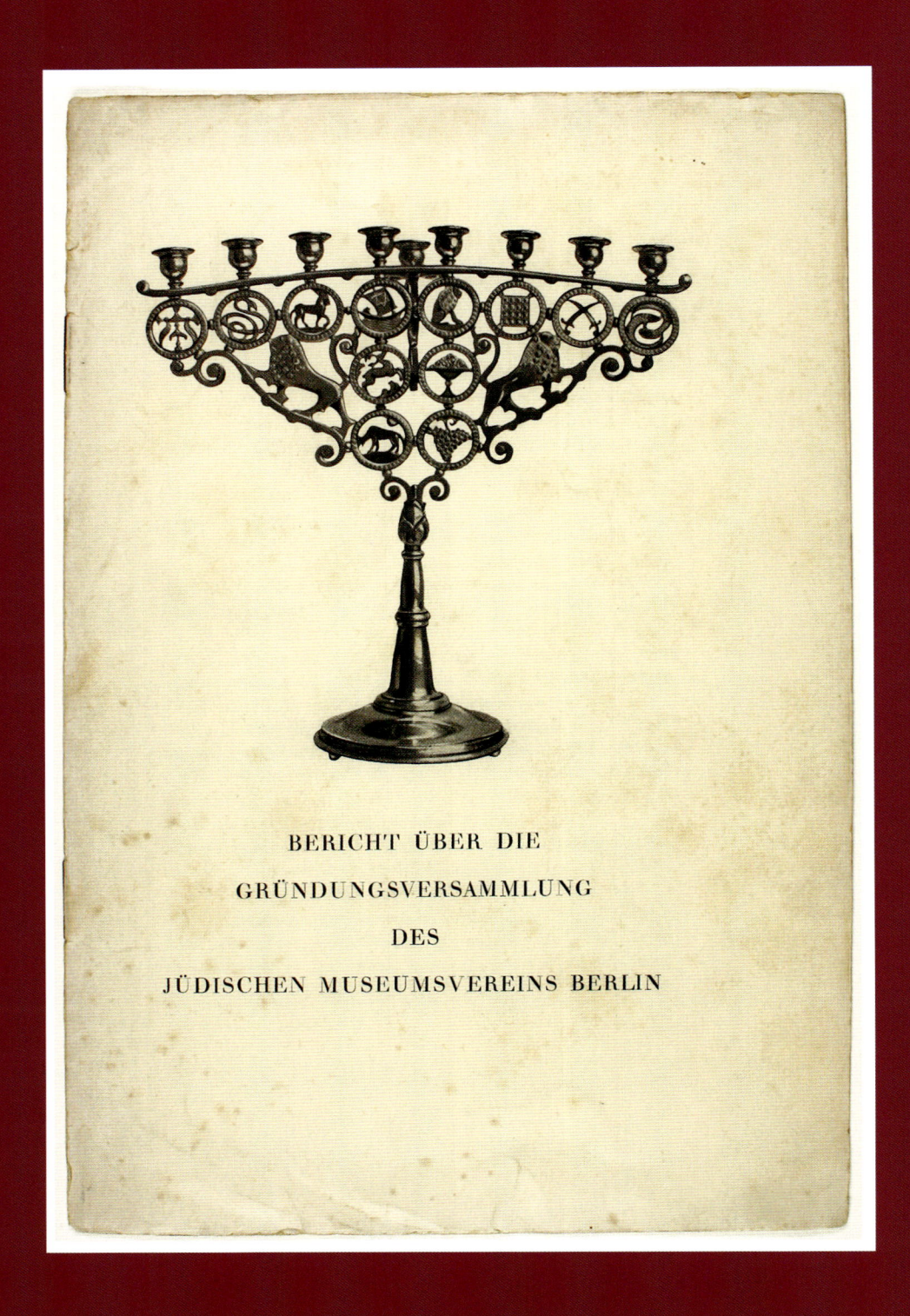

BERICHT ÜBER DIE
GRÜNDUNGSVERSAMMLUNG
DES
JÜDISCHEN MUSEUMSVEREINS BERLIN

Mitgliederaufruf
Museumsverein mit Chanukkaleuchter von **Arnold Zadikow**, 1929

Stiftung Jüdisches Museum Berlin

Wer nahm an der Gründung des Jüdischen Museumsvereins am 28. November 1929 teil? – Eine Präsenzliste

von Hermann Simon und Anna Fischer

In seinen in den Jahren 1940 bis 1952 in Tel Aviv entstandenen Erinnerungen hat der erste Direktor des Jüdischen Museums, Karl Schwarz, der Gründung des Museumsvereins relativ breiten Raum eingeräumt:
„Die Mendelssohn-Ausstellung [Eröffnung in den Ausstellungsräumen der Preußischen Staatsbibliothek am 16. September 1929] hatte die Aufmerksamkeit weiterer Kreise auf die Kunstsammlung der Gemeinde gelenkt. Es war mir bis dahin bereits gelungen, eine Reihe von Sammlern für sie zu interessieren und wertvolle Schenkungen zu erhalten. Diese private Werbearbeit reichte aber nicht aus, um die Sammlung so auszubauen, wie es mir vorschwebte. Es bedurfte hierzu eines Organs, das in ähnlicher Weise wie der Kaiser-Friedrich-Museums-Verein wirkte. Ich teilte meine Absicht dem Vorstande mit, der meinen Plänen jedoch mit großen Bedenken begegnete. Trotzdem ließ ich mich in der Weiterverfolgung dieser Idee nicht stören. Ein Mann ging sofort begeistert auf meine Pläne ein und leistete mir die größte Hilfe: Eugen Caspary, der unermüdliche Leiter des Wohlfahrtsamtes der Gemeinde.
Am 28. November 1929 konnte im Hotel Kaiserhof die Gründungsversammlung des Jüdischen Museumsvereins stattfinden. Vorsitzender des Vereins war Generalkonsul Eugen Landau. § 2 der Satzung lautete: ‚Der Verein macht es sich zur Aufgabe, das allgemeine Interesse für jüdische Kunst und Kultur zu wecken, insbesondere die Kunstsammlung der Jüdischen Gemeinde zu Berlin zu fördern und zu einem jüdischen Museum auszubauen.'
Hier zum erstenmal hatte ich dem von mir von Anfang an gehegten Gedanken Ausdruck gegeben, nämlich der Ausbau des großen Jüdischen Museums.
Nun hatte ich Männer gefunden, die diesen Plan unterstützten und durch Rang und Namen wirksamen Einfluß nehmen konnten und auch nahmen. Der Gemeindevorstand war über den Erfolg der Gründungsversammlung

Der Vorstand der Jüdischen Gemeinde zu Berlin gibt sich die Ehre, zu der Dienstag, den 24. Januar 1933, 17½ Uhr, in den neuen Räumen (Oranienburger Straße 31, im ersten Stock) stattfindenden

ERÖFFNUNG DES JÜDISCHEN MUSEUMS

ergebenst einzuladen.

Gefl. Antwort bis zum 22. 1. an das Sekretariat der Jüdischen Gemeinde, Oranienburger Str. 29, erbeten.

Stiftung Neue Synagoge Berlin – Centrum Judaicum, CJA, 1, 75 D Gr1, Nr. 3

erstaunt. War es mir doch gelungen, den sonst allen jüdischen Institutionen fernstehenden Max Liebermann zur Annahme des Ehrenvorsitzes zu bewegen."[1]

In drei Archivkartons verwahrt das Warschauer Żydowski Instytut Historyczny im. Emanuela Ringelbluma (ŻIH) Briefe und Dokumente, die die Geschichte des Berliner Jüdischen Museums illustrieren. Es handelt sich dabei sowohl um Zeugnisse des Museums als auch um Dokumente und Briefe über diese Kulturinstitution der Berliner Jüdischen Gemeinde. Diese Unterlagen sind in den 1950er Jahren nach Warschau gelangt.

Im Ergebnis einer ersten Durchsicht dieses Materials hat Jakob Hübner, der in diesem Band untersucht hat, wie die Unterlagen nach Warschau gekommen sind, uns vor einigen Jahren auf eine achtseitige Liste mit mehr als 200 Namen hingewiesen. Er hielt das Dokument zunächst für eine Liste von Benutzern der Museumssammlungen. Alle Blätter, die „Jüdische Gemeinde zu Berlin" als Wasserzeichen aufweisen, tragen die Überschrift „Präsensliste".[2] Daher liegt es nahe, sie einem Ereignis dieser Gemeinde zuzuordnen. Teilnehmer einer Veranstaltung haben sich hier eingetragen. Die Frage ist nur, von welcher Veranstaltung sie stammt? Im Zusammenhang mit dem Jüdischen Museum musste dieses Dokument stehen, denn in eben diesem Aktenzusammenhang ist es überliefert.

---

[1] Karl Schwarz, Jüdische Kunst – Jüdische Künstler, Erinnerungen des ersten Direktors des Berliner Jüdischen Museums (= Jüdische Memoiren ; Bd. 4), hrsg. v. Chana C. Schütz u. Hermann Simon, Teetz 2001, S. 202.

[2] ŻIH, Karton B-441, Mappe „Präsensliste". Auf allen Originalblättern steht hingegen irrtümlich „Präsensliste". Vor den meisten Namen findet sich ein nachträglich angebrachter Haken. Eine schlüssige Erklärung dafür haben wir nicht.

Überdies kennen wir aus Unterlagen, die sich in Moskau befinden, eine ähnliche Anwesenheitsliste. Diese Liste trägt folgende Überschrift: „Präsenzliste für die Eröffnung der Spinoza-Ausstellung am 15. Dezember 1932".[3]
Eine Vermutung, wann und aus welchem Grund die in Warschau aufgefundene Anwesenheitsliste entstanden ist, hatten wir vor diesem Hintergrund sehr bald:
Es könnte eine Anwesenheitsliste sein, in die sich die Gäste, die zur Eröffnung des Museums am 24. Januar 1933 gekommen sind, eingeschrieben haben. Dies dachten wir lange Zeit, aber unsere Hypothese stellte sich als Irrtum heraus.
Wir wissen aus Berichten der Tagespresse, dass Gemeindevorsitzender Kleemann erkrankt war und deshalb Kammergerichtsrat Leo Wolff zur Eröffnung sprach.[4] Beide Herren haben sich aber auf der Liste eingetragen. Unsere Liste muss überdies vor dem 7. Februar 1931, dem Todestag von Eugen Caspary, der ebenfalls auf der Liste steht, entstanden sein.
Das früheste Datum ihres Entstehens ist 1929, weil der Kunsthistoriker Dr. Karl Schwarz mit der Adresse Niebuhrstr. 71 erstmals in diesem Jahr im Berliner Adressbuch verzeichnet ist und sich so auch auf der Liste einschreibt.[5]

Bei Durchsicht der Anwesenheitsliste stoßen wir auf bekannte Namen wie die von den bildenden Künstlern Josef Budko, Friedrich Feigl, Harald Isenstein, Arno Nadel, Jacob Plessner, Eugen Spiro, Jakob Steinhardt, und Leonid Pasternak; der Schriftsteller Heinrich Kurtzig war ebenfalls anwesend.[6]
Eingetragen haben sich unter anderem auch: Mäzene wie Georg Tietz und Eugen Garbáty, der Rechtsanwalt, bekannte Zionist und Autor Sammy Gronemann sowie seine Frau Sonia, die beide im März 1933 nach Palästina emigrierten, die Gemeinderabbiner Emil Cohn, Samson Weisse und Joachim Prinz, die Kunstkritiker Bertha Badt-Strauß und Max Osborn, Gemeindebaumeister Alexander Beer sowie die Protagonistin des Jüdischen Frauenbundes Hannah Karminski. Wilhelm Kleemann und weitere Mitglieder der Repräsentantenversammlung der Jüdischen Gemeinde Berlins nahmen ebenso an der Veranstaltung teil wie die Schwestern Hedwig und Felicia Isaac, die der Kunstsammlung und dem späteren Museum bedeutende Bilder spendeten.[7]
Mit an Sicherheit grenzender Wahrscheinlichkeit gehen wir davon aus, dass es sich bei dieser Liste um ein Dokument handelt, das anlässlich der Gründung des Jüdischen Museumsvereins am 28. November 1929 entstanden ist.
Bemerkenswert ist die Tatsache, dass daran auch Persönlichkeiten teilnahmen, die nicht der Jüdischen Gemeinde angehörten, wie z. B. der Di-

Bekanntmachung des Jüdischen Museumsvereins JNB, 9.1.1940, S. 3

---

[3] Staatliches Militärarchiv der Russischen Föderation Moskau („Sonderarchiv"), 1326/1/9, Bl. 43.
[4] Berliner Tageblatt 25.01.1933 (Morgen-Ausgabe). Eine Kopie des Artikels befindet sich im Centrum Judaicum.
[5] http://adressbuch.zlb.de/
[6] Kurtzig war der Großvater mütterlicherseits des Literaturwissenschaftlers Stéphane Mosès. (Angabe nach http://de.wikipedia.org/wiki/Heinrich_Kurtzig) und gehört zu den „verbrannten" Autoren.
[7] Vgl. Sophie Buchholz, „Bestandsverzeichnis: Gemälde und Handzeichnungen" im parallel erscheinenden Band „Bestandsrekonstruktion des Berliner Jüdischen Museums in der Oranienburger Straße – Auf der Suche nach einer verlorenen Sammlung", hrsg. v. Chana Schütz u. Hermann Simon, Berlin 2011, Nrn. 150 und 279.

rechts: Präsensliste, ŻIH, B-441, Mappe: Präsenzliste, S. 5, Foto Anna Fischer

S.106: Gründungsurkunde, ŻIH, B-441 (mit blauen Kanten), Mappe: eingewickelt in Kalenderblatt, S. 5, Foto Anna Fischer

rektor des Märkischen Museums Walter Stengel (1882-1960).[8] Das Berliner Tageblatt vermerkt dies ausdrücklich: „Die Gründungsversammlung (...) war ausserordentlich stark besucht und bewies das Interesse, das man in weiten Kreisen dem Unternehmen entgegenbringt. Der Kunsthistoriker der Universität Geheimrat Prof. Dr. Adolf Goldschmidt war mit dabei, dann der Direktor des Märkischen Museums Dr. Stengel und eine Reihe von Amateuren und Kunsthändlern, die nicht allein den jüdischen Kreisen angehören."[9]

Anderseits fehlen bedeutende jüdische Persönlichkeiten wie der bekannte Kunsthistoriker und Berliner Museumsmann Max J. Friedländer (1867-1958). In diesem Fall kennen wir sogar den Grund: Schwarz hatte sich intensiv bemüht, Prominente für die Mitarbeit im Museumsverein zu gewinnen, so auch Friedländer, den er am 15. März 1929 gebeten hatte, in diesem Gremium mitzuwirken. Friedländers Name sollte „an die Spitze eines demnächst erscheinenden Aufrufes" gestellt werden. „Es sollen nur ganz wenige Namen erscheinen", schrieb der „Kustos der Kunstsammlung der jüdischen Gemeinde".[10]

Friedländer antwortete bereits am nächsten Tag: „Besten Dank für Mitteilung u. Aufforderung. Ich habe, was meine Person betrifft, Bedenken; muß mir überlegen, ob nicht Ihre Aktion den Interessen, die ich pflichtgemäß zu vertreten habe, entgegenwirkt."[11]

Viele andere wichtige Persönlichkeiten haben hingegen dem Wunsch von Schwarz entsprochen. So konnte im Bericht über die Gründungsversammlung mitgeteilt werden: „Herr Rechtsanwalt Sammy Gronemann begrüßte die Versammlung im Namen des Gründungsausschusses, der aus den Herren: Prof. Dr. Max Liebermann, Prof. Georg Bernhard, Eugen Caspary, Adolph Donath, Rechtsanwalt Sammy Gronemann, Justizrat Dr. Julius Magnus, Dr. Max Osborn, Dr. Aron Sandler, Dr. Karl Schwarz, Georg Tietz, Theodor Wolff, Arnold Zweig besteht."[12]

Wohl die Meisten, die an der Gründungsversammlung des Vereins am 28. November 1929 teilnahmen, haben sich auf der Liste eingetragen; sie ist so ein Who is Who Berliner jüdischen Lebens jener Zeit, und wir glauben, dass es sinnvoll ist, das Dokument zu veröffentlichen.

---

[8] Vgl. Hermann Simon, Auf der Suche nach einer verlorenen Sammlung, in diesem Band.
[9] Jüdischer Museumsverein Berlin. Für den Ausbau eines Museums, in: Berliner Tageblatt, 29.11.1929 (Abend-Ausgabe).
[10] Karl Schwarz an Max J. Friedländer. 15.03.1929. Żydowski Instytut Historyczny im. Emanuela Ringelbluma (ŻIH), Karton B 441 (blaue Kanten), Mappe im Kalenderblatt.
[11] Max J. Friedländer an Karl Schwarz. 16.03.1929, ŻIH, ebd.
[12] Bericht über die Gründungsversammlung des Jüdischen Museumsvereins, Berlin 1929.

Präsensliste

Name	Adresse	
Alexander Ehrlich	Kurfürstendamm 175	
Käthe Jacobsohn	Lietzenburgerstr. 24/25	
Joh. Kohlenbaum	Hardenbergstr. 17	
E. Mayer	Berchtesgadenerstr. 37	
Hedwig Isaac	Alexanderstr. 22	
Felicia Isaac	Alexanderstr. 22 II	
Richard Isenstein	Wahlow Bz. Potsdam	
Frau H. Isenstein	" "	
B. Kutshow	Meinekestr. 6	
Esther Böhm	Carl-Schlüter-? 78	
Fr. Diener	Lichtenrade	Paulsackstr. 28
Marx Fried	S.W.	Tempelhofer Ufer 6
Emma Weiss	"	Großbeerenstr. 11
Clara Jarislowsky	Westend	Bayernallee 5
Dr. Stengel	Märkisches Museum	
H. Schiner	Chlbg.	Kaisodamm 73
B. Falkenberg	Berlin	N. Klotterstr. 22
H. Falkenberg		
J. Salomon u. Frau		Bambergerstr. 50
Frau Moritz Heymer		Kaiser-Allee 191
Prof. Schulam u. Frau		Xantenerstr.
Erich Kreplan		Suarezstr. 30
Prof. L. Pasternak		Motzstr. 60
Dr. Fritz Naumberger	Charlottbg.	Demburgstr. 24
Grethen Segal	Charlottbg.	Bernburgstr. 25
Frit. Raw	Wes-	Neuendorferstr. 26
Male Raw		
S. Horodisch		Prinzregentenstr. 7, Wilmersd.
Edith Blumenthal	Hermsdorf	Humboldtstr. 67
Philippi		
Fr. Frankenstein	Chlbg. 4	Niebuhrstr. 72
Frau Anna Kayser	Chart L.	Bleibtreustr. 44
Frau Moritz Nathan	Uhl. 95	

§ 13.

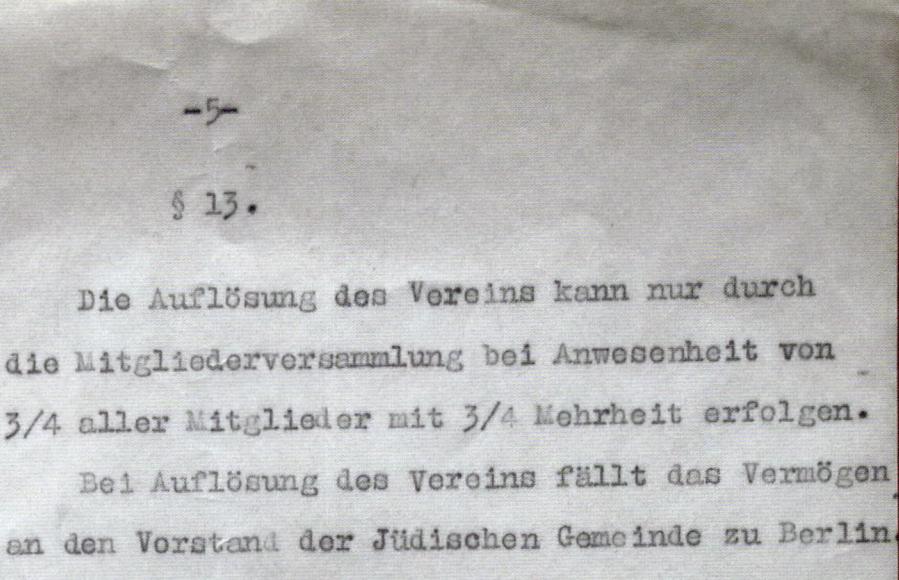

Die Auflösung des Vereins kann nur durch die Mitgliederversammlung bei Anwesenheit von 3/4 aller Mitglieder mit 3/4 Mehrheit erfolgen. Bei Auflösung des Vereins fällt das Vermögen an den Vorstand der Jüdischen Gemeinde zu Berlin.

Berlin, den 28. November 1929.
Eintausendneunhundertneunundzwanzig.

[Signatures:]
Eugen Lauder
Dr Karl Schwarz
[illegible]
Adolph Donath
Eugen Caspary
[illegible] Osborn
Dr [illegible] Sander

Bescheinigung.

Es wird hiermit bescheinigt, daß vorstehende Satzungsänderung heute in das Vereinsregister des unterzeichneten Gerichts unter laufender Nummer 6041 eingetragen worden ist.

Berlin, den 23. Januar 1930
Amtsgericht Berlin-Mitte, Abteilung 94
des Grothus [illegible] Amtsgerichtsrat
Ausgefertigt.

Berlin, den 30. Januar 1930
[signature] Justizinspektor
als Urkundsbeamter der Geschäftsstelle
des Amtsgerichts Berlin-Mitte, Abteilung 94.

Präsenzliste [für die Gründungsversammlung des Jüdischen Museumsvereins am 28. November 1929][1]

Name	Adressen
[S. 1]	
Frau Dr. Chone [Ehefrau von RA Paul Chone]	Kurfürstendamm 42
Dr. M[ark] Wischnitzer	Zähringerstr. 10
Eugen G.(?) Garbáty [-Rosenthal]	Tiergartenstr. 29a
[Kammergerichtsrat] Leo Wolff	Kaiserdamm 12
Frau Marianne Schwabach	Westfälische Str. 59
Heinrich Mendelssohn	
Frau Anna Kaminski	Kaiserdamm 9
Dr. [Eugen] Pessen [Bibliothekar der Jüdischen Gemeinde]	Vorbergstr. 5
F.A. Lutz [Architekt]	Victoriastraße 30
M[ichael] Wurmbrand [Journalist]	Eisenzahnstr. 6
[Name nicht zu entziffern]	Neubabelsberg [Nowawes]
[Rabbiner] Dr. [Samson] Weisse• u. Frau	
Frau Klaus Heymann	
Frau Johanna Wittstock	
Adolf Heppner [Antiquitätenhandlung]	[W 62, Kurfürstenstr. 98]
Prof. Ludwig Stein [ord. Univ. Prof. a.D., Chefredakt.]	[W 10, Lützowufer 5a]
Dr. Jacques Stern	W 10, Kaiserin Augustastr. 70
Staatsrat J[acob] Teitel•[2]	W 15, Kaiseralle 207
RA A[lexis] Goldenweiser	W 30, Aschaffenburger [Str.] 9
M. Abrahamsohn	
Ing. Jacobi „Tempo"[3]	
Margarete Jacoby	Derfflingerstr. 19
J. Saenger	
Fa. M. Poppelauer	
Dipl. Ing. S[alomon] Blumann	Wannsee Bismarckstr. 3
Moses Wagner	Uhlandstr. 116/117
Josef Altmann	Schaperstr. 35
N[aphtali] Hamburger Kommerzienrat	Rankestr. 2
[S. 2]	
Curt Munter	Wullenweberstr. 11
Max u. Hilde Strumpf	Caspar Theys Str. 18
[Prof. Dr.] Adolph Goldschmidt	Bismarckstr. 72
Hertha Hamburger	Chbg., Sybelstr. 67
Siegfried Engel	Holsteiner Ufer 20

• Gehörte zum Gründungsausschuss für den Museumsverein.

• Unter „Hervorragende jüdische Persönlichkeiten Berlins" (Jüdisches Adressbuch für Gross-Berlin, Ausgabe 1931, S. 65ff.) verzeichnet.

[1] Auf allen acht Blättern steht „Präsensliste"; richtig wäre: „Präsenzliste".

[2] Jacob Teitel, Aus meiner Lebensarbeit. Erinnerungen eines jüdischen Richters im alten Rußland, durchgesehener und erw. Neudruck d. Ausg. v. 1929, neu hrsg. v. Ludger Heid (= Jüdische Memoiren Band 2), Teetz 1999.

[3] Das Abendblatt „Tempo" erschien ab 11.09.1928 im Ullstein Verlag; existierte bis 05.08.1933. Vgl. Peter de Mendelssohn, Zeitungsstadt Berlin, Frankfurt/M., Berlin u. Wien 1982, S. 609f.

Name	Adressen
Hermann Swet	Chbg., Grolmannstr. 53
Henny Alexander	W 50, Rankestr. 26
Dipl. Ing. Paul Lewy	W 62, Landgrafenstr. 10
Dr. Margarete Edelheim	W 10, Corneliusstr. 5
F[ritz] Kirschstein	W 15, Lietzenburgerstr. 39
J. Heinrichsdorff [vermutl. Sohn des Bankdirektors Fritz H.]	NW 40, In den Zelten 9 III
[RA] Dr. [Gottfried] Hollander	N 24, Oranienburger 3
Dr. Ernst Cohn Wiener [Kunsthistoriker]	Paulsbornerstr. 2
Erich Brill	Pension Hoffmann Motzstr. 72
[Rabbiner] Dr. Emil [Bernhard] Cohn•	Grunew., Ilmenauer [Str.] 11
Leo Kreindler [Redakteur beim Israelitischen Familienblatt]	[Wilm., Pfalzburgerstr. 10]
[RAin] Dr. Margarete Berent	W 30, Golzstr. 34

[S. 3]

Name	Adressen
[Ida] Fabian	Flensburgerstr. 10
Ilse Neumann	Kaiserallee 203
Adolph Donath•	Schönebg., Wartburgstr. 24
[RA Sammy] Gronemann••	Monbijouplatz 10
[RA Berthold] Timendorfer Geh. Justizrat	Bayreutherstr. 43
Dr. J. Heller	Halensee, Kurfürstendamm 97/I
[Prof.] Dr. S[chulem] Ochser	Bibl[iothek] Jüd[ische] Gem[einde]
Max Matheus + Frau	Charlottbg., Fasanenstr. 19
Dr. Israel Auerbach	Grunewald, Douglasstr. 30
Selma Kaminski	Niebuhrstr. 77
Erny Hassan	Charlbg., Leibnitzstr. 43
Frau Jenny Hirsch	Wilmersd. Kaiserallee 202
[Prof. Dr.] Rolf Seligmann	W 15, Xanthenerstr. 5
[General Konsul] E[ugen] Landau [4]•	[W 35, Schöneberger Ufer 39]
[Gemeinde-]Baum[ei]st[e]r [Alexander]Beer•	W 35, Blumeshof 15
Otto Sternberg	Grunewald, Hömannstr. 8
Erich Boehm	Mackensenstr. 33
Dr. [Bruno] Kirschner	Nikolassee, Münchowstr. 5a
Edgar Casparius	74 Kurfürstendamm
Hugo Wittenberg	Motzstr. [68]
Dr. [Arthur] Wilde	Augsburger 55
Georg Tietz••	Grunewald, Königsallee 71
Leo J. Lessmann [Israelitisches Familienblatt Hamburg]	Hamburg, A-B-C Str. 57
Reg. Baumstr. [Baumeister] Ad[olf] Stern	Bln., W 15, Bregenzerstr. 13
Kronthal Arthur [Stadtrat a. D.]	Brln. SW 61, Wilhelmshöhe 19
Ilse Neumann	Schöneberg, Innsbruckerstr. 6
[Rabbiner] Dr. Joachim Prinz• und Frau	W 15, Paderbornerstr. 1
Dr. Anton? Mayer	8 Uhr Abendblatt

---

* Gehörte zum Gründungsausschuss für den Museumsverein.
• Unter „Hervorragende jüdische Persönlichkeiten Berlins" (Jüdisches Adressbuch für Gross-Berlin, Ausgabe 1931, S. 65ff.) verzeichnet.
[4] Am 28.11.1929 zum Vorsitzenden des Museumsvereins gewählt.

Name	Adressen
[S. 4]	
J[akob] Faszyniak	Kaiser Allee 208
Julius [Familienname nicht zu entziffern]	W 30, Haberlandstr. 7
Else Dienstfertig	W 30, Landshuterstr. 9
? Kirschstein	
Frau G. Ostrowski	Alt Moabit 104
Arnold Dzialoszynski	W 10, Lützowufer 3
Heinz Grünfeld	W 8, Leipzigerstr. 20
Frau Dr. Phillipsborn	Wilm., Nikolsburgerstr. 8-9
Heinrich Kurtzig	Ch., Wilmersdorferstr. 78
Samuel Lurié	W15, Fasanenstr. 67
Selma Lurié	W 15, Fasanenstr. 67
Arno Nadel	[W 50 Eislebener Str. 17]
Elli Brieger	W 15, Düsseldorferstr. 56a
Emil Pincus	W 15, Joachimsthalerstr. 17
Otto Ackermann	Blumeshof 14
Dr. M[artin] Rosenblüth	W 15, Fasanenstr. 59
Dr. Bertha Badt-Strauß [Kunstkritikerin]	NW, Wullenweberstr. 8
M. A. und Frau [Familienname nicht zu entziffern]	NW 13 [Nr.] 35; Straße nicht zu entziffern
Rahel Kaufmann	NW 87, Levetzowstr. 19a
Lazarus Goldschmidt [Schriftsteller]	Drakestr. 40, Lichterfelde
[S. 5]	
Alexander Ehrlich	Kurfürstendamm 175
Käthe Jacobsohn	Lietzenburgerstr, 24/25
Char[lotte] Reitzenbaum	Hardenbergstr. 19
[Frau?] E.? Kayser	Berchtesgardenerstr. 37
Hedwig Isaac	Alexanderstr. 22 II
Felicia Isaac	Alexanderstr. 22 II
K[urt] Harald Isenstein	Mahlow Bz. Potsdam
Frau H. Isenstein	Mahlow Bz. Potsdam
B[ernhard] Halsband	Meineckestr. 6
Esther Böhm	Charl. Schüterstr. 18
Fr. Dr. Pinner [Frau von RA Ernst Pinner]	Lichtenrade, Paetschstr. 28
Marg. Fried [Frau von RA Dr. Dipl. Ing. Hermann Fried]	SW [61], Tempelhofer Ufer 6
Emma Weiss	SW [61], Großbeerenstr. 11
Clara Jarislowsky	Westend, Bayernallee 5
Dr. [Walter] Stengel	[Direktor] Märkisches Museum
G. Kalischer	Chlbg., Kaiserdamm 73
B[ertha] Falkenberg*	
H[ermann] Falkenberg	Berlin N, Lottumstr. 22

---

* Gehörte zum Gründungsausschuss für den Museumsverein.
• Unter „Hervorragende jüdische Persönlichkeiten Berlins" (Jüdisches Adressbuch für Gross-Berlin, Ausgabe 1931, S. 65ff.) verzeichnet.

Name	Adressen
Prof. [Dr. Erich] Seligmann* u. Frau	Xanthenerstr. 5
Erich Breslauer	Suarezstr. 30
Prof. L[eonid] Pasternak	Motzstr. 60
Dr. Fritz Bamberger	Charlottbg., Dernburgstr. 24
Arthur Segal	Charlottenburg, Dernburgerstr. 25
[Landgerichtsrat] Arthur Rau	
Käte Rau	N 65, Reinickendorferstr. 26
S[amuel] Horodisch	Prinzregentenstr. 7, Wilmersdorf
Ed[ith] Tannenwald	Hermsdorf, Humboldtstr. 67
Phillip	
Dr. Frankenstein [Witwe Rosa Frankenstein]	Chbg. 4, Niebuhrstr. 72
Frau Anna Karger [Ehefrau von RA Alfred Karger]	Charl. 2, Bleibtreustr. 44
Frau Moritz Nathan	Ulm a[n der] D[onau]

[S. 6]

Name	Adressen
Victor Hartberg u. Frau	[Schöneberger Ufer 41]
Eugen Spiro	Reichsstr. 106, Charlottenburg 9
Fritz Mosert	Paulsbornerstr. 93, Halensee
Otto Flechring	für Berliner Börsen-Courier
[Name nicht zu entziffern]	NW 7, Neue Wilhelmstr. 1
Dr. [Ismar] Freund	Hubertus Allee 21
Lotte Blost-Gavriel	Charl., Carmerstr. 5
Kurt Hamburger	Charlbg., Sybelstr. 67
Kurt Jachmann	Grunewald, Hubertusbaderstr. 16
Johanna Michaelis	Helmstedterstr. 6
Dr. Max Osborn* u. Frau	Luitpoldstr. 20, W30
[Karl] Schwarz*	Niebuhrstr. 71
Bianka Hamburger	Dahlem, Sachsallee 6
S.R. Dr. Alfred Schuhmitz u. Frau	Großleuten, Küstriner Str. 24
Markus Freiser	Bln. Wilm., Landhausstr. 40
Richard Salomon	Schöneberg, Insbruckerstr. 21
S[iegbert] Karger	Roonstr. 5
Max Lefson	Schöneberg, Feurigstr. 59
Richard Labisch	Schöneberg, Feurigstr. 59
Albert [Familienname nicht zu entziffern]	Lippehnerstr. 1
Adolf Jungmann	
Eugen Caspary* [Leiter des Wohlfahrtsamtes der Gemeinde]	Berlin
I[ssai] Klinow u. Frau	Berlin, Düsseldorferstr. 21
Rivka Berger	Sächsischestr. 1
Alfred Berger	"
Dr. [Arthur] Czellitzer + Frau	Berlin, Potsdamerstr. 5
Dr. [Leopold] Loeb	Bln Altonaerstr. 35

---

* Gehörte zum Gründungsausschuss für den Museumsverein.
* Unter „Hervorragende jüdische Persönlichkeiten Berlins" (Jüdisches Adressbuch für Gross-Berlin, Ausgabe 1931, S. 65ff.) verzeichnet.

Name	Adressen
[S. 7]	
[Josef] Budko	NW87, Siegmundshof 11 Dr. Heinz
Lilienthal	Wilm., Zähringerstr. 17
RA Dr. Erich Stern	Charl. 9, Rognitzstr. 13
Dr. [Fritz] Lamm	W 30, Rosenheimerstr. 23
Dr. Jacoby	Halensee, Albrecht-Achillesstr. 2a
Jacob Plessner	NW87, Brücken Allee 31
Jakob Steinhardt u. Frau	W15, Pariserstr. 27
S. Horodisch [Ehefrau]	Prinzregentenstr. 7 W'df. [Wilmersdorf]
Moritz Rosenthal•	
J. Loewensohn	SW 19, Leipzigerstr. 75
Frau J. Goldschmidt	NW 87, Levetzowstr. 12
[Name nicht zu entziffern]	W. [Martin] Lutherstr. 30
Faszyniak M. [Ehefrau von J. Faszyniak]	Kaiser Allee 208
S. Merker	"
A. Blumenthal	Schöneberger Ufer 27
Sonia Gronemann [Ehefrau von RA Sammy Gronemann]	N 24, Monbijoupl. 10
R[achel] Wischnitzer Bernstein [Ehefrau von M. Wischnitzer]	
S. Margulies	Lützowstr. 3
Moritz Simon u. Frau	Hardenbergstr. 14
[Vorname und Familienname nicht zu entziffern]	
Schw[ester] Dora Gutkind	Sybelstr. 67
Auguste [Familienname nicht zu entziffern]	Aachen, Görzestr. 10
Dr. Eva Dienstfertig	Helmstedterstr. 10
Dr. Georg Cohn	Simonis Apotheke C2
[Regierungsbaurat] Max Grünfeld u. Frau	Schlüterstr. 53
Felix Michaelis u. Frau	Helmstedterstr. 8
Ruth Michaelis	Wilm., Helmstedterstr. 8
Ernestine Eschelbacher•	Klopstockstr. 47
Hannah Karminski•	Monbijouplatz 10
Ulrich Julius	Gipsstr. 15
[S. 8]	
[RA] Dr. Alfred Karger	Ch'bg., Bleibtreustr. 44
Frau A. Sandler [Ehefrau von Aron Sandler]	Ch'bg, Droysenstr. 6
Dr. Alexander Phillipsborn	Berlin-Wilmersdorf, Nicolsburgerstr. 8/9
Lina Wagner-Tauber	Wilmersdorf, Uhlandstr. 116/117
A[ron] Sandler•• [Mitglied d. Vorstands der Jüdischen Gemeinde]	Ch., Droysenstr. 6
[Direktor Dr.] W[ilhelm] Kleemann•	
Dr. [Ernst] Feder• [Berliner Tageblatt]	Leipzigerstr. 103

• Gehörte zum Gründungsausschuss für den Museumsverein.
• Unter „Hervorragende jüdische Persönlichkeiten Berlins" (Jüdisches Adressbuch für Gross-Berlin, Ausgabe 1931, S. 65ff.) verzeichnet.

Name	Adressen
Prof. [Dr. Moritz] Sobernheim	Charl., Steinplatz [2]
Frau Dr. Fritz Kahn	Joachimsthalerstr. 3
Felix Stössinger	Königgrätzerstr. 19
Dr. [Jakob] Klatzkin•	Ch., Bismarckstr. 106
Dr. [Siegmund] Kaznelson	W 50, Budapesterstr. 11
Josef Schwarz	Chrl., Bismarckstr. 112
J.[Justizrat] Dr. [Julius] Magnus•	Berlin, Maaßenstr. 27
E. Tscherikower	Berlin-Wilm., Berlinerstr. 8
Frau Dr. Munk	Berl. W., Kaiserallee 18
Arch[itekt] [Michael] Rachlis	Bln.-W., Nachodstr. 11
Joseph Oppenheimer	Bln. 62, Kurfürstenstr. 126
Hans Goslar [Ministerialrat bis 1932]	In den Zelten 21a
Kommerzienrat Simon	Friedenau
Friedrich Feigl	
Ernst Feigl	
James [Familienname nicht zu entziffern]	

* Gehörte zum Gründungsausschuss für den Museumsverein.
• Unter „Hervorragende jüdische Persönlichkeiten Berlins" (Jüdisches Adressbuch für Gross-Berlin, Ausgabe 1931, S. 65ff.) verzeichnet.

Jüdisches Museum **Kultraum II**
mit Beschneidungsbank aus Märkisch-Friedland, 1933

Bildarchiv Abraham Pisarek

Ein preußischer Ministerialdirektor zeigt sich zufrieden

Friedrich Trendelenburg besucht am 2. März 1933 das Berliner Jüdische Museum

von Jakob Hübner

Die Eröffnung des Jüdischen Museums am 24. Januar 1933 lag ungewollt unmittelbar vor dem Machtantritt der Nationalsozialisten. Von Anbeginn, bis zur erzwungenen Schließung im November 1938, war die Arbeit des Museums durch die zunehmende gesellschaftliche Ausgrenzung von Juden beeinflusst. Allein die Eröffnungsfeierlichkeiten waren noch nicht von den äußeren politischen Umständen geprägt. James Yaakov Rosenthal (1903-1997), der für die „Jüdische Telegraphen Agentur" der abendlichen Veranstaltung beiwohnte, erinnerte sich fast 50 Jahre später: „Wer dieser Einweihung, die eine wahre ‚Weihe' war und ausstrahlte, an jenem, durch das Folgende für immer denkwürdigen Nachmittag, beiwohnte, trägt diesen, auch an und in sich schönen Akt für immer im Herzen. Denn es war der letzte bedeutsame, noch einigermassen unbeschwerte, gleichsam abendschein-besonnte jüdische Gesamtkultur-Akt in der damaligen Reichshauptstadt ... Da war noch einmal alles festlich versammelt – zu jüdischem Tun und Bekennen – was Klang und Rang im jüdischen wie im allgemeinen Geistes- und Kunstleben hatte [...]".[1]

Nach der Eröffnung im Januar 1933 hatte Rosenthal detaillierter über die Anwesenden berichtet: „In dem grössten Saal der Gemälde-Galerie versammelten sich zahlreiche Persönlichkeiten des jüdischen öffentlichen Lebens, unter ihnen mehrere Mitglieder des Gemeindevorstandes, der Repräsentantenversammlung und der interessierten Verwaltungskommissionen, die meisten Gemeinderabbiner, Vertreter öffentlicher Behörden und Sammlungen und viele bekannte jüdische Künstler."[2]
An diesem Abend verhindert waren Vertreter des Preußischen Kultusministeriums, die jedoch gut fünf Wochen später eine Museumsbesichtigung nachholten: „Am 2. März, mittags, besuchten Ministerialdirektor Dr. Trendelenburg und vier weitere höhere Beamte des preußischen Kultusministeriums das Museum der Jüdischen Gemeinde Berlin in der Ora-

---

[1] Brief von James Yaakov Rosenthal an Hermann Simon vom 09.06.1980, S. 10f. Vgl. auch J.Y. Rosenthal, „Letzte Post" – Museumsweihe 1933, in: Nachrichtenblatt des Verbandes der Jüdischen Gemeinden der DDR, Dresden, Dez. 1982, S. 9f.
[2] Die Meldung ist nicht namentlich gezeichnet. Sie ist jedoch vermutlich im Wesentlichen von James Rosenthal verfasst worden. Das Juedische Museum in Berlin eroeffnet, Jüdischen Telegraphen-Agentur (J.T.A.), 12. Jg., Nr. 21 (26.01.1933), S. 1. Vgl. auch Hermann Simon, Das Berliner Jüdische Museum in der Oranienburger Straße. Geschichte einer zerstörten Kulturstätte, Teetz 2000, S. 38.

nienburger Straße. Rabbiner Dr. Baeck und der Direktor des Museums, Dr. Karl Schwarz, gaben die notwendigen Aufklärungen. Die Besucher äußerten sich sehr befriedigt" und „begeistert", wie die zeitgenössische jüdische Presse berichtete.[3]

Ministerialdirektor Dr. Friedrich Adolf Albrecht Trendelenburg (1878-1962), dessen Grab bis heute auf dem Evangelischen Kirchhof in Berlin-Nikolassee besteht, war Leo Baeck (1873-1956) durchaus bekannt.[4]

Kultusministerium besucht „Jüdisches Museum".

Am 2. März, mittags, besuchten Ministerialdirektor Dr. Trendelenburg und vier weitere höhere Beamte des preußischen Kultusministeriums das Museum der Jüdischen Gemeinde Berlin in der Oranienburger Straße. Der Besuch geschah auf Grund der seinerzeitigen Einladung zur Eröffnung des Museums, der beizuwohnen Herr Ministerialdirektor Trendelenburg damals verhindert war. Auch der Besuch des zweiten Sachverständigen, Dr. Esra Munk, war angesagt; Dr. Munk war aber im letzten Augenblick am Erscheinen verhindert. Die Herren vom Kultusministerium verbrachten etwa eineinhalb Stunden in den Räumen des Museums, wobei der zu ihrer Begrüßung erschienene Rabbiner Dr. Baeck und der Direktor des Museums Dr. Karl Schwarz die notwendigen Aufklärungen gaben. Dr. Trendelenburg und die übrigen Herren äußerten sich begeistert über die Einrichtung des Museums und den Reichtum an großen jüdischen Kunstwerken und antiken Wertgegenständen, die es beherbergt.

Trendelenburg, der seit 1912 im Preußischen Kultusministerium arbeitete, wurde 1924 Ministerialdirektor und Leiter der Abteilung G (»Angelegenheiten der christlichen Kirchen, der Juden und Sekten«). Dort lernten sich Baeck und Trendelenburg in den späten 1920er Jahren als Verhandlungspartner zur Klärung und Neuordnung der rechtlichen Verhältnisse zwischen dem preußischen Staat und den jüdischen Gemeinden kennen.[5] Zweifellos versprachen erfolgreiche Verhandlungen und Abschlüsse für Preußen ein gesamtdeutsches Vorbild zu werden. In Preußen sollte zudem die völlig veraltete und der Demokratie unangepasste, teils zuwiderlaufende Judengesetzgebung von 1847 einer gründlichen Revision unterzogen werden. Von jüdischer Seite wurde ein darüber hinausgehender Abschluss eines jüdischen „Konkordats" erhofft, wie er zwischen preußischem Staat und katholischer Kirche als „Preußenkonkordat" 1929 bzw. zwei Jahre später in Form eines Kirchenvertrags mit den evangelischen Kirchen abgeschlossen worden war.[6]

Die zeitgenössische jüdische Presse über den Besuch Trendelenburgs im Jüdischen Museum (März 1933), Jüdisch-liberale Zeitung, 12. Jg., Nr. 24 (15.03.1933), Beilage

---

[3] Der Besuch konnte nur in der jüdischen Presse nachgewiesen werden. Das Zitat stammt aus der Jüdischen Rundschau, 38. Jg. H. 19 (07.03.1933), S. 93; die Ergänzung „begeistert" aus: Kultusministerium besucht „Jüdisches Museum", in: Jüdisch-liberale Zeitung, 12. Jg., Nr. 24 (15.03.1933, Beilage). Ich danke Hermann Simon für diesen Hinweis. Vgl. auch die Meldung der Jüdischen Telegraphen-Agentur (J.T.A.), 12. Jg., Nr. 52, (03.03.1933), die Hermann Simon zitiert (wie Anm. 2), S. 48 u. 165.

[4] Zur Biographie Trendelenburgs, Sohn des bekannten Mediziners und Chirurgen Friedrich Adolf Trendelenburg (1844-1924), vgl. http://www.berlin.de/imperia/md/content/basteglitzzehlendorf/geschichte/nikolassee/trendelenburg_fa.pdf [Zugriff am 15.09.2010].

[5] Hier sei darauf hingewiesen, dass zur Besichtigung des Jüdischen Museums am 2. März 1933 neben Trendelenburg und Baeck auch der Rabbiner Dr. Esra Munk (1867-1940) eingeladen, jedoch verhindert war. Munk war wie Baeck jüdischer Sachverständiger im Preußischen Kultusministerium. Beide waren an den Verhandlungen zur rechtlichen Stellung bzw. Neuordnung der jüdischen Gemeinden in Preußen beteiligt. Zum geplanten Besuch Munks im Jüdischen Museum vgl. den Artikel in der Jüdisch-liberalen-Zeitung (wie Anm. 3). Zu Munks Rolle in den Verhandlungen vgl. Max P. Birnbaum, Staat und Synagoge. 1918-1938. Eine Geschichte des Preußischen Landesverbandes jüdischer Gemeinden (1918-1938), Tübingen 1981, u.a. S. 157. Sowie: Leo Baeck, Gedenken an zwei Tote, in: Deutsches Judentum. Aufstieg und Krise. Gestalten, Ideen, Werke. Vierzehn Monographien, hrsg. v. Robert Weltsch, Stuttgart 1963, S. 307-314, hier S. 309.

[6] Zum Konkordat mit der katholischen Kirche vgl. Heinz Mussinghoff, Theologische Fakultäten im Spannungsfeld von Staat und Kirche, Mainz 1979. Einleitend zum evangelischen Abschluss vgl. Else Gräfin von Rittberg, Der preussische Kirchenvertrag von 1931 seine Entstehung und seine Bedeutung für das Verhältnis von Staat und Kirche in der Weimarer Republik, Bonn 1960.

Zu einer Revision der preußischen Judengesetzgebung wie gar eines verbindlich ausgehandelten jüdischen „Konkordats" mit dem preußischen Staat kam es nicht mehr. Auch die vom Preußischen Landesverband jüdischer Gemeinden angestrebte Revision des 1847 in Kraft getretenen preußischen Judengesetzes scheiterte schließlich 1932. Die Bemühungen um die Gesetzesrevision und das „Konkordat" wurden mit der veränderten Situation im entstehenden „Dritten Reich" gegenstandslos.

Die sich über Jahre hinziehenden Verhandlungen um die Judengesetzrevision wurden von den Beteiligten im Nachhinein teils gegensätzlich dargestellt.[7] Leo Baeck, der Trendelenburg Anfang März 1933 durch das neueröffnete Museum führte, erinnerte sich positiv an die Unterredungen mit dem preußischen Kultusministerium und an Trendelenburg, „ein streng konservativer Mann" – wie Baeck ihn charakterisierte. Er, so Baeck weiter, suchte die Verhandlungen der Gesetzesrevision „in ehrlichem Bemühen zu einer befriedigenden Erfüllung zu bringen".[8] Max Paul Birnbaum (1905-1990) hingegen konstatierte eine grundsätzlich ablehnende Haltung im Kultusministerium, die nicht nur Trendelenburg, sondern auch seine Referenten einnahmen.[9] Insbesondere Trendelenburg soll den Abschluss eines jüdischen „Konkordats" zurückgewiesen haben. Eine tatsächliche Gleichberechtigung der jüdischen Gemeinschaft mit den beiden Kirchen sei durch das Kultusministerium in der Weimarer Republik vereitelt worden. „Die Dinge", zitiert Birnbaum Trendelenburg, „lägen schon angesichts der Stärkeverhältnisse anders für die Kirchen als für die Juden."[10] Baeck hingegen erinnerte sich anders: „Die leitenden Beamten des zuständigen Preußischen Unterrichtsministeriums, des ehemaligen Kultusministeriums, hegten schon aus Beamtenrechtschaffenheit […] den Plan, ein solches Konkordat auch mit der Judenheit Preußens geschlossen zu sehen."[11]

Nur ein Vierteljahr nach seinem Museumsbesuch, am 22. Juni 1933, erschien bei Ministerialdirektor Trendelenburg ein SS-Mann mit einem Schreiben von Kultusminister Bernhard Rust (1883-1945), das alsbald in der Presse veröffentlicht und durch das Trendelenburg sofort beurlaubt wurde.[12] Begründung für diesen Schritt fand der Minister in Unstimmig-

---

[7] Nicht betrachtet werden können hier die internen Differenzen und Konflikte, die vor allem die jüdischen Verhandlungspartner zu berücksichtigen und zu bewältigen hatten. Ausführlich behandelt Birnbaum die langwierigen, komplexen Verhandlungen und die in vielen Nuancen zur Sprache gebrachten religiösen wie jüdisch-politischen Vorstellungen und staatsrechtlichen Erwägungen. Vgl. Birnbaum (wie Anm. 5), S. 144-168.

[8] Baeck (wie Anm. 5), S. 309.

[9] Birnbaum (wie Anm. 5), S. 103, 154f. u. 171.

[10] Ebd., S. 155.

[11] Baeck (wie Anm. 5), S. 309. Der an den damaligen Vorgängen ebenfalls beteiligte Birnbaum kann die Darstellungen Baecks widerlegen. Vgl. Birnbaum (wie Anm. 5), S. 156f., Anm. 87.

[12] Juliane Lepsius, die Tochter Trendelenburgs, wies mich freundlicherweise auf ihre familienbiographischen Aufzeichnungen hin. Darin wurde versehentlich 22. Juli, anstatt 22. Juni gedruckt. Vgl. Juliane Lepsius, Es taucht in Träumen wieder auf. Schicksale seit 1933, Düsseldorf 1991, S. 14. Die Zeitungsmeldung ist in mehreren Blättern zu finden, wie in der Morgen-Ausgabe der Vossischen Zeitung vom Freitag, 23. Juni 1933 (Nr. 297): Rust beurlaubt Trendelenburg. Kurze biographische Angaben zu Rust in: Herausgefordert. Dokumente zur Geschichte der Evangelischen Kirche in der Zeit des Nationalsozialismus, hrsg. Siegfried Hermle u. Jörg Thierfelder, Stuttgart 2008, S. 817.

keiten innerhalb der evangelischen Kirche und der Kommunikation mit dem Ministerium. Tatsächlich sollten die demokratischen Strukturen mit diesem Schritt aufgebrochen und die der Demokratie verpflichteten Amtsträger entfernt werden.

Rust sorgte für die Entlassung Trendelenburgs, nachdem es zuvor „mehrfach Zusammenstöße" zwischen den beiden „in grundsätzlichen Fragen der Kirchenpolitik" gegeben hatte[13] und sich die „Auffassung vom nationalen Staat" – wie Rust seinem Ministerialdirektor öffentlich mitteilte – nicht mehr deckte.[14] Der Diplomat im Auswärtigen Amt, Johannes Sievers, erinnerte sich an diese Zeit zurück: „Friedrich Trendelenburg, einer angesehenen Gelehrtenfamilie entstammend, war ein aufrechter, überaus korrekter, etwas trockner Mann, mit dem es [...] nicht leicht war, menschlichen Kontakt zu bekommen. Um so dankbarer erinnere ich mich an einen mir [...] im Frühjahr 1933 erzeigten Beweis seines Vertrauens, als er [...] zu mir ins Auswärtige Amt kam, um seinem bedrückten Herzen über die neuen Machthaber Luft zu machen."[15] Die Entlassung Trendelenburgs war ein erster, wichtiger Schritt zur Gleichschaltung des Preußischen Kultusministeriums.

Anstelle Trendelenburgs wurde August Jäger (1887-1949), Landgerichtsrat aus Hessen, mit erweiterter Funktion als Staatskommissar eingesetzt.[16] Jäger schaffte es binnen kürzester Zeit, die kirchliche Arbeit des Ministeriums im nationalsozialistischen Sinne auszurichten. In verschiedenen anderen Ämtern verfolgte Jäger dieses Ziel weiter, bis er Ende Oktober 1934 mit weiteren Gleichschaltungsplänen scheiterte und daraufhin zurücktrat.[17] Walter Conrad (1892-1970), seinerzeit Ministerialrat im Reichsinnenministerium, schrieb 1957 über Trendelenburgs Nachfolger: „Ich habe in meinem an Erfahrung mit Menschen reich gesegneten Leben niemals einen Mann kennengelernt, der, was Beschränktheit, Überheblichkeit, Anmaßung und Niedertracht betrifft, auch nur annähernd mit Jäger konkurrieren könnte. Schon als Landgerichtsrat war er schlecht qualifiziert und für weitere Beförderung als ungeeignet erklärt. Als Ministerialdirektor, also Verwaltungsmann, fand er endlich die Möglichkeit, dem Hang zu Brutalitäten jeder Art den ersehnten Auslauf zu gewähren."[18] Jäger, der seit 1939 stellvertretender Chef der Zivilverwaltung im sog. Warthegau war, wurde im Juni 1949 in Poznań (Posen) hingerichtet.[19]

Auf Verhandlungen über eine konstruktive Neuordnung der rechtlichen Stellung der preußischen und deutschen Juden hatten all diese Maßnah-

---

[13] Walter Conrad, Der Kampf um die Kanzeln. Erinnerungen und Dokumente aus der Hitlerzeit, Berlin 1957, S. 14
[14] Rust beurlaubt Trendelenburg, in: Vossische Zeitung (wie Anm. 12).
[15] Johannes Sievers, Aus meinem Leben, Berlin 1966, S. 250f. Bereits 1931 distanzierte sich Trendelenburg von der NSDAP, vgl. Jonathan R. C. Wright, „Über den Parteien". Die politische Haltung der evangelischen Kirchenführer 1918-1933, Göttingen 1977, S. 168.
[16] Nach geltendem Recht war die Einsetzung eines Staatskommissars in dieser Form nicht möglich. Vgl. Conrad (wie Anm. 13), S. 14f. Zur Biographie Jägers vgl. Hermle/Thierfelder (wie Anm. 12), S. 799. Weiterhin: Friedrich Zipfel, Kirchenkampf in Deutschland. 1933-1945, Berlin 1965.
[17] Vgl. Hermle/Thierfelder (wie Anm. 12), S. 228-230.
[18] Conrad (wie Anm. 13), S. 14.
[19] Hermle/Thierfelder (wie Anm. 12), S. 799.

men innerhalb des Ministeriums keine Auswirkungen mehr, war doch an Gespräche auf Augenhöhe, wie sie noch wenig zuvor stattgefunden hatten, nun nicht mehr zu denken. Der an sich wenig spektakuläre Besuch des Jüdischen Museum von Ministerialdirektor Trendelenburg mit vier höheren Ministeriumsmitarbeitern am 2. März 1933 wäre bereits wenig später nicht mehr möglich gewesen. Im Wissen um die repressiven, schließlich vernichtenden Geschehnisse der folgenden Jahre gewinnt der Rundgang durch die Ausstellung des Museums eine besondere Konnotation. Das dem Museum von Trendelenburg entgegengebrachte Interesse bildete zugleich einen Schlusspunkt. Es war wohl einer der letzten wohlwollend-aufgeschlossenen Besuche staatlicher Vertreter in einer jüdischen Kulturstätte für lange Zeit.

Helen Hesse **Tagebuch** *Pessach, 22.4.1935*

Das Tagebuch wurde von Ruth und Wilhelm Hesse für ihre
Tochter Helen, geboren 1934, geschrieben. Die Familie
emigrierte 1938 von Hamburg über die Niederlande in die USA,
die Schwester von Helen Hesse war die bekannte Künstlerin
Eva Hesse (1936-1970).

Leo Baeck Institute, New York

Kult und Form.

Die religiöse Kunst der Gegenwart und das Berliner Jüdische Museum

von Chana Schütz

„Als mir Herr Ludwig Wolpert, jetzt wohnhaft in Jerusalem, im Jahre 1928 seine Silberschmiedearbeiten zeigte, veranlasste ich ihn, einige Kultgeräte (Weinbecher, Leuchter, eine Sederschüssel und einen Toraschmuck) anzufertigen, die ich sodann im Jüdischen Museum in Berlin ausstellte". Dies gab am 2. Juli 1956 Dr. Karl Schwarz, ehemaliger Direktor des Berliner Jüdischen Museum, in einer eidesstattlichen Erklärung in Tel Aviv zu Protokoll.[1]

Für den Silberschmied Ludwig Wolpert, fünfzehn Jahre jünger als Karl Schwarz, und wie er seit 1933 in Palästina ansässig, war dies ein wichtiges Dokument auf seinem weiteren beruflichen Weg, stand er doch kurz davor, in die Vereinigten Staaten auszuwandern. Noch im gleichen Jahr 1956 wurde Ludwig Wolpert an das Jewish Museum New York berufen, um in den Räumen an der Fifth Avenue die Tobe Pascher Werkstatt für jüdisches Kultgerät zu eröffnen. Hier wirkte er bis zu seinem Tod 1981. Zusammen mit seinen Schülern, Moshe Zabari und seiner Tochter, Chava Wolpert-Richard, schuf er Judaica und prägte mit seinen Gegenständen ganze Generationen jüdischer Haushalte und Synagogen in Amerika. Er gilt als einer der bedeutendsten Silberschmiede von modernem jüdischen Kultgerät.

Ludwig Yehuda Wolpert wurde am 7. Oktober 1900 in Hildesheim in eine orthodox-jüdische Familie geboren und besuchte seit 1916 die Klasse für Bildhauerei an der Kunstgewerbeschule in Köln, arbeitete danach als freier Bildhauer und kehrte Mitte der 1920er Jahre an diese Schule zurück, um Metallkunst zu studieren. Hier lernte er die Prinzipien des Bauhauses kennen, und auch sein Interesse für jüdisches Kultgerät wurde hier geweckt. Einer seiner Lehrer war Leo Horowitz, ein bekannter, auf Judaica spezialisierter Frankfurter Silberschmied.

In dieser Zeit begegnete er auch dem Kunsthistoriker Karl Schwarz, seit 1927 Leiter der Kunstsammlung der Berliner Jüdischen Gemeinde.

Ludwig Wolpert Torakrone und Toraschild, 1930, ŻIH Bildarchiv

Die Verfasserin dankt Daniela Gauding und Stephan Kummer für ihre Hilfe und Unterstützung.
[1] Brief von Emil Wolpert, jüngerer Bruder von Ludwig Wolpert an Hermann Simon, Philadelphia, 21.4.1983; eine Kopie der Erklärung war dem Brief beigefügt.

Dieser galt allgemein als anerkannter Spezialist für jüdische Kunst, in seinem Buch über die „Die Juden in der Kunst" (1928) hatte er geäußert, dass „allein schon das Bedürfnis nach neuzeitlichen Kultgeräten (...) ein Beweis jüdischer Geistesrenaissance" sei: „Man will die altvertrauten Gegenstände als Schmuckstücke in den Wohnungen haben, begnügt sich aber nicht mit Antiquitäten und überkommenen Familienstücken, sondern sucht sie durch Neugestaltung im modernen Sinn neu zu verlebendigen."[2] Von Anfang an war es das Ziel von Karl Schwarz, in dem zukünftigen Berliner Jüdischen Museum auch eine Abteilung für modernes jüdisches Kultgerät einzurichten. Offenbar in enger Kooperation mit Schwarz schuf Ludwig Wolpert nun Gegenstände für den jüdischen Ritus, „die in ausgezeichneten, einfachen Formen" gestaltet waren und „eine moderne, dem Zwecke entsprechende Sachlichkeit zum Ausdruck" zum Ausdruck brachten.[3]

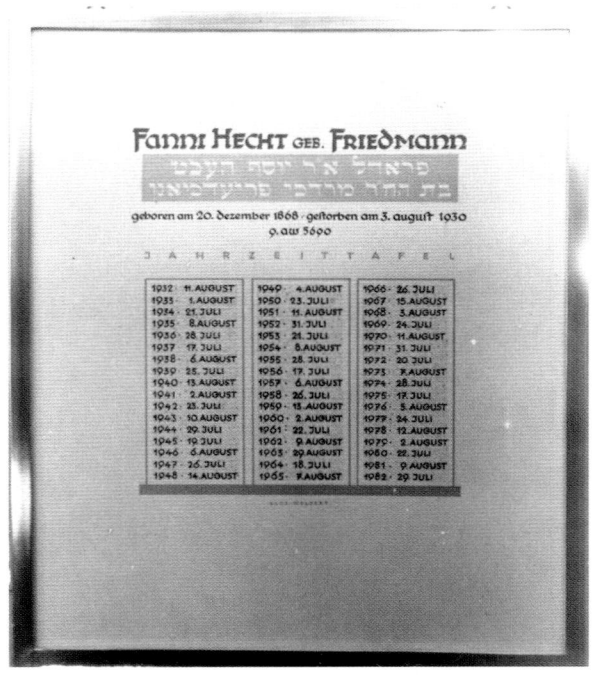

Zu Wolperts ersten Auftraggebern gehörte die Familie Hecht in Frankfurt am Main. Ludwig Wolpert sollte in Erinnerung an Fanny Hecht geborene Friedmann, die am 3. August 1930 verstorben war, den Schmuck für eine Torarolle – Torakrone, Toraschild und Zeiger – anfertigen.[4]

Ludwig Wolpert Jahrzeittafel für Fanny Hecht, 1930, ŻIH Bildarchiv

In Ludwig Wolperts aus monumentalen hebräischen Lettern gestalteter silberner Krone stellt die Schrift das einzige dekorative Element dar und weist gleichermaßen auf seinen Zweck hin: „Zur Ehre des Ewigen". Nach denselben Gestaltungsprinzipen entwarf Wolpert das dazu passende silberne Toraschild. Hier ist es ein Davidstern, der von zwei Kreisen umrahmt ist, in dem ein Schriftband mit den Worten aus Jesaja 66, 23 eingefügt ist, die lauten: „Und es geschieht: je von Neumond zu Neumond und je von Sabbat zu Sabbat wird kommen alles Fleisch, sich vor mir zu bücken, spricht der Ewige." Familie Hecht stiftete diese Torarolle der Synagoge der (orthodoxen) israelitischen Religionsgemeinschaft in der Friedberger Anlage in Frankfurt. Seit der Zerstörung der Synagoge am 9. November 1938 ist sie verschwunden ebenso wie eine zweite Fassung dieses Toraschmucks, die seit Januar 1933 im Berliner Jüdische Museum in der Abteilung für modernes Kultgerät zu sehen war.

---

[2] Karl Schwarz, Die Juden in der Kunst, Berlin 1928, S.219f.
[3] Eidesstattliche Erklärung von Karl Schwarz über Ludwig Wolpert, 02.07.1956; vgl. Anm.1.
[4] Handschriftliche Notiz von Ludwig Wolpert oder seiner Frau Betty auf der Rückseite eines Fotos mit dem Toraset. Der stromlinienförmige Torazeiger hat mit Bezug zu dem Namen des Auftraggebers die Form eines „Hechts". Der Original-Zeiger befindet sich in der Sammlung des Jewish Museum, New York (übergeben von der JCR). The Jewish Museum, New York, Archive. Herzlichen Dank an Susan Braunstein, Kuratorin für die Judaica, The Jewish Museum, New York.

Ludwig Wolpert Toraschmuck bestehend aus Krone, Schild, Zeiger und Mantel, 1930, ŻIH Bildarchiv

Kult und Form.

Die Ausstellung „Kult und Form", 1930

Einen Überblick über die Tendenzen auf dem Gebiet zeitgenössischen Kultgeräts bot im November 1930 die Ausstellung „Kult und Form" im Alten Kunstgewerbemuseum in der Prinz-Albrecht Straße in Berlin. Sie wurde in mehreren deutschen Städten gezeigt und stieß allgemein auf großes Interesse. Neben der protestantischen und der katholischen Kirche wurde auch die Kunstsammlung der Berliner Jüdischen Gemeinde eingeladen, sich an dieser Ausstellung zu beteiligen. Kurator des jüdischen Teils war Karl Schwarz. Er stellte eine Reihe von Kultgegenständen moderner jüdischer Künstler zusammen, die in einem Saal des Museums gezeigt wurden.

In seiner Eröffnungsrede am 30. November 1930 erläuterte der protestantische Theologe Paul Tillich die Zielrichtung dieser Ausstellung: modernes, der Gegenwart angemessenes Kultgerät sollte geschaffen werden, deren Gestaltungselemente allein aus „Licht, Farbe, Material, Raum, Proportionen" bestehen. Damit wies der Theologe den Kunsthandwerkern eine aktive Rolle im religiösen Erneuerungsprozess zu, in dem er forderte, bei der Gestaltung „auf die von der Legende geformten Inhalte, (…) seien es Mythen und Geschichten" zu verzichten und sich allein am Alltag jedes Einzelnen und an der Gegenwart zu orientieren. Denn, so Tillich weiter: „Nur echte Tradition, [ist] solche, die uns trägt und ohne die unsere Gegenwart nicht diese Gegenwart wäre. Und solche echte Tradition kommt durch sich selbst in jeder Gegenwartsgestaltung zum Ausdruck."[5]

oben: Arnold Zadikow Chanukkaleuchter, ŻIH Bildarchiv

unten: Hilde Zadikow Barchesdecke, ŻIH Bildarchiv

Gemäß diesem Credo hatte Karl Schwarz Kultgegenstände ausgewählt, die klar und einfach geformt und auf überladene Symbolik verzichteten. Bei jüdischem Kultgerät machten sich vor allem zwei Tendenzen bemerkbar, wie Lotte Pulvermacher in ihrer Besprechung für die Bayerische Israelitische Gemeindezeitung schrieb: Zum einen seien es moderne, allein dem Material verpflichtete Gegenstände, zum anderen Objekte, in denen überkommene Kunstformen „im Sinne unserer Zeit" umgebildet und modernisiert werden. Als Beispiel für diese traditionelle Herangehensweise führte Pulvermacher einen großen Chanukkaleuchter

---

[5] Paul Tillich, Die religiöse Substanz der Kultur, Gesammelte Werke, Bd. IX, Stuttgart 1967, S. 325f.

aus Messing von Arnold Zadikow an.

Der Künstler hatte die traditionell verwendete Grundform des Chanukkaleuchters weitergebildet und „in der Verbindung zwischen den einzelnen Armen und dem Mittelfuß die Embleme der zwölf Stämme in ornamentaler Stilisierung eingefügt". [6] Es ist wichtig festzustellen, dass dieser Leuchter einer der ersten zeitgenössischen Kultgegenstände war, die Karl Schwarz in die Kunstsammlung der Berliner Gemeinde aufnahm. 1929 zierte er den Mitgliederaufruf für den Jüdischen Museumsverein.

Doch bereits 1930 in der Ausstellung „Kult und Form", galt Zadikows Leuchter als traditionell, während im deutlichen Gegensatz dazu die Chanukkaleuchter der Silberschmiede Ludwig Wolpert und Emmy Roth die Moderne verkörperten, „ausgehend von den Hauptforderungen heutiger Gestaltung: Klarheit und Einfachheit der Form, die Ausdruck der Funktion sein soll".[7] Diese Kultgegenstände waren einzig durch ihre Form schön, ließen allein das Material wirken und verzichteten auf jede Dekoration. In Emmy Roths Gegenständen, die von ihr ausschließlich für den häuslichen Gebrauch geschaffen wurden, lag die Wirkung vor allem im kostbaren Glanz des von ihr meisterhaft bearbeiteten Silbers. So war ihr Chanukkaleuchter „eine einfache horizontale Silberplatte, die seitlich in schönem Schwung sich neigend, sich zu Standwänden umbildet, darauf die Fassungen für die Kerzen, eine weitere in der vorderen Mitte für den Schammes. Der Glanz, die Spiegelung, die Schwingung und Ebene zueinander bedingen, bestreiten hier ebenso die Wirkung, wie an der Esrogdose – ein einfaches Silbergehäuse in der Form der Frucht -, am Kidduschbecher, an der Kanne zum Händewaschen."[8] Willy Pleß hob in der Zeitschrift „Menorah" im Hinblick auf Emmy Roths Arbeiten vor allem hervor: „wieweit man sich in der Neuformung vorwagen kann, ohne Kultisch-Traditionelles zu verwischen".[9]

Emmy Roth Chanukkaleuchter, um 1930, ŻIH Bildarchiv

Emmy Roth galt um 1930 als eine der führenden Silberschmiedinnen in Deutschland. Sie wurde am 12. Mai 1885 als Emmy Urias in Hattingen im Ruhrgebiet geboren und stammte wie Ludwig Wolpert aus einer

---

[6] Lotte Pulvermacher, „Kult und Form". Ausstellung von modernem jüdischen Kultgerät im Kunstgewerbemuseum, Berlin, in: Bayerische Israelitische Gemeindezeitung, 1931, Nr.1, S.4f.
[7] Lotte Pulvermacher, ebd.
[8] Lotte Pulvermacher, ebd.
[9] Willy Pleß, Neuzeitliche jüdische Kultgeräte (Zur Berliner Ausstellung „Kult und Form"), in: *Menorah*, März/April 1931, Heft 3-4, S. 149f.

*Emmy Roth Etrogdose, Bessomim-
büchse, Kidduschbecher, um 1930,
ŻIH Bildarchiv*

*Ludwig Wolpert Chanukkaleuchter
in der Ausstellung „Kult und Form", 1930,
ŻIH Bildarchiv*

traditionellen deutsch-jüdischen Familie; ihr Großvater war Vorsteher der örtlichen Synagogengemeinde. Seit ca. 1922 lebte und arbeitete sie im eigenen Atelier in Berlin-Charlottenburg, Clausewitzstraße 8. Seit Mitte der 1920er Jahre war sie mit ihren Arbeiten auf nationalen und internationalen Kunstgewerbeausstellungen vertreten: in Monza (1925), in der Ausstellung „Europäisches Kunstgewerbe" in Leipzig (1927), auf der „Deutschen Kunst- und Kunstgewerbeausstellung" in Rio de Janeiro (1930) und 1931 in dem von Peter Behrens errichteten Pavillon auf der „Deutschen Bauausstellung in Berlin."[10]

Ernst Cohn-Wiener widmet Emmy Roth eine kurze, aber überaus lobende Erwähnung in seinem Buch „Die jüdische Kunst. Ihre Geschichte von den Anfängen bis zur Gegenwart", das 1929 in Berlin erschien. Er sah ihre Arbeiten bereits in einem Grenzbereich zwischen Kunstgewerbe und Kunst, wo „Gerät zur Plastik" wird. Doch geht es, wie er weiter ausführt „bei dieser ganzen Bewegung nicht um einen Zweig der Kunst, sondern allein um die künstlerische Weltanschauung des modernen Menschen. Es geht um die Erkenntnis der Sachlichkeit als der entscheidenden künstlerischen Aufgabe."[11]

Es mag sein, dass Emmy Roth speziell für die Ausstellung „Kult und Form" jüdisches Kultgerät geschaffen hat, für ihren Chanukkaleuchter, die Bessomimbüchse, die Etrogdose und den Kidduschbecher hatte sie Formen gefunden, die keinem traditionellem Vorbild folgten. Doch waren sie „von so stark traditionellen Geist durchtränkt", wie Karl Schwarz 1932 anlässlich einer Ausstellung zu ihrem 25jährigen Berufsjubiläum schrieb, „dass wir sie wie bekannte Stücke begrüßen. (...) Jedes Stück ist in sich gewachsen, tritt sozusagen mit selbstverständlicher Sicherheit auf, ist Gebrauchsform und Symbol zugleich."[12]

Die Abteilung für Kultgerät im Jüdischen Museum Berlin

Seit dem 24. Januar 1933 wurden nun auch die von Emmy Roth geschaffenen Kultgeräte in einem Raum im Jüdischen Museum ausgestellt

---

[10] Reinhard W. Sänger, Emmy Roth, in: Katalog der Ausstellung „Frauensilber, Paula Strauss, Emmy Roth & Co, Silberschmiedinnen der Bauhauszeit", hrsg. von Harald Siebenmorgen, Karlsruhe 2011, S.77-88.

[11] Ernst Cohn-Wiener, in: Die jüdische Kunst. Ihre Geschichte von den Anfängen bis zur Gegenwart, Kunstkammer Martin Wasservogel Verlag Berlin 1929, S. 244.

[12] Karl Schwarz, „Ausstellung Emmy Roth", in: Jüdische Rundschau, 37. Jg., Nr. 91 (15.11.1932), S. 443.

und gehörten damit zum Bestand der Abteilung für Kultgeräte. Der Besucher gelangte in die moderne Abteilung, nachdem er zuvor in zwei Räumen das traditionelle Kultgerät betrachtet hatte. Hier konnte er die verschiedenen Formen von Bessomimbüchsen (mit Leihgaben aus den Sammlungen von Oberingenieur Dr. Emil Hirsch und des 1930 verstorbenen Architekten Alex Baerwald, Berlin) und die historische Entwicklung des Chanukkaleuchters anhand von Beispielen (mit Leihgaben aus der Sammlung Alex Baerwald)[13] studieren und wandte sich dann dem ca. 175 cm hohen monumentalen Chanukkaleuchter aus Bronze von Ludwig Wolpert zu, dessen vier halbkreisförmige Arme als Lichthalter von einem vierkantigen nach unten in drei Gabeln mündenden Schaft abzweigen. In seiner schmucklosen Einfachheit strahlte er gleichermaßen Würde und feierliche Monumentalität aus und stand damit vollkommen in der Tradition der großen Menorot, wie sie - in Anlehnung an das Muster des siebenarmigen Tempelleuchters - seit dem Mittelalter in Synagogen vor dem Aron ha-Kodesch üblich waren.

Wolperts Monumentalleuchter hätte sich auch in einer zeitgenössischen Synagoge harmonisch eingefügt, etwa in Fritz Landauers in den Jahren 1928-1930 entworfener Synagoge in Plauen.[14] Auch hätte er vor dem Toraschrein der Synagoge in der Prinzregentenstraße in Berlin-Wilmersdorf seinen Platz finden können. Diese Synagoge wurde im September 1930 eingeweiht, sie war die letzte Gemeindesynagoge von Berlin, erbaut nach den Plänen des Gemeindebaumeisters Alexander Beer, der auch die Toravorhänge entwarf.[15]
Wie schon zuvor erwähnt, hatte auch ein Exemplar der Toraschmucks von Ludwig Wolpert bereits seinen Platz in einer Synagoge in Frankfurt am Main gefunden. Es ist mit Sicherheit anzunehmen, dass Karl Schwarz mit der Ausstellung von modernem Kultgerät im Jüdischen Museum auch eine gewisse Wirkung auf jüdische Gemeinden verfolgte.

Weiter gelangten in die Sammlung des Berliner Jüdischen Museums zwei kleinere Toravorhänge aus weißer Seide, die mit Goldfäden in waagerecht und senkrecht angeordnetem Muster bestickt waren.[16]
Sie waren nach Entwürfen des Berliner Architekten Harry Rosenthal hergestellt worden, der bereits 1924 in einem von ihm entworfenen Privathaus in Berlin-Wilmersdorf eine Synagoge mit seinen Kultgeräten eingerichtet hatte.[17] Es ist anzunehmen, doch bleibt diese Feststellung ohne Nachweis, dass in die Sammlung des Berliner Jüdischen Museums auch Rosenthals kuppelförmige Ewige Lampe (Ner Tamid) für den Toraschrein aufgenommen wurde. Ähnlich wie bei dem bereits erwähnten Toraschmuck von Ludwig Wolpert bestand auch bei Rosenthals Ewiger Lampe

Harry Rosenthal Toravorhang, um 1927, ŻIH Bildarchiv

Harry Rosenthal Ner Tamid, um 1930, ŻIH Bildarchiv

---

[13] Führer durch das Jüdische Museum, Berlin 1933, unpaginiert, 17)
[14] Max Eisler, „Neue Synagogen", in: Menorah, VIII. Jg., Nr.11/12 (Nov/Dez.1930), S. 541-549; Myra Warhaftig, Deutsch jüdische Architekten vor und nach 1933 – Das Lexikon – 500 Biographien, Berlin 2005, S. 291-194.
[15] In der Ausstellung „Kult und Form" wurden sie zusammen mit Wolperts Chanukka-Me nora ausgestellt.
[16] Bereits 1927 ausgestellt in der Sonderschau „Religiöse Kunst" der Juryfreien Kunstschau in dem Landesausstellungsgebäude Berlin, Abb. in: Menorah, 5. Jg., Nr. 8 (August 1927), S. 440.
[17] Myra Warhaftig, Sie legten den Grundstein, Leben und Wirken deutschsprachiger jüdischer Architekten in Palästina 1918-1948, Tübingen-Berlin 1996, S. 278-287.

das einzige dekorative Element aus einem umlaufenden hebräischen Schriftband mit den Worten aus Psalm 119, Vers 115: „Eine Leuchte meinem Fuße ist dein Wort und ein Licht für meine Bahn".

Es bleibt festzustellen, dass vor allem im Bereich des modernen Synagogenschmucks hebräische Inschriften als formale wie als dekorative Elemente Verwendung fanden, während bei den Geräten für den häuslichen Gebrauch die formale Reduktion viel weiter ging. Dies wird vor allem an der Sederschüssel deutlich, die Ludwig Wolpert vermutlich wieder in enger Zusammenarbeit mit Karl Schwarz für das Berliner Jüdischen Museum geschaffen hat.

Die Sederschüssel ist einer der wichtigsten Gegenstände in einem jüdischen Haus. Am Abend zu Beginn des Pessachfestes bildet sie den Mittelpunkt des Seders, der jedes Jahr in Erinnerung an den Auszug der Juden aus Ägypten nach einem festgefügten Ablauf durchgeführt wird.

Ludwig Wolpert Sederschüssel mit Kelch, 1930, ŻIH Bildarchiv

Eine der schönsten Beschreibungen der häuslichen Feier zu Pessach, findet sich bei Heinrich Heine, in „Der Rabbiner von Bacherach", 1840: „Sobald es Nacht ist, zündet die Hausfrau die Lichter an, spreitet das Tafeltuch über den Tisch, legt in die Mitte desselben drei von den platten ungesäuerten Bröten, verdeckt sie mit einer Serviette und setzt auf diesen erhöhten Platz sechs kleine Schüsseln, worin symbolische Speisen enthalten, nämlich ein Ei, Lattich, Mairettichwurzel, ein Lammknochen und eine braune Mischung von Rosinen, Zimmet und Nüssen. An diesen Tisch setzt sich der Hausvater mit allen Verwandten und Genossen und liest ihnen vor aus einem abenteuerlichen Buch, das die Agade heißt und dessen Inhalt eine seltsame Mischung ist von Sagen der Vorfahren, Wundergeschichten aus Ägypten, kuriosen Erzählungen, Streitfragen, Gebeten und Festliedern. Eine große Abendmahlzeit wird in die Mitte dieser Feier eingeschoben, und sogar während des Vorlesens wird zu bestimmten Zeiten etwas von den symbolischen Gerichten gekostet, so wie alsdann auch Stückchen von dem ungesäuerten Brote gegessen und vier Becher roten Weins getrunken werden."[18]

Ludwig Wolpert Kelch mit hebräischer Inschrift aus der Pessach-Hagada: „Den Becher der Rettung will ich erheben und den Namen des Ewigen anrufen", ŻIH Bildarchiv

In Deutschland bestand die Sederschüssel traditionell aus einer runden dreistöckigen Konstruktion aus Holz oder Silber, denen man die in drei Lagen angeordnete Mazze entnimmt, wobei auf der oberen Platte die Schüsselchen mit den symbolischen Speisen stehen. Oft waren auf dieser Art von Tafelaufsätzen einzelne Figuren, Symbole oder Szenen angeordnet, die den Auszug der Juden aus Ägypten illustrieren. Üblich umgab die Sederschüssel ein Vorhang, der, sobald man während der Zeremonie die Worte spricht: „Das ist das Brot des Elends, das unsere Väter in Ägyp-

---

[18] Heinrich Heine, Der Rabbi von Bacherach. Ein Fragment, in: Heinrich Heine, Sämtliche Werke, Band VII, München 1964, S. 10f.

ten gegessen haben", zur Seite geschoben wird, sodass die drei übereinander liegenden Mazzot deutlich zu sehen sind.

Wolpert verzichtet in seiner Sederschüssel allerdings, dieser festgefügten Tradition in allen Einzelheiten zu folgen. Seine Version übernimmt allein die Grundform der vier über einander liegenden Rundplatten, auf deren Oberseite sechs runde Glasschalen für die symbolischen Speisen angerichtet sind. In der Mitte steht das Glas für den Wein, der am Pessachabend viermal gefüllt werden muss. Damit hatte seine Sederschüssel alle Vorgaben des Ritus für den Ablauf des Sederabends erfüllt. Gleichermaßen hatte der Künstler eine zeitgemässe moderne Form gefunden. Wolperts Sederschüssel ist ein klar strukturierter Gegenstand und allein auf den von der Tradition vorgegebenen Ablauf des Feiertages bezogen, kommt dabei ohne dekoratives wie erklärendes Beiwerk aus, ist überdies transparent und formvollendet in seinen Materialien, Glas, Silber und Ebenholz.

Ob Wolperts 1930 geschaffene Sederschüssel allerdings jemals in einem deutsch-jüdischen Haushalt Verwendung gefunden hat, können wir nicht sagen, denn das einzig bekannte Exemplar, das wir kennen, befand sich im Berliner Jüdischen Museum.

Ludwig Wolpert, Abbildung der Sederschüssel mit Glaskelch im Jüdischen Gemeindeblatt vom 14. April 1935, Stiftung Neue Synagoge Berlin – Centrum Judaicum

Karl Schwarz verfolgte mit der Ausstellung von modernem Kultgeräts zuerst und vor allem das Ziel, „den lebendigen Zusammenhang der Tradition mit der Neuzeit" zu veranschaulichen.[19] Dabei war es bestimmt kein Zufall, dass im Jüdischen Museum auf das moderne Kultgerät das Kabinett mit Fundstücken aus antiker jüdischer Vorzeit folgte. Ursprung und Gegenwart des Judentums bedingten sich gegenseitig und es war daher nur folgerichtig, dass antike und moderne Exponate nahe beieinander ausgestellt waren.

oben: Miriam Rosenthal Kidduschglas und Chanukkaleuchter, um 1930, ŻIH Bildarchiv

unten: Charlotte Bud Chanukkaleuchter, um 1930, ŻIH Bildarchiv

Wie wir den wenigen im Żydowski Instytut Historyczny im. Emanuela Ringelbluma (ŻIH) in Warschau erhaltenen Erwerbungslisten entnehmen können, wurden im Sommer 1930 (11. Juli 1930) im Zusammenhang mit der Kultgeräte-Ausstellung auch weitere moderne Kultgeräte für das geplante Museum erworben. Besonders hervorzuheben sind Glasobjekte der Kölner Künstlerin Miriam Rosenthal.

Das Museum erwarb von ihr einen Chanukkaleuchter mit acht an einem Steg nebeneinander angereihten Ölbehältern und eingravierter hebräischer Inschrift für 20 RM, ein fünfseitig geschliffenes Kidduschglas mit hebräischer Inschrift für 7 RM sowie eine Hawdalabüchse für 7,50 RM. In der Ausstellung „Kult und Form" fanden Miriam Rosenthals gläserne Objekte allerdings nicht ungeteilte Begeisterung. So bemerkte Lotte Pulvermacher, dass der Versuch der Künstlerin „einen Chanukkaleuchter in der Form der alten Ölleuchter", zwar ansprechend sei, „doch nicht die moderne Forderung der Materialgerechtigkeit" erfülle. Dagegen sah sie im porösplastischen Charakter und im Tonwert der Glasur von keramischen Arbeiten eine bürgerlich-schlichte Wirkung, so etwa im türkisfarbenen Chanukkaleuchter von Charlotte Bud, dessen „horizontaler Sockel mit Lichthülsen aus mehrfach geschichteten

---

[19] Karl Schwarz, „Das Berliner Jüdische Museum", in: Gemeindeblatt der Jüdischen Gemeinde zu Berlin, Jg.23, 1933, Nr.2 (Februar), S.3

Keramikringen" bestand.[20] Das Jüdische Museum erwarb den Chanukkaleuchter von Charlotte Bud für 18 RM.

Auch andere moderne Judaica aus Keramik wurden 1930 für die Berliner Museumssammlung erworben, darunter eine Mazzotschüssel von Friedrich Adler aus Hamburg für 45 RM, bereits 1928 hatte die Kunstsammlung (29. Mai 1928) eine Jahrzeitlampe des Künstlers für 30 RM erworben.[21] Weitere Kultgegenstände aus Keramik waren eine Misrachtafel (15 RM) und ein Hawdalateller in Keramik (10 RM) der Amsterdamer Künstlerin Lea Halpern.

Wie wir gesehen haben, verstand sich Karl Schwarz sowohl als Sammlungsleiter als auch gleichzeitig als Auftraggeber von modernem jüdischen Kultgerät. Der interessierte Besucher sollte bei seinem Rundgang durch das Jüdischen Museum gleichermaßen Vergnügen und Erbauung erfahren. Die systematische Anordnung der einzelnen Bereiche zeigte den Reichtum der Berliner Sammlung, der Judaica wie der Bildenden Kunst gleichermaßen: So fand das Berliner Jüdische Museum „durch die Bedeutung und Mannigfaltigkeit des Materials, durch den Geschmack und die sachgemäße Klarheit der Anordnung höchstes Interesse", wie Max Osborn anlässlich der Eröffnung des Museums in der C.V.-Zeitung schrieb.[22]

Max Osborn erkannte in dem Berliner Jüdischen Museum im wesentlichen zwei Richtungen, auf denen die „anregende Kraft des neuen Museums" basiere: zum einen vermittele das Museum einen „anschaulichen Bericht von der Macht der Überlieferung, die durch die Kontinuität der in Jahrtausenden nicht veränderten religiösen Sitten und Gegenstände bestimmte, die dem Kult dienten und mit ihm zusammenhingen." Zum anderen lege es „aber ebenso sinnfälliges Zeugnis ab für das völlige Aufgehen der jüdischen Künstler und Kunsthandwerker des Volkes, in dessen Mitte sie lebten und leben, sobald das eigentliche künstlerische, Formgebung, Gestaltung und Ausdruck, in Frage kommt. Ja es zeigt sich, dass viele Maler, Bildhauer, Juweliere, Architekten – namentlich die deutschen, und ganz besonders die Berliner, die hier in erster Reihe stehen – sich in noch weit umfassenden Ausmaß als Zeit der sie umgebenden Kultur offenbaren." Dies stellte Osborn im besonderen an dem Synagogenraum aus Schönfließ fest, einem kleinen Gebetsraum des 19. Jahrhunderts aus der Mark Brandenburg (Neumark), der Aufstellung im letzten Raum der Judaica-Sammlung gefunden hatte. Osborn sah darin ein „ganz und gar charakteristisches Erzeugnis des spezifisch preußischen Frühklassizismus um 1790, zugleich ein hübscher Beweis für das

Friedrich Adler Jahrzeitlampe, ŻIH Bildarchiv

---

[20] Lotte Pulvermacher, „Kult und Form. Ausstellung von modernem jüdischen Kultgerät im Kunstgewerbemuseum, Berlin, in: Bayerische Israelitische Gemeindezeitung, 1931, Nr.1, S. 4f.
[21] Friedrich Adler schenkte der Kunstsammlung 1928 die Entwurfszeichnungen für Glasfenster mit Darstellung der zwölf Stämme. Die Originalfenster befinden sich seit ca 1931 im Tel Aviv Museum of Art. Karl Schwarz erwähnt in einem Beitrag über Chanukkaleuchter in der israelischen Tageszeitung Haaretz, 8.12.1950 einen weiteren Chanukkaleuchter aus Messing von Friedrich Adler, der in die Sammlung des Berliner Museums gelangte, dies konnte allerdings nicht bestätigt werden.
[22] Max Osborn „Das Jüdische Museum in Berlin" in: C.V.-Zeitung (12 Jg.) vom 23.02.1933, S. 65f.

Kult und Form. 129

Synagoge von Schönfließ (Neumark) im Berliner Jüdischen Museum, 1933, ŻIH Bildarchiv

Bernhard Friedländer
Chanukkaleuchter,
Tel Aviv, um 1945, Sammlung Willy Lindwer, Israel

Feingefühl, mit dem ein namenloser, bescheidener Mann in dem kleinen Ort den Stil der Zeit handhabte."
Auch an den anderen ausgestellten Kultgeräten stellte Osborn fest, „wie alle diese für jüdische Zwecke gefertigten Dinge den allgemeinen Wandlungen des europäischen und deutschen Kunstgefühls folgten." Dies galt in höchstem Maße für das moderne Kultgerät, das im Berliner Jüdischen Museum gezeigt wurde, denn zuerst und vor allem waren sie Ausdruck deutsch-jüdischer Kultur. Wolperts Toraschmuck, seine Sederschüssel und sein großer Chanukkaleuchter, Emmy Roths Etrogdose, ihr Kidduschbecher und ihre Bessamimbbüchse und Chanukkaleuchter waren Zeugnisse einer kurzen Periode am Ende der Weimarer Republik, in dem das Gerät für den jüdischen Ritus, über Jahrhunderte ureigenster Ausdruck jüdischer Tradition „wirklicher Formausdruck unserer Zeit" geworden war.[23]

---

[23] Karl Schwarz, Ausstellung Emmy Roth, in: Jüdische Rundschau, 15.11.1932.

Dass mit dem Machtantritt der Nationalsozialisten dieses Konzept der gegenseitigen kulturellen und religiösen Verschmelzung in Deutschland keine Zukunft haben sollte, war vor allem Karl Schwarz klar. Er verließ mit seiner Familie schon im Mai 1933 Deutschland. Am 7. Juni 1934 bat er nun als Direktor des Tel Aviv Museums Erna Stein, seine Nachfolgerin im Amt des Museumsleiters, nachdrücklich „um beschleunigte Übersendung der Kultgeräte von Ludwig Wolpert".[24] Dies könnte ein Hinweis dafür sein, dass das Museum diese Stücke nicht erworben hatte, sondern der Künstler sie – aus Werbegründen – dem Museum zur Verfügung gestellt hatte. Erna Stein ist jedenfalls der Forderung ihres ehemaligen Direktors nicht nachgekommen, und so blieben Wolperts Arbeiten ebenso wie die übrigen Judaica in Berlin und sind seit der erzwungenen Schließung des Museums verschwunden.

Wie Karl Schwarz, der durch die Vermittlung des Antwerpener Silberschmieds Bernhard Friedländer[25], der schon 1932 nach Tel Aviv übergesiedelt war, dem Ruf nach Tel Aviv folgte, um das dortige Kunstmuseum aufzubauen, entschloss sich auch Ludwig Wolpert bereits 1933 Deutschland in Richtung Palästina zu verlassen. Seit 1935 lehrte er Metallkunst an der dortigen Akademie. Seine von ihm geschaffenen Judaica in schönen einfachen Formen wurden zu einem Markenzeichen der New Bezalel Kunstakademie in Jerusalem, die sich ganz besonders den Prinzipien des Bauhauses verpflichtet sah. International bekannt wurde Wolpert vor allem als Schöpfer eines Toraschreins aus Kupfer und Silber, den Staatspräsident Chaim Weizmann anlässlich der Gründung des Staates Israel im Jahre 1948 dem amerikanischen Präsidenten Harry Truman geschenkt hatte. Wie schon bei dem Toraset, das Wolpert 1930 für die Familie Hecht in Frankfurt entworfen hatte, ist auch bei diesem Schrein – wie überhaupt bei vielen seiner Kultgeräte – die hebräische Schrift gleichermaßen konstruktives und dekoratives Gestaltungselement. Wolpert blieb also den in Deutschland um 1930 entwickelten Gestaltungsprinzipien treu. 1956 verließ er Israel, um in New York zeitgenössisches jüdisches Kultgerät im Kontext eines Jüdischen Museums zu schaffen. Wie schon einmal in Berlin, als Karl Schwarz zum Ende der 1920er Jahre den jungen Silberschmied aufforderte, modernes Kultgerät zu schaffen, um eine Abteilung für

Bernhard Friedländer Kidduschbecher, um 1925, ŻIH Bildarchiv

links: Ludwig Yehuda Wolpert Sederteller, Jerusalem, Sammlung Willy Lindwer, Israel
rechts: Kidduschbecher, New Bezalel School, Jerusalem, um 1940, Sammlung Willy Lindwer, Israel

---

[24] Der Brief befindet sich im Archiv des Tel Aviv Museums of Art.
[25] Ein silberner Kidduschbecher von Bernhard Friedländer befand sich in der Sammlung des Jüdischen Museums. Friedländer spezialisierte sich in Tel Aviv auf maschinenproduzierte Judaica und Silbergerät für den Hausgebrauch.

oben: Ludwig Wolpert Sederschüssel,
The Jewish Museum, New York

unten: Emmy Roth Etrogdose,
Neue Sammlung München

Modernes jüdisches Kultgerät aufzubauen. Und so kann man es vielleicht als eine Hommage an das ehemalige Berliner Jüdische Museum verstehen, dass Ludwig Wolpert sich Ende der 1970er Jahre, nach fast fünfzig Jahren, entschloss, seine 1930 geschaffene Sederschüssel nachzufertigen. Allein anhand historischer Fotos konnte das Gerät bestehend aus den vier übereinander angeordneten runden Glasplatten, die von drei Vertikalen aus Silber und Ebenholz gehalten werden, wiedererstehen. Im Zentrum steht ein einfaches Weinglas, das von einer silbernen Verschalung umgeben ist, in die hebräischen Worte aus der Pessach-Haggada eingeschnitten sind: „Den Becher der Rettung will ich erheben und den Namen des Ewigen anrufen". Diese Sederschüssel gilt als eines der hervorragendsten Beispiele für modernes jüdisches Kultgerät und ist seit vielen Jahren eines der „Masterworks" des New Yorker Jüdischen Museums.[26] Es ist aber auch das einzige Objekt aus dem einstigen Berliner Jüdischen Museum, das von seinem Künstler wiedererschaffen wurde.

Auch Emmy Roth verließ Berlin 1933. Sie eröffnete in Paris ein Atelier und wie zuvor fanden ihre Gegenstände auch in Frankreich große Beachtung und Lob. 1935 entschloss sie sich nach Palästina auszuwandern und eröffnete im Zentrum von Jerusalem, im Jussufoff Gebäude an der Ben Yehuda Straße, eine eigene Werkstatt. 1937 beteiligte sie sich an der Pariser Weltausstellung und stellte Silber- und andere Metall-Gegenstände im „Pavillon d'Israel en Palestine" aus. Danach arbeitete sie als Entwerferin für eine Silberwarenfabrik in Holland. 1939 kehrte sie nach Palästina zurück und lebte in Tel Aviv, war aber zunehmend isoliert und einsam, auch künstlerisch. Ihre formvollendeten, streng puristischen Objekte fanden wohl keine Käufer, dies lag wohl auch daran, dass man dort eher filigrane Silberarbeiten jemenitischer Kunsthandwerker schätzte.[27] Am 11. Juli 1942 nahm sie sich in Tel Aviv das Leben. In seinem Nachruf in der Palestine Post vom

---

[26] Norman L. Kleeblatt „Passover Set", New York, c. 1978 (original design, Frankfurt, 1930) Silver, ebony, and glass, 25.4 x 40.6 cm. Promised gift of Sylvia Zenia Wiener P.1.1997 a-I, in Masterworks of The Jewish Museum, (New Haven and New York: Yale University Press and The Jewish Museum, 2004)S. 144f.

[27] Reinhard W. Sänger, Emmy Roth, in: Katalog der Ausstellung „Frauensilber, Paula Strauss, Emmy Roth & Co, Silberschmiedinnen der Bauhauszeit", Hrsg. von Harald Siebenmorgen, Karlsruhe 2011, S. 86-89.

22. Juli 1942 bezeichnete Karl Schwarz Emmy Roth „as one of the pioneers of modern form. Specimens of her works are to be found in a number of museums." Zu dieser Zeit waren Emmy Roths Objekte im Berliner Jüdischen Museum schon seit über zwei Jahren nicht mehr für das Publikum zugänglich und es ist überhaupt fraglich, ob die Gegenstände zu diesem Zeitpunkt überhaupt noch existierten.[28]

Umso überraschender ist die Tatsache, dass ein jüdisches Kultgerät von Emmy Roth seit 1930 in der Sammlung eines Museums in München aufbewahrt wird. Im Rahmen seiner Recherchen für die Ausstellung „Frauensilber. Paula Straus, Emmy Roth & Co. Silberschmiedinnen der Bauhauszeit" erfuhren wir von Dr. Reinhard W. Sänger, dass die Etrogdose von Emmy Roth, oder wenigstens ein identisches Pendant in einem deutschen Museum existiert. Die Neue Sammlung München erwarb das Stück bereits 1930 offenbar nach der Ausstellung „Kult und Form". Stellvertretend für die einstmals hervorragende Sammlung von modernen Judaica des Berliner Jüdischen Museum wird dieses Stück in der Ausstellung des Centrum Judaicum zu sehen sein.

Bei vielen Gegenständen, die Emmy Roth entworfen hat, fällt ihre Multifunktionalität auf. Dies trifft – wie wir gesehen haben – auf ihre Etrogdose zu. Dies gilt ebenso für einen dreiflammigen Tischleuchter[29]. 1932 bezeichnet Karl Schwarz diesen Leuchter in seiner Rezension der Jubiläumsausstellung von Emmy Roth für die „Jüdische Rundschau "als Sabbatleuchter, auch wird das Stück in Cohn-Wieners Buch über „Die Jüdische Kunst" abgebildet.[30]
Im Zusammenhang mit der Ausstellung „Kult und Form" ist auch die Rede von einer Kanne zum Händewaschen.[31] Eventuell ist diese identisch mit einer als Weinkanne bezeichneten Kanne, die sich im Württembergischen Landesmuseum in Stuttgart befindet.[32] Da sie in der typischen Form einer Levitenkanne gestaltet ist, könnte sie im jüdischen Kontext auch für die Handwaschung Verwendung finden. Mit einem Kidduschbecher zusammen abgebildet, gibt sie sich dann wiederum als (jüdische wie nichtjüdische) Weinkanne zu erkennen. Diese Multifunktionalität, die den Objekten von Emmy Roth eigen ist, mag der Grund

Emmy Roth Dreiflammiger Kerzenleuchter, 1925/26 in Ernst Cohn-Wiener, Jüdische Kunst, Berlin 1929

Emmy Roth Weinkanne/ Kanne zum Händewaschen und Kidduschbecher, um 1924, ŻIH Bildarchiv

---

[28] Vgl. Beitrag von Hermann Simon in diesem Band.
[29] Reinhard W. Sänger, Emmy Roth, in: Katalog der Ausstellung „Frauensilber, Paula Strauss,
 Emmy Roth & Co, Silberschmiedinnen der Bauhauszeit", hrsg. von Harald Siebenmorgen, Karlsruhe 2011, Nr. 44, S. 97 mit Abbildung.
[30] Karl Schwarz, Ausstellung Emmy Roth, in: Jüdische Rundschau, 15.11.1932, abgebildet bei Ernst Cohn-Wiener, Die jüdische Kunst, Berlin 1929, S. 244.
[31] Willy Pleß, „Neuzeitliche jüdische Kultgeräte.(Zur Berliner Ausstellung „Kult und Form"), in: Menorah, März/April 1931, Heft 3-4, S.149f.
[32] Reinhard W. Sänger, Emmy Roth, in: Katalog der Ausstellung „Frauensilber, Paula Strauss, Emmy Roth & Co, Silberschmiedinnen der Bauhauszeit", Hrsg. von Harald Siebenmorgen, Karlsruhe 2011, Nr. 37, S. 93 mit Abbildung.

Kult und Form.

Waschgefäß aus der Synagoge Heidereutergasse, 1823, in der Abteilung für Kultgeräte des Berliner Jüdischen Museums, ŻIH Bildarchiv

dafür gewesen sein, dass sich Emmy Roths jüdisches Kultgerät, das sie in den 1920er und frühen 1930er Jahren geschaffen hat, in Deutschland überhaupt erhalten hat.

Dagegen müssen alle jüdischen Kultgeräte, die sich am 9. November 1938 im Berliner Jüdischen Museum befanden, als verloren gelten. So blieben unsere Recherchen nach dem Verbleib der Judaica-Sammlung des Berliner Jüdischen Museums weitgehend erfolglos.[33]

Nur drei Objekte des jüdischen Kultus konnten bislang aufgefunden werden: Eine Ketubba, ein jüdischer Heiratsvertrag aus Pisa, 1790, den das Berliner Jüdische Museum 1937 im Austausch mit einem Damenporträt aus der Familie Rothschild aus dem Frankfurter Jüdischen Museum erhielt (heute Skirball Cultural Center in Los Angeles).

---

[33] Vgl. Beitrag von Hermann Simon in diesem Band.

links:
Toravorhang, gestiftet von Daniel und Miriam Itzig für die Synagoge Heidereutergasse, 1764, Stiftung Neue Synagoge Berlin – Centrum Judaicum

rechts: Ketuba, Pisa, 1790, Skirball Museum, Skirball Cultural Center, Los Angeles, CA, Gift of The Jewish Cultural Reconstruction, Inc.

unten: Herbert Grossberger Misrach, um 1937, ŻIH Bildarchiv

Ein kupfernes Waschgefäß, 1823 von Ruben Gumpertz der Synagoge in der Heidereutergasse in Berlin gestiftet, das im Żydowski Instytut Historyczny im. Emanuela Ringelbluma (ŻIH) in Warschau ausgestellt ist,[34] sowie ein Toravorhang, der 1764 ebenfalls für die Synagoge in der Heidereutergasse von Daniel Itzig und seiner Frau Miriam gestiftet wurde. Er wurde nach dem Zweiten Weltkrieg von der Ostberliner Jüdischen Gemeinde in der Synagoge Rykestraße als Pultdecke benutzt.[35]

Wohl eines der letzten modernen Judaica, die in das Museum gelangte, war die Zeichnung eines Misrach, einer Darstellung der Gebetsrichtung gen Jerusalem des Heidelberger Künstlers Herbert Grossberger. Sie wird erwähnt in einem der letzten Berichte aus dem Jüdischen Museum im Jüdischen Gemeindeblatt für Berlin vom 6. März 1938 als Beitrag zu dem Kapitel „Modernes Kultgerät". Auch dieser Misrach ist seit dem 9. November 1938 verschwunden. Ob unwiederbringlich, wird die Zukunft erweisen.

---

[34] Hermann Simon/Harmen H. Thies(Hrsg), Moritz Stern. Geschichte der Alten Synagoge zu Berlin, Teetz 2007. S. 238f.

[35] A.a.O, S. 204f, 233 (mit Abbildung des Toravorhangs als Pultdecke in der Synagoge Rykestraße, 28.03.1965).

Kult und Form.

Teestunde des
Jüdischen Museums in der **Porträtgalerie**

*anlässlich des
60. Geburtstages von Moritz Rosenthal,* **11.6.1938**

Bildarchiv Abraham Pisarek

Porträts im Jüdischen Museum

von Inka Bertz

Porträtsammlungen reichen bis in die frühesten Anfänge der Institution Museum zurück und spielten schließlich in den National- und Regionalmuseen des 19. Jahrhunderts eine zentrale Rolle. Auch wenn sich in den Kunstmuseen die Präsentationsform der „nationalen Porträtgalerie" unter dem Einfluss der Moderne auflöste,[1] war sie in den kulturhistorischen Museen weiterhin ein wichtiger Bestandteil der Schausammlung. Dies war auch in der 1933 eröffneten Dauerausstellung des Jüdischen Museums in Berlin der Fall.[2] Man betrat sie im Rundgang durch das Museum als dritten Raum nach der repräsentativen Eingangshalle und einem der modernen Malerei gewidmeten Raum vor den Sälen mit Kultgerät und archäologischen Funden. In den Presseberichten zur Museumseröffnung wird die Porträtgalerie besonders positiv hervorgehoben. Für die Kunsthistorikerin Rahel Wischnitzer-Bernstein war sie „eine besondere Sehenswürdigkeit".[3] Der Journalist und Kunsthistoriker Max Osborn lobte „die Einheitlichkeit und Bedeutung des Materials" und folgerte: „In der Pflege des Porträt-Themas scheint mir eine hauptsächliche Aufgabe des Jüdischen Museums zu liegen."[4] Selbst der wenig später von seinem Posten als Direktor der Kunstbibliothek entlassene Curt Glaser, der der Grundidee des Museums, eine Entwicklungsgeschichte der jüdischen Kunst zu zeigen, kritisch gegenüberstand, musste einräumen, „wenn auf diese Art etwa eine jüdische Porträtgalerie entsteht, für die ein guter Anfang gemacht ist, so ist dies durchaus zu billigen und zu verstehen."[5] Allein in der Gattung des Porträts schien ihm die bildende Kunst eine gewisse – vielleicht die einzige – Berechtigung in einem jüdischen Museum zu haben.

Die folgende Betrachtung der Porträts des Jüdischen Museums wird die Entwicklung der Sammlung, die wichtigsten Ausstellungen und einige exemplarische Stücke vorstellen. Dabei wird deutlich, wie die Bedeutung der Kunstgattung Porträt sich von einem auf Repräsentation angelegten Teil des Museumsrundganges hin zu einer Schlüsselgattung innerhalb der Entwicklungsgeschichte der jüdischen Kunst verlagerte.

Von allen Sammlungen des Jüdischen Museums sind heute nur die Porträts, und unter ihnen nur die Gemälde, als vergleichsweise geschlossener Bestand noch erhalten und können einen Eindruck vom Umfang und der

---

[1] Carola Muysers, Das bürgerliche Portrait im Wandel. Bildnisfunktionen- und auffassungen in der deutschen Moderne 1860-1900, Hildesheim 2001, S. 16f, 23-111; Jörn Grabowski, Die Nationale Bildnis-Sammlung. Zur Geschichte der ersten Nebenabteilung der Nationalgalerie, in: Jahrbuch Preußischer Kulturbesitz, 31. Jg. (1994), S. 197-322; Peter-Klaus Schuster, Die nationale Porträtgalerie – ein unvollendetes Projekt, in: Pour le mérite. Vom königlichen Gelehrtenkabinett zur nationalen Bildnissammlung, hrsg. v. Katrin Herbst, Berlin 2006, S. 11-13.

[2] Über das Berliner Jüdische Museum grundlegend: Hermann Simon, Das Berliner Jüdische Museum in der Oranienburger Straße. Geschichte einer zerstörten Kulturstätte, Teetz 2000; [Karl Schwarz:] Führer durch das Jüdische Museum. Sammlungen der Jüdischen Gemeinde zu Berlin, Berlin 1933.

[3] Rahel Wischnitzer-Bernstein, Das jüdische Museum, in: Jüdische Rundschau, 38. Jg., Nr. 8 (27.01.1933), S. 38.

[4] Max Osborn, Jüdisches Museum, in: Vossische Zeitung, Nr. 42 v. 25.01.1933, Abend-Ausgabe.

[5] Curt Glaser, Das neue „jüdische Museum", in: Berliner Börsen Courier v. 25.01.1933.

Jacob Plessner Moses Mendelssohn
ŻIH Bildarchiv

Kurt Harald Isenstein Ernst Cassirer
ŻIH Bildarchiv

Qualität der Sammlung vermitteln. Bis auf einige Ausnahmen gehören sie heute dem Israel Museum in Jerusalem. Als langfristige Leihgaben befinden sich etliche dieser Porträts heute im Centrum Judaicum und im Jüdischen Museum Berlin.[6] Zu den Verlusten zählen neben den meisten Büsten und der umfangreichen Graphiksammlung diejenigen Gemälde, die ehemals im Repräsentantensaal hingen, vor allem die Porträts von Moritz Veit[7] und David Friedländer, letzteres ein Werk von Caroline Bardua.

Ursprung der Sammlung und erste Präsentation

Schon in der ersten, 1917 eröffneten Präsentation der Kunstsammlung der Jüdischen Gemeinde bildete eine Wand von Porträts den Hintergrund für die Vitrinen mit Kultobjekten und Porträtmedaillen aus der Schenkung von Albert Wolf, die den Grundstock der Sammlung bildete. Konzipiert hatte die Ausstellung Moritz Stern, der zum Rabbiner ausgebildete Leiter der Bibliothek der Jüdischen Gemeinde, dem auch die Kunstsammlung unterstand. In der Mitte sah man „als Glanzpunkt unserer Ausstellung"[8] die berühmte Büste Moses Mendelssohns von Jean Pierre Antoine Tassaert.[9] Beigesellt waren ihr das im Rahmen der Ausstellungsvorbereitungen wieder entdeckte Porträt Mendelssohns von Johann Christoph Frisch, das 1840 aus dem Nachlass David Friedländers an die Gemeinde gekommen war. Aus der Sammlung Wolf stammten wohl die Porträtstiche des Philosophen von Johann Friedrich Bause, Johann Gottard Müller und Peter Haas, während die Rötelzeichnung von Daniel Chodowiecki aus dem Jahr 1777 und das ebenfalls von Frisch in Pastell gemalte Porträt von Blümchen Friedländer, geb. Itzig aus dem alten Bestand der Gemeinde stammten, vermutlich ebenfalls aus dem Nachlass Friedländers. Das Porträt des Oberlandesältesten der preußischen Juden, Jacob Moses, von der Hand eines unbekannten Malers hatte der Enkel des Dargestellten schon 1875 der Gemeinde geschenkt.[10]

Im Verlauf der 1920er Jahre waren unter Sterns Leitung der Kunstsammlung weitere Stücke hinzugekommen, wie die Büste Moses Mendelssohns von Jacob Plessner und die Ernst Cassirers von Kurt Harald Isenstein.[11] Als Sterns Mitarbeiter und späterer Nachfolger setzte der Kunsthistoriker Karl Schwarz den Aufbau des Museums fort, indem er zunächst historisch und künstlerisch bedeutsame Objekte aus den verschiedenen Einrichtungen der Gemeinde zusammenführte. Die wohl größte und bedeutendste Reihe von Porträts kam 1930 aus dem Jüdischen Krankenhaus an die Kunstsammlung.

---

[6] Vera Bendt, Erinnerungen und Episoden, in: H. Simon, das buch, Berlin 2009, S. 10-19, S. 15f.

[7] Vgl. Unbekannter Künstler: Porträt Moritz Veit, in: Berlin Museum/Märkisches Museum. Gemälde I,1. 16-19. Jahrhundert. Verzeichnis der Bestände des künftigen Stadtmuseums Berlin. Mit einem kritischen Katalog der Gemälde des Berlin Museums, Sabine Beneke u. Sybille Gramlich (Bearb.), Berlin 1994, Kat. Nr. 954, S. 65 (1972 vom Märkischen Museum aus Privatbesitz erworben).

[8] Moritz Stern, Die Kunstsammlung der jüdischen Gemeinde zu Berlin. Mitteilungen zur Eröffnung der Sammlung, Berlin 1917, S. 23-26; Blick in den Ausstellungsraum vgl. Abb. in Simon 2000 (wie Anm. 2), S. 20/21.

[9] Die Geschichte der Büste ist ausführlich beschrieben in Simon 2000 (wie Anm.2), S. 40-46.

[10] Vgl. Simon 2000 (wie Anm. 2), S. 50.

[11] Moritz Stern Die vierte Ausstellung der Kunstsammlung, Berlin 1927, S. 20-25. Das Exemplar im Archiv des Jüdisch Historischen Instituts in Warschau trägt handschriftliche Anmerkungen von Moritz Stern und vermerkt die beiden Büsten als „durch mich gemachte Ankäufe".

Doch schon bei diesen verhältnismäßig gut dokumentierten Porträts prominenter Persönlichkeiten wird eine Problematik deutlich, die alle historischen Objekte, aber ganz besonders die Gattung Porträt betrifft: Die Bedeutung eines Stückes ist abhängig von den mit ihm verbundenen Informationen. Diese gehen leicht verloren; es ergeben sich Flüchtigkeitsfehler und Verwechslungen, die sich dann lange Zeit fortsetzen. Das passierte auch Karl Schwarz[12] und Max Osborn[13] im Fall der Porträts aus dem Jüdischen Krankenhaus: Sie glaubten zwei Bildnisse des Ichthyologen Marcus Elieser Bloch vor sich zu sehen: eines von Johann Christoph Frisch und eines von der Hand eines unbekannten Künstlers. Vermutlich war es ihnen schwer vorstellbar, dass die künstlerisch bedeutendsten Gemälde dieses Bestandes, das eine von Friedrich Georg Weitsch und das andere von Johann Christoph Frisch, beide den Arzt und Philosophen Marcus Herz zeigen. So sahen sie irrtümlich in dem 1779 datierten, intimen Gelehrtenporträt von Frisch das Bildnis von Marcus Elieser Bloch. Doch zwei Reproduktionsstiche des 18. Jahrhunderts weisen den Dargestellten eindeutig als „Dr. Marcus Herz" aus.[14]

Johann Christoph Frisch Marcus Herz, *1779, als langfristige Leihgabe des Israel Museums, Jerusalem, im Jüdischen Museum Berlin,*
Stiftung Jüdisches Museum Berlin

Mit dieser Identifizierung rückt das Porträt in einen neuen Zusammenhang und in die zeitliche Nähe zu dem nur ein Jahr zuvor entstandenen Brautbild von Marcus Herz' späterer Gattin Henriette de Lemos von Anna Dorothea Lisiewska-Therbusch. Es befindet sich in der Nationalgalerie, der es Therese Herz, eine Nachfahrin der Dargestellten, 1889 gestiftet hatte. Fast von gleichem Format, sind beide Gemälde auch in Blickrichtung und Komposition aufeinander bezogen: Der Gatte, traditionell auf der linken Seite, wendet sich nach rechts, während die Braut eine Bewegung nach links vollzieht.

Am 1. Dezember 1779 fand im Hause Herz die Hochzeit statt. Das Gemälde von Anna Dorothea Therbusch diente dabei als visueller Bezugspunkt für ein Gedicht, vorgetragen mit musikalischer Begleitung in der Satzbezeichnung „grazioso", das die Schönheit der damals gerade 15-jährigen Braut in höchsten Tönen und holprigen Reimen pries. Doch auch dem Gatten zollte es Respekt:

„Dies Mädchen lohnet den Verehrer / Erhabner Philosophie, / Ihn den Gefühlesquellenlehrer, / In der Empfindungstheorie! // Der Denken noch durch Thun vergrößert, / So weisheitsvoll wie Socrates. / Der Körper heilt, und Seelen bessert, / Der Liebling des Hipocrates. // Wer Welten misst

---

[12] Karl Schwarz, Die Kunstsammlung der Jüdischen Gemeinde zu Berlin, in: Gemeindeblatt der Jüdischen Gemeinde zu Berlin (GBB), 20. Jg., Nr. 10 (Oktober 1930), S. 453-456; Schwarz 1933 (wie Anm. 2).

[13] Max Osborn, Das Berliner „Jüdische Museum". Neuerwerbungen der Gemeinde-Sammlung, in: C.V.-Zeitung, 10 Jg., Nr. 14 (03.04.1931), S. 172-174.

[14] Inka Bertz, Nicht Bloch, sondern Herz. Die neue Interpretation eines alten Gemäldes, in: JMB Journal, 2010/2011, Nr. 3, S. 30; für die Reproduktionsstiche vgl. Alfred Rubens, Jewish Iconography, London 1981, Nr. 1554 (Tassaert, ohne Pfeife) und Nr. 1555 (Bock, seitenverkehrt als Brustbild). Sammlung des Jewish Museum London. Das Blatt von Tassaert befindet sich außerdem in der Berlin-Sammlung des Jüdischen Historischen Instituts in Warschau. In der Porträtkartei des Kupferstichkabinett, Staatliche Museen zu Berlin PK aufgeführt (W-Gal 15/2), jedoch nicht vorhanden. Das Blatt von Bock befindet sich im Kupferstichkabinett; SMB (KDA O-Gal 8/2, 207-61) sowie im Skirball Cultural Centre, Los Angeles.

mit einem Blicke; / Der Erdengüter Innres kennt, / Der rechnet sich's zum ächten Glücke, / Wenn heiße Lieb' im Herzen brennt! // So bringe denn die Nectarschale, / Du frohe Götterpflegerin! / Dem sehnsuchtsvollen Ehgemale / Als Wonne höchster Wonne hin!"[15] Marcus Herz erscheint hier in vielerlei Rollen: als liebender und geliebter Gatte, als weiser Philosoph, als Arzt der Körper heilt, aber auch als Theoretiker der Gefühle und der Seele. Während die Zeitgenossen 1931 also glaubten, zwei Porträts von Bloch vor sich zu haben, waren es in Wirklichkeit zwei von Marcus Herz. Das „zweite", und nunmehr einzige, Porträt von Bloch ist das von unbekannter Hand geschaffene Brustbild. In jüngster Zeit wurde auch dessen Identifizierung angezweifelt,[16] doch trägt das Gemälde einen Aufkleber der Kunstsammlung der Jüdischen Gemeinde mit der Namensbezeichnung „Marcus Elieser Bloch" auf der Rückseite. Auch hat sich eine größere Fassung dieses Gemäldes im Naturkundemuseum erhalten, in der Institution, die schließlich Blochs Nachlass erhielt.[17] Vielleicht war bei einer – oder gar beiden – dieser zwei Fassungen des Porträts von Bloch die Hand Frischs im Spiel. Darin könnte die Ursache zu suchen sein, dass der 1779 von Frisch porträtierte Herz später mit Marcus Elieser Bloch verwechselt wurde. Doch gilt auch in diesem Fall: Alle Hypothesen haben nur so lange Bestand, bis neue Quellen auftauchen; vielleicht aber weisen Hypothesen den Weg zu den Quellen und tragen so ihren Teil zur Aufklärung bei. Vieles von dem Wissen, das einst mit den Porträts des Jüdischen Museums verbunden war, muss heute mühsam wieder rekonstruiert werden, denn nicht nur die Sammlung wurde zerstreut und teilweise zerstört, auch die Kuratoren, die Hinweise hätten geben oder Fehler korrigieren können, wurden auf verschiedene Kontinente vertrieben und waren nicht mehr mit den Objekten in Kontakt.

Die Porträtgalerie bei der Eröffnung des Museums 1933

Die Ärzteporträts des 18. Jahrhunderts bildeten den Kernbestand der so gelobten Porträtgalerie. Das größte und repräsen-tativste dieser Reihe ist das erwähnte zweite Porträt von Marcus Herz, das 1795 von Friedrich Georg Weitsch gemalt wurde. Es zeigt den Arzt und Philosophen in rembrandteskem Hell-Dunkel, den Kopf leicht nach oben gewandt, im Moment genialischer Inspiriertheit. Ihn umgeben die Instrumente und Ergebnisse seiner Forschungen: eine Vakuumpumpe sowie

oben: Künstler unbekannt Marcus Elieser Bloch, ca. 1775, als langfristige Leihgabe des Israel Museums, Jerusalem, im Jüdischen Museum Berlin, Stiftung Jüdisches Museum Berlin

unten: Max Liebermann James Israel, 1917, als langfristige Leihgabe des Israel Museums, Jerusalem, im Jüdischen Museum Berlin, Stiftung Jüdisches Museum Berlin

---

[15] Dem Herrn Doctor Marcus Herz und Mademoisell Jette Lemos an ihrem Vermählungstage gewidmet von G....z, Berlin, den 1. December 1779, Gedruckt von George Ludewig Winters Witwe, Archiv der Berlin-Brandenburgische Akademie der Wissenschaften, Nachlass Henriette Herz.

[16] Die Physiognomie und Haltung weicht in der Tat von anderen Darstellungen Blochs ab, so dass Zweifel nahe lagen; vgl. Brief von Richard Lesser an die Verfasserin vom 08.12.2007.

[17] Die Verfasserin dankt Frau Dr. Sabine Hackethal, Historische Arbeitsstelle im Museum für Naturkunde Berlin, für den Hinweis auf dieses Gemälde. Auch hier scheint es sich um ein zweites Porträt desselben Dargestellten zu handeln. Denn das Naturkundemuseum besaß aus den Nachlass Blochs auch ein im Zweiten Weltkrieg zerstörtes Porträt Blochs von der Hand Anton Graffs, das zusammen mit seiner Fischsammlung ausgestellt war.

seine Schriften „Über den Schwindel" und „Über die frühe Beerdigung der Juden". Im Hintergrund wachen an der Lehne seines Stuhles Athena und Hippokrates als Personifikationen der Philosophie und der Medizin. Auch der Schwiegervater Marcus Herz', Benjamin de Lemos, war durch ein unsigniertes Porträt vertreten, das Max Osborn – aus Übermut oder Verwechslung – Anton Graff zuschrieb.[18] Die einzige überlieferte Fotografie der Porträtgalerie[19] zeigt rechts neben diesem Gemälde seinen Nachfolger im Amt des Leiters des jüdischen Krankenhauses, James Israel, gemalt von Max Liebermann. Das Porträt entstand 1917 im Auftrag der Gemeinde zum Abschied des großen Chirurgen und Urologen.

Ein besonderer Blickfang in der Porträtgalerie war, den Berichten zufolge,[20] das von Moritz Daniel Oppenheim geschaffene Bildnis Ludwig Börnes, das der Frankfurter Bürgerverein 1932 an das Museum verkauft hatte. Der Schriftsteller, den seine unglückliche Liebe zu Henriette Herz einst aus Berlin vertrieben hatte, war nun im Porträt zurückgekehrt und mit gleich zwei Porträts des Ehemannes seiner Angebeteten in einem Raum vereint. Bemerkenswert für die Porträtgalerie des Jüdischen Museums war, dass sie nicht wie in den meisten kulturhistorischen Museen im 19. Jahrhundert endete, sondern sich bis in die Gegenwart fortsetzte. In den Kunstmuseen hingen Porträts der Gegenwart meist im Kontext der jeweiligen Maler. Die Jüdische Gemeinde hingegen hatte bei Berliner jüdischen Künstlern Porträts wichtiger Persönlichkeiten in Auftrag gegeben: dasjenige des Rabbiners Leo Baeck 1931 bei Ludwig Meidner,[21] die Bildnisse des Gemeindevorstehers Georg Kareski und des Journalisten Isidor Kastan bei Joseph Oppenheimer, vermutlich war auch das Porträt des Rezitators Ludwig Hardt ein Auftrag an Eugen Spiro und das von Jakob Wassermann einer an Susanne Carvallo-Schülein. Sie vertraten den Sektor der Literatur. Das Gebiet der bildenden Kunst repräsentierte der holländische Maler Jozef Israels, der von Felix Moscheles, dem Sohn des Komponisten, porträtiert worden war. Daneben standen die Selbstbildnisse von Lesser Ury und Max Liebermann, letzteres ein Geschenk des Malers an das Museum zur Eröffnung.

Christoph Friedrich Weitsch Marcus Herz, 1795, als langfristige Leihgabe des Israel Museums, Jerusalem, im Jüdischen Museum Berlin, Stiftung Jüdisches Museum Berlin

Joseph Oppenheimer Georg Kareski, 1929, The Israel Museum, Jerusalem, ŻIH Bildarchiv

---

[18] Max Osborn, Das Jüdische Museum in Berlin, in: C.V.-Zeitung 12., Jg., Nr. 8 (23.02.1933), S. 65-66. Dieser Zuschreibung folgten auch die Bearbeiter des Kataloges der Gemälde des Berlin Museums (Berlin Museum / Märkisches Museum. Gemälde I,1., 1994, Kat. Nr. 194, S. 119), nicht jedoch Berckenhagen in seinem Werkverzeichnis (Ekhart Berckenhagen, Anton Graff. Leben und Werk, Berlin 1967; ders.: Anton Graff: Nachträge zum Oeuvre, in: Zeitschrift des Deutschen Vereins für Kunstwissenschaft, 43. Jg. (1989), Nr. 2, S. 7-20). Hingegen porträtierte Anton Graff die Tochter Henriette Herz, vgl. Berckenhagen Nr. 699 (Nationalgalerie SMB).

[19] Archiv für Kunst und Geschichte, Berlin (AKG), Foto Nr. 2_G75_J1_1938_47. Auch in: Hermann Simon, Das Berliner Jüdische Museum in der Oranienburger Straße. Geschichte einer zerstörten Kulturstätte, Berlin (West) 1983, S. 42. Das Foto entstand im Jahr 1938. Ob die Hängung von 1933 bei der Reorganisation 1936 belassen worden war, ist nicht völlig sicher, aber wahrscheinlich. Als der Fotograf Herbert Sonnenfeld 1936 die neu gehängten Räume dokumentierte, war die Porträtgalerie nicht darunter. Diese Fotos befinden sich heute im Jüdischen Museum Berlin.

[20] Für die Beschreibung der Porträtgalerie vgl. neben den oben zitierten Presseberichten Schwarz 1933 (wie Anm.2) o. Pag. Dort außerdem erwähnt: die Porträts von Moses Mendelssohn und Isaac Daniel Itzig (beide Johann Christoph Frisch), Daniel Itzig (Anonym), Jacob Moses (Anonym), Leopold Zunz (bez. M.O.), Michael Sachs (Julius Jacob), Ernestine Eschelbacher (Käthe Ephraim-Marcus), sowie die Büsten von Ernst Cassirer und Albert Einstein (beide Kurt Harald Isenstein), Paul Nathan und James Simon (beide Arnold Zadikow).

[21] Erik Riedel, Ludwig Meidners Bildnisse von Leo Baeck, in: Leo Baeck 1873-1956. Aus dem Stamme von Rabbinern, hrsg. v. Georg Heuberger u. Fritz Backhaus, Frankfurt a. M. 2001, S. 205-212.

links: Joseph Oppenheimer Isidor
Kastan, 1930, The Israel Museum, Jerusalem, ŻIH Bildarchiv

mitte: Susanne Carvallo-Schülein
Jakob Wassermann, 1930, The Israel
Museum, Jerusalem, ŻIH Bildarchiv

rechts: Felix Moscheles Jozef Israels,
1899, The Israel Museum, Jerusalem,
ŻIH Bildarchiv

Die Porträts der Gesellschaft der Freunde und aus dem Lessing Museum

Nur eine Woche nach der Eröffnung des Museums traten die Nationalsozialisten die Macht an. Damit veränderte sich die Arbeit des Jüdischen Museums von Grund auf: Karl Schwarz folgte dem Ruf nach Tel Aviv. Jüdische Künstler suchten nach Ausstellungsmöglichkeiten, da sie von der Mitgliedschaft in der neu geschaffenen Reichskulturkammer ausgeschlossen waren und ihre Werke nur noch innerhalb des von den Behörden überwachten jüdischen Kulturlebens zeigen konnten. Doch auch jüdisches Kulturgut vergangener Zeiten suchte nun ein neues Obdach im jüdischen Museum, als viele Familien auswanderten und Gemeinden sich auflösten.

Bereits im Sommer 1933 trafen die politischen Veränderungen die Porträtsammlung der „Gesellschaft der Freunde".[22] Die „Gesellschaft der Freunde" war mit der jüdischen Geschichte Berlins eng verwoben, verstand sich jedoch nicht als „jüdischer Verein": 1792 von Junggesellen aus dem Kreis der Haskala, der jüdischen Aufklärung, als Hilfsverein zur gegenseitigen Unterstützung gegründet, hatte die „Gesellschaft" sich im Verlauf des 19. Jahrhunderts zu einem kulturellen Zentrum der jüdischen Gemeinde und später zu einem informellen Treffpunkt von Führungskräften aus Wirtschaft und Banken gewandelt. Als sie 1922 ihr bisheriges Vereinslokal verlassen musste, fand sie für ihre umfangreiche Porträtsammlung – es handelte sich um insgesamt 42 Positionen, darunter 16 Gemälde – Aufnahme im Depot der Nationalgalerie im Kronprinzenpalais. Doch Anfang Juni 1933 bat deren Direktor, Ludwig Justi, die „Gesellschaft" recht

---

[22] Sebastian Panwitz, Die Gesellschaft der Freunde 1792-1935. Berliner Juden zwischen Aufklärung und Hochfinanz, Hildesheim 2007, S. 189-193 das Verzeichnis der Sammlung; Simon 2000 (wie Anm.2), S. 74-76. Die Verfasserin dankt Sebastian Panwitz und Angelika Wesenberg für wichtige Hinweise.

kurzfristig, ihre Leihgaben abzuholen, und empfahl als Unterbringungsmöglichkeit das kurz zuvor eröffnete Jüdische Museum.[23] Justi, der seit Frühjahr 1933 publizistischen Angriffen ausgesetzt war, ahnte vielleicht seine bevorstehende Entlassung. Jedenfalls begann er in diesen Monaten auch anderen Leihgebern die Leihgaben zurückzugeben, die er während seiner Amtszeit ans Haus geholt hatte und für die er für die Zukunft keine Verantwortung mehr übernehmen konnte. Am 11. August, als die Gemälde, Skulpturen, Graphiken und Fotografien in das Jüdische Museum gebracht wurden, war Justi als Direktor der Nationalgalerie bereits beurlaubt und auf den Posten des Direktors der Kunstbibliothek versetzt, von dem zuvor Curt Glaser entlassen worden war. 1935 wurde auch die „Gesellschaft der Freunde" verboten.[24]

Die Porträtsammlung der „Gesellschaft der Freunde" spiegelte die Geschichte und das Selbstverständnis der Vereins: Moses Mendelssohn nahm darin einen besonderen Platz ein. Er begegnet uns gleich dreimal, in einer Zeichnung von Chodowiecki,[25] in einer Zinkgussbüste,[26] und einem Gemälde. Bei letzterem, das ohne Angabe des Malers angeführt wurde, könnte es sich vielleicht um die Kopie August Kaselowskys nach dem Porträt von Anton Graff handeln, das heute als Leihgabe des Israel Museums im Jüdischen

Wilhelm Hensel Joseph Mendelssohn, 1842, als langfristige Leihgabe des Israel Museums, Jerusalem, im Jüdischen Museum Berlin, Stiftung Jüdisches Museum Berlin

---

[23] Panwitz 2007 (wie Anm. 22), S. 202.

[24] Zur Frage, ob es sich eine Übereignung oder ein Depositum handelte, gibt es bislang keine genauen Quellen. Erna Stein, Ein Jahr Jüdisches Museum. 13.000 Besucher, in: GBB, 24. Jg., Nr. 3 (09.02.1934), S. 3) schreibt: „Die obdachlos gewordene umfangreiche Porträtsammlung der Gesellschaft der Freunde fand wenigstens depositorische Aufnahme, da die Bilder aus Raummangel nur zu einem ganz geringen Teil bei uns aufgehängt werden konnten." Panwitz 2007 (wie Anm. 24), S. 237 schreibt, die Sammlung hätte sich „als Depositum" im Jüdischen Museum befunden. Vermutlich rechnete der Verein 1933 noch nicht mit Verbot und Auflösung, die dann 1935 erfolgten. Es scheint, dass danach die Sammlung oder Teile daraus dem Museum übereignet wurden. Max Osborn, (Unsere Ahnen. Was erreicht wurde, in: GBB, 26. Jg., Nr. 46 (15.11.1936), S. 4) schreibt, dass die Gesellschaft „bei ihrer Auflösung manches belangvolles Stück aus ihrer Galerie dem Jüdischen Museum übergab." Die Porträts Ludwig Lessers und C.A. Neos wurden in der Ausstellung „Unsere Ahnen." 1936 mit dem Vermerk „Museum" im Katalog aufgeführt. Sowohl bei der Einziehung des Vereinsvermögens durch die Finanzbehörden 1936 wie auch bei den Rückerstattungsanträgen des Notvorstandes der „Gesellschaft" und der JRSO in den frühen 1950er Jahren blieb (lt. Panwitz 2007 [wie Anm. 22], S. 237) die Porträtsammlung unberücksichtigt.

[25] Die im Zentralarchiv der Staatlichen Museen zu Berlin (Acta Generalia 24, Bd. V., Nr. 385/22) überlieferte Liste vermerkt „gez. v. Daniel Chodowiecki, aus der Sammlung R.P.G.". Leider ist aus den Angaben bei Porstmann nicht nachvollziehbar, ob es sich um eines der dort erwähnten Blätter handelt, da der Band nur einen Foto-Nachweis jedoch keinen Objektkatalog enthält. Vgl. Gisbert Porstmann, Moses Mendelssohn. Porträts und Bilddokumente (= Moses Mendelssohn Gesammelte Schriften. Jubiläumsausgabe ; Bd. 24), Stuttgart-Bad Cannstadt 1997, S. 40-50.

[26] Vermutlich handelt es sich um einen Guss der Büste von Henrich August Walger, um 1886, von der sich ein Exemplar heute im Jüdischen Museum befindet (Inv. Nr. SKU 86/1 in der Dauerausstellung).

Museum hängt.²⁷ Kaselowskys Lehrer und Freund Wilhelm Hensel hatte neben zahlreichen Nachkommen des Philosophen auch das 1842 datierte Porträt von dessen ältesten Sohn Joseph geschaffen, das sich in der Sammlung der „Gesellschaft der Freunde" befand.²⁸ Daneben existieren zwei weitere, fast gleichformatige Porträts von Josephs Sohn Alexander Mendelssohn, 1872 datiert, und von Josephs Neffen Paul Mendelssohn Bartholdy.²⁹ Manches spricht dafür, dass die beiden kleineren Konterfeis der Angehörigen der dritten Generation daraufhin konzipiert wurden, sie rechts und links um das Porträt Joseph Mendelssohns zu gruppieren. Die Brustbilder von Paul und Alexander sind fast gleich groß und jeweils nach links und rechts gewandt, während Joseph als Halbfigur am Schreibtisch und im größeren Format der Ehrenplatz in der Mitte zukäme. Der Bedeutung Josephs als Mitbegründer und zeitweise Vorsitzender der Gesellschaft würde diese Zusammenstellung entsprechen. Auch Paul hatte etliche Jahre den Vorsitz, Alexander war bis zu seinem Tod 1871 stellvertretender Vorsitzender.³⁰ Das größte und nach damaliger Einschätzung auch wertvollste Gemälde dieser Sammlung war das von Max Liebermann gemalte Porträt seines Onkels, des Textilunternehmers Benjamin Liebermann. Die Gesellschaft hatte es anlässlich seines 25jährigen Dienstjubiläums als Vorsitzender anfertigen³¹ und in die „Galerie der um die Gesellschaft verdienten Freunde" im Sitzungssaal einreihen lassen.³² Heute befindet sich das Gemälde im Leo Baeck Institute in New York.³³

Ein weiteres Porträt Moses Mendelssohns kam 1936 oder 1937 aus einer anderen, von den Nationalsozialisten aufgelösten Sammlung, dem Lessing Museum, an das Jüdische Museum. Die 1908 auf die private Initiative des Musikwissenschaftlers Georg Richard Kruse im Nicolaihaus in der Brüderstraße eingerichtete Erinnerungsstätte wurde von einem Verein getragen, dem auch zahlreiche jüdische Mitglieder angehörten. Diese Tatsache lieferte 1936 den Vorwand zur Schließung. Die Sammlungen wurden an Privatleute und Institutionen verteilt. Das Jüdische Museum erhielt ein Porträt Moses Mendelssohns aus dem Jahr

oben: Künstler unbekannt Alexander von Mendelssohn, The Israel Museum, Jerusalem, Stiftung Neue Synagoge Berlin – Centrum Judaicum

unten: Künstler unbekannt Paul von Mendelssohn-Bartholdy, The Israel Museum, Jerusalem, Stiftung Neue Synagoge Berlin – Centrum Judaicum

---

[27] Bei dem auf der Ausstellung „Unsere Ahnen" gezeigten Gemälde handelte es sich um eine Replik des Porträts von Frisch, vgl. Rahel Wischnitzer-Bernstein, 20 Jahre Jüdisches Museum, in: Jüdische Rundschau, 42. Jg., Nr. 12 (12.02.1937), Berliner Rundschau.

[28] Cécile Lowenthal-Hensel u. Jutta Arnold, Wilhelm Hensel, Maler und Porträtist 1794-1861. Ein Beitrag zur Kulturgeschichte des 19. Jahrhunderts, Berlin 2004; Cécile Lowenthal-Hensel u. Sigrid Gräfin von Strachwitz, Europa im Porträt. Zeichnungen von Wilhelm Hensel (1794-1861), Berlin 2005. Bei dem Porträt Joseph Mendelssohns handelt es sich vermutlich um das bei Lowenthal-Hensel 2004, S. 250 erwähnte Gemälde; heute als Leihgabe des Israel Museums im Jüdischen Museum Berlin.

[29] Beide befinden sich heute im Israel Museum, Jerusalem.

[30] Panwitz 2007 (wie Anm. 22), S. 124.

[31] Panwitz 2007 (wie Anm. 22), S. 192.

[32] Panwitz 2007 (wie Anm. 22), S. 191; Allgemeine Zeitung des Judentums, 50. Jg., Nr. 14 (07.04.1887), S. 215.

[33] Matthias Eberle, Max Liebermann (1847-1935). Werkverzeichnis der Gemälde und Ölstudien, Bd. I (1865-1899), München 1995, Kat. Nr. 1887/31: 1960 als Schenkung der JRSO an das Leo Baeck Institute, New York. Auf der Gedenkausstellung 1936 wurde das Gemälde nicht gezeigt.

1776,³⁴ das Moritz Stern aufgrund von schriftlichen Zeugnissen dem Dresdener Maler Adrian Zingg zuschrieb .³⁵
Die Arbeit von Karl Schwarz wurde nach dessen Emigration nach Tel Aviv von seiner bisherigen Assistentin Erna Stein fortgesetzt, die im Herbst 1935 ebenfalls nach Israel emigrierte. Die 1934 von ihr konzipierte Ausstellung „Jüdische Köpfe" gab einen Einblick in die Sammlung von Porträtgraphik.³⁶ Die tour d'horizon durch die gesamte jüdische Geschichte zeigte vor allem Rabbiner und Gelehrtenporträts. Damit sollte nicht zuletzt die Bedeutung der Graphiksammlung als Forschungs- und Bildarchiv ins Bewusstsein der Öffentlichkeit gerückt werden: „Alle führenden Persönlichkeiten des Judentums sind in dieser Sammlung vertreten, die jedem Forschenden unentgeltlich zugänglich ist."³⁷ Schon das 1927 erschienene Jüdische Lexikon hatte auf diesen Fundus zurückgegriffen. Auch die jüdische Presse, C.V.-Zeitung, Jüdische Rundschau, Israelitisches Familienblatt und das Berliner Gemeindeblatt bezogen ihr Illustrationsmaterial häufig aus der Sammlung des Jüdischen Museums.

Franz Landsberger und die Ausstellung „Unsere Ahnen"

Als Rezensent der Ausstellung „Jüdische Köpfe" meldet sich zum ersten Mal Franz Landsberger im direkten Zusammenhang mit dem Jüdischen Museum zu Wort. Am 1. Mai 1935 trat er das Amt des neuen Direktors des Jüdischen Museums an. Der Kunsthistoriker hatte bei Heinrich Wölfflin und Richard Muther studiert. Nach seiner Promotion über Wilhelm Tischbein war er durch Arbeiten zur „Kunst der Goethezeit", so der Titel seines Hauptwerkes, aber auch zur Renaissance und der zeitgenössischen Kunst hervorgetreten. Seit 1918 lehrte er als außerordentlicher Professor an der Universität Breslau und parallel dazu auch an der dortigen Kunstakademie. Nach seiner Entlassung aus dem Lehramt im Herbst 1933 verließ er seine Heimatstadt und kam nach Berlin.³⁸ Nach seiner Übersiedlung nach Berlin hielt er Vorträge zur jüdischen Kunst und trat auch mit einigen Zeitungsbeiträgen an die Öffentlichkeit,³⁹ vor allem über Max Liebermann, mit dem er befreundet war. Landsberger publizierte auch eine Auswahl

Max Liebermann Benjamin Liebermann, 1887, Leo Baeck Institute, New York

Adrian Zingg Moses Mendelssohn, 1776, The Israel Museum, Jerusalem

---

³⁴ Wann genau und unter welchen Bedingungen sich die Transaktion vollzog und ob darüber hinaus noch weitere Stücke aus dieser Sammlung an das Jüdische Museum kamen, ließ sich bislang nicht feststellen. In den zeitgenössischen Presseberichten wird nur dieses eine Objekt erwähnt.

³⁵ Moritz Stern, Ein unbekanntes Porträt Moses Mendelssohns, in: GBB, 25. Jg., Nr. 35 (29.08.1937), S. 3; Dr. O.B. (d. i. Olga Bloch), Zu den Neuerwerbungen des Berliner Jüdischen Museums, in: C.V.-Zeitung, 16. Jg., Nr. 3 (21.01.1937); Max Osborn, Neuerwerbungen des Jüdischen Museum, in: GBB, 27. Jg., Nr. 4 (24.01.1937), S. 5; Porstmann 1997 (wie Anm. 25), S. 29-31, S. 31 vermerkt (ohne Beleg): „Seine [Sterns, I.B.] Zuschreibung zum Oeuvre Adrian Zinggs gilt heute allerdings als unsicher."

³⁶ Max Osborn, Jüdische Köpfe. Ausstellung im Jüdischen Museum, in: GBB, 24. Jg., Nr. 37 (06.10.1934), S. 2; Dr. O. B. (d. i. Olga Bloch), Porträt-Ausstellung im Berliner Jüdischen Museum, in: C.V.-Zeitung, 13. Jg., Nr. 38 (21.09.1934), 1. Beiblatt; Franz Landsberger. Jüdische Köpfe. Zur Bildnisausstellung des Jüdischen Museums, in: Jüdische Rundschau, 39. Jg., Nr. 74 (14.09.1934), S. 13.

³⁷ Erna Stein, Das Jüdische Museum in Berlin, in: Jüdische Rundschau, 39. Jg., Nr. 16 (23.02.1934), S. 14.

von Liebermanns Briefen und widmete ihm 1936 die große Gedächtnisausstellung.⁴⁰

Landsberger begann sich nicht erst nach 1933 für jüdische Kunst und Kultur zu interessieren. Bereits in Breslau war er Mitglied des dortigen Vereins „Jüdisches Museum".⁴¹ Sein besonderes Engagement aber galt den zeitgenössischen Künstlern. „Schon vor 25 Jahren", so berichtete er in einem Interview, „gründete ich in Breslau einen Verein für jüdische Kunst. Oft sprach ich auch zur Eröffnung von Kunstausstellungen jüdischer Künstler in Breslau und in meiner oberschlesischen Heimat."⁴²

Über die veränderte Rolle eines jüdischen Museums unter den Bedingungen des Nationalsozialismus machte er sich keine Illusionen: „Ursprünglich nur eine Stätte wissenschaftlicher Forschung und ästhetischen Genusses, steht es heute, ohne diese Eigenschaften im mindesten aufgegeben zu haben, mitten im Strom des Lebens. Gewiß, es will erfreuen, aber zugleich dem von der Last unserer Tage Beschwerten eine Stunde lösender Vergessenheit schenken. Gewiß, es will der Wissenschaft dienen, aber zugleich dem Künstler, dem Schriftleiter, dem Vortragenden, dem Besitzer von Kunstwerken ratend und helfend zur Seite stehen."⁴³

Landsberger nahm die Herausforderung und Verantwortung an – im Bezug auf die öffentliche Wirkung des Museums für die isolierte jüdische Gemeinschaft, aber auch im Bezug auf die Rolle des Museums als Ort der Bewahrung jüdischen Kulturguts. Er sah das Museum als die Arche Noah in einer untergehenden Lebenswelt. Für den Kunsthistoriker war es am Ende die Kunst, die bleibt, um Zeugnis abzulegen für die historische Epoche. Sie galt es daher zu bewahren, und sei es für eine noch so ungewisse Zukunft. Dass auch diese Arche letztlich mit untergehen würde, lag damals wohl noch außerhalb seiner Vorstellungskraft.

So veröffentlichte er einen Aufruf an die vielen Familien, die sich zur Emigration bereit machten, und an die Gemeinden, die sich auflösten, mit der

---

³⁸ Vgl. den Eintrag zu Franz Landsberger in: Ulrike Wendland, Biographisches Handbuch deutschsprachiger Kunsthistoriker im Exil. Leben und Werk der unter dem Nationalsozialismus verfolgten und vertriebenen Wissenschaftler, München 1999, Bd. 1, S. 411-416; Nachruf und Verzeichnis der Schriften zur jüdischen Kunst: Vgl. Joseph Gutmann, Franz Landsberger 1883-1964, in: Studies in bibliography and booklore, Jg. 8 (1966-68), S. 3-9; Erinnerungen Landsbergers: Franz Landsberger, Bilder steigen in mir auf, in: Meine schlesischen Jahre. Erinnerungen aus sechs Jahrzehnten, hrsg. v. Herbert Hupka, München 1964, S. 13-22. Dort der Hinweis, er hätte Breslau bereits im Herbst 1933 verlassen.

³⁹ L. B. (verm. Lothar Brieger), Judentum und moderne Kunst. Vortrag von Professor Landsberger, in: C.V.-Zeitung, 13. Jg., Nr. 12 (22.03.1934); Franz Landsberger, Kunst und Abstammung, in: Jüdische Rundschau, 39. Jg., Nr. 16 (23.02.1934), S. 13.

⁴⁰ Max Liebermann. Siebzig Briefe, hrsg. v. Franz Landsberger, Berlin 1937; Was vom Leben übrig blieb, sind Bilder und Geschichten. Max Liebermann zum 150. Geburtstag. Rekonstruktion der Gedächtnisausstellung des Berliner Jüdischen Museums von 1936. – Ausstellung der Stiftung Neue Synagoge Berlin – Centrum Judaicum gemeinsam mit dem Museumspädagogischen Dienst Berlin und der Max-Liebermann-Gesellschaft, hrsg. v. Hermann Simon, Berlin 1997.

⁴¹ 1. Jahresbericht des Vereins Jüdisches Museum e.V. zu Breslau umfassend den Zeitraum von der Gründung des Vereins am 29. März 1928 bis zum 30. September 1929 (Verzeichnis der ordentlichen Mitglieder).

⁴² Hiro, Jüdisches Museum unter neuer Leitung. Professor Landsberger über seine Pläne, in: C.V.-Zeitung, 14. Jg., Nr. 23 (06.06.1935); Małgorzata Stolarska-Fronia: Udział środowisk Żydów wrocławskich w artystycznym i kulturalnym życiu miasta od emencypacji do 1933 roku, (Anteil der Breslauer Juden am kulturellen und künstlerischen Leben der Stadt seit der Emanzipation bis zum Jahr 1933), Warszawa 2008, S. 265.

⁴³ Franz Landsberger, Unser Museum. Rückblick auf das Jahr 1936, in: GBB, 26. Jg., Nr. 1 (05.01.1936), S. 18.

Aufforderung, ihre historischen Objekte und Dokumente dem Museum zu übergeben.[44] Er stieß damit offenbar auf große Resonanz: „Aus besonderem Anlaß, aus der Verkleinerung oder Auflösung manchen Haushalts, wurden uns Ahnenbilder übergeben, von denen sich die Besitzer nur schmerzlich trennten, aber darin Trost fanden, sie bei uns in gutem Gewahrsam zu wissen. Wie manches dieser Stücke wäre der Vernichtung anheimgefallen, wie manches alte Kultgerät weggetan worden, wenn nicht im jüdischen Museum eine Sammelstätte wäre, die diesen Dokumenten jüdischer Vergangenheit in Deutschland Aufnahme und Pflege bereitet."[45] Als Folge dieses Aufrufs entstand auf Anregung der „Gesellschaft für jüdische Familienforschung" die Idee zu der Ausstellung „Unsere Ahnen".[46] „Geboren wurde der Plan wohl aus der Tatsache, dass in dieser Zeit der sozialen Umschichtung, der Wohnungsverkleinerungen, der Auswanderung zahlreiche Porträts dem Jüdischen Museum als Treuhänder zur Aufbewahrung anvertraut wurden."[47]

Enthielten die vorangegangenen Ausstellungen und Sammlungen vor allem Porträts, die für die Öffentlichkeit geschaffen waren, sei es als repräsentative Gemälde für Sitzungssäle oder als Porträtstiche für ein breites Sammlerpublikum, rückten in dieser, im November 1936 eröffneten Ausstellung nun solche Porträts in den Blickpunkt, die ihren Platz in der Privatsphäre hatten. Da waren zum einen die Ehepaarbildnisse, wie die heute noch in der Sammlung der Jüdischen Gemeinde zu Berlin erhaltenen und im Centrum Judaicum aufbewahrten Porträts von Hanna und Jacob Moses, und die Geschwisterbilder, wie die beiden Doppelporträts von Jenny und Gustav sowie Julie und Albert Rathenau, gemalt von Leopold Bendix, die eine Nachfahrin der Dargestellten 1981 der Jüdischen Abteilung des Berlin Museums schenkte.[48] Besonders eindrucksvoll aber müssen die zahlreichen Familienbilder gewirkt haben.[49] Das früheste unter ihnen war das 1795 von Susanne Chodowiecka, der Tochter des Kupferstechers Daniel Chodowiecki, gemalte und heute verlorene Porträt der Familie Isaac Lehwess, „das in der Art der englischen Meister jener

---

[44] „Jüdisches Museum unter neuer Leitung. Professor Landsberger über seine Pläne, in: C.V.-Zeitung, 14. Jg., Nr. 23 (06.06.1935): „Viele jüdische Familien geben heute ihren Wohnsitz in Deutschland auf. Sicher besitzen manche von ihnen, von Generation zu Generation vererbt, alte biblische Stiche, jüdische Kultusgeräte, Chanukkaleuchter, Lampen, Besomimbüchsen, usw., die sie nicht auf ihren neuen Lebensweg mitnehmen können oder wollen. Ihnen gilt meine Bitte, diese Gegenstände dem Jüdischen Museum zur Verfügung zu stellen. Doch nicht an die Fortziehenden allein möchte ich mich wenden, sondern auch an die jüdischen Gemeinden, die jetzt aufgelöst werden müssen; ihr Urkundenmaterial, ihre Kultgeräte dürften dem Museum wertvolle Bereicherung bringen."

[45] Franz Landsberger, Unser Museum. Rückblick auf das Jahr 1936, in: Gmbl., 26. Jg., Nr. 1 (05.01.1936), S. 18.

[46] Franz Landsberger, Unsere Winterpläne, in: C.V.-Zeitung, 15. Jg., Nr. 38 (16.09.1936). „Wenn das Museum diese Anregung freudig aufgriff, so darum, weil es seit kurzem mit diesen Ahnenbildern vielfach befasst wird. Die Verkleinerung oder Auflösung jüdischer Haushalte hat ja das Problem der Unterbringung solcher Bilder heraufbeschworen, die bei aller Pietät wegen Raummangels von den Wänden verschwinden müssen. Gerade diese Pietät ließ die Besitzer solcher Bilder an das Museum herantreten mit der Bitte, ihnen Unterkunft und Pflege zu gewähren. Nicht alle solcher ‚Ahnen' können aufgenommen werden, weil eine gewisse Qualitätsforderung auch hier gestellt werden muß. Immerhin gelang es auf diese Weise, wesentliche Stücke vor der ihnen drohenden Vernichtung zu retten."

[47] M.O. (d. i. Max Osborn), Unsere Ahnen. Und was erreicht wurde, in: Gmbl., 26. Jg., Nr. 46 (15.11.1936), S.3f.

[48] Inv. GEM 81/10 und GEM 81/11, in der Dauerausstellung des Jüdischen Museums.

[49] Vgl. Inka Bertz, Familienbilder. Selbstdarstellung im jüdischen Bürgertum, Köln 2004.

August Hopfgarten Familie Goldschmidt, *1843/44, Stiftung Jüdisches Museum Berlin*

Zeit den Potsdamer Arzt mit Frau und Söhnchen in eine Landschaft versetzt."[50]

Von der Ausstellung sind einige wenige Fotos erhalten. Zwei von ihnen zeigen das von Ludwig Knaus 1866 gemalte Porträt der Familie Moritz Reichenheim.[51] Es war vermutlich dieses Bild, das Max Liebermann vor Augen stand, als er in einem Brief an seinen Freund Alfred Lichtwark über den Künstler räsonnierte: „Und gerade heut bei der Nachricht von Knaus' Tode kam mir so rasch die Vergänglichkeit zu Gemüthe, als ich mich erinnre, wie ich den damals gefeierten Künstler bei meinem Onkel Reichenheim im Jahre 1866 – unglaublich aber wahr – zuerst gesehn hatte: kaum dass ein paar seiner Jugendbilder bleiben werden. Vielleicht hatte er zuviel Talent und nicht genug Charakter. Nicht etwa, dass er sich nicht redlich bemüht hatte, es so gut zu machen, als er's konnte, auch ist er trotz seiner phänomenalen Erfolge ganz bescheiden geblieben. Aber er malte Bilder, ‚lebende Bilder' statt lebendige Menschen."[52] Während dieses Gemälde heute verschollen ist, haben sich zwei andere in der Ausstellung gezeigte Familienbilder erhalten:

Das eine zeigt einen Geschäftspartner von Max Liebermanns Großvater, die Familie von Alexander und Luise Goldschmidt. August Hopfgarten malte sie um 1844 im Hof ihrer Kattundruckerei in der Köpenicker Straße.[53] Wie selbstverständlich ließen sie sich vor der Fabrik malen, der Quelle ihres Wohlstandes. Die Familie hatte keine gesellschaftlichen Ambitionen, brauchte deshalb das Fabrikgelände nicht zu meiden, auch nicht in die elegantere Innenstadt umzuziehen. Die Kinder von Max Goldschmidt überlebten in Berlin den Nationalsozialismus und verkauften das Gemälde nach dem Krieg. Bei einem Besuch in Berlin erwarb es der in die USA emigrierte Vater der Besitzerin, die es im Jahr 2001 an das Jüdische Museum in der Lindenstraße verkaufte.

Das zweite Gemälde zeigt die Familie des Kaufmanns Moritz Manheimer, gemalt 1850 von einem der wenigen jüdischen Künstler dieser Zeit, Julius Moser.[54] Wir sehen das Klavierspiel der Tochter, den Tanz der jüngeren Geschwister, die kleine Gemäldesammlung und den Zeichenunterricht, den der Sohn von dem ebenfalls dargestellten Maler erhält. Anders als die Familie Goldschmidt zeigen sie uns nicht die Quelle ihres Wohlstands. Die befand sich gleich gegenüber ihrer Wohnung am Kupfergraben auf

---

[50] Irmgard Schüler, Unsere Ahnen. Familienbilderausstellung im Jüdischen Museum, in: Jüdischer Kulturbund Berlin. Monatsblätter, 4. Jg., Nr. 12 (Dez. 1936), S. 3-4. Abgebildet in Gmbl., 26. Jg., Nr. 46 (15.11.1936), S. 1; AKG Foto Nr. 2_G75_J1_1936_294 (im Hintergrund).

[51] AKG, Fotos Nr.: 5_B1_M123_1936_4 (im Hintergrund Max Liebermanns Porträt seiner Großmutter Betty Haller), und Nr. 5_B1_M123_1936_5; Bertz 2004 (wie Anm. 49), S. 80.

[52] Der Briefwechsel zwischen Alfred Lichtwark und Max Liebermann, hrsg. v. Birgit Pflugmacher, Hildesheim 2003, S. 355 (Brief v. 8.12.1910).

[53] Jüdisches Museum Berlin, Inv. Nr. 2001/338, AKG, Foto Nr. 5_B1_M123_1933_5 (im Hintergrund); Bertz 2004 (wie Anm. 49), S. 67f.

[54] Jüdisches Museum Berlin, Inv. Nr. GEM 96/3; Bertz 2004 (wie Anm. 49), S. 8-65.

dem Packhof, wo der Hausherr als Getreidemakler arbeitete. Hermann Blaschko, der Enkel der Klavier spielenden Tochter Babette, stiftete das Gemälde dem Jüdischen Museum. Dass diese Ausstellung auch ein Schwanengesang auf das deutschjüdische Bürgertum war, war Landsberger bewusst, als er sie konzipierte: „Man wird das Gesicht, die Tracht, die Geste der Juden vom 18. bis zum Ende des 19. Jahrhunderts an sich vorbeiziehen sehen. Mit einer gewissen Wehmut vielleicht, da es sich, in Deutschland wenigstens, um eine heute entschwundene Epoche handelt. Aber auch mit Stolz darüber, welche Klarheit der Züge, welche Klugheit und Güte im Ausdruck mit dieser Epoche bürgerlichen Wohlstands Hand in Hand ging."[55]

Julius Moser Familie Manheimer, *1850, Stiftung Jüdisches Museum Berlin*

Doch blieb Landsberger dabei auch ganz forschender Kunsthistoriker. Aus dem nun vor ihm ausgebreiteten Material erschloss er bis dahin nur wenig bekannte jüdische Künstlerbiographien der ersten Hälfte des 19. Jahrhunderts: „Dabei hat sich schon heute erwiesen, daß manche dieser Bildnisse von jüdischen Malern gemalt sind, und zwar von Künstlern, die in Vergessenheit geraten sind, weil ihr Werk in Privatbesitz verstreut, niemals bei retrospektiven Ausstellungen erschien und so auch der Aufmerksamkeit der Kunstforscher entging."[56] In den jüdischen Zeitungen veröffentlichte Landsberger als Ergebnis der Ausstellung Beiträge über Julius Moser,[57] Leo Arons,[58] Julius Muhr,[59] einen Vorfahren Landsbergers, und über die Gebrüder Henschel.[60] Schließlich regte die Berliner Ausstellung eine ähnliche im Breslauer Jüdischen Museum an.[61]

Die Jahrhundertausstellung und die Gattung Porträt in der jüdischen Kunstgeschichte

Schon parallel zu den Vorbereitungen zu „Unsere Ahnen" plante Landsberger die Jubiläums-Ausstellung zum zwanzigjährigen Bestehen der Kunstsammlung der Jüdischen Gemeinde. Der Titel war programma-

---

[55] Franz Landsberger, Unsere Winterpläne, in: C.V.-Zeitung, 15. Jg., Nr. 38 (16.09.1936).
[56] Ebd.
[57] Franz Landsberger, Julius Moser. Ein vergessener jüdischer Maler, in: C.V.-Zeitung, 16. Jg., Nr. 13, (01.04.1937), 2. Beiblatt.
[58] Franz Landsberger, Aus dem Jüdischen Museum: Ein vergessener jüdischer Maler [Philipp Arons], in: Gmbl., 27. Jg., Nr. 17 (25.04.1937), S. 3.
[59] Franz Landsberger, Ein jüdischer Maler des 19. Jahrhunderts. Julius Muhr im Jüdischen Museum, in: Gmbl., 27. Jg., Nr. 26 (27.06.1937), S. 3.
[60] Franz Landsberger, Neu entdeckte Bilder der Gebrüder Henschel, in: Gmbl., 26. Jg., Nr. 51 (20.12.1936), S. 5.
[61] Kurt Schwerin, Porträt-Ausstellung in Breslau, in: C.V.-Zeitung, 15. Jg., Nr. 47 (03.12.1936).

tisch: „Ein Jahrhundert jüdischer Kunst"[62] – und es sollte die letzte größere Ausstellung des Jüdischen Museums werden.

Landsberger nahm damit Bezug auf die Besonderheit des Berliner Jüdischen Museums unter den jüdischen Museen seiner Zeit, die darin lag, dass es „die darstellenden Künste seit den Tagen der Emanzipation, das heißt seit den Tagen ihrer Existenz überhaupt, mit einbezog. Dieser neueren Kunst soll unsere Jubiläumsausstellung gewidmet sein. Unter dem Titel ‚Ein Jahrhundert jüdischer Malerei 1830 bis 1930' will sie den allerorten vorangegangenen Zentenarausstellungen eine jüdische ‚Jahrhundert-Ausstellung' an die Seite stellen."[63] Der Verweis auf die „allerorts vorangegangenen" Jahrhundert-Ausstellungen war eine vorsichtige Formulierung dafür, welcher von ihnen er die des Jüdischen Museums in erster Linie „an die Seite stellte": der „Jahrhundertausstellung deutscher Kunst (1775-1875)", die 1906 in der Berliner Nationalgalerie stattgefunden hatte.[64] Einen knappen Kilometer vom Jüdischen Museum entfernt hatte diese Ausstellung die deutsche Kunst des 19. Jahrhunderts aus der Perspektive der Moderne neu gesehen. Landsberger wagte darauf nun eine „jüdische Antwort" und präsentierte die Entwicklungsgeschichte der jüdischen Kunst. Es war die Summe seiner Forschungen, aber zugleich auch eine Antwort auf den Umgang vieler seiner nichtjüdischen Museumskollegen mit ihren Beständen zur jüdischen Kunst und Kultur, die lange in die Schausammlungen integriert gewesen waren: „Diese ‚idyllischen' Zustände wurden – in Deutschland wenigstens – durch die seit 1933 eintretenden politischen Ereignisse mit einem Schlage verändert. Aus den Altertumsmuseen verschwanden die jüdischen Abteilungen, aus den modernen Galerien die jüdischen Künstler des 19. und 20. Jahrhunderts, von seltenen Ausnahmen abgesehen. Damit wurde die jüdische Kunst ganz auf sich selber gestellt, und die jüdischen Museen in Deutschland erhielten die Aufgabe, als einzige die jüdische Kunst zu pflegen, wenn man auf ihre Sichtbarmachung nicht ganz und gar verzichten wollte. […] Ebenso dringend aber war der Wunsch, den großen Künstlerpersönlichkeiten des letzten Jahrhunderts eine Stätte zu bereiten, in der sie die Verehrung einer verehrungsbedürftigen Gemeinschaft auch weiter genießen könnten."[65]

Nur wenige der hier gezeigten Werke sind als Originale oder in Abbildungen überliefert. Das 19. Jahrhundert wurde nicht nur durch die schon aus der Ausstellung „Unsere Ahnen" bekannten Maler repräsentiert, sondern durch weitere, bis dahin fast unbekannte Porträtisten. Und auch unter den Malern des 20. Jahrhunderts war die Gattung des Porträts stark vertreten. Im Unterschied zu jener Ausstellung wurden hier auch Porträts von unbekannten Personen ausgestellt. Dass die Maler und weniger die Dargestellten im Vordergrund standen, zeigten die Selbstporträts von Julius Eduard Wilhelm Helfft, Adolf Eduard Herstein, Gustav Herz, Wil-

---

[62] Dr. N., Kulturelles Leben in Berlin. III. Von den bildenden Künsten, in: Jüdische Rundschau, 41. Jg., Nr. 67 (21.08.1936), Berliner Rundschau.
[63] Franz Landsberger, Unsere Winterpläne, in: C.V.-Zeitung, 15. Jg., Nr. 38 (16.09.1936).
[64] Angelika Wesenberg, Impressionismus und die „Deutsche Jahrhundert-Ausstellung Berlin 1906", in: Manet bis van Gogh. Hugo von Tschudi und der Kampf um die Moderne, hrsg. v. Johann Georg Prinz von Hohenzollern u. Peter-Klaus Schuster, München 1996, S. 365-371; Sabine Beneke, Im Blick der Moderne. Die „Jahrhundertausstellung deutscher Kunst (1775-1875)" in der Berliner Nationalgalerie 1906, Berlin 1999.
[65] Franz Landsberger, Jüdische Museen – heute, in: Monatsblätter. Jüdischer Kulturbund, 5. Jg., Nr. 1 (Jan. 1937), S. 2-5.

helm Jacobsohn, George Mosson und Emil Orlik. Von ihnen sind, soweit ersichtlich, nur die von Gustav Hertz und Wilhelm Jacobsohn heute im Israel Museum erhalten.

Noch im März 1938 setzte Landsberger diese, aus den drei großen von ihm veranstalteten Ausstellungen gewonnen Erkenntnisse in die neue Hängung der ständigen Ausstellung um. Sie zeichnete sich aus „durch neue Ordnung des übrigen vorhandenen Materials und eine strenge Sondierung der Maler, die laut neuerer Forscherstudien zum Judentum gehören und die Entwicklungslinie der jüdischen Kunst erweitern und vergrößern helfen." Der Rundgang begann mit der Zeit des Biedermeier und den Porträtmalern Eduard Magnus, Julius Muhr, Michael Alexander, Meyer Michaelsohn, Louis Katzenstein, Jeremias David Alexander Fiorino, Salomon Pinhas und Moritz Daniel Oppenheim, mündete als Höhepunkt in einem ausschließlich Max Liebermann gewidmeten Saal, und endete in einem Raum mit den Malern der Moderne.[66]

Die intensive Beschäftigung mit den jüdischen Malern des 19. Jahrhunderts führte Landsberger zu grundsätzlichen Überlegungen zur jüdischen Kunstgeschichte und zur Gattung des Porträts. In ihr sieht er einen Schlüssel zum Verständnis der Entwicklung der jüdischen Kunstgeschichte seit der Emanzipation: „Wir finden es sporadisch schon in jüdischer Antike und in der Folgezeit immer wieder in vereinzelten Ansätzen. Ja, vom 17. Jahrhundert an bis zur Gegenwart kann man sogar von einer kontinuierlichen Linie des jüdischen Porträts sprechen. Wenn also im allgemeinen zwischen der Kunst des Ghettos und der späteren jüdischen Kunst ein tiefer Riß klafft, so baut doch das Bildnis zwischen beiden einen, wenn auch schmalen, Verbindungssteg."[67]

Und dieser „schmale Verbindungssteg" wiederum wurde im Wesentlichen von den deutsch-jüdischen Porträtisten des frühen 19. Jahrhunderts ausgebaut und befestigt. Denn nach Landsbergers Darstellung begann das Jahrhundert der jüdischen Kunst nämlich nicht um 1800, „sondern erst um 1830, als das Schaffen von Moritz Daniel Oppenheim in Frankfurt a. M., von Eduard Magnus in Berlin, von Louis Ascher in Hamburg einsetzt. Vorher gab es wohl vereinzelte jüdische Künstler, [...] aber erst jetzt beginnt eine nicht mehr abreißende Kette jüdischer Kunst",[68] die bis in die Gegenwart führt.

Diese Bedeutung der Porträtmalerei in der Entwicklungsgeschichte der jüdischen Kunst deutet Landsberger sowohl soziologisch als auch psychologisch.[69] Zum einen war es die Verbürgerlichung der deutschen Juden, die sie ihre „Bild- und Bildnisscheu" überwinden,[70] den Künstlerberuf ergreifen und Porträts in Auftrag geben ließ. Zum anderen erkannte er bei den jüdischen Künstlern eine psychologische Begabung zur Porträtmalerei, mit der er das über die Epoche der Emanzipation bis in die Gegenwart reichende Interesse an dieser Gattung erklären konnte: „Diese

---

[66] O.B. (d. i. Olga Bloch), Neuordnung im Berliner Jüdischen Museum, in: C.V.-Zeitung, 17. Jg., Nr. 12 (24.03.1938), S. 14.
[67] Franz Landsberger, Jüdische Porträtierkunst, in: C.V.-Zeitung, 15. Jg., Nr. 45 (05.11.1936), 2. Beiblatt.
[68] Franz Landsberger, Unsere Winterpläne, in: C.V.-Zeitung, 15. Jg., Nr. 38 (16.09.1936).
[69] Franz Landsberger, Kunst und Abstammung, in: Jüdische Rundschau, 39. Jg., Nr. 26 (23.02.1934).
[70] Franz Landsberger, Unsere Winterpläne, in: C.V.-Zeitung, 15. Jg., Nr. 38 (16.09.1936).

Moritz Oppenheim Ludwig Börne, *1827,*
The Israel Museum, Jerusalem

Porträtgabe entspringt einem psychologischen Verständnis, das aus dem Schicksal der Juden nur allzu verständlich ist. Umgeben von Menschen, die feindlich oder wenigstens nicht freundlich dem Juden gegenübertraten, musste dieser alle Aufmerksamkeit darauf richten, die Meinungen und Absichten seines Gegners zu erkennen um danach sein Verhalten zu richten."[71] Sicherlich spiegeln sich in dieser These die bitteren Erfahrungen seiner unmittelbaren Gegenwart wider.

So hatte sich in den nur fünf Jahren seit der Eröffnung die Bedeutung der Gattung Porträt innerhalb der Dauerausstellung des Jüdischen Museums grundlegend gewandelt: von der Porträtgalerie hervorragender Persönlichkeiten, hin zu einer Schlüsselgattung der jüdischen Kulturgeschichte.

Waren die Porträts in der Hängung von 1933 auf Repräsentation angelegt, dienten sie in der ständigen Ausstellung von 1938 der Selbstreflexion. Nicht mehr nach außen, sondern nach innen wandte sich nun der Blick.

---

[71] Franz Landsberger, Gibt es eine Eigenart in der jüdischen Kunst? in: Mitteilungen der jüdischen Reformgemeinde zu Berlin, 1936, Nr. 7, S. 70-72, S. 71, sowie ähnliche Formulierungen in Landsbergers Publikationen Einführung in die jüdische Kunst, Berlin 1935, S. 56 und A History of Jewish Art, Philadelphia 1946, S. 286.

Schulklasse bei einer
Führung durch die Ausstellung Unsere Ahnen, 1936

Bildarchiv Abraham Pisarek

Der Einzug der Moderne.

Lesser Ury und die Kunstsammlung der Jüdischen Gemeinde zu Berlin

von Sibylle Groß

Lesser Ury Moses zerschmettert die Gesetzestafeln, ŻIH Bildarchiv

Moderne, gar ‚jüdische' Kunst und die Kunstsammlung der Jüdischen Gemeinde waren lange Zeit keine Synonyme. Erst relativ spät erwarb die Kunstsammlung der Jüdischen Gemeinde zu Berlin Arbeiten zeitgenössischer Kunst. Anhand der Ankäufe und Schenkungen von Werken Lesser Urys (1861-1931) lässt sich beispielhaft der ‚Einzug der Moderne' in die Jüdische Gemeinde und, mittels ihrer Kunstsammlung, auch in ihr Selbstverständnis verfolgen. In seiner Person vereinen sich in höchst spannungsreicher Weise die verschiedensten Positionen der modernen Berliner Kunst um 1900 – ein französisch inspirierter Malstil sowie eine Themenwahl, die in den heute noch beliebten Straßenansichten dem pulsierenden Großstadtleben ebenso wie in den See- und Waldlandschaften der zarten Empfindsamkeit seiner Epoche Rechnung tragen. Gleichzeitig aber wählte er auch alttestamentarische, jüdisch allegorische Themen und wies sich so als immanent ‚jüdischer' Künstler aus, so schwierig das ‚Jüdische' an sich auch zu definieren ist.

Im Februar 1917 verfasste Moritz Stern (1864-1939), der Direktor der Bibliothek der Berliner Gemeinde und Betreuer ihrer Kunstsammlung, einen Bericht über die erste Ausstellung. Die zeitgenössische Kunst findet hier keine Erwähnung.[1] Erstmals in zwei Räumen der ersten Etage des Verwaltungsgebäudes der Gemeinde in der Oranienburger Straße der Öffentlichkeit zugänglich gemacht, umfasste die Kunstsammlung zunächst vor allem Judaica, Münzen und Medaillen, Siegel und Petschaften, Porträts bedeutender Persönlichkeiten des Judentums, Handschriften, Drucke und Bücher.[2] Ende 1920 folgte eine zweite Ausstellung,[3] 1925 eröffnete eine dritte und 1927 eine vierte, die dank eines Kataloges gut dokumentiert ist. Unter den dort verzeichneten Exponaten finden sich vier

---

[1] Moritz Stern, Zur Eröffnung der Kunstsammlung der Jüdischen Gemeinde zu Berlin, in: Ost und West, Illustrierte Monatsschrift für das gesamte Judentum, 17. Jg., H. 3/4 (März-April 1917), Sp. 89-96.

[2] Hermann Simon, Das Berliner Jüdische Museum in der Oranienburger Straße. Geschichte einer zerstörten Kulturstätte, Teetz 2000, S. 19ff.

[3] Moritz Stern, Die zweite Ausstellung in der Kunstsammlung der Jüdischen Gemeinde zu Berlin, in: Ost und West, Illustrierte Monatsschrift für das gesamte Judentum, 21. Jg., H. 3/4 (März-April 1921), Sp. 63-68; H. 5/6 (Mai-Juni 1921), Sp. 143-168; H. 7/8 (Juli-Aug. 1921), Sp. 193-206; H. 9/10 (Sept.-Okt. 1921), Sp. 251-266; H. 11/12 (Nov.-Dez. 1921), Sp. 319-330; 22. Jg., H. 1/2 (Jan.-Febr. 1922), Sp. 15-28; H. 3/4 (März-April 1922), Sp. 73-86; H. 5/6 (Mai-Juni 1922), Sp. 139-148; H. 7/9 (Juli-Sept. 1922), Sp. 195-204.

Arbeiten von Lesser Ury, drei Lithographien und eine Bleistiftzeichnung mit dem Bildtitel *Moses zerschmettert die Gesetzestafeln*.[4]

Moderne Kunst war im Sammlungsbestand damals nur sporadisch mit eher kleinformatigen Werken vertreten. Dies sollte sich im Oktober 1927 mit der Anstellung des Kunsthistorikers Karl Schwarz (1885-1962) ändern. Zunächst als Assistent, danach als Kustos tätig, brachte er seine große Kenntnis moderner Kunst in die Sammlung mit ein und prägte die Ankaufs- und Ausstellungspolitik nachhaltig. Karl Schwarz hatte Lesser Ury um 1905/10 kennengelernt.[5] Vermutlich begegnete er diesem im Atelier von Hermann Struck (1876-1944), einem Künstlerkollegen Urys, mit dem jener eine wirkliche Freundschaft verband und dessen Atelier ein Brennpunkt der damaligen Künstlerschaft darstellte.[6] Struck, bekannt für den unermüdlichen Einsatz für seine Freunde, versuchte auch dem nicht eben umgänglichen, älteren Kollegen zu helfen.[7] Sein „Berliner Atelier war seinerzeit Treffpunkt aller künstlerisch interessierter Kreise: von Kollegen, die seinen Rat suchten, von Sammlern, Kunstjüngern, Schriftstellern, Dichtern und Musikern, nicht zuletzt von den vielen zionistischen Freunden, da ja Struck nicht nur als Künstler, sondern auch als Zionist bereits in frühen Jahren eine Führerrolle spielte."[8] Als leidenschaftlicher Graphiker gab Struck sein Wissen über die verschiedenen Drucktechniken an viele Künstler weiter. Zu seinen Schülern zählten neben Lesser Ury, Joseph Budko (1888-1940), Marc Chagall (1887-1985), Lovis Corinth (1858-1925), Max Liebermann (1847-1935), Hans Meid (1883-1957), Ernst Oppler (1867-1929), Max Slevogt (1868-1932), Jakob Steinhardt (1887-

---

[4] Moritz Stern, Bibliothek und Kunstsammlung der Jüdischen Gemeinde zu Berlin, Die vierte Ausstellung der Kunstsammlung, Berlin 1927, S.7f., Nr. 59 Boas und Ruth / Lithographie (Rosenbach 11), Nr. 60 Moses / Lithographie (Rosenbach 5), Nr. 61 Moses zerschmettert die Gesetzestafeln / Bleistiftzeichnung, Nr. 62 Jakob segnet Benjamin / Lithographie (Rosenbach 12). – Detlev Rosenbach, Lesser Ury, Das druckgraphische Werk, Berlin 2002.

[5] „Als ich ihn kennenlernte, führte er ein miserables Leben, das ihn körperlich und geistig ruinierte. Er war damals schon magen- und herzleidend, lehnte aber jede ärztliche Hilfe ab. Er hatte niemanden, der ihn betreute und versorgte, dem er sich anvertraute, da er immer mißtrauischer wurde. Er war nicht immer so menschenscheu gewesen. Denn bis zur Jahrhundertwende war er geselligem Verkehr nicht abgeneigt, er kannte viele Schriftsteller und Schauspieler, traf sie im Kaffeehaus, besuchte häufig die Theater, tanzte sogar auf Künstlerbällen und reiste durch Europa (...) Damals, um 1910, hätte er sich ein bequemes Leben gönnen können, denn er verkaufte recht gut und zu immer höheren Preisen" (Karl Schwarz, Der Sonderling vom Nollendorfplatz, Erinnerungen an Lesser Ury der heute vor hundert Jahren geboren wurde, in: Der Tagesspiegel, Berlin, 07.11.1961). – In einem Schreiben vom 20.06.1955 an den Lesser Ury-Sammler Carl Schapira (später: Carlos Soria) betont Karl Schwarz, dass er „Ury in den 25 Jahren sehr genau kannte und vieles mit ihm erlebt" habe (The National University Library, Jerusalem, Dep. of Manuscripts, Coll. Karl Schwarz, 4°, Korrespondenz Dr. Karl Schwarz, Tel Aviv, mit Dr. Carlos Soria, New York).

[6] Wann Ury Bekanntschaft mit Struck machte, ist ungewiss, doch trifft die Annahme, ein engerer Kontakt habe zwischen beiden erst nach dem Ersten Weltkrieg bestanden, nicht zu (Jane Rusel, Hermann Struck (1876-1944). Das Leben und das graphische Werk eines jüdischen Künstlers, Phil. Diss., Mainz 1995 (= Judentum und Umwelt ; Bd. 66, hrsg. von Johann Maier), Frankfurt a. M.1997, S.43f.). – Neueste Literatur zu Hermann Struck: Hermann Struck, Berliner Künstler und früher Zionist, 1876-1922 Berlin, 1922-1944 Haifa, Ausstellung der Stiftung Neue Synagoge Berlin – Centrum Judaicum / Open Museum, Tefen Industrial Park, Israel, 2007.

[7] Staatsbibliothek, München, Handschriftenabteilung, Nachlass Hermann Struck, Ana 321.I. Ury, Lesser: „Verehrter Herr Struck! Mit dem Einführen von Leuten, die mir vorher unbekannt waren, habe ich immer schlechte Erfahrungen gemacht. Wollen Sie mir bitte vorher den Namen des betreffenden Herrn sagen. Besten Gruß L. Ury", Karte mit Poststempel vom 24.11.1908 und 25.11.1908, adressiert an Herrn Hermann Struck, Brücken Allee 33.

[8] Karl Schwarz, Der Künstler Struck, in: Jüdische Rundschau, Berlin, 41. Jg., Nr.19 (06.03.1936), S. 3.

1968) und viele andere.[9] Strucks Begeisterung für Graphik schildert Corinth mit treffenden Worten: „Struck ist ein enthusiasmierter, passionierter Graphiker. Wenn er in jemand einen Sinn für Graphik wittert, so zwingt er ihn förmlich in diese Kunst."[10] Dies war offensichtlich auch bei Ury der Fall. Ohne seinen Freund Struck wäre Ury, dessen erste Versuche in den 1890er Jahren kläglich gescheitert waren, nicht zur Graphik zurückgekommen.[11] Unter Strucks Ägide aber wurde Ury schnell ein Meister seines Faches.

Es ist daher nicht verwunderlich, dass 1927 mit dem Beginn der Tätigkeit von Karl Schwarz gleich drei Graphiken von Lesser Ury für den Sammlungsbestand genannt werden. Es war wohl auch in erster Linie das maßgebliche Verdienst von Karl Schwarz, dass am 28. November 1929 der Jüdische Museumsverein ins Leben gerufen werden konnte, zu dessen Gründungsversammlung im Hotel Kaiserhof 300 Teilnehmer erschienen.[12] Im Vorstand finden wir einige Herren, die Lesser Ury näher kannten und privat auch Arbeiten von ihm besaßen. Schriftführer war Karl Schwarz, als Beisitzer wurden berufen die Kunstkritiker Adolph Donath (1876-1937), seit 1901 mit Ury bekannt,[13] dessen Freund[14] und Biograph,[15] und Max Osborn (1870-1946), der mit dem Maler bereits seit Anfang der 1890er Jahren verkehrte.[16] Einer von den beiden Vorstandsmitgliedern der Gemeinde war der Schriftsteller Arnold Zweig (1887-1968), der die Kunst Urys selbst wertschätzte.[17] Die Leitung des Museumsvereins war der Moderne offen gegenüber eingestellt und trug damit zu einem sich wandelnden Kunstverständnis der jüdischen Sammlung bei.

In diesem Sinne betonte Karl Schwarz anlässlich der Vereinsgründung in einem Vortrag, „daß die Jüdische Kunstsammlung in Berlin ihr Hauptaugenmerk auch der neuesten Kunst im Judentum intensiver zuwendet.

---

[9] Vgl. Rusel (1997), S. 34-94. – Inka Bertz, „Und das Buch, das Du geschrieben, ist ein wirklicher Verdienst", Hermann Strucks Erfolgsbuch Die Kunst des Radierens und sein Einfluß auf die Künstler im Paul Cassirer Verlag, in: Ein Fest der Künste. Paul Cassirer. Der Kunsthändler als Verleger, hrsg. v. Rahel E. Feilchenfeldt u. Thomas Raff, München 2006, S.131f.

[10] Lovis Corinth, Wie ich das Radieren lernte, in: Zeitschrift für bildende Kunst, 52. Jg. (N.F. Bd. 28), 1916/1917, H. 9, S. 210.

[11] Zur Privatsammlung von Hermann Struck zählten allein 45 Graphiken von Lesser Ury, viele mit Widmung versehen, die sich heute sämtlich im Besitz des Tel Aviv Museum of Art befinden (Vgl. Rusel (1997), S. 43f.). - Struck erhielt von Ury zudem etliche Umdruckzeichnungen für Lithographien, sowie Zeichnungen und ein sehr frühes Gemäldestillleben.

[12] Vgl. Simon (2000), S. 29f.

[13] „Es sind genau dreissig Jahre, dass ich Lesser Ury kennengelernt habe. Ich lebte damals in Wien, kam aber öfters nach Berlin, das meine ‚stille Liebe' war. Also im Herbst des Jahres hatte gerade Schulte eine retrospektive Ury-Ausstellung (...) Mein Entschluss war rasch gefasst: ich suchte Lesser Ury auf (...)" (Adolph Donath, Erinnerungen an Ury, in: Berliner Tageblatt, 20.10.1931).

[14] Schreiben von Adolph Donath an Siegfried Pfankuch und Kurt Ury, den Bevollmächtigen der Erben von Lesser Ury, datiert 30.10.1932: „Und komme ich einmal dazu, mein neues Ury-Buch zu schreiben, ich fühle mich dazu berufen, weil Ury selbst es gefühlt hat, daß ich sein einziger Freund gewesen bin, ja sein einziger – dann werde ich Dinge zu sagen wissen, an denen Kunstwissenschaft und Museen nicht werden vorübergehen können." Das Schreiben befindet sich im Nachlass Siegfried Pfankuch, Privatbesitz, Berlin.

[15] Adolph Donath, Lesser Ury. Seine Stellung in der modernen deutschen Malerei, Berlin 1921.

[16] „Als ich Ury zuerst begegnete, zu Beginn der neunziger Jahre (...)" (Max Osborn, Erinnerungen an Lesser Ury, in: Jüdisches Gemeindeblatt für Berlin, 28. Jg, Nr. 34 (21.08.1938), S.13).

[17] Seine Frau Beatrice (1902-1971) erwarb auf der Nachlass-Auktion im Herbst 1932 das Pastell Abendwolken über Märkischem See (Paul Cassirer-Archiv, Walter Feilchenfeldt, Zürich: Käuferliste der Nachlassauktion, Galerie Paul Cassirer, Berlin, 21.10.1932, Nr.136).

Das ist, glauben wir", so die Zeitschrift ‚Der Kunstwanderer', „ein löbliches Beginnen. Es wäre zum Beispiel eine künstlerische Notwendigkeit, wenn das Jüdische Museum einen eigenen Raum für das Werk des Lesser Ury schaffen würde, der in Deutschland der erste war, von dem die biblischen Motive modern beseelt, in modernem Geiste und mit den souveränen Mitteln des Meisters gemalt worden sind. An der Stirnseite eines solchen Ury-Raumes müßte der große ‚Jeremias' von Ury stehen, ein Werk, das seinerzeit in *allen* Kreisen das größte Aufsehen erregte. Urys ‚Jerusalem' ist natürlich nicht zu haben, denn es befindet sich seit langem im Besitz der Kunsthalle Görlitz, der es einst von dem schweizerischen Industriellen Henneberg gestiftet worden war."[18] Deutlich wird, wie die jüdische Kunstsammlung nicht nur unter den Folgen eines späten Starts zu kämpfen hatte, sondern auch im Wettbewerb mit wichtigen und nicht immer jüdischen Sammlern moderner Kunst stand.

Die bald darauf getätigte erste größere Erwerbung der Kunstsammlung war nicht der *Jeremias*, sondern eine Arbeit, die gleichfalls dem Themenkreis der Bibel entstammt. Es handelt sich um das großformatige Gemälde *Moses sieht das gelobte Land vor seinem Tode* (auch als *Sterbender Moses* oder *Moses am Sinai* bekannt), das 1928 entstand. Im Frühjahr des Jahres war es bereits Teil einer Einzelausstellung für Lesser Ury in der Berliner Kunst Kammer Martin Wasservogel gewesen,[19] bevor es dann im Anschluss nach Köln auf die am 12. April eröffnete Ausstellung Pressa ging, wo es den Mittelpunkt der Ehrenhalle des Jüdischen Pavillons bildete.[20] Vermutlich hatte der Maler die Arbeit in Hinblick auf die Kölner Schau geschaffen, zumal für die künstlerische Ausgestaltung

Lesser Ury Moses sieht das gelobte Land vor seinem Tode, ŻIH Bildarchiv

---

[18] Jüdischer Museumsverein in Berlin, in: Der Kunstwanderer, Zeitschrift für alte und neue Kunst, für Kunstmarkt und Sammelwesen, 11. Jg., Dez. 1929, S.145. – Das 1896 entstandene Monumentalgemälde *Jerusalem* (170 x 285 cm) kam 1903 als Schenkung in die Sammlung des Kaiser Friedrich-Museums, des heutigen Kulturhistorischen Museum Görlitz. Es galt seit seiner Auslagerung während des Zweiten Weltkrieges als verschollen und gelangte 2006 wieder in Museumsbesitz.

[19] Lesser Ury, Neue Bilder aus zwei Weltstädten Paris und Berlin u.a., Ausstellung 25.3.-29.4.1928 Kunst Kammer Martin Wasservogel, Berlin 1928, S.10, Nr. 2 mit Abb. auf Taf.I (*Moses sieht das gelobte Land vor seinem Tode*). – Rezension: Lothar Brieger, Zwei Weltstädte. Ury-Ausstellung in der Kunstkammer Martin Wasservogel, in: B.Z. am Mittag, Berlin, (27.03.1928) (*Moses am Sinai*).

[20] Zur Ausstellung Pressa in Köln 1928 zuletzt: Inka Bertz, Mitarbeit an der Erhöhung des Menschentums. Lesser Urys Monumentalgemälde, in: Lesser Ury, Bilder der Bibel - Der Malerradierer, Begleitbuch zu den Ausstellungen im Käthe-Kollwitz-Museum Berlin und in der Stiftung Neue Synagoge Berlin - Centrum Judaicum, hrsg. im Auftrag Neue Synagoge Berlin - Centrum Judaicum von Chana Schütz, Berlin 2002, S. 50f., Abb. des Gemäldes auf S. 42, Abb. der Postkarte „Ehrenhalle im Pavillon der jüdischen Sonderschau" auf S. 51.

Karl Schwarz selbst verantwortlich zeichnete. Das Gemälde erlangte große Bekanntheit und fand Eingang in Überblickswerke zur jüdischen Kunst, wo es oftmals abgebildet wurde.[21] Als das Bild Ende 1930 als Schenkung im Wert von 7000 Reichsmark in die Kunstsammlung kam,[22] fand dies in der Presse allgemein lobende Erwähnung[23] – und die Jüdische Gemeinde hatte ihren ersten großen Lesser Ury.

Noch im selben Jahr gelangte mit dem *Selbstbildnis* von 1930 ein zweites wichtiges Werk des Malers in die Kunstsammlung. Karl Schwarz hatte sich für dessen Ankauf stark gemacht.[24] Das Porträt konnte mit Hilfe des Museumsvereins für 5000 Reichsmark erstanden werden.[25] Lesser Ury hatte dieses Bild wohl unter Zuhilfenahme eines Spiegels gemalt. Es zeigt ihn krank und erschöpft, gebückt neben seiner Staffelei stehend, sich selbst misstrauend grüblerisch ins Auge blickend. Der Ankauf des Bildes – und damit der Einzug der Moderne in die Kunstsammlung – stieß auf breite Zustimmung bei Publikum und Presse.[26] Bereits ein Jahr später, 1931, erfolgte dann die Akquisition eines dritten Gemäldes. Der *Potsdamer Platz bei Nacht* wurde wie die anderen beiden zuvor direkt vom Künstler erworben und war den Berliner Kunstinteressierten bereits kurz nach seiner Fertigstellung von

Lesser Ury Selbstbildnis 1928, Skirball Museum, Skirball Cultural Center, Los Angeles, CA, Gift of the Jewish Culture Reconstruction, Inc.

[21] Karl Schwarz, Die Juden in der Kunst, Berlin 1928, S. 138, Abb. zwischen 140 und S. 141 (*Moses sieht das gelobte Land*). – Ernst Cohn-Wiener, Die jüdische Kunst. Ihre Geschichte von den Anfängen bis zur Gegenwart, Berlin 1929, Abb. 3 auf S. 5 (*Moses*).

[22] Erwerbungen der Kunstsammlung 1930 (zweiseitiges Dokument ohne Seitenzahlangabe, wahrscheinlich nach dem 04.12.1930 verfasst), handschriftlich angefügt unter: b) Schenkungen: 1 Gemälde, *Der sterbende Moses*, von Lesser Ury 7000.- (Żydowskini Instytut Historyczny im. Emanuela Ringelbluma, Warschau, Karton B-441, ehemals Kunstsammlung der Jüdischen Gemeinde Berlin, Jüdisches Museum Berlin (1933-1938), Mappe Erwerbungen).

[23] Aus der Kunstwelt, in: Der Kunstwanderer, Zeitschrift für alte und neue Kunst, für Kunstmarkt und Sammelwesen, 12. Jg., Okt. 1930, S. 60 (*Moses sieht das gelobte Land*). – Karl Schwarz, Die Kunstsammlung der Jüdischen Gemeinde zu Berlin, in: Gemeindeblatt der Jüdischen Gemeinde zu Berlin, 20. Jg., Nr. 10 (Okt. 1930), S. 456 mit Abb. auf S. 457 (*Moses sieht in das gelobte Land*). – Verwaltungsbericht des Vorstandes der Jüdischen Gemeinde zu Berlin 1926-1930, Kunstsammlung, in: Gemeindeblatt der Jüdischen Gemeinde zu Berlin, 20. Jg., Nr. 11 (Nov. 1930), S. 27 (*Der sterbende Moses*).

[24] In einem Schreiben vom 15.08.1955 an den Lesser Ury-Sammler Carl Schapira (später: Carlos Soria) berichtet Karl Schwarz: „Prof. Landsberger schickte mir ein herrliches grosses Photo von dem letzten Selbstbildnis, das ich s. Zt. fuer das Berliner Museum gekauft hatte und das jetzt nach Cincinnati gekommen ist (...)" (The National University Library, Jerusalem, Dep. of Manuscripts, Coll. Karl Schwarz, 4°, Korrespondenz Dr. Karl Schwarz, Tel Aviv, mit Dr. Carlos Soria, New York).

[25] Erwerbungen der Kunstsammlung 1930 (zweiseitiges Dokument ohne Seitenzahlangabe, wahrscheinlich nach dem 04.12.1930 verfasst), handschriftlich angefügt unter: e) Durch den Museumsverein: 1 *Selbstbildnis* v. Lesser Ury, v. Lesser Ury 5000.- (Żydowskini Instytut Historyczny im. Emanuela Ringelbluma, Warschau, Karton B-441, ehemals Kunstsammlung der Jüdischen Gemeinde Berlin, Jüdisches Museum Berlin (1933-1938), Mappe Erwerbungen).

[26] Verwaltungsbericht des Vorstandes der Jüdischen Gemeinde zu Berlin 1926-1930, Kunstsammlung, in: Gemeindeblatt der Jüdischen Gemeinde zu Berlin, 20. Jg., Nr. 11 (Nov. 1930), S. 27. - Israelitisches Familienblatt, Ausgabe Groß-Berlin, 33. Jg. Nr. 16 (16.04.1931), Beilage zu Nr. 16 Aus alter und neuer Zeit, Nr. 30 (16.4.1931), Abb. auf der Titelseite (Lesser Ury: Selbstbildnis, Die neueste Erwerbung der Kunstsammlung der Berliner Jüdischen Gemeinde). – „das großartige Selbstbildnis von Lesser Ury aus dem vergangenen Jahre"

einer Ausstellung Ende 1926 in Berlin bekannt.[27] Es dürfte sich bei diesem Bild um die letzte Erwerbung der Kunstsammlung zu Lebzeiten des Malers handeln.[28]

Die wachsende Bedeutung, die der Künstler Lesser Ury im Laufe der Zeit für die Jüdische Gemeinde Berlins und ihr Selbstverständnis erlangte, zeigen die Ereignisse um seinen Tod. Lesser Ury verstarb an einem Sonntag, den 18. Oktober 1931, vermutlich an Herzversagen. Nur „noch drei Wochen trennten den Meister von der Feier seines siebzigsten Geburtstages (7. November) und von der Ausstellung seines Lebenswerkes, die Ludwig Justi für die National-Galerie vorbereitete. Gerade in den letzten Tagen wurden seine Bilder im Atelier von Justis Mitarbeitern gesichtet, und am Sonnabend, kaum vierundzwanzig Stunden vor der Katastrophe, war Eugen Spiro bei ihm, um über die Ausstellung zu sprechen, die von der Berliner Sezession zum 7. November geplant war. Und noch in dieser Woche wollte Spiro ihn malen."[29]

Lesser Ury Potsdamer Platz bei Nacht
The Israel Museum, Jerusalem

Binnen weniger Tage nach seinem Tod setzte die Legendenbildung um Leben und Werk des Malers ein, welcher er selbst in seinen letzten Jahren Vorschub geleistet hatte. Einsam und verarmt sei er, keine Droschke hätte er sich leisten können, daher alle Wege zu Fuß zurücklegen müssen, verschossene, alte Kleidung habe er in seiner Not getragen. Die Beisetzung fand um 13 Uhr am 21. Oktober 1931 in der Alten Halle auf dem Jüdischen Friedhof in Berlin-Weißensee statt. Die Jüdische Gemeinde richtete dem Künstler ein Ehrengrab aus. Vor der Überführung war der Sarg noch einmal in den Räumen der Berliner Secession aufgebahrt worden. Bei den Feierlichkeiten in Weißensee hielt die Trauerrede der Rabbiner und Freund des Malers Joseph Lehmann (1872-1933) von der Ber-

---

(Max Osborn, Das Berliner „Jüdischen Museum". Neuerwerbungen der Gemeinde-Sammlung, in: C. V.-Zeitung, Berlin, 10. Jg., Nr. 14 (03.04.1931), S. 174 mit Abb.). – „Die Monumentalität des Altersstils erreicht noch einen besonderen Höhepunkt in den Selbstbildnissen. Er malt sich nicht aus Eitelkeit oder aus dem Wunsche der Selbstkritik. Er sieht sich plötzlich im Spiegel, erschrickt in kranken Tagen vor den unheimlich entstellten Zügen" (Karl Schwarz, Lesser Ury, in: Gemeindeblatt der Jüdischen Gemeinde zu Berlin, 21. Jg., Nr. 12 (Dez. 1931), Abb. auf S. 354).

[27] Lesser Ury, Neue Bilder aus zwei Weltstädten London - Berlin u.a., Kunst Kammer Martin Wasservogel, Ausstellung November 1926, Berlin 1926, Nr. 8 mit Abb. auf Taf. III (*Potsdamer Platz bei Nacht*).

[28] Karl Schwarz, Lesser Ury, in: Gemeindeblatt der Jüdischen Gemeinde zu Berlin, 21. Jg., Nr. 12 (Dez. 1931), Abb. auf S. 355 (*Potsdamer Platz*).

[29] Adolph Donath, Lesser Ury. Der Tod des großen Malers, Berliner Tageblatt, 19.10.1931, Abend-Ausgabe. – Ähnlich im Wortlaut: Adolph Donath, Der Tod des Lesser Ury, in: Der Kunstwanderer, Zeitschrift für alte und neue Kunst, für Kunstmarkt und Sammelwesen, 13. Jg., Okt. 1931, S. 33-37.

liner Reformgemeinde. Nach ihm ergriff Heinrich Stahl (1868-1942), der selbst eine Reihe von Bildern Urys besaß, im Namen des Vorstandes der Jüdischen Gemeinde das Wort. Der Maler Eugen Spiro (1874-1972) gab als Vertreter der Berliner Secession einen Überblick über den Lebenslauf des Künstlers und zuletzt sprach Alfred Klee (1875-1943) als Vertreter der Repräsentantenversammlung. Seine Rede entfachte wochenlang anhaltende Kämpfe innerhalb der Jüdischen Gemeinde. Alfred Klee habe als Gemeindepolitiker am Grabe des Künstlers diesen für zionistische Propagandazwecke vereinnahmt.[30] Der Künstler Lesser Ury war zum jüdischen Politikum avanciert.

Mitte November 1931 berichteten verschiedene Zeitungen Berlins vom unverhofften Reichtum des verarmt verstorbenen Malers.[31] Von diesem Umstand sollte auch die Kunstsammlung der Jüdischen Gemeinde profitieren. In seinem Atelier hatten die vom Amtsgericht Berlin-Charlottenburg bestallten Nachlasspfleger in entlegenen Winkeln überall Wertpapiere und Papiergeld unterschiedlicher Währung aufgefunden. Die Nachrichten überschlugen sich und die Erbengemeinschaft Lesser Urys suchte ein gütliches Einvernehmen mit der Jüdischen Gemeinde. All der Streit hatte letztendlich insofern sein Gutes, da das Monumentalgemälde *Jeremias* nun doch noch seinen Weg in die Kunstsammlung fand. Die Erbengemeinschaft beschloss im Frühjahr 1932 zwecks „Abgeltung der etwaigen Ansprüche der Jüdischen Gemeinde und bezgl. der in Ansatz gebrachten Beerdigungskosten der Jüdischen Gemeinde sowohl wie der Jüdischen Reformgemeinde" die Nachlasspfleger zu ermächtigen, der Jüdischen Gemeinde zu Berlin „das Monumentalgemälde ‚Jeremias' zu überlassen mit der Massgabe, dass damit sämtliche Ansprüche abgegolten sind, des ferneren die Jüdische Gemeinde die Verpflichtung übernimmt, das Grab des Verstorbenen zu pflegen und einen würdigen Grabstein zu setzen, und ferner mit der Massgabe, dass der ‚Jeremias' vorläufig den Erben für etwaige Ausstellungen etc. leihweise für einige Zeit und zwar etwa für ein Jahr noch zur Verfügung bleibt".[32]

Lesser Ury Jeremias *A. Donath, Lesser Ury, Seine Stellung in der modernen deutschen Malerei, Berlin 1921, S. 39*

Bei der Eröffnung des Jüdischen Museums am 24. Januar 1933 - eine Woche vor der Ernennung Adolf Hitlers zum Reichskanzler - in

---

[30] Ausführlich zu den Vorgängen zuletzt: Hermann Simon, Lesser Ury – ein Jude, in: Lesser Ury, Bilder der Bibel - Der Malerradierer. Begleitbuch zu den Ausstellungen im Käthe-Kollwitz-Museum Berlin und in der Stiftung Neue Synagoge Berlin - Centrum Judaicum, hrsg. im Auftrag Neue Synagoge Berlin - Centrum Judaicum von Chana Schütz, Berlin 2002, S. 69-73.

[31] Arm in Reichtum gestorben. Das geheimnisvolle Leben des großen Malers Lesser Urys – Perlen und Tausendmarkscheine unter Gerümpel, in: Berliner Morgenpost, 12.11.1931, erste Beilage. – Lesser-Urys Nachlaß. Der Reichtum des armen Malers, in: Neues Wiener Tagblatt, 14.11.1931.

[32] Verhandlungsprotokoll der Erben im Büro des Rechtsanwalts Dr. Moritz Galliner, undatiert (März / April 1932). Kopie im Besitz der Verfasserin.

den Räumen im zweiten Stock des Hauses Oranienburger Straße 31, präsentierte sich eindrücklich die gewonnene Modernität der Kunstsammlung. In der Eingangshalle hingen drei Monumentalgemälde der Moderne, der *Jeremias* und das Mosesbild von Lesser Ury sowie eine Prophetendarstellung von Jakob Steinhardt (1887-1968).[33] In der Porträt-Galerie des Museums war das *Selbstbildnis* Urys von 1930 zu sehen. Im Saal der modernen Maler bildete der *Potsdamer Platz*, „eines der charakteristischen Großstadtbilder des Meisters", den Mittelpunkt der Querwand. Zur Eröffnung erschien ein „Führer durch das Jüdische Museum", der 1935 eine zweite Auflage erleben sollte.[34]

Nach dem Machtantritt der Nationalsozialisten lassen sich Eingang und Verbleib der Bilder Lesser Urys im Jüdischen Museum nicht lückenlos und stringent belegen. Die Voraussetzungen für eine kontinuierliche Erwerbungspolitik waren zudem nicht mehr gegeben. Hingegen gelangten nun Kunstgegenstände ins Haus, denen es anderweitig an Unterbringungsmöglichkeiten mangelte, so geschehen mit der Kunstsammlung der Gesellschaft der Freunde, eines jüdischen Wohltätigkeitsvereins Berlins. Nach Aufgabe des Vereinslokals in der Potsdamer Straße 122a/b in den Jahren 1921/1922 kam diese zunächst in dem von der Berliner Nationalgalerie genutzten Kronprinzenpalais unter. Am 30. Mai 1933 erging indes an die Gesellschaft der Freunde die Aufforderung, ihre eingelagerte Kunstsammlung nunmehr abzuholen, wobei die Nationalgalerie als neuen Unterbringungsort das Jüdische Museum in der Oranienburger Straße vorschlug.[35] Die Abholung der Kunstwerke, unter diesen ein Bildnis vom Stadtrat Meyer Magnus von Lesser Ury, erfolgte nach nochmaliger Aufforderung am 11. August 1933. Die Bildersammlung kam auf diesem Wege in die Obhut des Jüdischen Museums.[36] Das Brustbildnis des Seidenfabrikanten und Stadtrats im Berliner Magistrat *Meyer Magnus* (1805-1883) dürfte post-

Lesser Ury Meyer Magnus, Villa Grisebach, Berlin

---

[33] Vgl. Simon (2000), S. 40, Abb. 13 auf S. 42 f. zeigt den *Jeremias* in der Eingangshalle.

[34] Führer durch das Jüdische Museum, Sammlungen der Jüdischen Gemeinde zu Berlin, Berlin 1933, ohne Seitenangabe. - Führer durch das Jüdische Museum, Sammlungen der Jüdischen Gemeinde zu Berlin, Berlin 1935, ohne Seitenangabe.

[35] Staatliche Museen zu Berlin, Zentralarchiv (SMB-ZA), I/NG 859 (Versicherung von Leihgaben und fremde Kunstwerke 1933), Bl. 53, Schreiben des Direktors der Nationalgalerie, Berlin, an die Gesellschaft der Freunde durch die Vermittlung der Firma Simon Boehm, Berlin, vom 30. Mai 1933: „Seit dem Jahre 1922 werden die in der Anlage aufgeführten Werke im Depot des ehemaligen Kronprinzen-Palais aufbewahrt. Bei der steigenden Raumnot ist es leider nicht mehr möglich die Werke noch länger zu behalten. Vielleicht lässt sich die Unterbringung der in dem Museum der Jüdischen Gemeinde, Berlin N 24, Oranienburger Strasse 28-29 ermöglichen. Ihrer gefälligen Entschliessung sehe ich hier nach ergebenst entgegen. Mit vorzüglicher Hochachtung Der Direktor." - Bl. 58 Aktennotiz: „(...) Die Abholung der Werke ist am 11/8 erfolgt, Quitt[un]g anbei" - Bl. 54ff., „Verzeichnis der von der Gesellschaft der Freunde bei der National-Galerie verwahrten Kunstwerke (...) Geh. Kommerzienrat Stadtrat Meyer Magnus 2) [Anmerkungen: 2) lt. Tafel] (Porträt v. Lesser Ury) 3) [Anmerkungen: 3) Öl] Wert 800,--".

[36] Vgl. Simon (2000), S. 75f. – Sebastian Panwitz, Die Gesellschaft der Freunde 1792-1935. Berliner Juden zwischen Aufklärung und Hochfinanz (= Haskala, Wissenschaftliche Abhandlungen, hrsg. vom Moses Mendelsohn Zentrum für europäisch-jüdische Studien; Bd. 34), Hildesheim/Zürich/New York 2007, S.189f.

Lesser Ury Strand mit Seetang
Villa Grisebach, Berlin

Lesser Ury Cafeinterieur
ŻIH Bildarchiv

hum um 1892 nach einer fotografischen Vorlage entstanden sein, die Lesser Ury noch für eine weitere Porträtansicht Meyer Magnus verwandte.[37]

Bereits im Juni 1933 emigrierte Karl Schwarz nach Palästina und wurde Gründungsdirektor des Tel Aviv Museum of Art. An seiner Stelle übernahm Erna Stein (1903-1983) die Leitung des Jüdischen Museums bis zu ihrer Auswanderung nach Palästina im Mai 1935. Ihr sollte Franz Landsberger (1883-1964) ins Amt folgen, der die zunehmend hermetische Isolation des Museums in einem Rückblick auf das Jahr 1935 treffend umschreibt: „Es war nicht immer *unser* Museum, wenn es auch immer ein *jüdisches* Museum war. Denn eben dieses jüdische war nicht immer unser. Die meisten, wenn sie Museen besuchten, gingen in die großen Galerien, in das Kaiser-Friedrich-Museum, das Schloß-Museum, die Nationalgalerie. Vom Jüdischen Museum wußten diese nur vom Hörensagen. Es galt ihnen als eine Spezialität, wenn nicht gar als eine Kuriosität." 1935 war das Museum noch in der Lage, Kunstwerke hinzu zu gewinnen. Hierbei handelte es sich nicht nur um Schenkungen, der Museumsverein verfügte, wenn auch bescheiden, über Gelder, die kleine Ankäufe möglich machten: „An Neuanschaffungen war bei der gebotenen Sparsamkeit nur im kleinstem Umfang zu denken. Immerhin gelang es (...) aus Mitteln des Museumsvereins – eine Landschaft von Lesser Ury hinzuzufügen."[38] Bei dieser Landschaft dürfte es sich um das Pastell *Meeresstrand* handeln.

Der Zufluss an kleineren Ankäufen, Donationen oder Leihgaben, die das Museum auch in den folgenden Jahren erreichen sollten, riss nicht ab, doch ist es wegen der sehr allgemein gehaltenen Angaben zumindest im Falle Lesser Urys nahezu unmöglich, einzelne Arbeiten zu identifizieren. Zu Beginn des Jahres 1937 konstatiert der Kunstkritiker Max Osborn: „Ein ganzer Strom neuer Aquarelle, schwarzer und farbiger Zeichnungen kommt den Sammelmappen des Museums zugute. Die besten jüdischen Namen sind vertreten (...) Lesser Ury (...)".[39] Vielleicht könnten sich unter diesen Blättern die drei Bleistiftzeichnungen mit Caféinterieurs befunden haben.[40]

---

[37] Das zweite Porträt von Meyer Magnus (Kniestück) stammt aus dem Besitz von Agathe Magnus, Pasadena: Sotheby's, New York, Arcade Auctions sale 1385, 22.01.1992, Nr. 268 mit Abb. (Portrait of General Magnus, President of the Berlin Senate, 1892; nicht verkauft) - Sotheby's, New York, Arcade Auctions sale 1454, 19.01.1994, Nr. 445 mit Abb. (Portrait of General Magnus, President of the Berlin Senate, 1892)

[38] Franz Landsberger, Unser Museum. Rückblick auf 1935, in: Gemeindeblatt der Jüdischen Gemeinde zu Berlin, 26. Jg., Nr.1, (05.01.1936), S.18.

[39] Max Osborn, Neuerwerbungen des Jüdischen Museums, in: Gemeindeblatt der Jüdischen Gemeinde zu Berlin, 27. Jg., Nr. 14 (24.01.1937), S. 5.

[40] Lesser Ury „Im Café", drei Bleistiftzeichnungen auf Papier, 16 x 10,1 cm (Żydowskini Instytut Historyczny im. Emanuela Ringelbluma, Warschau, Graphische Sammlung, B-443/91 a, b, c, ehemals Kunstsammlung der Jüdischen Gemeinde Berlin, Jüdisches Museum Berlin (1933-1938)).

Zudem schenkte Heinrich Stahl der Sammlung zwei Pinselzeichnungen und eine Bleistiftzeichnung.[41] Im Januar 1937 präsentierte man die Neuerwerbungen und Schenkungen in einer eigenen Ausstellung, unter deren Exponaten sich u.a. die Zeichnung eines Lautenspielers von Lesser Ury war.[42]

Das Jüdische Museum widmete sich nicht nur der Pflege und Erweiterung seines Sammlungsbestandes. Solange sich ihm noch die Möglichkeit bot, gab es eine rege Ausstellungstätigkeit, dies bereits vor seiner Eröffnung am 24. Januar 1933. Nach dem unerwarteten Tod von Lesser Ury nahm nicht nur die Nationalgalerie seinen anstehenden 70. Geburtstag zum Anlass, ihm zu Ehren eine eigene Ausstellung auszurichten. Am Sonnabend, den 7. November 1931 fand am Vormittag seines 70. Geburtstages „die Gedächtnisfeier in der Berliner Sezession statt. In einem würdigen von besonders eindrucksvoller Musik eingefaßten Rahmen sprach der Vorsitzende der Berliner Sezession, Eugen Spiro, herzliche Worte, während die eigentliche Gedenkrede Adolf Donath hielt. Donath, einer der wenigen, treuen Vorkämpfer des großen Meisters, gab eine eindrucksvolle Würdigung seines Schaffens und ein starkes Bekenntnis zur Uryschen Kunst. Der Feier wohnten als Vertreter des Kultusministeriums Dr. Hasslinde und als Vertreter der Stadt Berlin Oberbürgermeister Dr. Sahm bei. Am Nachmittag eröffnete die Kunstsammlung der Berliner Jüdischen Gemeinde ihre Gedächtnisausstellung im Sitzungssaal Oranienburger Straße 29. Die Ausstellung ist als Ergänzung zu der großen Ausstellung Uryscher Gemälde gedacht, die die Nationalgalerie in etwa 14 Tagen eröffnen dürfte und beschränkt sich darauf, Ury als Graphiker zu zeigen. Innerhalb dieses selbstgewählten Rahmens ist die Ausstellung von überraschender Vielseitigkeit, und eine Reihe von kühnen und eindrucksvollen Zeichnungen sind eine charakteristische Illustration zu der immer noch verbreiteten Ansicht, daß Ury nicht zeichnen konnte. Die Ausstellung wurde durch eine kurze eindrucksvolle Ansprache des Dezernenten der Kunstsammlungen, Dr. Kareski, eröffnet, der allen denen, die durch Bereitstellung von Graphiken und Zeichnungen das Unternehmen ermöglicht haben, insbesondere der Nationalgalerie, den Dank der Gemeinde ausspracht. Unter den Erschienenen bemerkte man den Leiter der Nationalgalerie, Geheimrat Justi, vom Gemeindevorstand die Herren Heinrich Stahl, Dr. Alexander, den Vorsitzenden der Berliner Sezession Eugen Spiro, Adolf Donath, Max Osborn, Rabbiner Dr. Wiener und andere. Im Anschluß an die Eröffnung der Ausstellung besichtigte Geheimrat Justi unter Führung von Dr. Karl Schwarz die im gleichen Hause befindliche Kunstsammlung der Gemeinde, die sein lebhaftes Inte-

Lesser Ury Cafeinterieur
ŻIH Bildarchiv

Lesser Ury Cafeinterieur
ŻIH Bildarchiv

[41] „Zwei Pinselzeichnungen von Lesser Ury und eine Bleistiftzeichnung dieses Berliner Meisters wurden von Direktor Heinrich Stahl geschenkt" (Dr. O[lga] B[loch], Zu den Neuerwerbungen des Berliner Jüdischen Museums, in: C. V.-Zeitung, Berlin, 16. Jg., Nr. 3 (21.01.1937), 2. Beiblatt).

[42] „Das Jüdische Museum bietet diesmal eine Ausstellung Neuerwerbungen und Schenkungen (...) Von Ury eine Bleistiftzeichnung und Pinselzeichnungen, Zeugnis seiner virtuosen Art zu sehen, und ganz lyrisch einen Lautenspieler (Hanna Schlesinger (Ruth Marold): Schenkungen und Neuerwerbungen, Neue Ausstellung im Berliner Jüdischen Museum, in: Jüdische Rundschau, Berlin, 42. Jg., Nr. 7 (26.01.1937), S. 10f).

Ausstellungseröffnung, Berliner Jüdische Zeitung, Nr. 6, 13.11.1931

resse erweckte. Am Sonntag Vormittag folgte dann in der Loge, Kleiststraße, die große Gedenkfeier, die die Jüdische Volkshochschule veranstaltet hatte. Eingerahmt durch Vorträge des Singerschen Chors sprach zunächst Dr. Rudolf Kayser einleitende Worte. Alsdann hielt Dr. Karl Schwarz einen Lichtbildvortrag über Lesser Ury. Er verstand es, nicht nur das Werk des Meisters, sondern auch seine eigenwillige und alle normalen Maßstäbe vielfach sprengende Persönlichkeit aus seiner Verehrung für den Toten heraus so wundervoll zu analysieren, daß der überfüllte Saal mit tiefer Ergriffenheit folgte. Eine wahrhaft würdige Ehrung des großen Toten."[43]

Das Jüdische Museum war bestrebt, seinem Publikum ein abwechslungsreiches Ausstellungsprogramm darzubieten. Als eines der letzten größeren Vorhaben des Museums eröffnete im Dezember 1937 die Retrospektive „Hundert Jahre Jüdische Kunst aus Berliner Privatbesitz". Unter den 118 Exponaten aus Museums- und Privatbesitz waren sechs Werke von Lesser Ury.[44] Ein Gemälde kam aus dem Besitz der Geschwister Hedwig und Felicia Isaac,[45] eine Arbeit entlieh Martha Ullstein,[46] ein Pastell gab Fritz Sabersky[47] und drei Pastelle stellte Max Mattheus zur Verfügung.[48] Die Ausstellung erfreute sich größerer Popularität.[49]

Das letzte Ausstellungsprojekt des rastlos tätigen Museumsdirektor Franz Landsberger galt biblischen Sujets in der Kunst und sollte Ende 1938 realisiert werden. „Wegen Vorbereitung der großen Ausstellung ‚Jüdische Künstler erleben die Bibel'", so das Gemeindeblatt, „ist das Jüdische Museum von Montag, 31. Oktober, ab geschlossen und wird am Freitag, 11. November, wieder eröffnet."[50] Wegen zeitlichen Verzögerungen machte das Museum die Ankündigung einer vorübergehenden Schließung rückgängig. Das Novemberpogrom sollte dann das endgültige Aus für das Jüdische Museum bedeuten. Für die in Vorbereitung befindliche Ausstellung waren indes bereits Kunstwerke aus Privatbesitz eingetrof-

---

[43] Die Abb. der Eröffnung der Lesser Ury-Ausstellung in der Jüdischen Gemeinde zeigt von links nach rechts: Adolf Donath, Felix Struck, Karl Schwarz, Georg Kareski, Ludwig Justi, Eugen Spiro, Kurt Alexander, Heinrich Stahl. Entnommen: Lesser Ury Gedenk-Feiern, in: Berliner Jüdische Zeitung, 1931, Nr. 6 (13.11.1931).

[44] Hundert Jahre Jüdische Kunst aus Berliner Privatbesitz, Ausstellung im Jüdischen Museum Berlin, Dezember 1937 – Januar 1938.

[45] Die Schwestern Hedwig (1858-1942) und Felicia Issac (1861-1943) zählten zu den Stiftern des Jüdischen Museums. Ihr Gemälde *Stillleben* konnte bislang weder identifiziert noch sein Verbleib ermittelt werden.

[46] Die Arbeit *Landschaft* aus dem Besitz von Martha Ullstein (1889-?) konnte bislang weder identifiziert noch ihr Verbleib ermittelt werden.

[47] Fritz (später: Fred) Sabersky (1880-1952) besaß nachweislich mindestens zwei Arbeiten von Lesser Ury, die er beide mit in die Emigration in die Vereinigten Staaten nehmen konnte. Das 1937/38 ausgestellte Pastell *Bäume* hatte er im Herbst 1932 auf der Auktion der Berliner Galerie Paul Cassirer aus dem Nachlass des Künstlers unter dem Bildtitel *Olivengruppe am Gardasee* erworben. Es wurde im Juni 1975 erstmals beim Hamburger Auktionshaus Hauswedell & Nolte versteigert.

[48] Die drei Pastelle *Grunewald*, *Tiergartenstraße* und *Champs Elysées* aus dem Besitz von Max Matheus (1868–1943) konnten bislang weder identifiziert noch ihr Verbleib ermittelt werden.

[49] Vgl. Simon (2000), S. 127.

[50] Zitiert nach: Simon (2000), S. 134.

fen. So lieh Selma Kareski (1882-1960), Gattin des früheren Dezernenten der Kunstsammlung Georg Kareski (1878-1947), auf Bitten von Franz Landsberger für die geplante Ausstellung drei Bilder ihrer großen Lesser Ury-Sammlung, die bis heute nicht wieder aufgefunden werden konnten.[51] Franz Landsberger, dem es gelang, kurz vor Kriegsausbruch in die Vereinigten Staaten zu emigrieren und der später als Professor für Jüdische Kunst am Hebrew Union College in Cincinnati/Ohio tätig war, ging in einem Schreiben Ende 1945 auf die Frage nach den damaligen Leihgaben ein: „Ich plante zuletzt eine Leih-Ausstellung ‚Kunst und Bibel' (...) das Museum hat daher viele Werke, die nicht sein eigen sind."[52]

Der Verbleib der Arbeiten Lesser Urys im Sammlungsbestand des Jüdischen Museums kann nur für einige von ihnen konkret benannt werden. Die beiden Monumentalgemälde *Jeremias* und *Moses sieht das gelobte Land vor seinem Tode* gelten als verschollen. Das *Selbstbildnis* gelangte nach dem Zweiten Weltkrieg auf Wunsch Franz Landsbergers und unter Vermittlung Leo Baecks durch die Jewish Reconstruction Successor Organisation (JRSO) in die Kunstsammlung des Hebrew Union College und 1972 in das Skirball Museum, Los Angeles.[53] Die anderen vier, im 1952 ergangenen Rückerstattungsbeschluss „JRSO gegen das Deutsche Reich" als „Bestandteil des früheren jüdischen Museums im Eigentum der Jüdischen Gemeinde zu Berlin" genannten Bilder gingen über die JRSO 1955 nach Jerusalem an das Bezalel Museum, dem heutigen Israel Museum: der *Potsdamer Platz bei Nacht* und das Bildnis von *Meyer Magnus*, der *Meeresstrand* und ein Porträt von *Max Osborn*.[54] Letzteres gehörte nach Aussage von Hilde Grünfeld, der Tochter von Max Osborn, einst

---

[51] Eidesstattliche Versicherung von Selma Kareski, Tel Aviv, dat. 05.05.1958: „(...) Durch das Deutsche Reich und deren Behörden sind mir im Jahre 1938 folgende drei Bilder (Ölgemälde und Pastelle) entzogen worden: 1) Ein Ölgemälde ‚Moses lehnt am Berge NEBO und sieht ins gelobte Land vor seinem Tode' mit besonderer Widmung des Malers Lesser Ury zum 50. Geburtstag meines Ehemannes, 2) Ein Pastell ‚Moses sieht ins gelobte Land vom Berge Sinai ins Tal wie die Kinder Israel um das goldene Kalb tanzen'. 3) Ein Pastell ‚Jakob segnet Benjamin'. Die Entziehung dieser Bilder hat sich wie folgt abgespielt: Anfang November 1938 trat der Direktor des damaligen Jüdischen Museums in Berlin Oranienburger Strasse an mich heran und bat mich, zur Eröffnung einer Ausstellung biblische Bilder ihm diese drei Bilder kurzfristig zu ueberlassen. In Anbetracht der von damals unsicheren Lage, wollte ich ihm jedoch die Bilder nicht geben. Herr Prof. Dr. Landsberg hat mich jedoch so intensiv gebeten, dass ich ihm schliesslich jene drei Bilder zum Eröffnungstage der Ausstellung ueberliess. Er versprach sie sofort nach der Eröffnung zurückschicken zu wollen (...)." (Landesarchiv Berlin, LAB), B Rep. 025-05, Nr. 3031/55).

[52] Zitiert nach: Simon (2000), S. 139.

[53] Erinnerungen Franz Landbergers, niedergeschrieben 1963, betr. die Verteilung der Bilder aus dem Besitz des Jüdischen Museums Berlin durch die Jewish Reconstruction Successor Organisation: „At that time the paintings belonging to the Berlin Jewish Museum had reappeared (...) The paintings were to go to Jerusalem but I demanded to keep a small portion – not for myself of course but for the Cincinnati Jewish Museum. I could never have succeeded alone but Leo Baeck helped my cause and thus we received 14 of the most beautiful paintings of which the most outstandingly beautiful was (...) a selfportrait of the old Lesser Ury the master who did not reach full mastery until his old age. Karl Schwarz in Tel-Aviv was not at all overjoyed by this transaction, he was a passionate admirer of Ury's and would have liked to have the picture in Israel." (Franz Landsberger, Memories of Leo Baeck, 1963, S. 2, American Jewish Archives, SC 676, zitiert nach: Katharina Rauschenberger, Jüdische Tradition im Kaiserreich und in der Weimarer Republik. Zur Geschichte des jüdischen Museumswesens in Deutschland (= Forschungen zur Geschichte der Juden, Schriftenreihe der Gesellschaft zur Erforschung der Geschichte der Juden e.V. und des Arye-Instituts für Geschichte der Juden, hrsg. v. Alfred Haverkamp u.a. ; Abt. A, Bd. 16), Hannover 2002, S. 163).

[54] Beschluss der Wiedergutmachungskammer beim Landgericht Berlin, dat. 28.08.1952, ausgefertigt am 08.09.1952, Antragstellerin Jewish Restitution Successor Organization Berlin

Lesser Ury Max Osborn Villa Grisebach, Berlin

ihrem Vater.⁵⁵ Nach Aussage von Franz Landsberger soll es hingegen dem Jüdischen Museum übergeben worden sein.

Wie aber hielt es Lesser Ury selbst mit der „Jüdischen Kunst'? Allein schon wegen der Gewichtigkeit, die den biblischen und jüdisch allegorischen Sujets in seinem Œuvre zukommt, scheint diese Frage mehr als berechtigt. Lesser Ury war aus der Sicht manches Zeitgenossen ein spezifisch jüdischer Künstler, dessen Schaffenswerk man gerade aus diesem Grunde entweder wertschätzte, ablehnte oder eben gezielt für eigene Interessen nutzte. Im September 1931, nur wenige Wochen vor seinem Tode, antwortete der Maler dem Kunstgelehrten Arthur Galliner (1878-1961) auf dessen Vorhaben, ein Buch über seine Arbeit schreiben zu wollen, mit folgenden Zeilen: „Meine Stellung zum Judentum ist ja seit langen Jahren bekannt und was die jüdische Kunst anbelangt, so kann ich nur wiederholen, was ich vor 40 Jahren, ich glaube in dem ersten Artikel von Buber gesagt habe, in ‚Ost und West' - - oder sind es nur 35 Jahre. Wenn das Judentum eine jüdische Kunst haben will, dann wird sie schon kommen, oder ist auch schon da. Aber leider will das Judentum oder was sich so nennt, keine jüdische Kunst."⁵⁶ Ury bezieht sich hier auf seine „Gedanken über jüdische Kunst", die Martin Buber (1878-1965) aus Aufzeichnungen und Gesprächen in der Monatsschrift für modernes Judentum „Ost und West" im Februar 1901 abdruckte: „Der jüdische Künstler findet eher Förderung bei Christen als bei Juden. Der reiche Jude scheut zumeist vor jeder Dokumentierung seiner Abstammung zurück, möchte die Gedanken seiner Besucher von dieser ablenken und stapelt daher Kunstwerke aller Art auf, nur keine jüdischen, - während mancher Nichtjude die jungen Blüten des dreitausendjährigen Stammes zu schätzen und zu bewundern weiss. Wenn das Judentum die Sehnsucht nach einer jüdischen Kunst haben wird, so werden auch die schaffenden Kräfte vorhanden sein."⁵⁷

Regional Office gegen das Deutsche Reich und Berlin: „Die Antragstellerin hat den Anspruch auf Rückerstattung der folgenden Gegenstände unter dem 30.6.1950, also rechtzeitig, angemeldet: Rückerstattung von Bildern und Kunstgegenständen, wie sie in einem Verzeichnis zusammengestellt sind, und die als Bestandteil des früheren jüdischen Museums im Eigentum der Jüdischen Gemeinde zu Berlin gestanden haben, später auf die Reichsvereinigung Deutscher Juden übergegangen und bei bei dieser von der Antragstellerin (...) beschlagnahmt worden sind und sich z.Zt. im Besitz des Landesfinanzamts Berlin befinden. Ihre Legitimation stützt sie darauf, dass es sich um jüdisches Eigentum handele und sie als anerkannte Rechtsnachfolge-Organisation zur Geltendmachung berechtigt sei, da andere Anmeldungen nicht vorliegen (...) Die Antragsgegner, ebenso wie die als Beteiligte gehörte Jüdische Gemeinde zu Berlin haben vorbehaltlich der Frage der Aktivlegitimation der JRSO Einwendungen nicht erhoben. Der Rückerstattungsanspruch ist begründet, da die allein als Gläubigerin in Frage kommende Jüdische Gemeinde zu Berlin ihr Einverständnis erklärt hat (...)" - Verzeichnis „der Bilder, die zum beschlagnahmten Vermoegen der Reichsvereinigung der Juden in Deutschland gehoeren und die sich im Besitz der Vermoegensverwaltungsstelle – Magistrat der Stadt Berlin – befinden (...) Lfd. Nr. 282 Ury, Lesser, ‚Portraet Max Osborn', Pastell m. R., R. besch.; Nr. 283 dto. [Ury, Lesser], ‚Potsdamer Platz im Regen', Oel m. R.; Nr. 285 dto. [Ury, Lesser], ‚Maennl. Bildnis', Oel m. R.; Nr. 286 dto. [Ury, Lesser], ‚Selbstbildnis', Oel m. R.; Nr. 287 dto. [Ury, Lesser], ‚Meerstrand', Oel m. R." (LAB B Rep. 010-01, Nr. 272).

⁵⁵ Meir Ronnen, The poet of loneliness. A remarkably fine pastel portrait by reclusive Lesser Ury is on exhibition at the Israel Museum, in: The Jerusalem Post, 04.05.1990, S. 33 mit Abb. (Portrait of Dr. Max Osborn). - Meir Ronnen, From the Gestapo to the Israel Museum, in: The Jerusalem Post, 11.05.1990, Abb.

⁵⁶ Ein Anschreiben von Paula Galliner, London, 23.07.1963, an Konrad Kaiser enthält die maschinenschriftliche Wiedergabe des Briefes vom 12.09.1931 in voller Länge (Villa Grisebach, Berlin (Archiv Konrad Kaiser)).

⁵⁷ Lesser Ury, Gedanken über jüdische Kunst (Aus Aufzeichnungen und Gesprächen), in: Ost und West, Illustrierte Monatsschrift für das gesamte Judentum, 1. Jg., Heft 2 (Febr. 1901), Sp. 145f.

> Marc Chagall / Paris
> Rabbiner
>
> Marc Chagall, der dem Ghetto des Städtchens Liosno bei Witebsk entstammt und später Paris zu seiner Wahlheimat erkor, kennen wir als einen vor äußersten Konsequenzen der reinen Ausdruckskunst niemals zurückschreckenden Künstler, der oft die Gesetze unserer Alltagserfahrung in genialer Weise auf den Kopf stellt, um dem Kunstwerk sein unantastbares Eigenrecht zu geben. Von einer tief befremdlichen und doch nah vertrauten Art ist die Welt Marc Chagalls. Man hat seine verwegene Mystik mit dem Chassidismus in Beziehung zu setzen versucht, in dessen Ideenkreis der junge Künstler aufwuchs. Groteskes schwingt bei ihm plötzlich in kultisch feierliche Handlung über, tollster Übermut wird Ekstase. — Unser Bild gehört zu seinen ohne weiteres überzeugenden Werken, weist sich aber durch eine seltsam gläserne, zauberhafte Atmosphäre sofort als ein echter Chagall aus. Wie ein weiser Magier mutet uns der mit Gebetmantel und Tefillin angetane alte Rabbi an mit den verkrüppelten Händen und den merkwürdig ungleichen Augen, von denen das eine nach innen gerichtet, das andere einer weiten Ferne zugekehrt scheint, eine mächtig in den Bildraum ragende, zu gewaltigem Symbol erhobene Gestalt.
> R.
>
> 1936 SEPTEMBER Tischri תשרי 5697

Kalender *der Jüdischen* Künstlerhilfe, 1935-36

Marc Chagall, *Rabbiner*,
September 1936,

Venedig, Ca' Pesaro – Internationel Gallery of Modern Art, Central Hall

Images of Jewish Men

Marc Chagall in the Pre-War Berlin Jewish Museum

by Emily D. Bilski

It is hardly surprising that the pre-War Berlin Jewish Museum collection would have included works by Marc Chagall in light of his status as the Jewish artist par excellence of the twentieth century, or perhaps, of any century. Less immediately apparent, however, are the ways in which the three works in question illuminate aspects of Jewish life in Berlin, as well as the role Jews from a variety of backgrounds played in the cultural life of the city. The three works – a small oil painting of a praying Jew and two pencil portraits of a father and son who were friends of the artist – are today in the collection of the Israel Museum, Jerusalem, placed there by JRSO (Jewish Restitution Successor Organization).[1]

The Praying Jew (1912-13) is an example of a recurring theme in Chagall's oeuvre: scenes of Jewish ritual, specifically of men studying and praying, either alone or in the synagogue. Here the stooped, contorted posture of the figure, the compressed composition, and the dark palette together convey the emotional fervor of heartfelt prayer, while expressing ambivalence toward a way of life that provides solace but also represses the individual. The figure of the praying man rendered in whites and yellows glows against the inky black background, as if burning with religious ardor. Chagall often emphasized the objects accompanying the performance of Jewish ritual, such as tefillin (phylacteries), tzitzit (ritual fringes), Torah scrolls and prayer books; his treatment of these motifs in *The Praying Jew* is responsible for much of the painting's power. Touches of red are used sparingly to disturbing effect: for example on the man's head (at the edge of the phylactery), in the slash of crimson – like a bloody gash – along his mouth, and to outline the Hebrew letters on the Torah mantle (the initials of the Hebrew phrase "Crown of Torah"). The figure is both supported and constrained in his movement by the Torah scroll at the left. Compressed within the borders of the canvas, the man seems crushed by tradition; had he been shown sitting upright, his head would not have been contained within the canvas. Yet this distinctive pose of a bent head also suggests physical abandon to the ecstasy of prayer; it appears in Chagall's work during these years in depictions of figures experiencing sensual passion or drunkenness.[2] The pose is accentuated by

---

[1] My gratitude to Adina Kamien, curator of modern art, and Ronit Sorek, curator of prints and drawings, at the Israel Museum, for their generous assistance in the preparation of this text. For Chagall's relationship to Germany, German art dealers and collectors, see: Georg Heuberger and Monika Grütters, Verehrt und Verfemt: Chagall und Deutschland (München: Prestel, 2004) and Werner Schmidt, Chagall und Berlin, in: Marc Chagall Graphik, exh.cat., Staatliche Kunstsammlungen Dresden, 1976-77, pp. 13-16.

[2] Compare the head of the woman in the gouache *Nude in Motion*, 1913 and the head in *The Drunkard*, 1911; both works reproduced in: Sandor Kuthy and Meret Meyer, Marc Chagall 1907-1917 (Berne: Museum of Fine Arts Berne, 1995), cat. nos. 64 and 140.

Bildnisse jüdischer Männer

Arbeiten von Marc Chagall im Berliner Jüdischen Museum der Vorkriegszeit

Emily D. Bilski

In diesem Beitrag werden anhand der Geschichte dreier Bilder, die einst dem alten Jüdischen Museum gehörten, Marc Chagalls Verbindungen zu Berlin geschildert. Sein Gemälde *Jude im Gebet* und zwei Bleistiftzeichnungen, die Vater und Sohn einer befreundeten Familie portraitieren, sind heute Teil der Sammlung des Israel Museums in Jerusalem. Zunächst stellt Emily Bilski Chagalls Ölgemälde *Jude im Gebet* vor und verankert es im Kontext seiner damaligen Schaffensperiode. Chagalls Beziehung zu dem jüdischen Literaturkritiker Dr. Isidor Eliaschoff (der unter dem Pseudonym Baal Machschoves veröffentlichte) und dessen Sohn Alija werden anhand der beiden Portrait-Zeichnungen reflektiert. Auch Isidor Eliaschoffs Verbindungen zur literarischen Szene im Berlin der Zwanzigerjahre werden beschrieben. Die Freundschaft Chagalls mit den beiden Männern dient als Folie für die Analyse der Bleistiftzeichnungen und als Erklärung für die überlieferte, sehr emotionale Reaktion des Künstlers, als er die beiden Portraits nach Kriegsende unerwartet im Bezalel-Museum in Israel ausgestellt sah. Schließlich geht Bilski noch auf die enge Verbindung zwischen Chagall und dem Kunsthändler Herwarth Walden vor und nach dem Ersten Weltkrieg ein. Als Galerist und Herausgeber der Zeitschrift „Der Sturm" war Walden ein Mentor des Expressionismus und wichtiger Vermittler avantgardistischer Kunst in Berlin. Während der Künstler aufgrund ausbleibender Nachrichten aus Russland nach dem Ersten Weltkrieg schon totgeglaubt wurde, verhalf Walden Chagalls Werken mit großem Einsatz, jedoch nicht immer unumstrittenen Methoden zu großer Berühmtheit und sicherte ihm so eine herausragende Position in der Berliner Avantgarde der Zwischenkriegsjahre.

*Marc Chagall Alya Elyashev, 1919,
The Israel Museum, Jerusalem,
Foto Elie Posner*

the Star of David, which points directly at the praying man's head. Slightly askew, the Star of David seems to have become unmoored from some religious object and hovers in a threatening manner.³

The Praying Jew was painted in Paris, a distilled memory from Chagall's childhood in a Russian shtetl. It is an image of a human type rather than a specific individual. In contrast, the pencil drawing portraits of his friend, the Yiddish writer known as Baal-Makhshoves, and his son Alya, are the product of keen observation afforded by the physical proximity of shared housing.

Baal-Makhshoves (literally, "the thinker" or "he who has thoughts") was the pen-name of Dr. Isidor (Israel) Elyashev (1873-1924), who is credited with establishing the genre of Yiddish literary criticism. An early Zionist, he translated Herzl's "Altneuland" into Yiddish (1902). He studied medicine in Heidelberg and Berlin and served as a medical officer in the Russian army during the First World War. Divorced from Alya's mother, Elyashev raised the boy a-lone; father and son lived with Chagall for a time in Petrograd (St. Petersburg). In the drawing of Baal-Makhshoves, dated 1918, Chagall depicted a middle-aged man who seems care-worn, with a far-away look in his eyes. Dressed in a heavy overcoat, he sits at a kitchen table with a glass of tea, details that suggest a poorly-heated interior. Vigorous pencil strokes delineate the sitter's jacket, hair, and large hands; his sad eyes and sloping shoulders convey the "pervasive melancholy that characterized"⁴ Baal-Makhshoves, whom Chagall later remembered as "my half paralyzed friend who had very little joy in his life."⁵ Apart from the sharply-drawn portrayal of the sitter, the rest of the scene is rendered in faint lines that sketch a kitchen counter on which rest a pitcher and some bowls. Despite the humble surroundings, the bulk of the sitter's figure, his serious gaze, and lips closed tightly around the cigarette all impart a sense of gravitas.

In Chagall's portrait of Alya Elyashev, dated 1919, the kitchen setting plays a more dominant role. The boy stands wedged in between two receding diagonal surfaces: the table in front and cabinetry behind him. Household objects are given equal attention and seem to take on a life of their own. On the table, Chagall has drawn a box and knife and behind

---

³ In another painting of a traditional Jew from the same period, *The Pinch of Snuff* (1912), a Star of David (decoration on a Torah curtain hanging behind the subject) also conveys an ambivalent message, with the word "death" inscribed at the center of the six-pointed star See Susan Compton, Chagall (London: Royal Academy of Arts and Weidenfeld and Nicolson, 1985), fig. 31, cat. no. 31.

⁴ Marcus Moseley, "Bal-Makhshoves," YIVO Encyclopedia of Jews in Eastern Europe. http://www.yivoencyclopedia.org/article.aspx/Bal-Makhshoves (accessed March 27, 2011).

⁵ Cited in Benjamin Harshav, Marc Chagall and His Times: A Documentary Narrative (Stanford: Stanford University Press, 2004), p. 235. The original was published in: Literarische Bleter, Warsaw, June 9, 1939, no. 16.

Alya, boots and a clothes-iron rest on the cabinet surface. Both the cabinet and the table recede into the distance towards a horizontal line that bisects Alya's head and serves to accentuate his slack-jawed expression. This line delineates the meeting of floor and back wall, but its abnormally high placement makes the room appear off-kilter. Strange shapes appear to fly along the top edge of the sheet of paper, like the clothing of Luftmenschen without the bodies, contributing to the overall sense of disquiet in the scene. Chagall's recollections written to commemorate the fifteenth anniversary of Baal-Makhshoves's death help us identify these shapes as being related to the household's laundry, and explain the significance of the kitchen scenes:

"We would sit in the only warm room – the kitchen. In the corner, the maid would wash the laundry and we would drink the eternal tea with one piece of hard sugar. His little son, Alya, stood on the side, apparently didn't have enough to eat, and was always so gloomy, with his head down and his shirt sticking out of his short pants..."[6]

In 1922 Baal-Makhshoves returned to Berlin where, with renewed vigor, he devoted himself to literary activities. He was active in the Klal-Verlag, which specialized in Yiddish literature and was part of the efflorescence of Jewish publishing in Berlin in the first half of the 1920s.[7] At his urging, Chagall went back to Berlin in 1922, where he remained until returning to Paris the following year. In 1924 Baal-Makhshoves died; he was buried in his native Kovna (Kaunas) Lithuania. We do not know the precise circumstances in which these two drawings – each inscribed by the artist in friendship to the sitters – entered the collection of the Berlin Jewish Museum. We can assume that the drawings remained in Berlin after Baal-Makhshoves's death and were eventually donated to the Museum.

Elisheva Cohen, the founding curator of the department of prints and drawings at the Israel Museum recounted a bittersweet coda to this story. During one of Chagall's visits to Jerusalem, the two drawings were exhibited at the Bezalel Museum (the forerunner of today's Israel Museum).

Marc Chagall Baal-Makhshoves, 1918, The Israel Museum, Jerusalem, Foto Elie Posner

---

[6] Ibid., p. 233.
[7] On the Klal-Verlag see Maren Krüger, Buchproduktion im Exil. Der Klal-Verlag, in: Juden in Kreuzberg. Fundstücke, Fragmente, Erinnerungen (Berlin: Berliner Geschichtswerkstatt, 1991), pp. 421-426. See also Leo and Renate Fuks, Yiddish Publishing Activities in the Weimar Republic, 1920-1933, in: Leo Baeck Institute Yearbook, 33 (1988), pp. 417-434, especially nos. 39, 40, 71 in the bibliography, pp. 429-30.

Chagall had been unaware of the fate of these works and was moved to tears to see them again, particularly the portrait of Alya, who, he said, had perished in the Shoah.[8]

The Praying Jew was acquired by the Berlin Jewish Museum in March 1929 for 600 Marks, which was a bargain price considering that in 1930 the Berlin National Gallery was offered Chagall gouaches for 2,000 and 2,500 Marks.[9] The work's provenance prior to the acquisition remains unknown, but it is highly probable that the work was among those brought to Berlin by Chagall for his major one-man exhibition at Herwarth Walden's "Sturm- Galerie" in the summer of 1914. Though he spent very little time in Berlin, the city was important for Chagall's early career, largely due to the promotion of his art by Walden, the leading cultural impresario of the expressionist decade (1910-1920).

Born Georg Lewin, the son of a prominent Berlin physician, Walden was a veritable polymath. A musician and composer, he had edited a number of avant-garde journals before creating the publication „Der Sturm" in 1910. Its pages were a meeting place for writers and artists from all over Europe. Opening his influential gallery in 1912, Walden intensified his impact on the dissemination of avant-garde art in Berlin and beyond: he wrote on the new art movements, published pamphlets and postcards that spread these works to a wider audience, and organized traveling exhibitions. Walden first encountered Chagall in Paris in 1913, introduced by the poet Guillaume Apollinaire. At the time, Walden was organizing what would become one of the landmark events in the history of twentieth-century art: the „Erster deutscher Herbstsalon" (First German Autumn Salon) of 1913 was the most ambitious prewar European exhibition, representing some ninety artists from thirteen countries, including three of Chagall's major early works. There followed an exhibition in April 1914 of Chagall and Otakar Kubin, and then the first comprehensive one-person show of Chagall in June of that year. Chagall came to Berlin from Paris for the opening and then proceeded to Russia, where he was subsequently trapped by the onset of war. "My pictures swelled in the Potsdamer Straße while, nearby, guns were being loaded," he later wrote.[10]

Chagall's works remained in Berlin, and Walden sold many of them; a number of the most significant works were sold to Walden's second wife, Nell. He promoted Chagall in exhibitions and publications: the first in a series of "Bilderbücher" issued by „Der Sturm" in 1919 was devoted to Chagall. Lack of communication from Russia encouraged the mista-

---

[8] Meira Perry-Lehmann, One Hundred Works on Paper from the Collection of the Israel Museum Jerusalem (Jerusalem: The Israel Museum, 1986), p. 16. The literature is not consistent on this point. Benjamin Harshav states in the caption to the portrait of Alya: "Eliyahu Elyashev became a Zionist activist, Hebrew writer, and Israeli ambassador to Moscow," Harshav, Marc Chagall and His Times, p. 234. Perhaps Chagall was mistaken as to the fate of his friend; alternatively, there might be confusion between Alya Elyashev and Shmuel Elyashev (born 1899), a Zionist who immigrated to Palestine in 1934, worked for the Histradut, and served as an Israeli diplomat in the Soviet Union. See D. Tidhar, Entsiklopedyah le-halutse ha-yishuv u-vonav, vol. 7, p. 2791. Retrieved from http://www.tidhar.tourolib.org/tidhar/view/7/2791 (accessed May 5, 2011).

[9] Schmidt, Chagall und Berlin, p. 16.

[10] Marc Chagall, My Life, translated from the French by Elisabeth Abbott (New York: Orion Press, 1960), p. 117.

ken assumption that Chagall had died in the conflagration. Hilla Rebay, a „Der Sturm" artist and future director of the Guggenheim Museum in New York, wrote to her brother: "Marc Chagall and Franz Marc, the two painters, are now immortal because they are dead [,] yet a few years ago they were starving."[11] Max Ernst had been so struck by seeing reproduc-

Marc Chagall Jude im Gebet, *1912-13, The Israel Museum, Jerusalem*

Images of Jewish Men

tions of Chagall's works published by „Der Sturm", that when he arrived in Berlin in 1916 he rushed to the gallery to see what works from the 1914 exhibition were still there.[12] Walden exhibited Chagall's works that remained in Berlin on a number of occasions, and it seems likely that *The Praying Jew* was included in the exhibition of 1919.[13] The works left behind with Walden had helped secure Chagall's reputation in his absence.

For Chagall, however, isolated in Russia and separated from everything he had created during his formative Paris years, the "loss" of his works to Walden was a trauma. In his autobiography, written in Moscow in 1921-22, he described the situation: "All my prewar canvases are in Berlin and in Paris where my studio, filled with sketches and unfinished pictures, is waiting for me. From Germany, my good friend the poet Rubiner wrote me: 'Are you alive? There is a rumor you have been killed in the war. Do you realize you are famous here? Your pictures have introduced a new genre: expressionism. They're selling for high prices. Just the same, don't count on the money Walden owes you. He won't pay you for he maintains that the glory is enough for you!'"[14] When Chagall returned to Berlin in 1922 he was unable to retrieve the works that had been sold, and the money Walden had collected had become nearly worthless due to inflation; eventually, a settlement was reached.

While Chagall remained bitter about his business dealings with Walden, he acknowledged the dealer's seminal role in his career on the occasion of Walden's fiftieth birthday celebration in 1928, declaring that despite their financial "misunderstandings," since their first meeting at Apollinaire's, Chagall had never ceased to value him as, "the first fervent advocate for the new art and, in particular, as the first disseminator of my work in Germany."[15]

While *The Praying Jew* is an example of Chagall's connections with the Berlin avant-garde and its Jewish supporters, the drawings of Baal-Makhshoves and Alya Elyashev reveal Chagall's ties to modern Yiddish literature and Berlin as a site for its flowering in the years after the First World War and the Russian Revolution. *The Praying Jew* depicts a traditional subject in a radically modern idiom, startling in its raw expression of feeling; it is telling that this painting introduces the section on modern art in the permanent installation of the recently renewed and renovated Israel Museum. These works by Chagall, formerly displayed in the Berlin Jewish Museum, present a contemporary viewer with three Jewish male figures from the early twentieth century. Chagall conveyed aspects of each man's inner life and the way in which their individual realities had marked their faces and bodies. Each is a work of emotional authenticity, eloquently relating aspects of the twentieth-century Jewish experience.

---

[11] Harshav, Marc Chagall and His Time, p. 311.
[12] James Johnson Sweeney, Marc Chagall, exh. cat. (New York: Museum of Modern Art, 1946), p. 49.
[13] Heuberger and Grütters, Verehrt und Verfemt: Chagall und Deutschland, cat. no. 20.
[14] Chagall, My Life, p. 173.
[15] Freya Mülhaupt, ed., Herwarth Walden 1878-1941, Wegbereiter der Moderne (Berlin: Berlinische Galerie, Martin-Gropius-Bau, 1991), pp. 12-13.

Felix Nussbaum **Blumenstillleben** vermutlich um 1925

1936/37 Geschenk von Felicia und Hedwig Isaac,
Berlin (Standort unbekannt)

Bildarchiv Abraham Pisarek

‚Refüsiert' – Die Berliner ‚Rumpf-Secession' 1913

Anspruch und Wirklichkeit

von Sibylle Groß

Das überraschend große Bild des Berliner Malers Ernst Oppler (1867-1929) ist ein wertvolles Zeitdokument künstlerischen Lebens zu Beginn des Jahrhunderts. Es eröffnet einen direkten Blick auf die Spaltung der noch jungen, erst 1898 gegründeten Berliner Secession, die von heftigen Diskussionen, persönlichen Feindschaften und strategischen Überlegungen zum Kunstmarkt geprägt war und von der Öffentlichkeit mit großer Anteilnahme in der Tagespresse verfolgt wurde. Der besondere Wert dieses mit grobem Pinsel hingeworfenen Historienbildes erschließt sich jedoch auch dem aufmerksamen Betrachter erst bei genauer Kenntnis des Zeitgeschehens.

Doch was sieht man? Das Interieur zeigt die Zusammenkunft sechs ernst gestimmter Herren. Die ungeteilte Aufmerksamkeit der Anwesenden gilt dem im Vordergrund Sitzenden, ihm sind alle Blicke zugewandt, mit Ausnahme des etwas abseits stehenden Mannes zur Linken, der gesenkten Hauptes in sich gekehrt wirkt. Der Redner, einen Stapel Papier im Schoße, scheint den Umstehenden Gewichtiges mitzuteilen. Auf dem Tischchen links sieht man beiseite geräumtes Teegeschirr, auf dem runden Tisch liegt die bereits konsultierte Presse des Tages. Im Hintergrund des hohen Raumes sieht man eine Vitrine mit kostbarem Geschirr und einen vergoldeten Paravent, sowie einige Bilder mit Goldrahmen.

---

[1] Öl auf Leinwand, 115,5 x 159,5 cm, signiert rechts unten: E. Oppler 1913 – Israel Museum, Jerusalem, Inv. Nr. M 1764-4-55. Rückseitig das Etikett mit dem Aufdruck: „Kunstsammlung der / Jüdischen Gemeinde Berlin" mit handschriftlichem Vermerk: „Ernst Oppler / Die Gründung der / Secession / Oelgemälde / Nr. 7059", daneben mit rotem Stift: „286". – Laut Jochen Bruns war das Bild 1937 in der dem Brüderpaar Ernst und Alexander Oppler gewidmeten Ausstellung im Jüdischen Museum Berlin zu sehen gewesen. Vermutlich gelangte es zu dieser Zeit in den Besitz der Kunstsammlung. Nach dem Zweiten Weltkrieg ging das Gemälde über die Jewish Restitution Successor Organization (JRSO) nach Jerusalem an das Bezalel Museum, dem heutigen Israel Museum. (Jochen Bruns, Ernst Oppler (1867-1929), Leben und Werk, mit einem Werkkatalog seiner Ölgemälde und Druckgraphiken, hrsg. u. bearb. v. Frank-Manuel Peter, Deutsches Tanzarchiv Köln, Münster 1997, Nr.G-119 (CD-ROM)). – Zur Ausstellung der Brüder Oppler 1937: Ausstellung Ernst und Alexander Oppler, in: Gemeindeblatt der Jüdischen Gemeinde zu Berlin, Berlin, 27. Jg., Nr. 39 (26.09.1937), S. 13. - O[lga] B[loch], Ernst und Alexander Oppler. Ausstellung im Berliner Jüdischen Museum, in: C.V.-Zeitung, Berlin, 16. Jg., Nr. 40 (07.10.1937), 2. Beiblatt. - Hanna Schlesinger (Ruth Morold), Ernst und Alexander Oppler. Gedenkausstellung, in: Jüdische Rundschau, Berlin, 42. Jg., Nr. 80 (08.10.1937), S. 14. - M[ax] O[sborn], Die beiden Oppler, in: Gemeindeblatt der Jüdischen Gemeinde zu Berlin, Berlin, 27. Jg., Nr. 42 (17.10.1937), S. 3. - Zur Übergabe des Gemäldes an das Bezalel Museum: Vgl. Sibylle Groß wie Anm. 6. Dort Anm. 54, Lfd. Nr. 202 Oppler, Ernst, ‚Die Gruendung der Sezession', Oel m. R., leicht besch." (Landesarchiv Berlin LAB Rep. 010-01, Nr. 272).

Das Gemälde mit dem Bildtitel *Beratung im Atelier* malte Ernst Oppler im Sommer oder Herbst 1913 in Berlin.[1] Anhand der Möbel lässt sich der Raum als Teil der Wohnung des Malers am Kurfürstendamm 125a ausmachen.[2] Mit Hilfe von Skizzen, die Ernst Oppler während zahlreicher Zusammenkünfte anfertigte, lassen sich einige der Herren identifizieren. Der schwarzbärtige Redner ist zweifelsohne Hermann Struck (1876-1944),[3] der leicht füllige Mann rechts außen gibt Adolf Eduard Herstein (1869-1932) wieder,[4] dessen Freund Emil Pottner (1872-1942) links neben ihm, hinter der Chaiselongue zu sehen ist.[5] Der etwas abseits für sich stehende Herr dürfte Lesser Ury (1861-1931) darstellen.[6] Beim hinter Hermann Struck sitzenden Mann enface handelt es sich wohl um Lovis Corinth (1858-1925).[7] Der ihm Zugewandte zur Rechten kann bislang nicht näher benannt werden. Abgesehen von Lovis Corinth und Lesser Ury, der kein Mitglied der Berliner Secession war und zu keinem Zeitpunkt, auch nicht als Gast, dort Arbeiten gezeigt hatte, zählten die Dargestellten zu den anlässlich der 26. Ausstellung im Frühjahr 1913 abgelehnten Künstlern.

Der später dem Gemälde verliehene Bildtitel *Die Gründung der Secession* spielt somit auf die Spaltung der Berliner Secession an, die sich im Frühjahr 1913 zutrug. Bereits in den Jahren vor 1913 war es zu Misshelligkeiten und Spannungen zwischen den Mitgliedern gekommen, es hatte ‚Abspaltungen' gegeben, aber keine eigentliche ‚Spaltung' der Vereinigung.[8] Erst über die Auswahl der Werke für die 26. Ausstellung der Secession kam es zum offenen Bruch: ein Großteil der wichtigsten Künstler trat aus, unter ihnen Slevogt und Liebermann. Über die Anzahl der Refüsierten und deren Namen finden sich in der nachfolgenden Literatur keine erschöpfenden Angaben, ebensowenig wie über den genauen Verlauf der Ereignisse. Nicht einmal ihre genaue Anzahl ist be-

---

[2] Ernst Oppler war erstmals auf der zweiten Ausstellung 1900 vertreten und seit 1906 Mitglied. Er verstarb 1929 in Berlin. – Bruns (1997).

[3] Hermann Struck war bereits auf der vierten Ausstellung 1901/02 vertreten und seit 1904 Mitglied. Er verlegte seinen Lebensmittelpunkt 1922 nach Palästina, wo er in Haifa auf dem Berg Carmel wohnte und 1944 verstarb. – Jane Rusel, Hermann Struck (1876-1944), Das Leben und das graphische Werk eines jüdischen Künstlers (= Judentum und Umwelt ; Bd. 66), Frankfurt a.M. 1997, S. 43f. – Hermann Struck. 1876-1944, [Ausstellung Stiftung Neue Synagoge Berlin - Centrum Judaicum / Open Museum, Tefen Industrial Park, Israel, 2007], hrsg. v. Ruthi Ofek u. Chana Schütz, Berlin 2007.

[4] Adolf Eduard Herstein war auf der 22. Ausstellung 1911 vertreten und Mitglied. Er verstarb 1932 in Berlin – Słownik artystów polskich i obcych w Polsce działajacych, malarze, rzezbiarze, graficy, hrsg. v. Polska Akademia Nauk, Instytut Sztuki, Bd. 3, Wroclaw [u.a.] 1979, S. 59.

[5] Emil Pottner war bereits auf der ersten Ausstellung 1899 vertreten und seit 1904 Mitglied. Deportation von Berlin nach Theresienstadt 24.07.1942, von dort am 20.09.1942 nach Treblinka, dort ermordet. – Gedenkbuch, Opfer der Verfolgung der Juden unter der nationalsozialistischen Gewaltherrschaft in Deutschland 1933-1945, hrsg. v. Bundesarchiv, Bd.III, Koblenz 2006, S. 2701.

[6] Lesser Ury verstarb 1931 in Berlin. – Vgl. den Beitrag von Sibylle Groß, Der Einzug der Moderne. Lesser Ury und die Kunstsammlung der Jüdischen Gemeinde zu Berlin in diesem Band.

[7] Lovis Corinth zählte zu den Begründern der Berliner Secession. Er verstarb 1925 in Zandvoort in den Niederlanden. – Lovis Corinth. Eine Dokumentation, zusammengestellt u. erläutert von Thomas Corinth, Tübingen 1979.

[8] Abhandlungen zum Thema gibt es einige, die meisten rekurrieren auf die erste, ausführliche Darstellung zur Historie der Secession von Curt Glaser, Die Geschichte der Berliner Sezession, in: Kunst und Künstler. Illustrierte Monatsschrift für bildende Kunst und Kunstgewerbe, 26. Jg. (1928), S. 14-20, S. 66-71.

9 „Die dreizehn streitbaren Abgewiesenen und mit ihnen ganz unerwartet Lovis Corinth (...) verblieben in der Berliner Secession (...)." Werner Doede, Die Berliner Secession. Berlin als Zentrum der deutschen Kunst von der Jahrhundertwende bis zum Ersten Weltkrieg, Frankfurt a. M. [u.a.] 1977, S. 48. Doede bezieht sich auf Angaben des Kunstkritikers Curt Glaser (1879-1943). Curt Glaser, Der Konflikt in der Berliner Secession, in: Die Kunst für Alle, 28. Jg., (1912/13), S. 474. Glaser gibt für die in der Secession verbliebenen Künstler 14 Namen an: Lovis Corinth, Ernst Bischoff-Culm, Max Neumann, A. E. Herstein, Joseph Oppenheimer, Ernst Oppler, Hermann Struck, E. Pottner, Hermann F. A. Westphal, E. Linde-Walther, Otto Modersohn,

kannt. Gemeinhin werden die Refüsierten auf dreizehn beziffert,[9] es findet sich aber auch vereinzelt die Angabe, es seien 26 gewesen.[10] Die ‚Rumpf-Secession' unter Lovis Corinth besaß neben ihrem ‚Zugpferd' keine Künstler, die den alten Glanz und Rang widerspiegelten. Auch wenn sie in der Secession verblieben, galten vielmehr die Ausgetretenen, die kurz darauf die ‚Freie Secession' ins Leben riefen, als ihre wahren Vertreter. Erst aber die genaue Kenntnis der historischen Umstände vermag, in dem Bild Opplers mehr als nur eine private Zusammenkunft zu sehen und es vielmehr seinen Intentionen gemäß als geschickt inszeniertes Historienbild zu würdigen.

Was veranlasste Ernst Oppler nun zu diesem Gruppenbild? Die Spaltung der Secession im Frühjahr 1913 erfolgte in aufreibenden Kämpfen binnen weniger Wochen. Zu Beginn des sich verschärfenden Konflikts war eine Spaltung noch nicht abzusehen und es stellt sich die Frage, ob diese von Anfang an intendiert war und man sich der nachhaltigen Folgen bewusst war. Beide Seiten versuchten sich ihrer Anhänger zu vergewissern und bedienten sich der Tagespresse, um eigene Positionen und Anliegen publik zu machen. In den Tagesmeldungen konnte der kunstinteressierte Berliner Bürger den Machtkampf und ein über Wochen hin anhaltendes Tauziehen und Taktieren der Künstler verfolgen. Je nachdem, welcher Zeitungslektüre der Leser den Vorzug gab, wurde er mal mehr im Sinne der einen, mal mehr im Sinne der anderen Fraktion informiert: Public Relations in ihrer Frühform.

Dabei ist die politische Couleur der Zeitungen kaum von Interesse. Bis auf den Berliner Börsen-Courier, der eher das rechtsdemokrati-

Ernst Oppler Beratung im Atelier
(Die Gründung der Secession)
Israel Museum, Jerusalem

---

[9] F. Schaper, Max Arthur Stremel, Eugen Spiro. – „Die dreizehn Mitglieder, deren Arbeiten die Jury abgelehnt hatte, waren nicht bereit, das Urteil stillschweigend hinzunehmen." Peter Paret, Die Berliner Secession. Moderne Kunst und ihre Feinde im Kaiserlichen Deutschland, Berlin 1981, S. 267. – Spätere Publikationen gehen auf die Anzahl der Refüsierten nicht mehr ein.

[10] „Ausschluß von 26 Mitgliedern", Hans Friedeberger, Die Sezession und die Refüsierten, in: Der Cicerone, Halbmonatsschrift für die Interessen des Kunstforschers & Sammlers, 5. Jg., Heft 11 (Juni 1913), S. 422-424, hier S. 422 – Bruns (1997), Kap.V.

sche Spektrum vertrat, gehörten die wichtigsten Zeitungen - das Berliner Tageblatt aus dem Verlag Rudolf Mosse, die Vossische Zeitung aus dem Ullstein-Verlag, die Berliner Morgenpost und das erste deutsche Boulevardblatt, die B.Z. am Mittag, beide aus dem Verlag Ullstein, sowie die Nationalzeitung, seit 1914 als 8-Uhr-Abendblatt - der liberaldemokratischen Richtung an. Bei den Berichten und Rezensionen im Kulturteil kam es vielmehr auf die Persönlichkeit des Kritikers selbst an und die von ihm individuell vertretene Position. Entsprechend illustre Persönlichkeiten des Kulturlebens waren hier zugange. In der Vossischen Zeitung schrieb der leitende Redakteur Karl Scheffler (1869-1951), ein ausgewiesener Verteidiger des Impressionismus und seines deutschen Protagonisten Max Liebermann (1847-1935), dem er 1906 eine Monographie widmete. Im Berliner Tageblatt meldete sich der Kunstkritiker Fritz Stahl (1864-1928) zu Wort, der dem Verleger Rudolf Mosse bei dessen Kunstkäufen für seine Sammlung langjährig beratend zur Seite stand. Für den Berliner Börsen-Courier verfasste die Kunstberichte der Kunsthistoriker Oscar Bie (1864-1938). In der Berliner Morgenpost konnte man die Ausführungen des bekannten Kunstkritikers Max Osborn (1870-1946) lesen, der zugleich für die B.Z. am Mittag Artikel lieferte. Bei der Nationalzeitung war der Kunsthistoriker und Verlagsdirektor Hanns Schulze (*1884) für den Kunstteil zuständig.

Die 26. Ausstellung der Berliner Secession

Das Amt des Secessionspräsidenten hatte nach Lovis Corinth der Berliner Kunsthändler Paul Cassirer (1871-1926) seit dem 5. Dezember 1912 inne. Seine Wahl war nicht unumstritten gewesen, übernahm doch mit ihm zum ersten Mal kein Künstler, sondern ein Kunsthändler die Leitung der Künstlervereinigung. Die erste, unter seiner Ägide ausgerichtete Ausstellung war die 26. der Berliner Secession.[11] War die Auswahl der mit schweren Namen besetzten Jury am 19. April 1913 beendet,[12] so wurde am 22. April bekannt, dass die Ausstellung nun am Sonntag, den 26. des Monats eröffnet werde mit einer Vorbesichtigung am Vorabend für geladenes Publikum.

Bereits einen Tag nach dieser Verlautbarung berichtete die Berliner Presse von ‚großer Erregung' und ‚Verstimmungen' seitens der Refüsierten. Im Berliner Tageblatt ergriff am 23. April Fritz Stahl in einem ironisch verfassten Kommentar Partei für die Zurückgewiesenen und brachte die Ablehnung mit inneren Querelen um die Wahl Paul Cassirers zum Präsidenten der Secession in Verbindung.[13] Seine Stellungnahme hatte jedoch sofort ein juristisches Nachspiel, so dass sich der Chefredakteur des

---

[11] Die Ausstellungsleitung lag in den Händen von Paul Cassirer, August Gaul (1869-1921) und Hans Baluschek (1870-1935).

[12] Die Auswahl der Bilder trafen die Jurymitglieder Robert Breyer (1866-1941), August Kraus (1868-1934), Käthe Kollwitz (1867-1945), George Mosson (1851-1933) und Louis Tuaillon (1862-1919) unter dem Vorsitz von Max Slevogt (1868-1932). – Die Eröffnung der Sommerausstellung der Berliner Sezession, in: Vossische Zeitung, Berlin, 19.04.1913, Abend-Ausgabe.

[13] fst [Fritz Stahl], Plötzlicher Talentverlust, in: Berliner Tageblatt, Berlin, 23.04.1913, Abend-Ausgabe. Der Artikel findet sich abgedruckt bei Thomas Corinth, Tübingen 1979, S. 171.

Berliner Tageblattes, Theodor Wolff (1868-1943), am 26. April veranlasst sah, sich mit einem öffentlichen Kommentar schützend vor seinen Mitarbeiter zu stellen: „Will man sagen, Fritz Stahl habe mit seinen Bemerkungen jene Trennungslinie überschritten, die zwischen der berechtigten Kritik und der in keinem Falle berechtigten Schmähung liegt? (...) Der Vorstand der Sezession, der sonst so oft den Weg zu uns zu finden wußte, hat eine friedliche und einfache Schlichtung nicht gewünscht. (...) Er hat Fritz Stahl und den verantwortlichen Redakteur des ‚Berliner Tageblatt' wegen Beleidigung verklagt, und er hat bis in die reaktionärsten Zeitungsredaktionen ein Notizchen über seine Entschließungen geschickt." In den folgenden Wochen wird sich das Berliner Tageblatt jeglicher Stellungnahme zu den Vorgängen der Secession enthalten.[14]

Die aufflammenden Differenzen zwischen Secession und Refüsierten erreichten auch die Redaktionen anderer Tageszeitungen. „Verschiedene Mitglieder", so die Vossische Zeitung am 23. April, „deren für die bevorstehende Ausstellung eingereichte Arbeiten abgelehnt worden sind, sollen ihrer Verstimmung darüber durch Austritt und Gründung einer neuen Vereinigung Ausdruck geben wollen. Tatsächlich ist, wie wir erfahren, die Jury diesmal mit besonderer Strenge vorgegangen: von 42 Künstlern der Sezession ist rund die Hälfte abgelehnt worden [!]; darunter naturgemäß zahlreiche Künstler, die in den letzten Jahren regelmäßig vertreten waren. Daß über diese Tatsache bei den Leidtragenden naturgemäß Verstimmung herrscht, ist begreiflich; davon, daß sich diese bereits mit Austritts- und Neugründungsplänen verdichtet hat, ist den Mitgliedern des Vorstands zurzeit noch nichts bekannt."[15] Von Misshelligkeiten zwischen Secession und den Ausjurierten wussten auch der Berliner Börsen-Courier und die B.Z. am Mittag zu berichten, ohne jedoch genauere Angabe zur Anzahl der Refüsierten zu machen.[16] Die Gerüchte um die Querelen nahmen schnell an Schärfe zu. Und bereits einen Tag danach, am 24. April, äußerte die Berliner Morgenpost die Ansicht, dass der Streit „im Zusammenhang mit dem neuen Kurs der Sezession" zu deren Spaltung führen könnte.[17]

Konkretere Angaben zum Kreis der Refüsierten brachte erstmals der Berliner Börsen-Courier. Anlass des Artikels bildete eine Erklärung der Jury und des Vorstandes der Berliner Secession, die bei der Zeitungsredaktion eingegangen war und die deren Beleidigungsklage gegen den Kunstkritiker Fritz Stahl durch den Berliner Rechtsanwalt Fritz Grünspach (1874-1924) publik machen sollte. Auf diese Weise lancierte der Vorstand der

---

[14] T. W. [Theodor Wolff], Der Kunstkritiker, in: Berliner Tageblatt, Berlin, 26.04.1913, Abend-Ausgabe.
[15] Über Differenzen in der Berliner Sezession, in: Vossische Zeitung, Berlin, 23.04.1913, Abend-Ausgabe, zweite Beilage.
[16] Die strenge Jury der Sezession, in: Berliner Börsen-Courier, Berlin, 23.04.1913, Abend-Ausgabe, erste Beilage.
[17] „Man wird ja bald, bei Eröffnung der Ausstellung sehen, welche Künstler zurückgewiesen wurden, und ob sich daraus ein Zusammenhang mit dem neuen Kurs der Sezession, deren Präsident jetzt bekanntlich ein Kunsthändler ist, besteht. Möglicherweise wird es infolge der Strenge der Jury auch zu einer Spaltung in der Sezession kommen, denn bei einem Teil der Zurückgewiesenen soll die Absicht bestehen, einen neuen Künstlerverein zu gründen." Die Zurückgewiesenen der Sezession, in: Berliner Morgenpost, Berlin, 24.04.1913.

Berliner Secession in der Tagespresse rund ein halbes Dutzend Namen der Refüsierten einen Tag vor der geplanten Vorbesichtigung, zwei Tage vor der Ausstellungseröffnung. Bei den Refüsierten handelte es sich, wie der Berliner Börsen-Courier treffend anmerkte, keineswegs um Neulinge der Secession; sie waren seit einigen Jahren regelmäßig mit Arbeiten dort zu sehen gewesen.[18] An erster Stelle wurden die Gebrüder Oppler erwähnt, gemeint waren Ernst Oppler, Maler des eingangs besprochenen Gemäldes der Künstlergruppe, und sein Bruder, der Bildhauer Alexander Oppler (1869-1937),[19] ferner Hermann F. A. Westphal (um 1885)[20], Joseph Oppenheimer (1876-1966),[21] Gino von Finetti (1877-1955)[22] die bereits zuvor genannten Freunde Adolf Eduard Herstein (Herschstein) und Emil Pottner, der, obwohl eines seiner Bilder die Jury passierte, dieses offensichtlich aus Solidarität und freiem Willen aus der Ausstellung zurückzog. Nach Ansicht des Berliner Börsen-Couriers blieb indes die Frage, „ob die Jury nicht zu weit ging, wenn sie Künstler, die sich ihre Stellung innerhalb und außerhalb der Sezession längst begründet haben, von der Ausstellung ausschloß. In gewissen Jahren, in einem gewissen Entwicklungsstadium hat jeder Schaffende das Recht, die Verantwortung für seine Werke persönlich zu übernehmen und reife Künstler wie die Brüder Oppler oder der famose Finetti sollten eine Jury aller Bedenken durch ihren Namen entheben. Peinliche Vermutungen sind dann eine menschlich verständliche Folge eines zu weit getriebenen Radikalismus."

Es ist nicht bekannt, ob am Vorabend wirklich eine Vorbesichtigung vor geladenem Publikum stattfand, die Eröffnung hingegen erfolgte wie angekündigt am 26. April gegen zwölf Uhr mittags. Das Vorwort im Kata-

---

[18] Aufregungen vor der Eröffnung der Sezessionsausstellung, Eine Ehrenbeleidigungsklage gegen einen Kunstkritiker, in: Berliner Börsen-Courier, Berlin, 24.04.1913, Abend-Ausgabe, erste Beilage. – Für Paul Cassirer war Fritz Grünspach kein Unbekannter, hatte er diesen doch bereits 1911 in juristischen Angelegenheiten zu Rate gezogen, als der Berliner Polizeipräsidenten Traugott A. von Jagow (1865-1941) wegen Veröffentlichung von Auszügen aus Gustav Flauberts Tagebuch in der Kunstzeitschrift PAN die Schriftleitung wegen Verbreitung unzüchtigen Gedankengutes verklagte. Zur Auseinandersetzung vgl. Tilla Durieux, Meine ersten neunzig Jahre. Erinnerungen. Die Jahre 1952-1971, nacherzählt von Joachim Werner Preuß, München u. Berlin 1979, S. 153f.; ferner: Paret (1981), S. 261.

[19] Alexander Oppler wird seit 1901 in den Ausstellungskatalogen als außerordentliches korrespondierendes Mitglied genannt. Er verstarb 1937 in Berlin. – The Universal Jewish Encyclopedia, hrsg. v. Isaac Landman, Bd. 8, New York 1948, S. 315.

[20] Hermann F. A. Westphal war erstmals auf der 12. Ausstellung 1906 vertreten. Genaue Lebensdaten sind m.E. nicht bekannt. Letzte nachweisliche Teilnahme an einer Ausstellung 1931 (Große Berliner Kunstausstellung). – Allgemeines Lexikon der Bildenden Künstler von der Antike bis zur Gegenwart, hrsg. v. Ulrich Thieme u. Felix Becker, Bd. 35, Leipzig 1942, S. 456.

[21] Joseph Oppenheimer wird 1899 als Mitglied genannt. Er emigrierte 1933 nach England, lebte später in Kanada, wo er 1966 in Montreal verstarb. – Joseph Oppenheimer (1876-1966), Leben und Werk, Städtische Galerie Würzburg 16.08.-18.10.1998, Würzburg 1998. – David Buckman, Dictionary of Artists in Britain since 1945, Bd. 2, Bristol 1998, S. 1202f.

[22] Gino von Finetti war erstmals auf der 12. Ausstellung 1906 vertreten. Er verstarb 1955 in Görz (Gorizia). – Allgemeines Künstlerlexikon. Die Bildenden Künstler aller Zeiten und Völker, Bd. 25, München 2000, S. 183f.

[23] „Die Secession darf sich rühmen, dass die Ideen, für die sie seit 15 Jahren eingetreten ist, heute in Deutschland siegreich sind; sie kann in allen deutschen Ausstellungen ihren Einfluss bemerken, in den reaktionärsten wie in den radikalsten. Aber die Idee der Secession macht es unmöglich, dass der Erfolg die Secession beruhigt. Sie ist kein Ruhepunkt, sie ist ein Weg; sie ist für ihre Mitglieder keine Existenzsicherung, sondern eine Existenzgefährdung, denn sie macht die Kräfte der Kommenden immer wieder mobil. Wir wollen zufrieden sein, wenn diese Ausstellung ein Spiegelbild dieser Idee ist." Katalog der 26. Ausstellung der Berliner Secession, Berlin 1913.

log gibt Aufschluss über den in der Presse gemutmaßten ‚neuen Kurs' der Secession.[23] Wenn manchem Besucher der Ausstellung die Wortwahl recht harsch erschienen sein mag, so war die Direktive verglichen mit der Eröffnungsrede Paul Cassirers, die Hans Baluschek in dessen Abwesenheit vortrug, noch harmlos. Berliner Kunstinteressierte, die nicht an der Eröffnung teilnehmen konnten oder wollten, hatten zudem die Gelegenheit, diese Ansprache sogleich in den Abendausgaben der Tagespresse nachzulesen. Die Radikalität mancher Textpassagen ist eine unerbittliche Kampfansage gegen alles künstlerisch Mittelmäßige, drohenden Stillstand und mangelnde Entwicklung eines jeden Einzelnen, das Martialische im Wortlaut gleicht der offenen Schlacht auf einem Kriegsterrain: „Die Sezession ist kein Heim und kein Asyl; sie ist das offene Feld, das immer von Lärm und Streit erfüllt sein wird. Es ist nicht möglich, daß jeder jahrelang auf demselben Fleck stehen bleibt; der eine muß weichen, der andere drängt heran. Von der Leitung dieses künstlerischen Vereins werden andere Tugenden verlangt als von dem Leiter einer geselligen Vereinigung. Rücksicht und Kameradschaft müssen vor der Treue zur Idee zurücktreten, man muß schweren Herzens von den langjährigen Genossen Abschied nehmen, wenn die Idee nicht mehr fruchtbar sein kann."[24] An Klarheit und Eindeutigkeit des von ihm prognostizierten Sachverhalts der Situation waren die Worte Paul Cassirers nicht zu überbieten. Zweifel an der getroffenen Auswahl der Exponate ließ Cassirer erst gar nicht aufkommen, die Entscheidungskriterien der Jury galten ihm als nicht angreifbar oder in Frage zu stellen. Allerdings räumte Cassirer ein, dass mit wechselnder Jury auch die Auswahl der Exponate einst eine andere sein könnte. Der ‚Idee', der sich die Secession verpflichtet wisse, sei alles Zwischenmenschliche unterzuordnen.

Die Antwort der Refüsierten, verfasst am 25. April 1913, fand sich am Tag der Ausstellungseröffnung in denselben Abendausgaben der Berliner Presse und stand der Rede Cassirers in nichts nach.[25] Die Erwiderung

---

[24] Und weiter: „Der Jury liegt die verantwortungsvolle Aufgabe ob, die Auswahl zu treffen; die Jury wechselt, und so wird die Auswahl wechseln. Nichts lag der Jury ferner als Zensuren auszuteilen oder gar künstlerische Arbeit zu entwerten. Der Spruch der Jury bedeutet nur, daß nach ihrer Meinung die zurückgewiesenen Bilder nicht zur Förderung der Sezession beigetragen hätten. Handelte die Sezession nicht so, so hätte sie besser getan, ihre Tore zu schließen, als historische Erscheinung ihre Aufgabe für erfüllt zu halten. Die unter Max Slevogts amtierende Jury ist, bevor man das Resultat ihrer Arbeit prüfen konnte, angegriffen worden. Was nur künstlerischem Zwang entsprang, wurde in die Tiefe persönlichen Streits hineingezogen. Wir hoffen, daß unsere Ausstellung stärker sein wird als solche Angriffe." Abgedruckt in: Vossische Zeitung, Berlin, 26.04.1913. Abend-Ausgabe, zweite Beilage. – Die Eröffnung der Sezession, in: Berliner Börsen-Courier, Berlin, 26.04.1913, Abend-Ausgabe.

[25] „Wir unterzeichneten Mitglieder der Berliner Sezession haben auf der letzten Generalversammlung mit Rücksicht auf verschiedene Vorkommnisse unserer Meinung offen Ausdruck gegeben, daß eine enge Verbindung zwischen Künstlertum und Kunsthändlertum zu vermeiden ist, und daß es insbesondere im künstlerischen Interesse nicht zu wünschen ist, daß ein am Kunsthandel hervorragend beteiligter Kunsthändler Präsident einer Künstlervereinigung ist. Die von uns geäußerte Meinung ist inzwischen durch die bereits bekannt gewordene Entscheidung der Jury bestätigt worden. Wir fühlen uns durch die Entscheidung der Jury, die unter Herrn Cassirer für die morgen beginnende Ausstellung der Sezession tätig war, nicht nur zurückgesetzt, sondern müssen auch zu der Auffassung kommen, daß sein Einfluß wenigstens auf diejenigen Mitglieder der Jury, die auch in geschäftlicher Beziehung zu ihm stehen, ihr künstlerisches Urteil getrübt hat. Wir kommen nicht über die auffallende Tatsache hinweg, daß gerade wir, die wir uns zu dem oben wiedergegebenen Grundsatze erklärt haben, von der Ausstellung ausgeschlossen sind, und wir können es lediglich als eine versuchte Überzuckerung der uns gereichten Pille ansehen, wenn von

nannte neue Namen der Refüsierten und versuchte mit rhetorisch recht
zweifelhaften Mitteln, die im feindlichen Lager ausharrenden Mitglieder
zur Einsicht zu bewegen.[26] Äußerungen wie das als Zitat postulierte an-
gebliche Bonmot Cassirers ‚Die Mitglieder der Sezession sind meine Sklaven' dürften indes deren Reihen umso fester geschlossen haben. Durchaus
triftige Argumente, wie die unerquickliche Melange von Künstlertum und
Kunsthändlertum in Gestalt Cassirers als Präsident der Secession dürften
dank solch hölzerner Polemik nicht mehr verfangen haben. Mit der An-
drohung juristischer Konsequenzen schlossen die Refüsierten zudem eine
gütliche Einigung kategorisch vorab aus. Ein solches Erklärungspamphlet
lässt auf nachhaltige persönliche Kränkung ebenso zurückschließen, die
im Verlauf der Ausstellungsvorbereitungen den Austausch unter den Mitgliedern irreversibel beschädigte.

Wie aber sah die Reaktion der Kunstkritiker der Berliner Tagespresse auf
die 26. Secessionsausstellung aus? Im Vorfeld mit all den Zwistigkeiten
waren die Berichte ohne Namensnennung des jeweiligen Schreibers erschienen, nun aber meldeten sich die namhaften Kunstkritiker zu Wort,
allen voran Oscar Bie vom Berliner Börsen-Courier[27] und Karl Scheffler in
der Vossischen Zeitung. Beide waren voll des Lobes für die Auswahl der
Exponate. „Ich bin seinerzeit schärfer als irgend ein anderer gegen die
Präsidentschaft Paul Cassirers aufgetreten", so Scheffler,[28] „und ich denke
über diesen Punkt noch genau wie damals; aber ich bin fest davon überzeugt, dass die Künstler, die die Erklärung unterzeichnet haben, sich in

---

Herrn Pottner ein Bild ausgesucht ist, daß angenommen wurde; eine Auswahl, die Herr
Pottner veranlassen mußte, auch dieses Bild zurückzuziehen. Die Mitglieder der Jury werden
sicher überzeugt sein, daß sie ihr Urteil nach bestem Gewissen abgegeben haben, ebenso
wie Herr Cassirer überzeugt sein wird, daß sein bekanntes, ihn charakterisierendes Wort:
‚Die Mitglieder der Sezession sind meine Sklaven' recht behalten hat. Vielleicht werden
aber auch die Mitglieder der Jury noch in Zukunft einsehen, wie verfehlt es ist, bei
künstlerischen Entscheidungen auf die Stimme einer materiell so interessierten und nach
seiner Charakteranlage so autokratischen Persönlichkeit wie derjenigen des Herrn Cassirer
zu hören. Berlin, den 25. April 1913. Hochachtungsvoll Bischoff-Culm, G. v. Finetti, Ad.
Ed. Herstein, Max Neumann, J. Oppenheimer, Ernst Oppler, Emil Pottner, Herm. Struck
und Hermann F.A. Westphal. Die Unstimmigkeiten in der Sezession werden auch die
Gerichte beschäftigen." Mißhelligkeiten in der Sezession, in: Vossische Zeitung, Berlin,
26.04.1913, Abend-Ausgabe, zweite Beilage. – Gegen die Jury der Sezession, in: Berliner
Börsen-Courier, Berlin, 26.04.1913, Abend-Ausgabe.

[26] „Zu den bislang bereits genannten Namen der Refüsierten treten nun die refüsierten
Mitglieder Ernst Bischoff-Culm (1870-1917) und Max Neumann (1885-1973). Ernst
Bischoff-Culm war erstmals auf der achten Ausstellung 1903/04 vertreten und seit 1904
Mitglied. Er verlor im Ersten Weltkrieg beide Hände und beging Suizid im August 1917
in Frankreich. Allgemeines Künstlerlexikon, Die Bildenden Künstler aller Zeiten und Völker,
Bd. 11, München 1995, S. 200. – Max Neumann war auf der 23. Ausstellung vertreten und
verstarb 1973 in Berlin. Max Neumann, Berliner Secession, Kunstamt Neukölln Saalbau-
ausstellung 26.8-8.10.1977, Berlin 1977.

[27] „Die diesjährige Sezessionsausstellung gibt uns in allem recht, was wir immer und immer
wieder gefordert haben: sie ist redigiert (...) Ich glaube, dass Cassirer nicht bloß stark,
sondern auch klug ist, Er wird sich keine Blöße geben! Er hat gehandelt: hier ist eine
Ausstellung, die so zweifellos alle ihre Vorgängerinnen schlägt, dass seine Befähigung
zum Arrangement und zur Redaktion bewiesen ist. Setzt Taten gegen Taten!" [Oscar] Bie,
Die Sezession, in: Berliner Börsen-Courier, Berlin, 27.04.1913, erste Beilage.

[28] Scheffler erinnert an seine früheren Äußerungen: Karl Scheffler, Berlin Secession, in: Kunst
und Künstler. Illustrierte Monatsschrift für bildende Kunst und Kunstgewerbe, 10. Jg., Heft 9
(1912), S. 432-441, hier S. 437. – Chronik, Präsidentenwahl in der Berliner Sezession, in:
Kunst und Künstler. Illustrierte Monatsschrift für bildende Kunst und Kunstgewerbe, 10. Jg.,
Heft 4 (1912), S. 228f.

den Gründen, die zur Ablehnung ihrer Werke geführt haben, irren", und fuhr fort: „Da das Resultat wirklich eine interessante und gute Ausstellung geworden ist, so ist die Arbeit der Jury schon dadurch gerechtfertigt. Es ist im Laufe der Jahre zu viel Mittelgut in die Sezessionsausstellungen gekommen (...) aber", und hier griff Scheffler Cassirers Kunstpostulat auf, „die Gerechtigkeit kommt immer zu kurz, wo es sich um Ideen der Kunst handelt."[29] Für Scheffler zählten die Refüsierten zu den ehrlichen, jedoch eher mittelmäßigen Vertretern der Secession, auf die man um der ‚Idee' willen verzichten könne.

Die Berliner Morgenpost betrachtete indes die Ausstellung eher mit gemischten Gefühlen, einerseits sei die übersichtliche, sparsam präsentierte Darbietung der Exponate erfreulich, andererseits sah sie in der Auswahl der Arbeiten die Inkaufnahme einer potentiellen Spaltung der Secession: „(...) auch die Ausstellung einer größeren Sammlung verstorbener französischer Maler, die ja gar nicht mehr der Auswahlkommission unterliegen, mußte offenbar durch Zurückweisung lebender deutscher Künstler erkauft werden."[30] Betonte die Nationalzeitung die Modernität der Ausstellung,[31] so äußerte sich Max Osborn in der B.Z. am Mittag bedächtig zur Ausstellung.[32] Um Ausgleich bemüht schlug er eine eigene Ausstellung der Zurückgewiesenen vor, von deren künstlerischer Qualität er durchaus überzeugt war. Doch sollte er der ‚Rufer in der Wüste' bleiben, sein Standpunkt der fragilen Mitte zwischen zwei extremen Polen fand keine Nachfolger.

Die Ausstellung der Refüsierten

Schon bald sollten die Refüsierten dem Rat Osborns, eine eigene Ausstellung zu organisieren, folgen. Vom 4. bis 31. Mai 1913 taten sich zwölf

---

[29] Karl Scheffler, Berliner Sezession, in: Vossische Zeitung, Berlin, 26.04.1913, Abend-Ausgabe, zweite Beilage.

[30] e.h., Frühjahrs-Sezession. Eröffnung der Ausstellung am Kurfürstendamm, in: Berliner Morgenpost, Berlin, 27.04.1913.

[31] Hanns Schulze in der Nationalzeitung zeigte sich davon beeindruckt, dass alle jene Künstler, die zur Modernen zu zurechnen seien, vertreten wären. Er könne sich daher kaum vorstellen, dass bei der Ablehnung von Kunstwerken „falsche Motive ausschlaggebend waren. Ja, wenn die Zurückgewiesenen jugendliche Feuerköpfe gewesen wären (...) aber dies sind doch alles reifere Künstler, einer davon, Philipp Franck, sogar in staatlicher Stellung und Leitung der Königlichen Kunstschule." Hanns Schulze, Die Sezessions-Ausstellung, in: Nationalzeitung, Berlin, 29.04.1913. Philipp Franck (1860-1944) war seit 1899 Mitglied der Berliner Secession. Er verstarb 1944 in Berlin. – Wolfgang Immenhausen u. Almut von Tresckow, Philipp Franck (1860-1944), Werkverzeichnis der Gemälde, Petersberg 2010.

[32] „Es ist behauptet worden, dass hier eine Art Strafexpedition gegen die Opponenten der letzen Vorstandswahlen erfolgt sei, und dieser schwere Vorwurf soll ja nun der Prüfung eines Schöffengerichts überantwortet werden. Überblickt man die Liste der Sechsundzwanzig, so wird man zunächst finden, daß sie offenbar weit mehr ‚Gutgesinnte' und Neurale als ‚Oppositionelle' aufweist. Andererseits sind mehrere ‚Oppositionelle' auf der Ausstellung einpassiert. Aber gewiss ist diese Jury bei allem besten Willen so wenig unfehlbar gewesen wie jemals eine andere, und wenn die Refusés ihre Werke ausstellen würden - was sie unbedingt tun sollten -, so wird sich vielleicht oder wahrscheinlich herausstellen, dass unter dem in der Ausstellung Vorhandenen sich manches findet, was mindestens nicht wertvoller ist als manches Abgelehnte." Max Osborn, Die Ausstellung der Sezession, in: B.Z. am Mittag, Berlin, 26.04.1913, erstes Beiblatt.

zurückgewiesene Mitglieder[33] als ‚refüsierte Secession' zusammen und präsentierten am Kurfürstendamm 216, in unmittelbarer Nähe zum Ausstellungsgebäude der Berliner Secession, ihre Arbeiten dem kunstinteressierten Berliner Publikum: „Unsere Ausstellung verdankt ihre Entstehung persönlichen Gründen. Sie sollen hier schweigen. Wir lassen unsere Arbeiten sprechen."[34] Die Ausstellung gab jedoch nur einen ungefähren Eindruck der von der Jury abgelehnten Kunstwerken wieder, wie Max Osborn treffend feststellte: „Manche der Zurückgewiesenen sind auf Reisen, einige hatten über ihre heimgekehrten Werke anders verfügt, andere wollten wohl auch, aus verschiedenen Gründen, nicht mittun. Dies ließ sich kaum vermeiden. Störender ist, dass die Herren in einzelnen Fällen an Stelle der refüsierten Dinge andere Arbeiten desselben Künstlers einfügten (...)."

Insgesamt gesehen fanden die Exponate eher wohltemperierte Zustimmung: „Weltenstürmende Meisterwerke sind das gewiß alles nicht. Aber besteht die Sezessionsausstellung lediglich aus solchen Stücken? (...) Und nun macht Frieden, ihr Herren! Daß ihr mir die Sezession nicht sprengt! Die brauchen wir wie's Brot in Berlin", schrieb Osborn.[35] Ähnlich urteilte Albert Haas, Chefredakteur des Berliner Börsen-Couriers.[36] Karl Scheffler fühlte sich hingegen durch die Ausstellung der Refüsierten nur in all seinen Befürchtungen bestätigt: „Von der Ausstellung selbst ist nichts zu sagen. Sie sieht aus, wie man dachte, daß sie aussehen würde. Respektabel im Niveau, aber doch so, daß man die Grundsätze, nach denen die Jury verfahren ist, verstehen und im wesentlichen auch billigen kann."[37] Der Gegensatz zwischen den verfeindeten Gruppen und ihren Fürsprechern blieb also bestehen und auch die Gegenausstellung der Refüsierten konnte hier keine Abhilfe schaffen. Der Kampf ging weiter.

---

[33] Neben den bereits zuvor genannten Namen der Refüsierten treten zwei weitere: Heinrich Eduard Linde-Walther (1868-1939), eigentlich: Walther Heinrich Eduard Linde. Er war seit 1899 Mitglied und verstarb 1939 in Lübeck. Berend Harke Feddersen, Schleswig-Holsteinisches Künstlerlexikon, Bredstedt 1984, S. 110. Eugen Spiro (1874-1972) war erstmals auf der 13. Ausstellung 1907 vertreten. Er emigrierte 1935 nach Paris, lebte später in den Vereinigten Staaten, wo er 1972 in New York verstarb. Vera Liebrecht, Eugen Spiro. Leben und Werk, Diss. TH Aachen 1987.

[34] Die refüsierte Secession am Kurfürstendamm 216, Ausstellung 4.-31.5.1913, Berlin 1913. Neben Arbeiten der zwölf unterzeichnenden Refüsierten Bischoff-Culm, von Finetti, Herstein, Linde-Walther, Max Neumann, Jos. Oppenheimer, Alexander Oppler, Ernst Oppler, E. Pottner, Spiro, Struck, Westphal waren Werke zweier weiterer zurückgewiesener Mitglieder zu sehen: Otto Modersohn (1865-1943), seit 1899 Mitglied, und Ernst Gabler (1872-1937), erstmals auf der 12. Ausstellung 1906 vertreten. Es wurden ferner Arbeiten von Künstlern gezeigt, die im Mitgliederverzeichnis der 26. Secessionsausstellung nicht namentlich erscheinen: Otto Beyer, Erich Büttner, Wilhelm Gross, Bernhard Hasler, Karl Krebs, Alfred Lörcher, Felix Mesek, Wolf Röhricht, Wilhelm Schocken, Bertha Schütz.

[35] Max Osborn, Ausstellung der Zurückgewiesenen. Die refüsierten Sezessionisten, in: B.Z. am Mittag, Berlin, 03.05.1913.

[36] „Auf jeden Fall aber hat die Ausstellung ein sehr gutes Niveau." Albert Haas, Aus den Kunstsalons, in Berliner Börsen-Courier, Berlin, 04.05.1913, zweite Beilage.

[37] Karl Scheffler, Berliner Secession II., in: Vossische Zeitung, Berlin, 04.05.1913, Morgen-Ausgabe. Ähnlich wie Scheffler erging es Hanns Schulze: „Man muß erkennen, so sehr erquicklich ist diese Ausstellung nicht. Die paar guten Arbeiten werden erschlagen durch viel Mäßiges und gar Schlechtes." Hanns Schulze, Die refüsierte Sezession am Kurfürstendamm 216, in: Nationalzeitung, Berlin, 07.05.1913.

Spaltung der Secession

Vom Ausmaß des Bruderzwistes schien man seitens der ‚Offiziellen' der Berliner Secession lange keine rechte Vorstellung zu haben. So beschäftigte man sich mit den Vorbereitungen einer Ehrengabe für Lovis Corinth, die man einst für ihn nach Niederlegung seiner Präsidentschaft beschlossen hatte. Meldete der Berliner Börsen-Courier am 22. Mai 1913, dass sich das Mappenwerk noch in Vorbereitung befände,[38] so kam es am folgenden Tag auf der Generalversammlung der Secession zu erregten Auseinandersetzungen.[39] Schlimmer, der Streit eskalierte weiter und die Auflösung wurde erstmals als Lösung genannt.[40] Der Sitzung folgte eine rege, unerquickliche Korrespondenz zwischen dem Präsidenten Paul Cassirer und den ‚refüsierten' Künstlern Ernst Bischoff-Culm und Ernst Oppler. Die verfahrene Situation führte zur Abfassung eines am 28. Mai 1913 datierten, gedruckten Zirkulars, formuliert von Ernst Pottner im Auftrage der Vorstands-Jury der refüsierten Oppositions-Minderheit der Secession, gerichtet an die Mitglieder der Secession mit dem Vermerk ‚Vertraulich'. Anlass des Zirkulars gab der Passus der Eröffnungsrede Cassirers vom 26. April 1913: „Rücksicht und Kameradschaft müssen vor der Treue zur Idee zurücktreten, man muß schweren Herzens von langjährigen Genossen Abschied nehmen, wenn die Idee nicht mehr fruchtbar sein kann." Die Refüsierten fühlten sich aus der Secession hinaus gedrängt und stellten den Antrag, dass Cassirer sein Amt niederlegen müsse,[41] der in der Generalversammlung vom 29. Mai 1929 keine Mehrheit fand.[42] Eine dreiköpfige Delegation der Refüsierten, bestehend aus Herstein, Neumann und Ernst Oppler, suchte am 5. Juni 1913, dem Vorabend der nächsten anberaumten Generalversammlung, den Ehrenpräsidenten Max Liebermann auf, um ihn zu seiner Enthaltung einer Unterstützung für Paul Cassirer zu bewegen.[43] Am Tag darauf erschienen in der Vossischen Zeitung und der B.Z. am Mittag eine von zwölf Refüsierten unterzeichnete Erklärung für die abends stattfindende Generalversammlung, in der man erneut den Rücktritt Cassirers einklagte, diesen nochmals aufforderte, seine Gründe für die Ablehnung der Kunstwerke darzulegen sowie detaillierte Auskunft über Eigentums- und Verfügungsrechte einzelner Kunstwerke zu geben.[44]

---

[38] Die Ehrengabe der Berliner Sezession für Lovis Corinth, in: Berliner Börsen-Courier, Berlin, 22.05.1913, zweite Beilage.

[39] Die Berliner Secession, in: Vossische Zeitung, Berlin, 24.05.1913, Abend-Ausgabe, zweite Beilage.

[40] „Eine sehr nüchterne Antwort gab der Präsident, indem er die Geschäftsbücher der Secession vorwies und daraus die notwendige finanzielle Sanierung oder den Beschluß der Auflösung der Secession ableitete, bei welcher die Partei Cassirers für die Auflösung stimmte. Nachher trat allerdings wieder Beruhigung ein." In der Secession, in: Berliner Börsen-Courier, Berlin, 27.05.1913, erste Beilage.

[41] Auszüge der Korrespondenz und des Zirkulars bei Corinth (1979), S. 172f. – Im Wortlaut übernommen von Bruns (1997), Kap.V.

[42] Corinth (1979), S. 349.

[43] Corinth (1979), S. 349.

[44] Die zwölf Unterzeichner waren: Ernst Bischoff-Culm, Adolf E. Herstein, Heinrich E. Linde-Walther, Otto Modersohn, Max Neumann, Joseph Oppenheimer, Alexander Oppler, Ernst Oppler, Fritz Schaper, Eugen Spiro, Max J. (?) Stremel, Hermann F. A. Westphal. Abdruck der Erklärung: Vossische Zeitung, Berlin, 06.06.1913, Abend-Ausgabe, zweite Beilage. – Fritz Schaper war seit 1903 Mitglied und verstarb 1919 in Berlin. Berend Harke Feddersen, Schleswig-Holsteinisches Künstlerlexikon, Bredstedt 1984, S. 154. – Max Arthur Stremel war seit 1899 Mitglied und verstarb 1928 in Ulm. Allgemeines Lexikon der Bilden den Künstler von der Antike bis zur Gegenwart, hrsg. v. Ulrich Thieme u. Felix Becker, Bd. 32, Leipzig 1938, S. 181.

Auf der letzten Generalversammlung der alten Berliner Secession am 5. Juni sollte es indes ganz anders kommen. Über den Verlauf der Sitzung und den Hergang der Ereignisse berichtete in den folgenden Tagen ausführlich die Berliner Presse tutti quanti. Der Eklat war perfekt. Die Erklärung der Refüsierten, so der Berliner Börsen-Courier in seiner Morgenausgabe, „führte eine überraschende, für den Bestand der Sezession sehr gefährliche Wendung herbei. Prof. Max Liebermann eröffnete als Ehrenpräsident die gestrige Generalversammlung mit einer Erklärung, in der er die Absicht, ausgleichend zu vermitteln, aufgab; ähnlich verhielt sich der Vizepräsident Prof. Max Slevogt." Liebermann bezog vor ca. 60 anwesenden Secessionsmitgliedern eindeutig Stellung:[45] „Nachdem in den letzten Tagen mir gegenüber in meiner Wohnung und in der Öffentlichkeit perfide Drohungen angewandt sind, die für die Folge jede Möglichkeit der Zusammenarbeit ausschließen, verzichte ich auf den beabsichtigten Versuch und auf das Wort." Max Slevogt ließ wissen, der Vorstand halte aus denselbigen Gründen weitere Verhandlungen „wegen Anwendung unzulässiger Mittel" für obsolet und forderte die Gegenpartei zum Vereinsaustritt auf. Als diesem Wunsche von der Gegenseite nicht entsprochen wurde, erklärte Slevogt „die Sitzung für geschlossen und den Austritt aus der Sezession, mit den Worten: ‚Wenn Sie nicht gehen, gehen wir.'" Der Vorstand und ein großer Teil von Mitgliedern verließen gemeinsam den Sitzungssaal, 44 an der Zahl. In einer Ehrenerklärung sprach man Paul Cassirer „restloses Vertrauen" aus. Dem Berliner Börsen-Courier zufolge war die Opposition „wohl auf eine bewegte Sitzung, aber doch nicht auf einen solchen Pyrrhussieg gefasst."[46]

Die Rumpf-Secession

Nach dem Eklat herrschte zunächst Verwirrung.[47] „Es sei", bemerkte die Vossische Zeitung, „müßig - was hoffentlich auch den Beteiligten nach der ersten Aufregung zum Bewusstsein kommen wird - jetzt zu erörtern,

---

[45] Nach Angabe der Vossischen Zeitung waren nur 50 Mitglieder auf der Generalversammlung zugegen, von denen „42 nach ganz kurzer Verhandlung" austraten. P. F., Die Sprengung der Sezession, in: Vossische Zeitung, Berlin, 07.06.1913, Abend-Ausgabe, zweite Beilage.

[46] Die neue Sezessionskrise, Der Austritt von 44 Mitgliedern, in: Berliner Börsen-Courier, Berlin, 07.06.1913, Morgen-Ausgabe, erste Beilage. Die Zeitung druckte die Namen aller 44 ausgetretenen Mitglieder. Abdruck des Artikels findet bei Thomas Corinth (1979), S. 173f. – Nach Ansicht der Berliner Morgenpost war „es immerhin bemerkenswert, daß in der Hauptsache die bedeutendsten Persönlichkeiten der Sezession in ihrer bisherigen Gestalt zu Paul Cassirer gehalten haben, offenbar in der Absicht, sich in neuer Form zu konstituieren. Die ‚Refüsierten' haben ihr Ziel erreicht: sie sind Sieger - aber es fragt sich, ob sie mit diesem Siege etwas anfangen können." Spaltung in der Sezession. Austritt des Gesamtvorstandes und der Mehrzahl. Lovis Corinth bleibt zurück. Die Refüsierten unter sich, in: Berliner Morgenpost, Berlin, 07.06.1913. – Wegen des weiterhin schwebenden juristischen Verfahrens gab das Berliner Tageblatt nur einen kurzen Abriss der Ereignisse und verzichtete auf den Abdruck der Ehrenerklärung zugunsten Cassirers wie auch auf den Abdruck der oppositionellen Stellungnahme. Der Zwist in der Sezession. Die Majorität verlässt den Saal. Die Minorität ruft die Gerichte an, in: Berliner Tageblatt, Berlin, 07.06.1913, Morgen-Ausgabe.

[47] Die Gegenerklärung der Oppositionspartei wurde von mehreren Zeitungen am 7. Juni 1913 in ganzer Länge abgedruckt. Zu den Unterzeichnern zählten: Lovis Corinth, Ernst Bischoff-Culm, Max Neumann, Adolf Eduard Herstein, Joseph Oppenheimer, Ernst Oppler, Hermann Struck, Emil Pottner, Hermann F. A. Westphal, H. E. Linde-Walther, Otto Modersohn, Friedrich Schaper, Max Arthur Stremel, Eugen Spiro. – Die zusammengeschrumpfte Sezession, in: Berliner Börsen-Courier, Berlin, 07.06.1913, Abend-Ausgabe, erste Beilage.

wen an der Entwicklung der Dinge die Hauptschuld trifft (...) Als Entschuldigung steht hier die Tatsache, dass gerade Vereinigungen künstlerisch arbeitender Menschen dem inneren Wandel schneller unterworfen sind als alle anderen, weil unbemerkt die Idee, aus der sie entstanden, verblaßt und das Ideal sich wandelt, wie Zeit und Erkenntnis hier in engerem Bunde stehen als anderswo (...) Was im weiteren sich auch ergeben mag (...), das Endergebnis aller Erwägungen angesichts der gestrigen Ereignisse läßt sich am besten in die Formel bringen: ‚Die Sezession ist tot - es lebe die Sezession!'"[48]

In der B.Z. am Mittag fasste Max Osborn die Sachlage in nüchterner Analyse zusammen: im Recht sein und künstlerisches Vermögen seien zwei voneinander unabhängige Faktoren. Auf lange Sicht gesehen zähle das Gewicht der Kunst. Und vorausblickend bemerkte er: „Die Opposition hat nun gesiegt, aber sie wird von dieser Form des Sieges nicht viel Freude haben; denn mit dem Fragment von Sezession, das nun zurückbleibt, ist vorderhand nichts anzufangen."[49]

Der Schritt Lovis Corinths, auf der letzten Generalversammlung der Secession die Partei der Refüsierten zu ergreifen, kam für viele überraschend und unvorhersehbar. „Jeden Kenner der Verhältnisse", so Hanns Schulze in der Nationalzeitung, „muß es seltsam berühren, dass sich Lovis Corinth zur Gegenpartei geschlagen hat. Lovis Corinth, der noch vor kurzem mit Max Liebermann ein Herz und eine Seele war, der selbst einst an der Spitze der Sezession stand, dessen große ‚Lebenswerk-Ausstellung' von Cassirer, gegen den sich im Prinzip doch alle Angriffe richten, geschaffen wurde, und für die sein nunmehriger Gegner Liebermann selbst das Vorwort des Kataloges geschrieben hat. Was mögen die Beweggründe gewesen sein, die die einst so treuen Bundesgenossen, unsere stärksten künstlerischen Potenzen, zu feindlichen gemacht haben? Ist Lovis Corinth doch von der Jury gut behandelt worden, der einzige, der die Schäden der Präsidentschaft Cassirers einsieht und offen dagegen aufzutreten wagt, obwohl dieser ihm Gutes erwiesen hat?"[50]

In derselben Ausgabe der Nationalzeitung bezog Lovis Corinth erstmals persönlich Stellung zu den Vorgängen in der Secession und legte seine Beweggründe dar: „Ich bedaure es sehr, daß dieser Zwist unter Kollegen einen so unangenehmen Verlauf genommen und zu einem völligen Bruch zwischen den beiden Parteien geführt hat. Ich habe jedoch von Anfang an dagegen Stellung genommen, daß Paul Cassirer die Leitung übernahm, da nach meiner Ansicht ein Kunsthändler nicht die geeignete Persönlichkeit ist, um eine Vereinigung von Künstlern zu leiten und deren Interessen in der geeigneten Weise zu vertreten. Ich bin stets dafür einge-

---

[48] P. F., Die Sprengung der Sezession, in: Vossische Zeitung, Berlin, 07.06.1913, Abend-Ausgabe, zweite Beilage.
[49] Max Osborn, Die gesprengte Sezession. Zur gestrigen Generalversammlung, in: B.Z. am Mittag, Berlin, 07.06.1913.
[50] H. S. [Hanns Schulze], Die feindlichen Brüder. Zu den Vorgängen in der Sezession, in: Nationalzeitung, Berlin, 08.06.1913.

treten, daß eine freie Ausstellung ohne den Einfluß eines Kunsthändlers zustande kommt. Deshalb habe ich auch die kleine Gruppe der Kollegen unterstützt, da sie in meinem Sinne handelte. Der jetzige Zustand wird hoffentlich bald beseitigt werden können. Falls eine provisorische Leitung gebildet werden sollte, werde ich an dieser selbst teilnehmen, jedoch werde ich nicht wieder die Leitung der Sezession übernehmen, da ich einen solchen Schritt mit meiner früheren Stellung als Präsident der Sezession für einvereinbar halte." Am selbigen Tage fand eine „Versammlung der Partei Corinths statt, in welcher die Künstler eine Resolution faßten, daß die Vereinigung der Sezession weiter bestehe und dass die bisherige Oppositionspartei in der Sezession verblieben sei."[51]

Das Bild Opplers – Zeitdokument und Stimmungsbarometer

Kennzeichnend für die Zeit nach dem Eklat war, dass zunächst nur einige wenige unter den verbliebenen Mitgliedern der Secession nach der Spaltung den Gang des Geschehens vorantrieben und den Lauf der Dinge bestimmten. Nicht so sehr die künstlerische Stellung war maßgeblich, vielmehr der persönliche Einsatz eines jeden für den Fortbestand der ‚Rumpf-Secession'. Schwer lastete auf den Mitgliedern der Druck der öffentlichen Meinung, der Restbestand der Secession würde bald der Bedeutungslosigkeit anheim fallen. Dem galt es nun entgegenzutreten. Es entfaltete sich daher innerhalb einer kleinen Gruppe von Mitgliedern eine rastlose Betriebsamkeit, die Secession nicht nur am Leben zu erhalten, sondern auch eine achtbare Position gegen die machtvolle Künstlergruppe um Paul Cassirer aufzubauen.

Betrachtet man nun unter diesen Vorzeichen das Gruppenbild der sechs Künstler von Ernst Oppler, so sind die dort dargestellten Herren - soweit bislang benennbar - nicht zufällig gewählt. Natürlich gab Oppler Corinth seinen ihm angemessenen Platz unter den versammelten Künstlern, war er doch der ihnen verbliebene Leitstern, unter dem sich die Refüsierten scharrten. Corinth kommt so auf dem Gemälde in prominenter Pose (en face) die gebührende Stellung zu, doch wird er als einer von fünf Zuhörern wiedergegeben. Der agierende, das Geschehen beherrschende Part kommt Hermann Struck zu und dies entsprach, soweit sich die Handlung historisch verfolgen lässt, den Tatsachen. Der Hauptgrund für Strucks engagierte Mitarbeit war vermutlich die Freundschaft zu Corinth.[52] Beide standen in ständigem Gedankenaustausch, der sich gerade im Sommer 1913 in reger Korrespondenz niederschlug, als sich Corinth in Österreich aufhielt. Ausgiebig erörterten die beiden Freunde, was als nächstes für die Secession zu tun sei, welchen Künstler man noch gewinnen könne,

---

[51] Die Sezession bleibt bestehen! Eine provisorische Leitung. Eine Unterredung mit Lovis Corinth, in: Nationalzeitung, Berlin, 08.06.1913.
[52] Rusel (1997), S. 68. Corinth (1979), S. 330. Thomas Corinth druckt einen großen Teil der Korrespondenz ab.

wie das Treiben der gegnerischen Seite zu beurteilen sei. Der ausführende Part der meisten Unternehmungen fiel Struck zu, dessen Atelier ein Treffpunkt für viele Künstler war. Er wusste seine vielen Kontakte für die Sache der Secession zu nutzen. Im Sommer 1913 kam Corinth die Rolle des Beraters zu, Strucks Funktion entsprach eher der eines ‚Vereinssekretärs', bei dem die Fäden zusammenliefen.[53]

Dem Zusammenspiel beider damals führenden Persönlichkeiten der Secession Corinth und Struck fügte Oppler im Gemälde das ‚unzertrennliche' Freundespaar Emil Pottner und Adolf Eduard Herstein hinzu. Beider Verbundenheit brachte Corinth 1914 auch in einem Doppelporträt zum Ausdruck.[54] Pottner und Herstein setzten sich von Anbeginn der Querelen für die Belange der Refüsierten ein. Man sollte in diesem Zusammenhang indes nicht unerwähnt lassen, dass beide als Künstler weitaus weniger bekannt waren als Corinth und Struck und ihr Verbleib in der Secession, bzw. deren Erhalt für beide eventuell eine Frage der wirtschaftlichen Existenz bedeutet haben mochte.

Auf den ersten Blick am denkwürdigsten mag die Wiedergabe des Malers Lesser Ury im Kreise der Künstler sein, ist doch das Gemälde Opplers das einzige Bilddokument, das Ury im Beisein anderer zeigt. Etwas am Rande des Geschehens stehend scheint er in sich versunken, weniger als Zuhörer, vielmehr Zeuge des Treffens. Für die Secession war es nach dem Verlust nahezu aller gewichtigen Künstler von erheblicher Bedeutung große Namen erneut hinzu zu gewinnen, und Ury zählte ohne Frage 1913 zu diesen. Bereits im Sommer 1913 machte Corinth ihm seine Aufwartung und stieg bis in den fünften Stock zu dessen Atelier am Nollendorfplatz Nr.1 hinauf. Ury indes wollte oder konnte nicht den Anschein erwecken, dass ihn die jahrelange Ignoranz seiner Kunst durch die Berliner Secession sehr gekränkt hatte. Seine Tür stand für die Secession unter Corinth nicht sogleich offen, er ließ sich zunächst erst einmal bitten. Als „an Urys 60. Geburtstag", so berichtete Adolph Donath, Biograph Lesser Urys, „Lovis Corinth mit seinen Kollegen vom Vorstand der Berliner Secession im Atelier des Künstlers war, und Urys Freunde Geheimrat Dr. Georg Minden und dessen Frau Franka, meine Wenigkeit und meine Frau zusammen an einem Tisch saßen, sagte Corinth in seinem heftigsten Ostpreußisch: ‚Heute hat er uns nicht rausjeschmissen!' – ‚Wie meinen Sie das, Meister,' fragten wir. Und Corinth antwortete: ‚Als ich 1913 zum ersten Mal bei Ury anklopfte, damit er in der Secession ausstellen solle,

---

[53] Ein Jahr später, 1914, malte Corinth das Porträt seines Freundes Struck. Lovis Corinth, Die Gemälde. Werkverzeichnis, verfasst von Charlotte Berend-Corinth, neu bearb. von Béatrice Hernad, München 1992, Kat.Nr. 633 (Porträt Hermann Struck, 1914, Öl auf Leinwand, 150 x 90,6 cm, bez. r.o.: Lovis Corinth 1914). Das Gemälde befand sich bis zum Tod Hermann Strucks in dessen Besitz, später im Besitz seiner Witwe.

[54] Lovis Corinth, Die Gemälde. Werkverzeichnis, 1992, Kat.Nr. 615 (Doppelporträt der Maler Pottner und Herstein, Öl auf Leinwand, 80 x 70 cm, bez. l.o.: Herstein, o. Mitte: Lovis Corinth 1914, r.o.: Pottner), S. 223, Nr. 15 Abdruck eines Briefes von Emil Pottner an Charlotte Berend-Corinth, datiert 22.6.1930: „(...) Als Meister Corinth eines Tages die Absicht äußerte, das unzertrennliche Paar, Herstein-Pottner, zu porträtieren, gab es kein Zögern für mich. Zur bestimmten Stunde fanden wir uns in seinem Atelier ein und wurden von ihm erst ins rechte Licht gesetzt (...)" Erstmals ausgestellt auf der 23. Ausstellung der Berliner Secession, Oktober - Dezember 1915.

öffnete er die Tür, sah mich und sagte freundlich: ‚Guten Tag, guten Tag, Corinth, ich bin nicht zu Hause.'"[55]

Das Bild Opplers zeigt somit bereits in seiner Auswahl der beteiligten Persönlichkeiten eine klare Interpretation der Ereignisse - und bezeugt damit zugleich den Erfolg der dargestellten Akteure im Kampf um die künstlerische und gesellschaftliche Vorrangstellung.[56] Die Sorge, die Arbeit und das Bemühen um den Fortbestand der Secession vereinen die Dargestellten ebenso wie die persönlichen freundschaftlichen Bande. Oppler hält sich in seiner Darstellung damit an die Tradition des klassischen zeitgenössischen Historienbildes, wie sie von den offiziellen Malern des Kaiserreiches wie etwa von Anton von Werner pompös gepflegt wurde. Ob allerdings das hier dargestellte Treffen der sechs Herren de facto und tatsächlich in diesem Rahmen stattfand, kann anhand der Quellen nicht verifiziert werden. In Ermangelung eigener Räumlichkeiten - das Ausstellungsgebäude der Secession war nämlich an die Partei Cassirers gefallen - fanden die Treffen der Berliner Secession in verschiedenen Lokalen Berlins statt.[57] Für Zusammenkünfte in kleinerem Kreise konnte auch die Privatwohnung eines Künstlers in Betracht gezogen worden sein. Die malerische Fiktion Opplers gewinnt vor diesem Hintergrund noch zusätzlich an historischer Überzeugungskraft.

---

[55] Adolph Donath, Wie die Kunstfälscher arbeiten, Prag 1937, S. 111. Die Schilderung dieser Episode findet sich auch bei Adolph Donath, Erinnerungen an Ury, in: Berliner Tageblatt, Berlin, 20.10.1931.

[56] Trotz all ihrer Bestrebungen in den nach folgenden Monaten konnte die ‚Rumpf-Secession' nie auch nur annähernd wieder ihre alte Bedeutung und überragende Stellung im Kulturleben Berlins zurückerlangen. Die Zahl der Refüsierten differiert je nachdem, ob man die Bezeichnung auf die Mitglieder der Secession einschränkt oder aber den Ausschluss aller von der 26. Ausstellung zurückgewiesenen Künstler meint.

[57] Corinth (1979), S. 182.

Max Liebermann **Simson und Delila,** 1909/10

Gemälde, seit 1919 im Museum der bildenden Künste Leipzig,
1936 Galerie Matthiesen, seit 1937 im Jüdischen Museum

Kunstmuseum Gelsenkirchen

Toraschrein der Synagoge **Schönfließ**
im Jüdischen Museum

Bildarchiv Abraham Pisarek

Abbilder einer Zeit, Ausschnitte eines Augenblicks

Die Fotografen und die Fotosammlung des Berliner Jüdischen Museums 1933-1938

von Anna Fischer

Spricht man von Fotografie, so spricht man immer über Abbilder: Abbilder von Menschen, Situationen oder Objekten. Es sind Ausschnitte eines Augenblicks – arrangiert, inszeniert, manchmal auch dem Zufall überlassene Gedanken des jeweiligen Fotografen über „sein Objekt".
In diesem Sinn stellen sich die vielen fotografischen Fundstücke dar, die während der Recherchen und Vorarbeiten für die Ausstellung „Auf der Suche nach einer verlorenen Sammlung. Das Berliner Jüdische Museum (1933-1938)" gefunden wurden. Zu Beginn der Arbeit bot sich ein Einblick nur durch verstreute einzelne Fotografien in die Museumswelt. Im Verlauf der weiteren Suche zeigten sich immer deutlicher „Momente", wie durchdacht, wie systematisch und komplex die damalige Museumsarbeit angelegt war.

Glasdiapositiv-Kasten, Muzeum Ziemi Lubuskiej, Zielona Góra

Karl Schwarz (1885-1962), erster Direktor des Berliner Jüdischen Museums, begann bereits ab 1913 eine breit angelegte Lichtbildsammlung aufzubauen.[1] Fotografisch auf Glasplatten festgehalten, wurde alles gesammelt, was als jüdische Kunst angesehen und von jüdischen Künstlern gefertigt wurde. Die fotografischen Abbilder dienten als Vorlagen für Vorträge und pädagogische Bildungsarbeit und zugleich als Dokumentation der Bestände der Kunstsammlung der Jüdischen Gemeinde zu Berlin. Sie bildeten somit den Grundstock für die spätere Lichtbildsammlung des 1933 eröffneten ersten Berliner Jüdischen Museums.

Darüber hinaus wurden diese Lichtbilder zur Reproduktion für die enorm große und heute noch zu weiten Teilen erhaltene Vorlagensammlung sowie gleichsam als Archiv für Abbildungen in Lexika, Zeitungen, Zeitschriften und Artikel genutzt. Dazu schrieb Franz Landsberger in einer Art Memorandum vom 10.12.1935 der Jüdischen Gemeinde Berlin betreffs des Museumsetats: „Das Jüdische Museum besitzt eine einzigartige Foto- und Stichsammlung, welche die gesamte jüdische Presse und das

---

[1] Jakob Hübner, Diapositivsammlung des Berliner Jüdischen Museums 1933-1938 im Muzeum Ziemi Lubuskiej. Gesammelte Bilder – Verlorene Welten. Workshop im Centrum Judaicum am 6. und 7. Dezember 2007, Berlin 2009, S. 32ff.

jüdische Verlagswesen mit Vorlagen versorgt, die anderswo heute nicht mehr verliehen werden."² Erna Stein³ sagte in einem Interview mit Lutz Weltmann: „'Ja, ein italienischer Gelehrter hat Photos für ein Buch bestellt und eine englische Zeitschrift hat angefragt, ob wir Material zur Illustration eines Aufsatzes hätten. Beiden konnte ich dienen.'"⁴ Weltmann schreibt hierzu: „Ich kann mich im Verlaufe des Vormittags noch oft überzeugen, wie sehr die Sammlungen des Jüdischen Museums in Anspruch genommen werden. Da verlangt ein Redner Diapositive für einen Vortrag, da ruft eine Zeitschrift an und braucht eine Abbildung sofort, worauf der Hausphotograph bestellt wird, dem man dringend ans Herz legt, von dem gewünschten Gemälde schnellstens eine Aufnahme zu machen – und so fort."⁵

Diese thematisch wie auch in ihrer Quantität umfangreiche fotografische Sammlung des Museums „besaß auch eine bis dahin [1933, A.F.] bereits aus einigen Tausend bestehenden Diapositivsammlung"⁶. Nach heutigen Schätzungen waren es vermutlich weit aus mehr als 5.000 Glasplatten. Schon um 1930 besaß die Kunstsammlung ca. 1.800 Diapositive, deren Zahl sich bis 1938 mehr als verdoppelte.⁷ Für das Jahr 1935 beziffert Landsberger in dem genannten Memorandum: „Die fast 3.000 Stück zählende Lichtbildersammlung, die nicht nur Kunstgegenstände, sondern auch palästinensische Landschaftsaufnahmen und jüdisches Volksleben enthält, wird fortdauernd für Vorträge in Berlin und im übrigen Deutschland in Anspruch genommen."⁸ Nach eingehender Recherche im Żydowski Instytut Historyczny in Warschau haben sich davon mindestens 1.300 Glasnegative erhalten, die die Wirren des Krieges an unterschiedlichen Orten überdauerten und 1952 in das ŻIH gelangten⁹. Wie viele Glasplatten die Sammlung des Museums umfasste, kann heute nicht mehr mit Bestimmtheit gesagt werden. Doch gewiss ist, dass diese sicher bis dahin einmalige Fotosammlung nicht wie andere Kunstsammlungen aus bedeutenden Vintage-Abzügen bestand. Vielmehr enthielt die Sammlung Lichtbilder, die zum einen die gesamten Bestände des Berliner Jüdischen Museums festhalten und sichtbar machen sollten sowie zum anderen jene Objekte zeigte, die von Verlust bedroht schienen. Daher stellt sich der Sammlungsbestand des Berliner Jüdischen Museums auch als Referenzsammlung dar, die es durch Fotografien zu erhalten galt, wie die „herrliche Silbersammlung Friedmann"¹⁰.

---

[2] Franz Landsberger an den Vorstand der Jüdischen Gemeinde,10.12.1935, „Abschrift", Żydowski Instytut Historyczny im. Emanuela Ringelbluma, Warszawa (ŻIH), Karton B-441, Mappe: Artikel über das Jüdische Museum, unpaginiert.

[3] Erna Stein war Mitarbeiterin von Karl Schwarz und leitete nach dessen Emigration im Juni 1933 das Berliner Jüdische Museum bis zu ihrer Emigration im Mai 1935. Vgl. dazu: Hermann Simon, Das Berliner Jüdische Museum, Teetz 2000, S. 9.

[4] Lutz Weltmann, Ein Vormittag im Jüdischen Museum, in: C. V.-Zeitung, 13. Jg., Nr. 30 (26.07.1934), 1. Beiblatt.

[5] Ebd.

[6] Karl Schwarz, Jüdische Kunst – Jüdische Künstler. Erinnerungen des ersten Direktors des Berliner Jüdischen Museums (= Jüdische Memoiren; Bd. 4), hrsg. v. Hermann Simon u. Chana Schütz, Teetz 2001, S. 216.

[7] Jakob Hübner, Diapositivsammlung des Berliner Jüdischen Museums 1933-1938 im Muzeum Ziemi Lubuskiej. Gesammelte Bilder – Verlorene Welten. Workshop im Centrum Judaicum am 6. und 7. Dezember 2007, Berlin 2009, S. 35.

[8] Franz Landsberger an den Vorstand der Jüdischen Gemeinde, 10.12.1935 „Abschrift", ŻIH, Karton B-441, Mappe: Artikel über das Jüdische Museum, unpaginiert.

[9] Vgl. Beitrag Jakob Hübner in diesem Band.

Das Berliner Jüdische Museum war ein Museum der Jüdischen Gemeinde Berlin, das durch das Engagement vieler Gemeindemitglieder weitgehend sein Profil entfaltete. Das belegen die Fotografen sehr eindrücklich. Diese Sammlung wurde zusammengetragen durch Aufnahmen und Reproduktionen von mehr als zwanzig jüdischen Fotografen, die zum Teil beauftragt oder auch frei ihre Fotos lieferten. Zu ihnen zählten u.a. die Berliner Fotografin Grete (Margarethe) Karplus (1902-1948) sowie die Fotografen Arno Kikoler (1915-1994), Abraham Pisarek (1901-1983) und Herbert Sonnenfeld (1906-1972). Ebenfalls waren für das Museum bedeutende Persönlichkeiten wie Roman Vishniac (1879-1990) sowie der Münchner Kunsthistoriker und Fotograf Theo Harburger (1887-1949) tätig.

Zu dieser vermehrten Beschäftigung und nachhaltigen fotografischen Arbeit bemerkte Landsberger: „Das Jüdische Museum, das sich unter meiner Leitung zu dauernd wechselnden Ausstellungen umgebildet hat, gibt den jüdischen Fotografen sowie jüdischen Berichterstattern Arbeit und Brot."[11]

Die noch erhaltenen Fotografien[12] sind in vielen Fällen für die Rekonstruktion der Sammlung des Berliner Jüdischen Museums die einzig noch verbliebenen Belegquellen und Zeugnisse der Sachzeugen und Kunstwerke. Im Hinblick auf den Verlust von ehedem Dagewesenem formulierte Susan Sonntag: „Fotos liefern Beweismaterial"[13]. So ist es auch in unserem Fall: Die Fotos sind heute Beweis für die Existenz einstigen Museumsbesitzes. Doch über die Beweislage hinaus interessiert, wer waren diejenigen, die die Objekte auswählten, auf Fotos festhielten, sie damit sichtbar machten, und sie sicher auch hinterlassen wollten? Wer waren die Fotografen, die die Verluste des Berliner Jüdischen Museums belegen?

Grete (Margarethe) Karplus

Grete Karplus wurde am 26. Mai 1902 als Tochter des jüdischen Bankkaufmanns Sigmund Karplus und seiner Frau Flora geb. Fuchs in der Klopstockstraße in Berlin-Tiergarten geboren. Nach einer Schulausbildung in der Fürstin-Bismarck-Schule in Berlin-Charlottenburg wurde Grete Karplus von 1918-1921 im Lette-Haus als Metallographin ausgebildet. Ihre erste Anstellung fand sie in der Firma Siemens, Kabelwerke Oberspree. Nach einer Weiterbildung im Atelier Billy Suhr ließ sie sich nach 1924 als selbstständige Fotografin nieder. Sie spezialisierte sich auf die fotografische Reproduktion von Kunstwerken; so dokumentierte sie nach Informationen ihrer Schwester Irma[14] die Gemäldesammlungen

*Porträt Grete Karplus, ca. 1939,
Hans Günter Flieg,
Instituto Moreira Salles Collection,
Brasilien*

---

[10] Karl Schwarz, Jüdische Kunst – Jüdische Künstler. Erinnerungen des ersten Direktors des Berliner Jüdischen Museums (= Jüdische Memoiren ; Bd. 4), hrsg. v. Hermann Simon u. Chana Schütz, Teetz 2001, S. 207.
[11] Franz Landsberger, an den Vorstand der Jüdischen Gemeinde, 10.12.1935; „Abschrift", ŻIH, Karton B-441, Mappe: Artikel über das Jüdische Museum, unpaginiert.
[12] Glasnegative im ŻIH, Glasnegative im Museum des Lebuser Landes in Zielona Góra, Fotoarchiv Abraham Pisarek, Berlin, Fotonachlass Herbert Sonnenfelds im Jüdischen Museum Berlin, Fotoarchiv des Instituto Moreira Salles Rio de Janeiro in Brasilien sowie einzelne Fotografien von Privatpersonen.
[13] Susan Sonntag, Über Fotografie, Frankfurt am Main 1999, S. 11.
[14] Irma Karplus, verh. Beutel, wurde am 24. April 1898 in Berlin geboren.

*Hans Günter Flieg im Atelier von
Grete Karplus, 1939, Grete Karplus*

*rechts: Zeugnis für Hans Günter Flieg
ausgestellt von Grete Karplus am
18.8.1939, Hans Günter Flieg*

von Jacob Goldschmidt (1882-1955), Nathan Israel (1782-1852) und Rudolf Mosse (1843-1920)[15]. Darüber hinaus wurden von ihr einzelne Werke in Kunstbüchern und Zeitschriften abgedruckt. Ihre Hauptarbeit bestand jedoch in den Jahren von 1933-1938 darin, die Sammlung des Berliner Jüdischen Museums zu dokumentieren.

Das Atelier Grete Karplus' befand sich in der Hektorstraße 4, in Berlin-Halensee. Noch im Jahr 1939 bildete sie den späteren Fotografen Hans Günter Flieg aus. Sein Abschlusszeugnis erhielt er am 18. August 1939, versehen mit folgender Anmerkung seiner Lehrerin: „Ich bin überzeugt, dass er es in dem Photographen-Handwerk zu etwas Gutem bringen wird, wenn er die Möglichkeit hat sich weiter auszubilden, da er Freude, Lust und Begabung dafür hat."

Aus unserem Gespräch mit dem heute in São Paulo, Brasilien, lebenden Fotografen, erfuhr ich, dass sich diese Prognose tatsächlich erfüllte.

Bevor Hans Günter Flieg mit seiner Familie die Emigration gelang, sollte er eine von Grete Karplus inszenierte Situation aufnehmen, an die er sich auch 72 Jahre später noch genauestens erinnert. Er fotografierte ihre Hand, während Grete Karplus einen auf den 5. September 1939 datierten Brief an ihre schon nach Großbritannien emigrierte Schwester mit folgendem Text schrieb: „Liebes Irmchen, Du bist die Erste, die mit meinem Montblanc-Federhalter, der prima schreibt, einen Brief auf Hoher See, bek[ommt.]"[16]

Wie sehr schwingen in diesen Worten Abschied und Hoffnung auf Rettung vor der Verfolgung und Diskriminierung mit, der sie sich zu diesem Zeitpunkt ausgesetzt sah! Ihr Schüler Hans Günter Flieg hielt diese für sie offenbar so wichtigen Worte im Bild fest. Erst durch unser Telefonat im Jahr 2010 erfuhr er, dass Grete Karplus die Emigration gemeinsam mit ihrer Mutter gelungen war. Beide Frauen gelangten mit der Bahn bis Wladiwostok und weiter mit dem japanischen Schiff „Heian Maru" nach Seattle. Sie reisten am 29. August 1940 in die USA ein. Der Vater war bereits 1936 gestorben und auf dem Jüdischen Friedhof in Berlin-Weißensee beigesetzt worden.[17]

Den Entschädigungsakten im Brandenburgischen Landeshauptarchiv ist zu entnehmen, dass Grete Karplus vermutlich in ihrem letzten Berliner Jahr gemeinsam mit ihrer Mutter in der Seesener Straße 50 lebte, denn

---

[15] Brandenburgisches Landeshauptarchiv, Entschädigungsakte (BLHA), Rep. 36A, Nr. II 18575, Bl. E3.
[16] BLHA, Rep 36A, Nr. II 18575, Bl. M24.
[17] Sigmund Karplus verstarb am 13.7.1936. Seine Beisetzung fand 3 Tage später auf dem Jüdischen Friedhof in Berlin-Weißensee, Feld N, Abteilung VII, Reihe 33 statt.

GRETE KARPLUS + FOTO-WERKSTATT

BERLIN-HALENSEE, HEKTORSTR. 4 · TEL.: 97 — 12-13 · POSTSCHECK: BERLIN 155728

18.8.39.

Hans Günter Flieg hat während eines halben Jahres unter meiner Aufsicht photographisch gearbeitet.

Er hat Gegenstands-und Werbeaufnahmen gemacht, aber auch Portrait - und Aussenaufnahmen.

Die Dunkelkammerarbeiten, wie Entwickeln von Negativen, von Leica-Filmen in der Correxdose, Kontaktabzügen und in der Hauptsache Vergrössern von Negativen, hat er in verhältnismässig kurzer Zeit sehr gut und sauber ausgeführt.

Auch leichte Retuschearbeiten(positiv und negativ) Abdecken von Negativen und Aufziehen und fertig machen von Positiven hat er schnell gelernt.

Da Hans Günter Flieg zeichnerisch begabt ist, hat er ein sehr gutes Auge und Gefühl für Licht- und Schattenwirkungen, und überhaupt für das, worauf es beim Photographieren ankommt. Ich bin überzeugt, dass er es in dem Photographen-Handwerk zu etwas Gutem bringen wird, wenn er die Möglichkeit hat sich weiter auszubilden, da er Freude, Lust und Begabung dafür hat.

Grete Karplus

dort erfolgte ein Jahr nach ihrer Emigration am 9. September 1941 die Beschlagnahmung ihres in Berlin verbliebenen Eigentums.[18] Am 7. Oktober 1942 wurde die „... schätzungsweise 1500 bis 2000 umfassende Sammlung von Photographien, [...] als brauchbarer und verwertbarer Handapparat für Kunsthistoriker und natürlich auch für Kunsthändler..."[19] eingestuft. Es gibt keinen Beleg darüber, dass die Sammlung versteigert wurde. Daher muss nach eingehender Recherche angenommen werden, dass sie verschollen ist. Hingegen belegt ein Dokument vom 9. Oktober 1942 den Verkauf der technischen Atelierausrüstung an die Dolmetscher Lehrabteilung der Wehrmacht mit einem Erlös von 250 RM.[20] Nachforschungen dazu ergaben jedoch keine weiteren Hinweise auf den Verbleib des Eigentums von Grete Karplus. Lediglich einzelne Reproduktionen konnten sich im Nachlass von Irmgard Schüler[21] erhalten, ebenso einige Glasnegative, die sich heute im Sammlungsbestand des ŻIH befinden.

Nachgewiesen werden konnte nur noch das weitere Schicksal der Fotografin. Nach ihrer Emigration arbeitete sie fünfeinhalb Jahre als fotografische Angestellte für das „Apeda Studio" in New York City. Dies belegt ein Arbeitszeugnis der Firma.[22] Grete Karplus verstarb mit 46 Jahren am 18. August 1948 ohne jemals einen Hinweis auf ihr in Berlin zurückgelassenes fotografisches Konvolut oder gar eine Entschädigung erhalten zu haben. Jedoch blieb sie ihrem Schüler Hans Günter Flieg[23] eindrücklich in Erinnerung. So schrieb er mehr als 70 Jahre später, nach unseren Telefonaten, seine Erinnerungen auf.

Aufnahme der Hand von Grete Karplus, Mai 1939, Instituto Moreira Salles Collection, Brasilien

„Dank an Grete Karplus von Hans Günter Flieg

Ostern 1939
Nachdem ich 1937 unter dem Druck der politischen Verhältnisse das Realgymnasium in Chemnitz verlassen musste, hatten mir meine Eltern noch die Möglichkeit gegeben, zwei Jahre in Berlin die Jüdische Privatschule Dr. Leonore Goldschmidt – die Goldschmidtschule am Roseneck – zu besuchen. Angesichts der bevorstehenden Auswanderung – wohin, war noch ungewiss – ergab sich jetzt die Notwendigkeit einer praktischen Ausbildung. Zeit und finanzielle Mittel waren begrenzt. Zeichnerische Begabung ließ uns an Fotografie denken. Durch Empfehlung von Freunden lernte ich Frau Grete Karplus kennen, welche lange für das Jüdi-

---

[18] BLHA, Rep 36A, Nr. II 18575, Bl. 32.
[19] BLHA, Rep 36A, Nr. II 18575, Bl. 7.
[20] BLHA, Rep 36A, Nr. II 18575, Bl. 41.
[21] Dr. Irmgard Schüler war bis 1938 Mitarbeiterin des Berliner Jüdischen Museums.
[22] BLHA, Rep 36A, Nr. II 18575, Bl. E5.
[23] Hans Günter Flieg wurde am 3. Juli 1923 in Chemnitz geboren. 1939 emigrierten er, seine Eltern und sein Bruder nach São Paulo, Brasilien. Dort war er fast ein halbes Jahrhundert als Fotograf tätig. Sein fotografisches Archiv liegt im Instituto Moreira Salles.

sche Museum in Berlin gearbeitet hatte. Sie wohnte zu der Zeit mit ihrer Mutter in einer Erdgeschosswohnung der Hektorstraße, einer ruhigen Nebenstraße des Kurfürstendamms. Ihre Schwester lebte bereits in den USA.[24]
Von Beruf war sie Fotografin, ausgebildet, meiner Erinnerung nach, am Lette-Haus. Nun war sie ohne Möglichkeit, zu arbeiten. Das Jüdische Museum war im November des Vorjahres geschlossen worden, viele jüdische Organisationen waren in Auflösung. Von anderer Seite waren keine Aufträge für sie zu erwarten. So nutzte sie die Zeitspanne bis zu ihrer und ihrer Mutter Auswanderung nach den USA, anderen Menschen in ähnlicher Situation in privaten Einzelkursen ihre beträchtlichen beruflichen Kenntnisse zu vermitteln. Auch Leute mit akademischer Ausbildung besuchten damals Umschulungskurse in Fotografie, um sich im Ausland einen Lebensunterhalt zu schaffen.

Frau Karplus brachte mir den praktischen Umgang mit den Elementen der Fotografie bei. Ich erinnere mich keiner theoretischen Belehrung. Dies war wohl richtig für die kurze verfügbare Zeit. Dafür empfahl sie mir zum Ende unserer Zusammenarbeit Kauf und Mitnahme von zwei Büchern: Hans Windisch ‚Die neue Fotoschule'[25] *und ‚Meine Erfahrungen mit der Leica'*[26] *von Dr. Paul Wolff. Das war ein wertvoller Rat. Beide Bücher blieben bis heute aktuell. Zum Abschied gab sie mir ein Insel-Buch mit ‚Fuji'-Holzschnitten des Hokusai. Es hat mir in vieler Hinsicht Japans Kunst und Kultur näher gebracht. Nach sieben Jahrzehnten ein wenig stockfleckig geworden, steht es bis heute für Basis, Niveau und Anregung, die mir Grete Karplus mitgegeben hat.*

Wir fotografierten in ihrem Wohnzimmer: Sachaufnahmen – hauptsächlich Gegenstände aus ihrem Besitz, ihrem täglichen Gebrauch, einen Margeritenstrauß, eine Briefwaage, Meißener Porzellanfiguren, Bücher; Werbeaufnahmen – Zigarettenpackungen der Marke ‚Schwarz-Weiss' aus ihrem Vorrat (sie war eine starke Raucherin), Büchsen von Tomatenpüree und frische Tomaten aus der Küche; Reproduktionen von Bildern an ihren Wänden – eine Öl-Landschaft, einen Stich ‚Florian Geyer'; Personenaufnahmen von Freunden. Die Kamera war eine nicht mehr neue Contessa-Nettel 9 x 12 cm, Objektiv Zeiss-Tessar 15 cm. Als Negativmaterial verwendeten wir Kodak Planfilm, in Deutschland hergestellt.

Tomaten und Büchsen, 1939,
Hans Günter Flieg,
Instituto Moreira Salles Collection,
Brasilien

---

[24] Nach den Unterlagen des Brandenburgischen Landeshauptarchives emigrierte die Schwester nach Großbritannien.
[25] Hans Windisch, Die neue Foto-Schule, Harzburg 1937.
[26] Paul Wolff, Meine Erfahrungen mit der Leica. Ein hist. Querschnitt aus fast 10 Jahren Leica-Photographie, Frankfurt am Main 1934.

Ja, und dann gab es die Dunkelkammer mit einem Müller & Wetzig-Vergrößerungsapparat bis zum Negativformat 9 x 12 cm. Wie das Zeugnis aussagt[27], lernte ich – am Schreib- und Arbeitstisch meiner Lehrerin – das Abdecken von Negativen; damit lässt man ein Objekt gegen einen weißen Grund stehen, wenn der Hintergrund stört. Auch leichte Retusche auf Vergrößerungen und dann deren Aufziehen auf cremefarbenen Karton mit Gummilösung von Goodyear brachte mir Grete Karplus bei. Eine Mappe mit dem Resultat meiner kurzen Lehrzeit hat mich bis heute begleitet.

Eine schöne Übersetzung des Lao Tse[28] lässt ihn sagen: ‚Klar sieht, wer von Ferne sieht und nebelhaft, wer Anteil nimmt.' Die Fotografien wecken über siebzig Jahre alte Erinnerungen, Empfindungen, Überlegungen. Da ist ein starkes Gefühl der Dankbarkeit dafür, dass meine Eltern noch in den letzten schweren Monaten vor unserer Auswanderung klare Überlegungen und Mittel aufgebracht haben für die Grundlage meiner beruflichen Ausbildung. Praktische Fotografie hatte für mich bis dahin nur die Bedeutung einer 3 x 4 cm ‚Box Tengor' von Zeiss Ikon, die ich im Winter 1932/33 in Agnetendorf im Riesengebirge von meinem Onkel, Dr. Arthur Schafer aus Bad Flinsberg, bekommen hatte.

Es war wohl alles sehr neu für mich. Aber ich empfinde noch deutlich die wohltuende, freundliche Ruhe von Grete Karplus in jenen Tagen, da sie selber unter dem Druck der verlorenen Arbeitsmöglichkeiten stand und auf die Papiere für ihre Auswanderung wartete.

Das bei ihr Gelernte gab mir im neuen Lande die Grundbedingungen für fünf Arbeitsjahre, die meinen Eintritt ins selbständige Berufsleben vorbereiteten. 1940 begleitete ich einen zehn Jahre älteren zum Fotografen ‚umgesattelten' Emigranten aus Glogau für kurze Zeit in seinen Anfängen. Ihn traf ich 1960 im gerade eingeweihten ‚Brasilia' als einen der bekanntesten Fotografen des Landes wieder. Dann blieb ich einige Monate im ‚klassischen' Porträt-Studio einer Ungarin. Danach war ich Lehrling in der damals größten lithografischen Anstalt Brasiliens in ihrer Phase der Umstellung von Steindruck auf Foto-Litho. Die Besitzer und viele Techniker stammten aus Leipzig und Dresden. Der einzige Chemnitzer war ich, man sprach wieder sächsisch.

Von 1943 bis 1945 arbeitete ich im Studio einer großen Druckerei, die in der Pharma-Industrie ihre Kunden hatte. Der deutsch-brasilianische Studiochef, ein ausgezeichneter Grafiker, war mir beruflich und menschlich der andere große Lehrer.

São Paulo 2008
Die Kunstsammlungen Chemnitz luden mich zu einer Ausstellung in meiner Geburtsstadt ein. Das Museum und der Katalog ‚Hans Günter Flieg –

---

[27] Vgl. Abbildung des Zeugnisses in diesem Beitrag.
[28] „Der alte Meister", chinesischer Philosoph (6. Jahrhundert n. Chr.), Begründer des Taoismus.

Dokumentarfotografie aus Brasilien (1940-70)' zeigten einen kleinen Einblick in meine Tätigkeit als selbständiger Fotograf.[29]

Aufnahmen aus Industrie, Architektur, Skulptur und Malerei, Werbung, Illustration, Porträt und Reportage sprachen von der Entwicklung Brasiliens, die ich miterleben durfte. Die Ausstellung eröffneten die beiden hier wiedergegebenen Bilder: Grete Karplus, aufgenommen von ihrem Schüler und Hans Günter Flieg, wie Grete Karplus ihn gesehen hat.

2010
Seit langer Zeit blätterte ich wieder einmal in der Mappe mit den ‚Karplus-Fotos'. Ich stieß auf das Bild mit der Brief-schreibenden Hand[30], wohl gedacht als Vorschlag für eine Füllfeder-Werbung. Aber wie merkwürdig. Etwa im Mai 1939 schreibt Grete Karplus einen auf September vordatierten Brief an ‚Irmchen'. Möglicherweise habe ich derzeit gewusst, dass dies der Name ihrer Schwester war. Inzwischen hatte ich es vergessen. Immer wieder hatte ich mich gefragt, ob meine Lehrerin noch rechtzeitig hatte wegkommen können. 2002 hatte eine Studentin für eine Diplomarbeit Nachforschungen in Deutschland und den USA nach Grete Karplus' Verbleib angestellt. Vergeblich.

Wenige Tage später erhielt ich einen Anruf vom Centrum Judaicum in Berlin wegen eines Beitrags zum vorliegenden Buch. Erst jetzt erfuhr ich, dass sie und die Mutter noch in letzter Minute über Wladiwostok zu ihrer Schwester gelangen konnten.

26. Mai 2011
Grete Karplus wäre heute 109 Jahre alt geworden, und – wie auf ihrer Karte vom 2. Juli 1939 zu lesen ist – hat sie doch wieder recht gehabt."

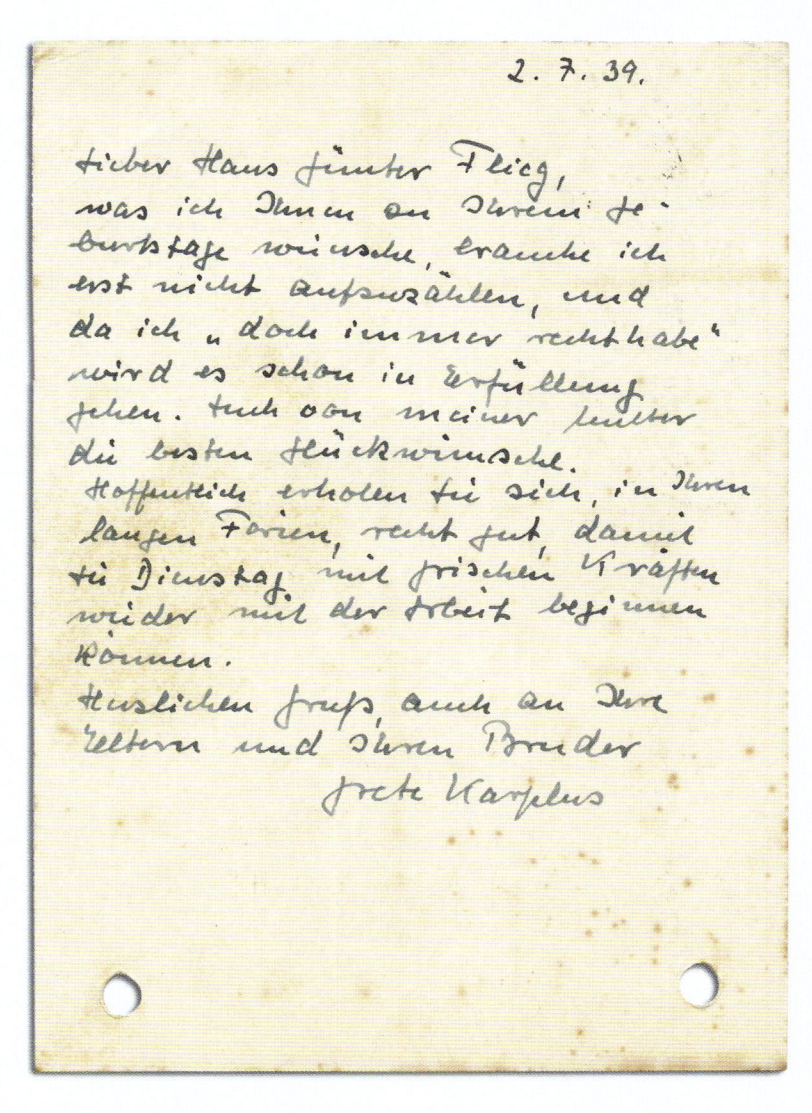

Postkarte an Hans Günter Flieg von Grete Karplus, 2.7.1939, Hans Günter Flieg

---

[29] Hans Günter Flieg. Dokumentarfotografie aus Brasilien (1940-1970), hrsg. v. Ingrid Mössinger u. Katharina Metzt, Bielefeld 2008.
[30] Vgl. Abbildung *Aufnahme der Hand von Grete Karplus*, Mai 1939.

Arno Kikoler

Ein weiterer wichtiger Dokumentarist des Berliner Jüdischen Museums war der Fotograf Arno Kikoler. Er wurde am 28. Februar 1915 im Krankenhaus der Berliner Jüdischen Gemeinde als Sohn des Kaufmanns Leopold Kikoler[31] und dessen Frau Else geb. Goldstein, geboren. In seinem nach 1945 verfassten Lebenslauf[32] schrieb Arno Kikoler, dass er bis zu seinem 14. Lebensjahr die Internatsschule des Zweiten Waisenhauses der Jüdischen Gemeinde in Berlin-Pankow besuchte[33]. Nach Beendigung der Schule begann er eine Lehre als Mechaniker, wechselte jedoch acht Monate später das Fach, um von Oktober 1929 bis April 1932 im Atelier Geo Lemkie und danach bis Oktober 1932 bei Ernst Schneider in Berlin den Beruf des Fotografen zu erlernen. Nach seiner Lehre ließ er sich als selbständiger Fotograf nieder.

In den Jahren 1932-1936 befand sich sein Studio in der Oranienburger Straße 31, im obersten Stock auf der rechten Seite.[34] Seit 1933 arbeitete Arno Kikoler als Pressefotograf unter anderem für die Reichsvertretung der Juden in Deutschland, für das Gemeindeblatt der Jüdischen Gemeinde sowie für das Berliner Jüdische Museum. Sein Sohn Leslie Leo Kikoler schrieb dazu: „Er arbeitete damals als Fotograf und Journalist für eine der wichtigsten Zeitungen Deutschlands."[35] Zu dieser Zeit lebte Arno Kikoler in Berlin-Charlottenburg in der Hektorstraße 5, also in direkter Nachbarschaft zu Grete Karplus. Inwieweit sich jedoch die Fotografen kannten und begegneten, ist nicht bekannt.

Porträt Arno Kikoler vor seiner Auswanderung, Fotograf unbekannt, Leslie Leo Kikoler, Brasilien

Bereits 1936 verließ Arno Kikoler Berlin und emigrierte, vorerst allein, nach Brasilien. Dazu schrieb er in seinem bereits erwähnten Brief an Hermann Simon: „Bei meiner Tätigkeit bei der Gemeinde beauftragte mich der damalige Vorsitzende Herr Moritz Rosenthal[36] die zerstörte Synagoge Prinzregentenstr.[37] zu fotografieren. Diese Fotos sollten zu einer Beschwerde bei dem Preussischen Innenministerium dienen […] gelangten aber zur Veröffentlichung in das ‚Jewish Chronicle' in London. Scheinbar wurde ich beim Fotografieren beobachtet, denn man schrieb die Autonummer auf, und ich wurde zur Polizei am Alexander-Platz vorgeladen und hatte das grosse Glück, einen alten preussischen

---

[31] Leopold Kikoler starb mit 38 Jahren am 18.1.1920 und wurde auf dem Jüdischen Friedhof in Berlin-Weißensee, Feld E, Abteilung V, Reihe 11 beigesetzt.
[32] BLHA, Rep 36A, Nr. II 19215, Bl. M5.
[33] Vermutlich gab ihn seine Mutter nach dem frühen Tod des Vaters als Zögling in das Waisenhaus; Unterlagen dazu konnten keine gefunden werden.
[34] Brief Arno Kikolers an Hermann Simon vom 27. November 1984.
[35] Auszug aus: „Arno Kikoler's history" von Leslie Kikoler in einer E-Mail vom 21. März 2011, aus dem Englischen übersetzt von Rachel Cylus.
[36] Moritz Rosenthal war über viele Jahre im Vorstand der Repräsentantenversammlung der Jüdischen Gemeinde Berlin und hatte verschiedene Ämter inne. Von 1933 bis 1940 war Heinrich Stahl Vorsitzender der Jüdischen Gemeinde zu Berlin.
[37] Über die Schändung der Synagoge zu diesem Zeitpunkt ließen sich keine Hinweise finden; für den Fotografen war jedoch dieses Ereignis von großer Bedeutung für sein weiteres Leben.

Beamten zur Vernehmung zu haben, der mir nahe legte: ‚zu verduften' da dieses Foto als Greulpropaganda angesehen wurde. Er versprach mir meinen Process nicht sofort an die Gestapo weiterzuleiten und in seinem Tisch für 10 Tage zu halten."[38] Diese Aussagen konnten bisher nach Einsicht in den Jewish Chronicle sowie im Archiv des Auswärtigen Amtes nicht bestätigt werden, jedoch unterstützt Arno Kikolers Sohn diese Angaben, indem er schrieb, „dass im Jahr 1935 die Nazi-Polizei nach ihm suchte, weil er einige Fotos gemacht hatte, die ihre Brutalität gegen Juden zeigten. ... Er musste alles zurück lassen – seine Familie, Arbeit, Freunde. Ich weiß nicht wie, aber er ging direkt zum Hafen und traf eine Entscheidung, die seine (und auch meine) Zukunft beschließen würde. Er entschied zwischen zwei Schiffen – eines nach Südafrika und ein zweites nach Brasilien."[39]

Arno Kikoler hinterließ bei seiner „überstürzten Auswanderung"[40] ein vollständig eingerichtetes Studio. „Ausser einer kompletten Installation an den modernsten photographischen Apparaten, Laboratorium etc., habe ich auch ein sehr umfangreiches Archiv mit vielen tausend Negativen zurücklassen müssen, die grossen Wert für mich hatten."[41]

Zu seiner Ankunft und ersten Zeit in Brasilien schrieb Arno Kikolers Sohn in der genannten E-Mail weiter:

„Ohne seine Mutter, Schwester und Freundin, nach fast 6 Wochen, kam er im Januar 1936 in Rio de Janeiro an – aus einem kalten europäischen Winter in den heißen, schwülen tropischen Sommer. Während der Reise erfuhren die Seemänner, dass mein Vater Fotograf war. Sie erzählten ihm, dass sich vor dem Hafen in Rio de Janeiro das Hauptbüro der größten Zeitung Rio de Janeiros – A Noite (Die Nacht) befand. Diese Zeitung war so groß und wichtig, dass sie drei Ausgaben pro Tag – morgens, mittags und abends herausgaben.

Obwohl er sich in einer fremden Stadt befand, in der er niemanden kannte, ging er in das Hauptbüro dieser Zeitung und stellte sich vor. Fünf Minuten später gaben sie ihm einen Fotoapparat und baten ihn, über einen Mord aus Leidenschaft in Rio de Janeiro, in den ‚Favelas', zu berichten. Das war sein Anfang in der neuen Welt.

Eröffnung Jüdischer Turn- und Sport-Club 1905 (JTSC 05), Arno Kikoler rechts außen, vermutlich 19. Mai 1935, Bildarchiv Abraham Pisarek

---

[38] Brief Arno Kikolers an Hermann Simon vom 27. November 1984.
[39] Auszug aus: „Arno Kikoler's history" von Leslie Kikoler in einer E-Mail vom 21. März 2011, aus dem Englischen übersetzt von Rachel Cylus.
[40] BLHA, Rep. 36A, Nr. II 19215, Bl. M5.
[41] Ebd.

Damals war der Präsident Brasiliens, Getulio Vargas, ein Verehrer Hitlers. Auf einer Feier im Palast des Präsidenten, benutzte mein Vater, trotz eines Verbotes, einen Magnesium-Sulfur Blitz. Nach dem Blitz, Rauch und schlechten Geruch, ordnete der Präsident einen Arrestbefehl an. Die Garden steckten meinen Vater ins Gefängnis. Ich kann mir nicht vorstellen, wie viel Angst er hatte, damals in einem Gefängnis eines Diktators sein zu müssen.

Am nächsten Morgen ordnete der Präsident an, meinen Vater zurück zum Palast zubringen. Die zwanzig Minuten dieser Reise waren wahrscheinlich am schrecklichsten. Er wusste nicht, was ihn erwarten würde.

Er stand vor dem höchsten Mann in Brasilien und glaubte nicht, was der ihm sagte: ‚Herr Kikoler, ich gratuliere Ihnen! Trotz des Verbotes, haben Sie Ihrem Beruf alle Ehre gemacht, und ein Foto gemacht ... Ein wunderschönes Foto von mir!! Das beste Foto!! ... Es wurde in fast allen lokalen Zeitungen in Brasilien veröffentlicht!! Dafür bedanke ich mich bei Ihnen sehr ...'

Mein Vater konnte kaum glauben, was er hörte, ... und der Präsident sprach weiter: ‚Und jetzt, um meine Dankbarkeit zu zeigen, können Sie um einen Gefallen fragen ... irgendeinen Gefallen!!!'

Das war befremdlich, in der Zeit der Diktaturen konnte ein persönlicher Gefallen von einem Präsidenten einen Unterschied zwischen Leben und Tod, Gefängnis und Erfolg bedeuten. Ich bin heute noch erstaunt, wie couragiert mein Vater auf diese Frage antwortete, sehr direkt: ‚Sehr geehrter Herr Präsident ... Vielen Dank.... Aber wenn Sie mir wirklich einen Gefallen tun wollen, muss ich Ihnen erzählen, dass ich Jude bin, und dass ich aus Deutschland geflohen bin. Daher frage ich, ob Sie meine Mutter, Schwester und Verlobte, welche Deutschland nicht verlassen dürfen, retten können. Bitte bringen Sie sie nach Rio de Janeiro ...'

Damals gab es eine Vereinbarung zwischen Deutschland und Brasilien, die ‚Carta de Chamamento'[42], die besagte, dass beide Länder jeden Bürger durch ein Empfehlungsschreiben ‚rufen' durften. Mein Vater erzählte mir, dass der Präsident nicht lange überlegt hatte. Er rief seinen Außenminister (ein großer Antisemit und Hitler-Verehrer) – Filinto Muller. Er ordnete an, sofort einen solchen Brief an die deutsche Regierung zu senden, der diese drei Frauen nach Brasilien berief. Der Präsident unterschrieb diesen Brief persönlich.

Einige Monate später kamen meine Großmutter, Tante und Mutter in Brasilien an, gerettet vor dem Nazi-Terror. Die Reste meine Familie kamen im Holocaust um, mit Ausnahme einer Tante, die sich nach Dänemark retten konnte.

Das ist der Beginn unserer Familie in Rio de Janeiro, in Brasilien."[43]

Die Recherchen ergaben, dass der gesamte Fotobestand Arno Kikolers verschwunden ist. Nur einzelne Reproduktionen ließen sich später im Nachlass des Fotografen Abraham Pisarek wiederfinden.

---

[42] Nach Aussagen eines Mitarbeiters im Politischen Archiv des Auswärtigen Amtes konnte für diesen Begriff keine, im juristischen Sinn, genaue Übersetzung gegeben werden. Ebenso ist dem Archiv eine solche Vereinbarung nicht bekannt.

[43] Auszug aus: „Arno Kikoler's history" von Leslie Kikoler in einer E-Mail vom 21. März 2011, aus dem Englischen übersetzt von Rachel Cylus.

Abraham Pisarek

Ein weiterer Fotograf, der sehr viel für das Berliner Jüdische Museum arbeitete, war der ebenso als Pressefotograf tätige Abraham Pisarek.

Er wurde am 24. Dezember 1901 als Sohn von Berek Pisarek, Maschgiach[44] der Jüdischen Gemeinde Łódź, und dessen Frau Sura geb. Scheiniak in Przedbórz bei Łódź geboren.[45] Abraham Pisarek wuchs in einem orthodox-jüdischen Elternhaus mit vier Geschwistern auf und besuchte bis zu seinem 18. Lebensjahr die Religions- und Mittelschule in Łódź. 1919 kam er nach Berlin. Neben einer Tätigkeit in der Industriefabrik Herne besuchte er Kurse der Illustrationsfotografie, der er sich später beruflich ganz zuwandte. Nach Aufenthalten in Palästina (1924-1927) und Frankreich ließ er sich in Berlin als freischaffender Fotograf nieder.

1928 heiratete er Berta Alma Luise Isigkeit (1897-1991), die eine ebenso begeisterte Fotografin wie ihr Mann war.[46] Mit ihr zusammen bekam er zwei Kinder, Georg (geb. 1929 in Berlin, gest. 1994) und Ruth (geb. 1931 im estnischen Narva). Aus Berlin-Reinickendorf vertrieben, zog die Familie 1936 in die Oranienburger Straße 37, in unmittelbare Nähe zum Berliner Jüdischen Museum. Sein Labor befand sich in der Oranienburger Straße 28, nahe den Räumen der Bibliothek der Jüdischen Gemeinde.

Porträt Abraham Pisarek, 1930, Berta Pisarek, Bildarchiv Abraham Pisarek

Es ist davon auszugehen, dass sich die Fotografen wohl immer wieder auf den Fluren des Berliner Jüdischen Museums begegneten und austauschten. So berührten sich doch ihre Arbeitsfelder und -bereiche an der ihnen gemeinsamen Schnittstelle des Museums.

Abraham Pisarek war Mitglied im Reichsverband der Deutschen Presse, aus dem er 1933 ausgeschlossen und mit einem allgemeinen Berufsverbot für Journalisten belegt worden war. Eine Arbeitserlaubnis hatte er für die noch bestehende jüdische Presse, in der viele seiner Bilder veröffentlicht wurden. Bis 1941 war er für diese sowie für den jüdischen Kulturbund als einziger Fotograf tätig. Die letzte Aufnahme auf der letzten Filmrolle Abraham Pisareks aus der Zeit bis 1945 zeigt den Fotografen in seinem Fotolabor in der Oranienburger Straße 37, im Dachgeschoss seiner Wohnung; aufgenommen wurde es von seiner Frau Berta.

Bis zur Zwangsschließung des Berliner Jüdischen Museums durch die Nationalsozialisten nach den Novemberpogromen 1938 entstanden hunderte von Fotografien, die ein Abbild des Berliner Jüdischen Museums und seiner Sammlungen geben. Nach dieser erzwungenen Schließung wur-

---

[44] Die Arbeit des Maschgiach besteht darin, die Kaschrut, die Einhaltung der jüdischen Speisegesetze, in der jeweiligen jüdischen Gemeinde sicherzustellen.

[45] Wegweiser durch das jüdische Berlin. Geschichte und Gegenwart, hrsg. v. Nicola Galiner, Berlin 1987, S. 11.

[46] Gespräch mit der Tochter von Abraham Pisarek, Dr. Ruth Gross, in dem Film „Grenzgänger. Der Fotograf Abraham Pisarek", 58:51min, DVD, Berlin 1991.

Porträt Abraham Pisarek 1941, Berta Pisarek,
Bildarchiv Abraham Pisarek

de der größte Teil des fotografischen Materials von Abraham Pisarek, ebenso wie das seines Kollegen Arno Kikolers, beschlagnahmt.

In den Jahren von 1941 bis 1945 wurde Abraham Pisarek zur Zwangsarbeit zuerst bei Zeiss Ikon verpflichtet, wo er an einer Stanzmaschine arbeiten musste, und später als Heizer bei der Wäscherei-Firma Gubeler und Krause. Nachdem polnische, ukrainische und russische Gefangene ebenso als Zwangsarbeiter in dieser Firma verpflichtet wurden, musste Abraham Pisarek u.a. als Dolmetscher tätig sein.[47] Dank der Hilfe und Unterstützung seiner nichtjüdischen Ehefrau, die ihn auch mit ihrem Protest im Zuge der „Fabrik-Aktion" aus dem Sammellager Rosenstraße rettete, konnten Abraham Pisarek und seine Kinder die Zeit des Nationalsozialismus in Berlin überleben. 81-jährig starb er am 24. April 1983 in Berlin.

Nicht nur für den Fotografen Pisarek, sondern auch für die Recherchen zum Berliner Jüdischen Museum war es von unschätzbarem Wert, dass ein großer Teil seiner Fotos nach dem Krieg in der Meineckestraße 24, entdeckt von sowjetischen Offizieren, an ihn zurück gegeben wurde. Vereinzelt fanden sich unter diesen in Kisten verpackten Reproduktionen auch Abzüge von Fotos, die Arno Kikoler sowie der ebenfalls für das Museum tätige Fotograf Herbert Sonnenfeld angefertigt hatten. Diese Reproduktionen wurden später der Stiftung Jüdisches Museum Berlin zur Verfügung gestellt sowie an die Witwe Herbert Sonnenfelds, Leni Sonnenfeld, zurück gegeben. Der bis heute erhaltene und von seiner Tochter Ruth Gross verwaltete fotografische Nachlass Pisareks macht nach eingehende Recherchen vor Ort deutlich, dass Abraham Pisarek alle Bereiche des jüdischen Lebens im damaligen Berlin in zahlreichen Aufnahmen im Bild festhielt. So befinden sich eine Vielzahl von Porträtaufnahmen jüdischer Künstler sowie ihrer dem Berliner Jüdischen Museum überlassenen Werke in der heute noch vorhandenen Lichtbildsammlung. Darüber hinaus gibt uns dieses umfangreiche Fotomaterial die Möglichkeit, in einzelne Ausstellungsräume des damaligen Berliner Jüdischen Museums „hineinzusehen".

---

[47] Gespräch mit dem Sohn von Abraham Pisarek, Georg Pisarek, in dem Film „Grenzgänger. Der Fotograf Abraham Pisarek" von 1991.

Herbert Sonnenfeld[48]

Als Beispiel für diese „Einblicke" steht eine Aufnahme des Fotografen Herbert Sonnenfeld vom Eingangsbereich des Berliner Jüdischen Museums, die einen Eindruck der Ausstellungssituation von Damals vermittelt. Der Blick in die Eingangshalle zeigt Besucher auf ihrem Rundgang durch eine Ausstellung mit Neuerwerbungen des Museums im Jahr 1936. Diese Ansicht hat es möglich gemacht, einige der gezeigten Objekte zu bestimmen und einzelnen Künstlern zu zuordnen. So stammt das Bild am linken äußeren Rand von der Künstlerin Anita Reé. Es ist die einzige überlieferte Abbildung ihres Kunstwerkes *Männerkopf mit Pfeife*, die durch die Aufnahme Sonnenfelds wieder ‚sichtbar' gemacht werden konnte.

Herbert Sonnenfeld wurde 1906 in Berlin-Neukölln geboren und verstarb 1972 in New York. In vielen seiner Arbeiten dokumentierte er, ebenso wie Abraham Pisarek, bis zu seiner Emigration 1939 in die USA das jüdische Leben Berlins in all seinen Facetten. Und ebenso wie die Fotografien Abraham Pisareks wurden auch seine Bildwerke in der zeitgenössischen Presse vielfach veröffentlicht.

Eingangshalle Berliner Jüdisches Museum, September 1936, links Bilder von Anita Rée, mitte Elisabeth Springer, Mutter und Kind, Kunststein, hinten Felix Nussbaum, Stillleben, Herbert Sonnenfeld, Stiftung Jüdisches Museum Berlin

Porträt Herbert Sonnenfeld, Berlin, ca. 1935, Leni Sonnenfeld, Stiftung Jüdisches Museum Berlin

---

[48] Eine Würdigung seines Lebenswerkes veranschaulichten die Ausstellung und der Begleitband: Herbert Sonnenfeld. Ein jüdischer Fotograf in Berlin 1933-1938. Berlin 1990. Die Autorin Maren Krüger ist wissenschaftliche Mitarbeiterin der Stiftung Jüdisches Museum Berlin.

Roman Vishniac 1977,
Andrew A. Skolnick

Rauchgefäß, Nordafrika, 19. Jh., Roman Vishniac,
ca. 1930-1932, Stiftung Neue Synagoge Berlin –
Centrum Judaicum

Roman Vishniac

Weitere Kunstwerke, die sich im Besitz des Berliner Jüdischen Museums befanden, hat der durch seine Publikation „Verschwundene Welt"[49] bekannt gewordene Fotograf Roman Vishniac in einigen seiner Fotografien festgehalten.

Vishniac, geboren am 19. August 1897 in Pawlowsk bei Sankt Petersburg, studierte Medizin und widmete sich schon als Kind der Fotografie. Er machte Aufnahmen von lebenden Tieren durch ein Mikroskop, das ihm im Alter von sieben Jahren von seiner Großmutter geschenkt worden war. Später in Berlin ansässig, führte er neben den schon genannten Bildsujets einzelne Fotoaufträge für das Berliner Jüdische Museum aus. So konnten bei den Recherchen zum Projekt auch durch seine Bilder verschiedene Objekte, die sich einstmals in der Sammlung befanden, erneut ‚sichtbar' gemacht werden. Der Korrespondenz zwischen Roman Vishniac und Hermann Simon aus dem Jahr 1984 ist zu entnehmen, dass verschiedene Negative aus seiner Arbeit für das Berliner Jüdische Museum erhalten geblieben sind. Er stellte diese Reproduktionen schon damals für die spätere Forschung zum Berliner Jüdischen Museum Hermann Simon zur Verfügung. Neben Abbildungen verschiedener Judaica oder der Aufnahme eines Rauchgefäßes aus Nordafrika aus dem 19. Jh. reproduzierte er auch das Gemälde Joseph Oppenheimers *Portrait of Dr. Schemaryahu Levin*, 1931, welches sich heute im Besitz des Israel Museums in Jerusalem befindet.

Roman Vishniac emigrierte nach Frankreich und wanderte Ende 1940 in die Vereinigten Staaten aus. Dort entstanden weitere bedeutende Porträtaufnahmen wie jenes von Albert Einstein, welches Einsteins Lieblingsporträt wurde. Nach 1946 gab Vishniac die Porträtfotografie auf und vertiefte seine Arbeiten auf dem Gebiet der Mikrofotografie und Biologie. Er starb im Alter 92 Jahren am 22. Januar 1990 in New York.

---

[49] Roman Vishniac, Verschwundene Welt, München 1983.

Theo Harburger

Ein weiterer umfangreicher Bestand der fotografischen Sammlung des Berliner Jüdischen Museums betraf unterschiedliche Judaica, die sich im Besitz von jüdischen Gemeinden und israelitischen Synagogengemeinschaften Süddeutschlands befanden. So fertigte der Kunsthistoriker und Fotograf Theo Harburger in den Jahren 1926-1932 für Forschungszwecke im Auftrag des Verbandes der Bayrischen Israelitischen Gemeinden ein umfassendes Inventarverzeichnis sämtlicher Judaica sowie Friedhöfe und Synagogen in Bayern an, von denen er viele Reproduktionen der Kunstsammlung der Jüdischen Gemeinde Berlin zur Verfügung stellte. Mit dieser umfangreichen Zusammenstellung wollte er vor allem „das jüdische Brauchtum lebendig werden zu lassen, vieles, was unserem Bewusstsein zu entschwinden droht, uns vor Augen zu führen und den Sinn für das Schöne in der Ausübung der religiösen Gebräuche wieder zu wecken". [50]

Theo Harburger, 1912, Promotionsakte Archiv Ludwig-Maximilians-Universität München

Theo Harburger war am 8. September 1887 in München geboren worden und verstarb in Naharia, Israel, am 15. Oktober 1949. Sein gesamter Nachlass, der auch aus einer umfangreichen Sammlung von Glasnegativen bestand, liegt heute im Central Archives for the History of the Jewish People Jerusalem.

Die wenigen noch auffindbaren Artefakte sowie die bruchstückhaften Informationen der im Beitrag vorgestellten Fotografen am Berliner Jüdischen Museum spiegeln den enormen Facettenreichtum der Sammlung des Berliner Jüdischen Museums wieder. Diese Sammlung war von unschätzbarem Wert und gewährt heute selbst in so dezimiertem Zustand, einen eindrucksvollen Einblick in die Vielschichtigkeit der damaligen jüdischen Welt.

So war es eines der Hauptanliegen von Karl Schwarz und seinen Mitarbeitern neben dem Sammeln, Bewahren und Ausstellen von Kunst jüdischer Künstlerinnen und Künstler, diese Lebenswelt in all ihrem Detailreichtum zu zeigen und dadurch für die Nachwelt zu erhalten, denn, wie Susan Sonntag formulierte: „Fotografie sammeln heißt die Welt sammeln." [51]

---

[50] Theo Harburger, Ausstellung jüdischer Kult-Geräte und Einrichtungen für Synagoge und Haus, in: Bayrische Israelitische Gemeindezeitung, Jg. 1930, Nr. 13 (01.07.1930), S. 207-208, hier S. 208.

[51] Susan Sonntag, Über Fotografie. Frankfurt am Main 1999, S. 9.

Rahel Wischnitzer und Alfred Klee
in der
Ernst und Alexander Oppler Ausstellung, Oktober 1937

dahinter Alexander Oppler *Gipsbüste*,
mitte Ernst Oppler *Bronislav Hubermann*, 1927,
rechts Ernst Oppler *Szenen eine Boxkampfes*, 1920

Bildarchiv Abraham Pisarek

Die Künstlerhilfe der Jüdischen Gemeinde zu Berlin

von Chana Schütz

Knapp einen Monat nach der Eröffnung des Berliner Jüdischen Museums, im Februar 1933 beschrieb Max Osborn in der Zeitung des Central-Vereins deutscher Staatsbürger jüdischen Glaubens (C. V.-Zeitung) Aufgaben und Ziele des neuen Museums. Vor allem mit dem Blick auf die Präsentation der zeitgenössischen Kunst meinte er: „Die bis ins Letzte vollzogene Einheit der jüdischen Maler und Bildhauer mit der nationalen Kunstübung des Landes, dessen geistiges Dasein auch ihre Heimat ist, wird vermutlich sogar dahin führen, dass man im Jüdischen Museum nicht (...) die zurzeit in Deutschland wirkende Künstlerschaft jüdischen Bekenntnisses mit Werken allgemeiner Haltung (Stilleben, Landschaften, Städtebilder) als eine Sondergruppe vorführen [wird], die sie in Wahrheit nicht bildet."[1]

Seine Feststellung, die als wohlwollende, gemäßigte Kritik[2] an der Konzeption des Museums gemeint war, entbehrte nun – wenige Wochen nach der Ernennung Hitlers zum Reichskanzler – jeder realen Grundlage. Tatsächlich hatte sich mit der Machtübernahme der Nationalsozialisten und besonders in Berlin die allgemeine Kunstsituation drastisch und radikal geändert. Ziel der nationalsozialistischen Politik war die möglichst umfassende Trennung alles Deutschen von „Nichtarischem". Auch in der Bildenden Kunst war es das dezidierte Ziel der neuen Machthaber, Juden, die als Maler und Bildhauer, Graphiker und Kunsthandwerker tätig waren, als „eine Sondergruppe" zu degradieren.

> „Ein Schauspieler, der nicht schauspielern kann, ist kein Schauspieler, und ein Sänger der nicht singen darf, wird eines Morgens erwachen und feststellen, dass er kein Sänger mehr ist."
>
> Egon Jacobsohn, Jüdischer Kulturbund Berlin. Monatsblätter, 3. Jg., Nr. 7 (Juli 1935), S. 7

Der ursprünglichen Intention, die der Konzeption des Berliner Jüdischen Museums zu Grunde lag, nämlich ein Spezialmuseum für die deutsche Reichshauptstadt zu sein, das sich würdig in die Museumslandschaft der Stadt einreiht, war durch die politischen Ereignisse die Grundlage entzogen. Von nun an war dieses Museum einzig und allein eine Einrichtung von Juden für Juden.

---

[1] Max Osborn, Das Jüdische Museum in Berlin, in: C.V.-Zeitung, 12 Jg., Nr. 8 (23.02.1933), S. 65-66.

[2] Im Gegensatz zur scharfen Kritik von Curt Glaser, Kunsthistoriker und Direktor der Kunstbibliothek der Staatlichen Museen, der die Existenz einer jüdischen Kunst jenseits der Religion kategorisch ablehnte. Vgl. Das neue „Jüdische Museum", in: Berliner Börsen Courier, 25.01.1933, S. 2. Zitiert nach Hermann Simon, Das Berliner Jüdische Museum in der Oranienburger Straße. Geschichte einer zerstörten Kulturstätte, Teetz 2000, S. 61f. Anm. 110ff.

Dass das Berliner Jüdische Museum in den nächsten fünf Jahren einer der wenigen Orte in Deutschland werden sollte, in denen die Werke von Jozef Israels, Camille Pisarro, Max Liebermann, Lesser Ury, Eugen Spiro, Jakob Steinhardt, Ludwig Meidner und Marc Chagall gesammelt und öffentlich ausgestellt wurden, wusste zu diesem Zeitpunkt noch niemand. Aber dass das Berliner Jüdische Museum darüber hinaus zu der Institution werden sollte, die praktische „Künstlerhilfe" leistete und den bedrängten bildenden Künstlern absolut notwendige Hilfen bot, zeigte sich bereits im Frühjahr 1933.

In den beiden Anfangsmonaten besuchten ungeachtet der dramatischen politischen Ereignisse mehrere tausend Besucher das neue Museum. „So kam der 1. April mit dem großen allgemeinen Judenboykott", erinnert sich Jahre später Karl Schwarz. „Der Tag fiel glimpflicher aus, als Erwartungen befürchten ließen. Aber nun wurde den Juden durch drastische Gesetze klargemacht, dass sie im öffentlichen Leben Deutschlands nichts mehr zu suchen hatten. Zunächst wurden die freien Berufe von Juden gesäubert, und unter ihnen entstand am 1. April eine Panik."[3] In dieser Situation beschloss die Berliner Jüdische Gemeinde ab April 1933 bei der „Zentralstelle für jüdische Wirtschaftshilfe" eine Unterabteilung „Künstlerhilfe" einzurichten. Alexander Szanto, der von 1933 bis 1939 die Finanzabteilung der Wirtschaftshilfe leitete, erinnert sich später im englischen Exil: „Schwierige Probleme erwuchsen für die jüdischen Organisationen bei der Betreuung brotlos gewordener Künstler. Die Schauspieler, die Musiker, die Maler und Graphiker, die Bildhauer, die Artisten waren mit unter den ersten, die von den Nazis völlig aus dem öffentlichen Leben ausgeschaltet und damit von jeder Existenzmöglichkeit abgeschnitten wurden. Die Prominenten unter ihnen wanderten zum größten Teile sofort aus, einige wenige konnten sich auf andere Berufe umstellen": Doch, so das Fazit von Szanto, die meisten Künstler blieben der Fürsorge der Institutionen der Jüdischen Gemeinde überlassen.[4]

Für die bildenden Künstler Berlins, die nur einen kleinen Teil der von der Künstlerhilfe betreuten Künstler darstellten,[5] war die Anlaufstelle das Jüdische Museum in der Oranienburger Straße 31, wo Museumsdirektor Karl Schwarz zusammen mit seiner Stellvertreterin Erna Stein den Ratsuchenden half. In seinen Erinnerungen schreibt Karl Schwarz darüber: „Durch Zusammenarbeit mit den anderen Organisationen konnte in vielen Fällen sofort wirksame Hilfe geschaffen werden. (...) Die Not der Tage, da ein unbeschreibliches Elend auf einen eindrängte, übertönte alle anderen Sorgen. Es galt Menschen zu retten, unverzüglich zu retten. Wir arbeiteten ohne Unterbrechung bis in die Nacht hinein."[6]

---

[3] Karl Schwarz, Jüdische Kunst – Jüdische Künstler. Erinnerungen des ersten Direktors des Berliner Jüdischen Museums, hrsg.v. Chana Schütz u. Hermann Simon, Teetz 2001, S. 249.

[4] Alexander Szanto, Im Dienste der Gemeinde 1923-1939, Leo Baeck Institute New York, Memoirensammlung M. E. 838 (London 1968), S. 144.

[5] Bis 1. September 1935 meldeten sich bei der Künstlerhilfe insgesamt 1.485 Künstler, von denen 100 Maler und Graphiker waren. Die Künstlerhilfe – ein Bericht von ihrer Arbeit 1933-1935, 01.09.1935, Anhang, Archiv Akademie der Künste, Kulturbund 1.53.164.

[6] Schwarz (2001), S. 250.

Die Situation verschlechterte sich von Monat zu Monat; sie verschärfte sich als im September 1933 die Reichskulturkammer gegründet wurde, in der die einzelnen künstlerischen Berufszweige, darunter auch die Reichskammer der bildenden Künste, organisiert wurden. Diese Institution, die dem Reichsministerium für Volksaufklärung und Propaganda unterstellt war, verfolgte ausschließlich das Ziel, das gesamte kulturelle Leben staatlich, und das bedeutete nach dem 30. Januar 1933 nationalsozialistisch zu kontrollieren und auszurichten. Zwar enthielt das Reichskulturkammergesetz keine Bestimmung, die den Juden die Ausübung eines künstlerischen Berufes prinzipiell verbat. Doch ermöglichte §10 der Durchführungsverordnung zu diesem Gesetz, „dass bei Fehlen der notwendigen Zuverlässigkeit und Eignung die Aufnahme in die Kammer und damit die Voraussetzung zur öffentlichen Berufsausübung verweigert werden kann"[7].

Bereits vor 1933 war wegen der allgemeinen Wirtschaftskrise die Situation von Künstlern sehr schlecht. Im Dezember 1932 erschien im Auftrag der Zentralwohlfahrtsstelle der deutschen Juden und der Hauptstelle für jüdische Wanderfürsorge die Studie von Jakob Lestschinsky über „Das wirtschaftliche Schicksal des deutschen Judentums". Darin ging es im Wesentlichen darum, den „Niedergang des Bürgertums" zu beschreiben, der „nicht nur die kleinbürgerlichen und Mittelstandsschichten, sondern auch die höheren sozialen Gruppen erfasst" hatte.[8] Im Oktober 1931 hatte der Architekt Harry Rosenthal in der C.V.-Zeitung angemerkt, dass sich immer mehr Juden für das Kunsthandwerk statt für die freie Kunst entschieden, so dass „die öffentlichen und privaten Werkschulen wie das Bauhaus in Dessau und die Reimann-Schule in Berlin auch von jüdischer Jugend stark frequentiert" waren. Doch diese Ausbildungsmöglichkeiten standen nach 1933 nicht mehr zur Verfügung. Das Bauhaus in Dessau wurde von den Nationalsozialisten geschlossen und die Reimann-Schule konnte nur, nachdem Albert Reimann sowie jüdische Lehrer und Schüler die Schule verlassen hatten, weiter existieren. Sukzessive erfolgte der Ausschluss des jüdischen Lehrpersonals aus allen öffentlichen Kunstschulen in Deutschland. Bemerkenswert ist, dass der Berliner Maler Erich Wolfsfeld bis 1936 an den Vereinigten Staatsschulen für Freie und Angewandte Kunst in Berlin-Charlottenburg seine Lehrtätigkeit fortsetzen konnte. Bis 1938 waren von dem Ausschluss aus der Kulturkammer insgesamt 1.657 bildende Künstler betroffen, die nach Naziterminologie als „Juden, jüdische Mischlinge und mit Juden verheiratete" galten.[9]

Wie viele andere erhielt auch der Berliner Maler Ernst Rosenthal, der sich auch Rosenthal-Rosta nannte, am 18. März 1935 ein Schreiben des

---

[7] Reichskulturkammergesetz vom 22.09.1933 in: Reichsgesetzblatt, Jg. 1933, Teil I (= RGBl. I), S. 661; 1. Durchführungsverordnung vom 01.11.1933, RGBl. I, S. 797; 2. Durchführungsverordnung vom 09.11.1933, RGBl. I, S. 969. Vgl. auch: Die Künstlerhilfe – ein Bericht von ihrer Arbeit 1933-1935, 01.09.1935, S.5, Archiv Akademie der Künste, Kulturbund 1.53.164.
[8] Jakob Lestschinsky, Das wirtschaftliche Schicksal des deutschen Judentums. Aufstieg, Wandlung, Krise, Ausblick, Berlin 1932, S. 5.
[9] Zitiert nach: Cordula Frowein, Jüdische Künstler und die Ghetto-Ausstellungen im nationalsozialistischen Deutschland, in: Geschlossene Vorstellung. Der Jüdische Kulturbund in Deutschland 1933-1941, hrsg. v. d. Akademie der Künste, Berlin 1992, S.135, mit Verweis auf Dokumente im Berlin Document Center, abgebildet in: Annette Baumeister, Düsseldorfer Stadtmuseum (Hrsg), Verjagt, ermordet, Zeichnungen jüdischer Schüler.1936-1941, Düsseldorf 1988, S. 40, Abb. 22.

Abschrift.

Der Präsident
Der Reichskammer der bildenden Künste

Berlin W 35, den 18.
März 1935
Blumeshof 6
Fernspr. B 1 Kurfürst 9272
Postscheck-Konto:
Berlin 144430

Aktenzeichen: IV. 407/1822

Herrn
Ernst Rosenthal,
Berlin N 24
Elsasser Str. 57

Ihr Gesuch um Aufnahme in die Reichskammer der bildenden Künste, Fachverband Bund Deutscher Maler und Graphiker e. V. lehne ich gemäß dem § 10 der ersten Verordnung zur Durchführung des Reichskulturkammergesetzes vom 1. November 1933 (RGBL. I, S. 797) ab, da Sie Nichtarier sind und als solcher die für die Schaffung von deutschem Kulturgut erforderliche Zuverlässigkeit und Eignung nicht besitzen und auch zu einer entsprechenden Anwendung des Gesetzes zur Wiederherstellung des Berufsbeamtentums vom 7. April 1934 (RGBl. I., S. 775) eine Veranlassung nicht besteht.

Ich untersage Ihnen die weitere Berufsausübung.

Die hergereichte Anlage erhalten Sie anbei zurück.

Im Auftrag
gez. Hoffmann

Stempel.   Beglaubigt:

1 Anlage.

Einschreiben.

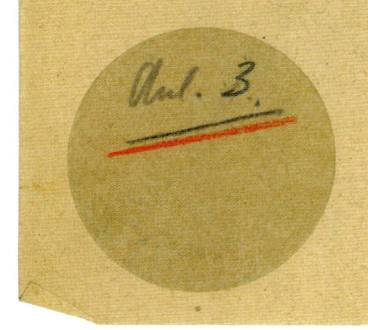

Präsidenten der Reichskammer der bildenden Künste, in dem sein Gesuch um Aufnahme in diese Reichskammer abgelehnt wurde, „da Sie Nichtarier sind und als solcher die für die Schaffung von deutschem Kulturgut erforderliche Zuverlässigkeit und Eignung nicht besitzen". Ausdrücklich wurde ihm „die weitere Berufausübung" verboten. Vermutlich hatte Rosenthal wegen einer Lehrgenehmigung um Aufnahme in die Reichskulturkammer gebeten, denn seit den 1920er Jahren hatte er die Berechtigung als Kunstlehrer für die Stadt Berlin zu arbeiten.[10] Diese berufliche Betätigung war ihm nun mit der Ablehnung verboten. Einige Künstler wie Eugen Spiro reagierten auf die neue Situation und richteten in ihren Ateliers private Kunstschulen ein.[11]

Ausstellung im Atelier von Eugen Spiro, Reichsstraße 106, Berlin-Charlottenburg, Bildarchiv Abraham Pisarek

Konkret bestand die Unterstützung durch die Künstlerhilfe darin, neue berufliche Perspektiven zu eröffnen und bei der Auswanderung behilflich zu sein. So half die Künstlerhilfe bei der Umschulung vom Maler zum Gebrauchsgraphiker, oder vom Architekten zum Dekorateur.[12] Auch vermittelte die Künstlerhilfe auswanderungswillige Künstler an den Hilfsverein der Juden in Deutschland, der daraufhin in einigen Fällen Reisezuschüsse gewährte. In der ersten Zeit entschieden sich viele Maler, in die Kunstmetropole Paris zu emigrieren. Einige – vor allem die Zionisten unter ihnen – wie Jakob Steinhardt und Joseph Budko gingen nach Palästina. Viele jüdische Künstler emigrierten nach England. Im Frühjahr 1934 fand in London die erste Ausstellung deutsch-jüdischer Künstler statt, die von Franz Landsberger, dem späteren Direktor des Berliner Jüdischen Museums zusammen mit den Berlinern Malern Eugen Spiro, Josef Bato und Martin Bloch kuratiert wurde.[13]

Die eigentliche Aufgabe der Künstlerhilfe bestand aber darin, jüdische Künstler, die in Berlin zurückblieben, zu unterstützen, wobei es keine Rolle spielte, wie Alexander Szanto betonte, „ob der Betreffende vorher sich seines Judentums bewusst gewesen war oder ob ihn erst die Stunde der Not zur Jüdischen Gemeinde" getrieben hatte: „Wer immer als jüdischer Glaubensgenosse von den Maßnahmen der Nazis getroffen war, dem standen unsere Türen offen und dem suchten wir zu helfen, wo und

links: Ablehnung der Aufnahme in die Reichskammer der bildenden Künste und Erteilung des Berufsverbots für den Maler Ernst Rosenthal, 18.03.1935, CJA 4.1, Nr. 1887, Bl. 3

---

[10] Centrum Judaicum Archiv (CJA), 4.1, 1887 (OdF Akte Ernst Rosenthal).
[11] Kulturbund Deutscher Juden. Monatsblätter, Berlin, 1. Jg., Nr. 4 (Dez. 1933), S. 11.
[12] Fritz Segall, Aus der Tätigkeit der Jüdischen Künstlerhilfe, in: Mitteilungen des Reichsverbandes der Jüdischen Kulturbünde in Deutschland, Nr.15, Oktober 1938, Archiv der Akademie der Künste.
[13] Vgl. Frowein (1992), S.142.

Eugen Spiro Selbstbildnis, 1928, Eigentum des Jüdischen Museums, The Israel Museum, Jerusalem

Eugen Spiro Ludwig Hardt liest Heine, 1931, Eigentum des Jüdischen Museums, The Israel Museum, Jerusalem, Photo by Ellie Posner

wie immer es nur ging."[14] Viele waren so bedürftig, dass ein täglicher Mittagstisch eingerichtet wurde. Seit dem 12. Juli 1934 konnten Not leidende jüdische Künstler in Berlin-Charlottenburg in der „Wielandstraße 26/27, nahe Olivaerplatz bei Katzenellenson" täglich eine warme Mahlzeit zu sich nehmen, organisiert von dem Damen-Komitée der Künstlerhilfe unter der Leitung von Frau Dr. London.[15] In manchen Fällen konnte die Künstlerhilfe Bilderkäufe arrangieren oder Aufträge jüdischer Firmen an Zeichner und Graphiker vermitteln.

Auch der im Herbst 1933 gegründete Kulturbund Deutscher Juden (später Jüdischer Kulturbund) versuchte bildenden Künstlern, aber auch jüdischen Kunstschriftstellern und Kritikern Arbeitsmöglichkeiten zu bieten. So sprach Max Osborn, bis 1933 Präsident des Verbandes deutscher Kunstkritiker, am 26. Oktober 1933 über „Rembrandt und die Juden", es folgte im November ein Vortrag von Franz Landsberger, damals noch in Breslau, über „Impressionismus, Expressionismus und weiter"; beide Veranstaltungen fanden im Logenhaus, Kleiststraße 10 statt. Ein weiterer Vortragsort war das Cafe Leon, Kurfürstendamm 155-156, hier sprach Franz Landsberger im Januar 1934 über „Die Kunst Max Liebermanns" und im August 1934 über „Künstlersöhne jüdischer Mütter: Wilhelm von Schadow, Hans von Marees und Adolf Hildebrandt". Regelmäßig veranstaltete der Kulturbund außerdem Ausstellungen in den Wandelgängen des Kulturbundtheaters, die erste fand im Oktober 1933 anlässlich der ersten Kulturbundaufführung von Lessings „Nathan der Weise" statt.[16]

Häufig organisierten Künstlerhilfe und Kulturbund gemeinsame Veranstaltungen, so die Kunstgewerbeausstellung „Die Kunstschaffende Frau", die am 27. Mai 1934 im Berliner Theater stattfand und an der sich Kunstgewerblerinnen mit ihren Arbeiten beteiligen konnten. Die Ausstellung wurde begleitet von einem Lichtbildervortrag von Hetta Bamberger, mit Tanz von Ruth Anselm und Rezitationen von Elly Reicher. Die Leitung lag in den Händen von Heinz Condell.[17]

Doch blieben die Möglichkeiten der konkreten Hilfe gerade für bildende Künstler sehr beschränkt.[18] Es war vor allem das Jüdische Museum, das in dieser Situation seine Räume für die zeitgenössische Kunst zur Verfügung stellte. Den Auftakt bildete im April 1934 eine Doppel-Ausstellung mit Werken von Ludwig Meidner und

---

[14] Alexander Szanto, Im Dienste der Gemeinde 1923-1939, Leo Baeck Institute New York, Memoirensammlung M. E. 838 (London 1968), S. 145.
[15] Gemeindeblatt der Jüdischen Gemeinde zu Berlin, 24. Jg., Nr. 25 (14.07.1934), S. 7.
[16] Vgl. Frohwein (1992), S.141.
[17] Anzeige in: Kulturbund Deutscher Juden. Monatsblätter, Berlin, 2. Jg., Nr. 4 (April 1934), Nr. 4.
[18] Insgesamt veranstaltete die Künstlerhilfe bis September 1935 sieben Ausstellungen, vgl. Bericht Die Künstlerhilfe (Anm. 5).

Eugen Spiro anlässlich des 50. Geburtstags von Ludwig Meidner und des 60. von Eugen Spiro. Tatsächlich gelang es mit dieser Ausstellung im Jüdischen Museum, die Bandbreite der deutschen Kunst der letzten Jahrzehnte zu präsentieren, indem sich, wie Margot Rieß bemerkte: „die beiden antipodischen großen Kunstströmungen der letzten Jahrzehnte" gegeneinander abgrenzten: „Der Impressionist Spiro ist vor allem Herrscher in der Welt der Erscheinung", dem die jüdische Thematik nur eine unter vielen sei. Dem „Nur-Maler Spiro" – bis vor kurzem gehörte er dem Vorstand der Berliner Secession an, „steht als Zeichner und Dichter der frühere Expressionistenführer Ludwig Meidner gegenüber (...) Was er künstlerisch angreift ist zugleich tiefstes menschliches Bekenntnis. Spannung, Krampf, Ekstase, das ist der dynamische Ablauf seiner Gestaltungen, schicksalsgeschlagene, angstverzerrte, märtyrerhafte Wesen sind ihm Symbole seiner innersten Erschütterungen."[19] Anlässlich der Spiro-Meidner Ausstellung lud die Künstlerhilfe am 21. April 1934 zu einem Teeabend in das Jüdische Museum, auf dem Lutz Weltmann den Einleitungsvortrag hielt und Rose Liechtenstein aus Werken Ludwig Meidners rezitierte.[20]

Im Januar 1936 zeigte das Museum Arbeiten von zwei jungen Künstlern, des Malers Henry Happ und des Bildhauers Peter Fingesten. Max Osborn versäumte nicht, im Jüdischen Gemeindeblatt darauf hinzuweisen, dass Peter Fingesten vor 1933 ein „Gehilfe" von Josef Thorak war, des nun wegen seiner Monumentalplastiken von der NS-Führung hochgeschätzten Bildhauers.[21] Neben weiteren Einzelausstellungen[22] beinhalteten auch die thematischen Überblicksausstellungen des Jüdischen Museums zeitgenössische Kunst. Zu nennen sind die im Oktober 1934 von Erna Stein kuratierte Ausstellung „Jüdische Köpfe" sowie die Ausstellung des Museums, „Hundert Jahre jüdische Kunst aus Berliner Besitz" im Dezember 1937.

Ein breites Spektrum und damit Ausstellungsmöglichkeiten für die meisten der noch in Berlin verbliebenen jüdischen Künstler boten die Frühjahrsausstellungen, die 1935 und 1937 von der Künstlerhilfe veranstaltet

Henry Happ Am Emskanal (1932), Kalender der Jüdischen Künstlerhilfe 1934-35, November 1934, Foto Arno Kikoler

Rose Liechtenstein und Ludwig Meidner, Teeabend der Künstlerhilfe anlässlich der Spiro-Meidner Ausstellung im Jüdischen Museum
C.V.-Zeitung 17, 26.4.1934, S. 9
Foto Arno Kikoler

Peter Fingesten Geschwister, Zement, Kalender der Jüdischen Künstlerhilfe 1936-37, Januar 1937

---

[19] Margot Rieß, Zwei Jubilare, in: Kulturbund Deutscher Juden, Monatsblätter, Berlin, 2. Jg., Nr. 4 (April 1934), S. 2.
[20] Einladung abgebildet in: Simon (2000), S. 78.
[21] Max Osborn, Jüdischer Künstlernachwuchs, in: Gemeindeblatt der Jüdischen Gemeinde zu Berlin, 25. Jg., Nr. 29 (21.07.1935), S. 3. Josef Thorak hatte sich bereits 1934 von seiner jüdischen Ehefrau scheiden lassen.
[22] Im September 1935 folgte eine Ausstellung von Emil Pottner und Ephraim Mose Lilien. Im Oktober 1937 zeigte das Museum eine umfangreiche Ausstellung der Brüder Ernst und Alexander Oppler.

Einladungskarte Frühjahrsausstellung jüdischer Künstler 1937, ŻIH, Karton B-442, Mappe: Frühjahrsausstellung 1937

Jury für die Frühjahrsausstellung 1935 rechts: Franz Landsberger, Max Osborn, mitte: Erna Stein-Blumenthal, Israelitisches Familienblatt, 2.5.1935, Foto Arno Kikoler

wurden. Wie es in einem Bericht von Franz Landsberger im Dezember 1935 heißt, war das Berliner Jüdische Museum nunmehr „die einzige größere Räumlichkeit, in der lebende jüdische Künstler ausgestellt werden können", wobei es auch gelang, „eine Anzahl von Verkäufen" zu tätigen.[23] Auf der Ausstellung im Mai 1935 waren 87 Berliner Künstler mit insgesamt 242 Werken vertreten.[24] 39 von ihnen zeigten ihre Werke wiederum auf der Frühjahrsausstellung 1937. Mit 71 Künstlern hatte diese Ausstellung jedoch deutlich weniger Teilnehmer als zwei Jahre zuvor, da immer mehr jüdische Künstler Berlin verlassen hatten.

Für diese Ausstellungen – wie auch für die im Frühjahr 1936 vom „Sekretariat für Bildende Kunst" im „Reichsverband der jüdischen Kulturbünde" veranstaltete Reichsausstellung jüdischer Künstler unter der Leitung von Max Osborn und Lisbeth Cassirer[25] - standen die vorderen Räume des Museums, die beiden Gemäldesäle und die Eingangshalle zur Verfügung. Bei Verkäufen von Bildern ging der Reinerlös an die Künstler.

Ein Ehrenplatz in der Frühjahrs-Ausstellung Berliner jüdischer Künstler 1935 galt dem Gedächtnis des im Februar 1935 verstorbenen Max Liebermann, dessen *Selbstbildnis*, das er im Januar 1933 zur Eröffnung des Museums geschenkt hatte und die Leihgabe einer frühen Studie eines Ams-

---

[23] Franz Landsberger (vermutlich an den Vorstand der Jüdischen Gemeinde), 10.12.(19)35, Żydowski Instytut Historyczny im. Emanuela Ringelbluma, Warszawa (ŻIH), Karton B-441, Mappe: Artikel über das Jüdische Museum.
[24] Ausstellungslisten und Korrespondenz der Frühjahrsausstellungen Berliner jüdischer Künstler 1935 und 1937, Żydowski Instytut Historyczny im. Emanuela Ringelbluma, Warszawa (ŻIH), Karton B-441/442. 1935 gehörten zur Ausstellungs-Jury die Künstler Meta Cohn-Hendel, Julius Rosenbaum, Eugen Spiro und Professor Erich Wolfsfeld, die Kunsthistoriker und Kunstkritiker, Franz Landsberger und Dr. Max Osborn, sowie die Leiterin des Museums, Erna Stein und der Leiter der Künstlerhilfe, Dr. Hermann Schildberger.
[25] Über die Reichsausstellung Jüdischer Künstler, Frühjahr 1936, vgl. Frowein (1992), S.143-154.

terdamer Rabbiners im Gebetsmantel (1878)[26] aus Berliner Privatbesitz im Hauptsaal zu sehen waren. Die Generation nach Liebermann war mit Werken von Eugen Spiro vertreten, der Landschaften präsentierte, die auf seiner letzten spanischen Studienreise entstanden waren, sowie den Erinnerungen an eine Orientfahrt von Erich Wolfsfeld. Joseph Bato zeigte eine Gruppe heimkehrender Bauern und mehrere Landschaften. Darunter auch das Gemälde *Strand auf Bornholm*[27] Es fällt auf, dass überwiegend Landschaften, Stillleben und vor allem Porträts gezeigt wurden. Unter den ausstellenden Künstlern war auch eine Gruppe von Schülern von Arthur Segal, die einen bewusst objektiven, nach-expressionistischen Stil, der streng auf dem Studium der Natur beruhte, pflegten und sich „Neue Naturalisten" nannten.[28] Zu ihnen gehörten Gertrud Bursch-Dreyfuss,[29] Max Heimann, Anneliese Ratkowski-Braun und Nikolaus Braun. Anneliese Ratkowski Braun zeigte in der Frühjahrsausstellung 1935 ein *Stillleben* und das Werk „Dunkle Jugend".[30] Ihr *Porträt meines Sohnes* gelangte in die Sammlung des Jüdischen Museum ebenso wie das *Porträt Prof. Elbogen*[31] sowie ein *Küchenstillleben*

Der durch den 1. Preis ausgezeichnete Sprechchor von Hilde Marx wurde aufgeführt. phot. Kikoler

unten: Ansprache von Dr. Hermann Schildberger, Leiter der Künstlerhilfe, zur Eröffnung der Frühjahrsausstellung jüdischer Künstler, 5.5.1935, li: Erna Stein-Blumenthal vor dem Gemälde Heimkehrende Bauern von Joseph Bato, Bildarchiv Abraham Pisarek

oben: Aufführung des Sprechchores von Hilde Marx zur Eröffnung der Frühjahrsausstellung 1935, Gemeindeblatt, 12.05.1935

darunter: Frühjahrsausstellung jüdischer Künstler 1935 mit Werken von Erich Wolfsfeld, Max Liebermann, Eugen Spiro. 5.5.1935, Bildarchiv Abraham Pisarek

Max Liebermann Selbstbildnis mit Pinsel und Palette, 1933 Geschenk des Künstlers zur Eröffnung des Jüdischen Museums, Stiftung Neue Synagoge Berlin – Centrum Judaicum

---

[26] Matthias Eberle, Max Liebermann. Werkverzeichnis der Gemälde und Ölstudien, Band I, 1865-1899, München 1996, 1878/23.

[27] Im Mai 2011 von der Stiftung Neue Synagoge Berlin – Centrum Judaicum im Kunsthandel erworben. Wir danken Andreas Teltow von der Stiftung Stadtmuseum Berlin für den Hinweis.

[28] Max Osborn berichtet über eine Ausstellung der Gruppe „Neue Naturalisten" in: Gemeindeblatt der Jüdischen Gemeinde zu Berlin, 25. Jg., Nr. 49 (08.12.1935), S. 9.

[29] Sie war nicht auf der Frühjahrsausstellung 1935 vertreten, sondern zeigte auf der Frühjahrsausstellung 1937 drei Arbeiten, darunter das Gemälde *Clivie*, ein Pflanzenstillleben, abgebildet in: Kalender der jüdischen Künstlerhilfe, 1937-1938, März 1938, Text: Irmgard Schüler.

[30] In der Frühjahrsausstellung 1937 zeigte Anneliese Ratkowski-Braun, die Gemälde: *Stillleben, Im Spiel der Lichter* und *Dame mit Zigarette*.

[31] Max Heimann zeigte auf der Frühjahrsausstellung 1937 die Gemälde *Stillleben mit Saxophon, Selbstbildnis 1936* sowie zwei kleine *Stillleben*.

von Max Heimann. Dieses Gemälde hat The Otto Schiff Housing Association (formerly The Central British Fund) im Sommer 2011 dem Centrum Judaicum übereignet.³²

Von Else Meidner waren in der Frühjahrsausstellung 1935 Frauenbildnisse sowie die Zeichnung *Diaspora*³³, eine Darstellung von *Mutter und Kind*, zu sehen, die im Wettbewerb der Künstlerhilfe ausgezeichnet wurde³⁴. Arno Nadel zeigte ein *Selbstbildnis*.³⁵ Sein Pastell *Tiergarten* gelangte in die Sammlung des Museums, ebenso wie das Gemälde *Im Gewächshaus* von Clara Gumpertz sowie eine *Rügenlandschaft* von Margarete Nehemias. Auch der bereits erwähnte Ernst Rosenthal-Rosta war auf der Frühjahrsausstellung 1935 vertreten, er zeigte acht Werke, überwiegend Gemälde: Stillleben, Porträts und Milieustudien.

Zu den Arbeiten mit jüdischer Thematik gehörte die Esterrolle, geschaffen von Otto Geismar, Kunstlehrer an der Jüdischen Mittelschule in der Großen Hamburger Straße.³⁶ Paula Neufeld zeigte das Gemälde: *Das ist das Gesetz*, die Darstellung einer von zwei Armen in die Höhe gehaltenen Torarolle. Auch dieses Werk wurde von der Künstlerhilfe ausgezeichnet, wie auch das Gemälde *Besinnung* von Julie Wolfthorn und das Pastell von Adele Reifenberg-Rosenbaum mit einer *Simchat Tora* Szene in einer Synagoge³⁷. Julius Rosenbaum zeigte das Gemälde *Simson schlägt die Philister* und die Aqua-relle *Die Kundschafter in Kanaan*, und *Joseph wird verkauft* (1926) aus der Museumssammlung. Rosenbaum zeigte außerdem eine Gruppe einfacher *Großstadthäuser*, ebenso wie Meta Cohn-Hendel, die einen Ausschnitt von Pariser Häuserdächern sowie Landschaften präsentierte. Auch ihre *Blumenstillleben* in der von ihr meisterhaft verwendeten Technik des Farbholzschnitts fanden Aufmerksamkeit.³⁸ In der Plastik war die ältere Generation mit Werken von Jakob Plessner, einer *Büste von Samuel Fischer* von Alexander Oppler³⁹ (Sammlung Jüdisches Museums) und farbiger Tierkeramik (Sammlung Jüdisches Museum) von Emil Pottner vertreten.

oben: Joseph Bato Strand auf Bornholm, ausgestellt auf der Frühjahrsausstellung jüdischer Künstler 1935, Stiftung Neue Synagoge Berlin – Centrum Judaicum

darunter: Max Heimann Küchenstillleben, ausgestellt auf der Frühjahrsausstellung jüdischer Künstler 1935, Eigentum des Jüdischen Museums, 2011 Schenkung der Otto Schiff Housing Association (formerly The Central British Fund) an die Stiftung Neue Synagoge Berlin – Centrum Judaicum

Else Meidner Diaspora, ausgestellt auf der Frühjahrsausstellung jüdischer Künstler 1935, Kalender der Jüdischen Künstlerhilfe 1935-36, Juli 1936

---

³² Es gehörte zu den Gemälden, die 1952 nach einem Restitutionsverfahren in Berlin der JRSO übergeben wurden.
³³ Abgebildet in: Kalender der jüdischen Künstlerhilfe, 1935-1936, Juli 1936, Text: Margot Riess.
³⁴ Preisausschreiben der Künstlerhilfe der Jüdischen Gemeinde, Berlin. „Das Gegenwartserleben der jüdischen Frau in Deutschland." Oktober –Dezember 1934. Żydowski Instytut Historyczny im. Emanuela Ringelbluma, Warszawa (ŻIH), Karton B-441/442.
³⁵ Auf der Frühjahrsausstellung 1937 zeigte Arno Nadel das Werk „Jüdischer Philosoph", abgebildet in: Kalender der jüdischen Künstlerhilfe, 1937-1938, November 1937, Text: Max Osborn.
³⁶ Reproduktionen erschienen 1936 und 1937 in zwei Berliner Verlagen. Das handgeschriebene und illustrierte Original auf Pergament befindet sich als Leihgabe der Familie in der Synagoge Beth Tzedec, Toronto. Hermann Simon, Die Megillat Ester mit Illustrationen von Otto Geismar (Vorwort zum Druck des Zentrum für Bucherhaltung), Leipzig 2002.
³⁷ Abgebildet in: Kalender der jüdischen Künstlerhilfe, 1935-1936, Oktober 1936, Text: Erna Stein-Blumenthal.
³⁸ Abgebildet in: Kalender der jüdischen Künstlerhilfe, 1936-1937, Juli 1937, Text: Irmgard Schüler.
³⁹ Abgebildet in: Kalender der jüdischen Künstlerhilfe, 1935-1936, Juli 1936, Text: Max Osborn.

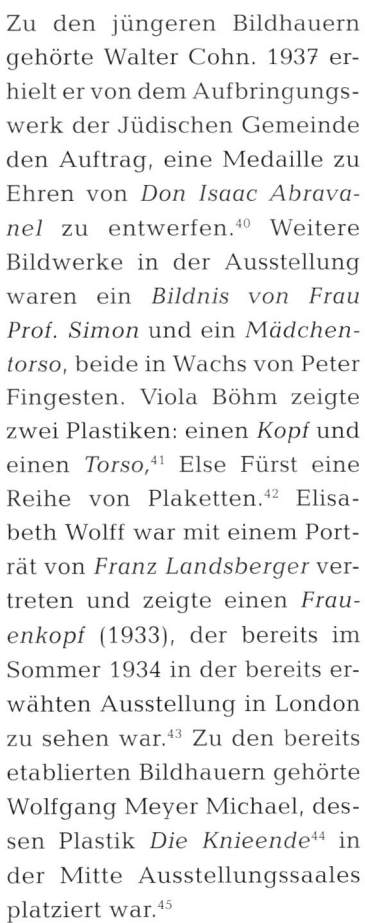

Zu den jüngeren Bildhauern gehörte Walter Cohn. 1937 erhielt er von dem Aufbringungswerk der Jüdischen Gemeinde den Auftrag, eine Medaille zu Ehren von *Don Isaac Abravanel* zu entwerfen.[40] Weitere Bildwerke in der Ausstellung waren ein *Bildnis von Frau Prof. Simon* und ein *Mädchentorso*, beide in Wachs von Peter Fingesten. Viola Böhm zeigte zwei Plastiken: einen *Kopf* und einen *Torso*,[41] Else Fürst eine Reihe von Plaketten.[42] Elisabeth Wolff war mit einem Porträt von *Franz Landsberger* vertreten und zeigte einen *Frauenkopf* (1933), der bereits im Sommer 1934 in der bereits erwähnten Ausstellung in London zu sehen war.[43] Zu den bereits etablierten Bildhauern gehörte Wolfgang Meyer Michael, dessen Plastik *Die Knieende*[44] in der Mitte Ausstellungssaales platziert war.[45]

oben links: Arno Nadel im Atelier vor seinen Pastellen mit biblischen Gestalten, um 1935, Bildarchiv Abraham Pisarek

oben mitte: Paula Neufeld Das ist die Thora, ausgestellt auf der Frühjahrsausstellung jüdischer Künstler 1935, Kalender der jüdischen Künstlerhilfe 1935-1936, September 1936

oben rechts: Adele Reifenberg-Rosenbaum Simchat Tora, ausgestellt auf der Frühjahrs-ausstellung jüdischer Künstler 1935, Gemeindeblatt, 20.10.1935, Foto Herbert Sonnenfeld

mitte rechts: Julie Wolfthorn Besinnung, ausgestellt auf der Frühjahrsausstellung jüdischer Künstler 1935, Eigentum des Jüdischen Museums, ŻIH Bildarchiv

unten rechts: Julius Rosenbaum Simson schlägt die Philister (1934), Gemälde, ausgestellt auf der Frühjahrsausstellung jüdischer Künstler 1935, Eigentum des Jüdischen Museums, Kalender der Jüdischen Künstlerhilfe 1934-35, März 1935

---

[40] Vgl. Simon (2000), S. 108f., abgebildet in: Kalender der jüdischen Künstlerhilfe, 1937-1938, Oktober 1937, Text: Max Osborn.

[41] Viola Böhm zeigte auf der Frühjahrsausstellung 1937 die Plastiken: *Michael Traub* (Stein), *Liegender Jüngling* (Bronze) und eine *Porträtbüste von Rahel Wischnitzer*.

[42] Else Fürst zeigte auf der Frühjahrsausstellung 1937 die folgenden Bronze-Plastiken: *Fohlen, Eselchen, Hirschkuh* und *Junger Elch*.

[43] Abgebildet in: Kalender der jüdischen Künstlerhilfe, 1934-1935, Februar 1935, Text: Franz Landsberger.

oben links: Meta Cohn-Hendel vor ihrem Gemälde einer Gebirgslandschaft, um 1935, Bildarchiv Abraham Pisarek

oben rechts: Meta Cohn-Hendel Mohnblumen, Farbholzschnitt, Kalender der Jüdischen Künstlerhilfe 1936-37, Juli 1937

unten links: Julius Rosenbaum Die Kundschafter in Kanaan, 1923, Aquarell, Eigentum des Jüdischen Museums, Kalender der Jüdischen Künstlerhilfe 1936-37, Januar 1937

rechts: Alexander Oppler Büste des Verlegers Samuel Fischer, ausgestellt auf der Frühjahrsausstellung jüdischer Künstler 1935, Eigentum des Jüdischen Museums, ŻIH Bildarchiv

Überrascht konnte Max Osborn in seinem Beitrag zur Ausstellung in den Monatsblättern des Kulturbunds feststellen, dass niemand erwartet hatte,"dass eine solche Ausstellung jüdischer Künstler Berlins ein so mannigfaltiges und so interessantes Gesamtbild ergeben würde". Dies lag wohl auch daran, dass man früher, wie Osborn weiter anmerkte, bei vielen Künstlern „über ihre religiöse und rassische Zugehörigkeit im Unklaren war".

Allerdings bedeutete dies, dass Künstler, die nicht der Jüdischen Gemeinde angehörten, von der Teilnahme an diesen Ausstellungen ausgeschlossen wurden. Die bekanntesten unter ihnen waren die Malerinnen Lotte Laserstein und Fanny Remak, deren Arbeiten kurz vor Eröffnung der Frühjahrsausstellung im Mai 1935 von der Künstlerhilfe zurückgewiesen wurden. Im Ablehnungsschreiben hieß es: „Es liegt uns daran, ausdrücklich zu betonen, dass damit keinerlei Werturteil sowohl in künstlerischer wie menschlicher Beziehung ausgesprochen wird." Doch gehöre es zu den „besonderen Aufgaben und Pflichten", die dem Vorstand der Jüdischen Gemeinde „in heutiger Zeit erwachsen sind", den Kreis der

---

[44] Zu der Odyssee dieser Skulptur, vgl. Sophie Buchholz „Versuch einer Annäherung. Die Sammlungen des ehemaligen Berliner Jüdischen Museums in der Oranienburger Straße" im parallel erscheinenden Band „Bestandsrekonstruktion des Berliner Jüdischen Museums in der Oranienburger Straße", hrsg. v. Chana Schütz u. Hermann Simon, Berlin 2011.

[45] Max Osborn, Berliner Frühjahrsausstellung jüdischer Künstler, in: Gemeindeblatt der Jüdischen Gemeinde zu Berlin, 25. Jg., Nr. 18 (05.05.1935), S. 3.

Frühjahrsausstellung jüdischer Künstler 1935 vorne rechts die Plastik von Wolfgang Meyer-Michael, Kniende, Fotoarchiv Abraham Pisarek

Ausstellenden auf Mitglieder der Berliner Jüdischen Gemeinde zu beschränken.[46]

Offenbar hatte es im Vorfeld der Ausstellung den Versuch der Ausstellungskommission gegeben, die Gemeindeführung von dieser strikten Haltung ab zu bringen, gerade weil man auf so renommierte Malerinnen wie Fanny Remak – sie war von 1927 bis 1933 Vorsitzende des Vereins Berliner Künstlerinnen und Lotte Laserstein – 1925 hatte die Meisterschülerin von Erich Wolfsfeld die Goldmedaille der Akademie der Künste erhalten – nicht verzichten wollte. Max Osborn schrieb am 23. April 1935, zwei Wochen vor Ausstellungseröffnung, an Erna Stein, dass Erich Wolfsfeld und er bei Heinrich Stahl, dem Vorsitzenden der Jüdischen Gemeinde, für die Aufnahme von Lotte Laserstein und Fanny Remak in die Frühjahrsausstellung Berliner jüdischer Künstler eingetreten seien, was allerdings an dem Einspruch der Vorstandsmitglieder Alfred Klee und Bruno Woyda scheiterte: „Die Sonderbarkeit der Sache wird erhöht", bemerkt Osborn, „dass, wie sich herausstellt, Fanny Remak im April 1933 der Gemeinde eine beträchtliche Summe" für wohltätige Zwecke gespendet habe und „Lotte Laserstein vor einem halben Jahr aus dem Christentum ausgeschieden ist und sich an (Rabbiner) Dr. Prinz gewandt hat, um ihren Rücktritt zum Judentum zu bewerkstelligen".[47]

Emil Pottner bei der Arbeit im Atelier um 1935, Bildarchiv Abraham Pisarek

Walter Cohn Don-Isaak-Abravanel Medaille, Eigentum des Jüdischen Museums, ausgestellt auf der Frühjahrsausstellung jüdischer Künstler 1937, Kalender der Jüdischen Künstlerhilfe 1937-38, Oktober 1937

---

[46] Briefe der Künstlerhilfe an Lotte Laserstein, Wilmersdorf, Jenaer Str. 3, und an Fanny Remak, Berlin, Kurfürstendamm 29, 03.05.1935, Żydowski Instytut Historyczny im. Emanuela Ringelbluma, Warszawa (ŻIH), Karton B-441/442.

[47] Żydowski Instytut Historyczny im. Emanuela Ringelbluma, Warszawa (ŻIH), Karton B-441/442.

Die Künstlerhilfe der Jüdischen Gemeinde zu Berlin

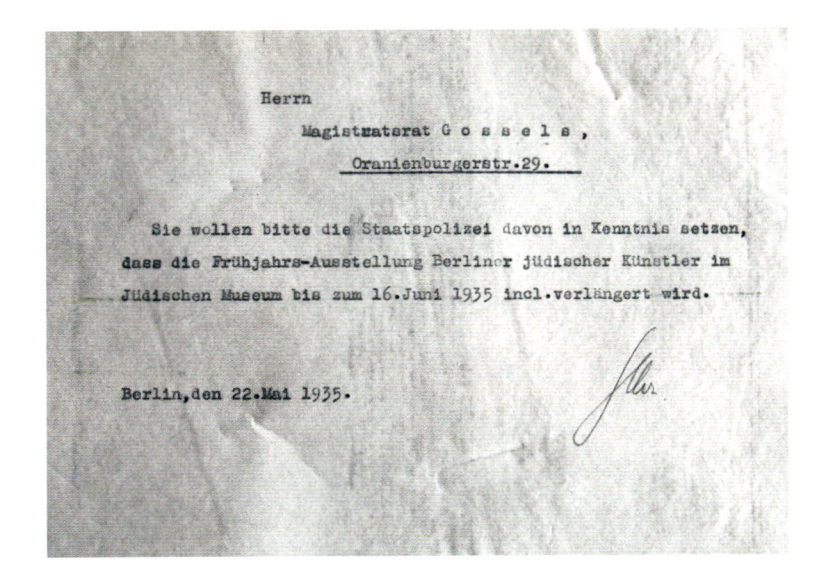

Mitteilung an die Jüdische Gemeinde über die notwendige Benachrichtigung der Gestapo wegen der Verlängerung der Frühjahrsausstellung 1935, 22.5.1935, ŻIH, Karton B-442, Mappe: Ausstellung 1935

Eröffnung der Arthur Segall-Ausstellung organisiert vom Damenkomitee der Künstlerhilfe in der Wohnung von Frau Dr. London, Joachimsthaler Straße 7/8, re: Max Osborn, Gemeindeblatt, 10.11.1935

Doch gab es Gegenwind noch von anderer Seite. So wandte sich Ludwig Meidner vehement gegen eine Beteiligung von „Getauften" in einer Ausstellung der Künstlerhilfe. Der Maler Julius Rosenbaum, Mitglied der Ausstellungskommission, konnte ihn nicht überzeugen, dass „nach Gutachten von Rabbiner Dr. Emil Lewy das Kind einer jüdischen Mutter für einen Juden immer ein Jude" sei. Das ließ Meidner nicht gelten. Vermutlich befürchtete man, dass Ludwig Meidner seinen Protest gegen die Teilnahme von Lotte Laserstein und Fanny Remak öffentlich machen würde. Dies mag ein weiterer Grund dafür gewesen sein, dass die Jüdische Gemeinde die beiden Künstlerinnen von der Ausstellung ausschloss. Sie sollten auch später an keiner weiteren Aktivität der „Künstlerhilfe" teilnehmen.[48] Stattdessen fand im Dezember 1935 eine Ausstellung von Lotte Laserstein im privaten Rahmen statt, im Haus von Frau Gertrud Weil, Fasanenstraße 5. Im Gemeindeblatt der Jüdischen Gemeinde zu Berlin lobte Max Osborn ihr großes Talent und ihre „altmeisterlichen Eigenschaften". Wohl in Hinblick auf den unangenehmen Vorfall um Lasersteins Ablehnung in der Frühjahrsausstellung Berliner jüdischer Künstler schloss Osborn seine Besprechung mit der Bemerkung: „Die Gesamterscheinung dieser ausgezeichneten Malerin gehört zum wertvollsten Besitz der jüdischen Künstlerschaft Berlins."[49] Wir können nur erahnen, welche Befürchtungen und welche Zwänge die Auswahl der Werke für die einzelnen Ausstellungen der Künstlerhilfe bestimmten, wobei die Verantwortlichen, immer darum bemüht waren, das künstlerische Niveau zu wahren.[50] Jede Veranstaltung, jede Ausstellung musste von den Nazi-Behörden genehmigt werden. Schon im Herbst 1933 hatte ein Aufsatz von Max Osborn über „Kunst und Judentum in Deutschland" fast die Gründung des Kulturbunds Deutscher Juden verhindert, da Osborn angeblich - „die Trennung zwischen jüdischer und deutscher Kultur" verwischt habe.[51]

---

[48] Hans Friedeberger, Die Kunstausstellung des Kulturbundes, in: Kulturbund Deutscher Juden. Monatsblätter, Berlin, 1. Jg., Nr. 2 (Nov. 1933), S. 9 erwähnt, dass Fanny Remak, „die mit einem neuen Thema, abseits von der Reitbahn, neue Frische gefunden hat", auf der ersten Kunstausstellung des Kulturbundes im Berliner Theater vertreten war.

[49] Max Osborn, Jüdische Kunstausstellungen, in: Gemeindeblatt der Jüdischen Gemeinde zu Berlin, 25. Jg., Nr. 49 (08.12.1935), S. 9. Lotte Laserstein emigrierte 1937 nach Schweden. Fanny Remak verließ Berlin 1939 und emigrierte nach London.

[50] So betonte Max Osborn in seinem Artikel „Den Maßstab nicht verlieren. Grundsätzliches zur jüdischen Kunstkritik" in: C. V.-Zeitung, 14. Jg., Nr. 51 (19.12.1935), den grundsätzlichen Unterschied zwischen „sozialer Künstlerfürsorge" und „sinnvoller Kunstpflege".

[51] Herbert Freeden, Jüdisches Theater in Nazideutschland, Tübingen 1964, S. 44 mit Verweis auf Dokumente in der Wiener Libary, London.

Zwar hatten die Behörden entschieden, „dass Juden für Juden ausstellen können".⁵²

Aber galt dies auch für von den Nazis verfemte Kunst, etwa die Werke des Expressionismus? Immerhin zierte eines der Hauptwerke der expressionistischen Künstlergruppe „Die Pathetiker", Jakob Steinhardts Monumentalwerk *Der Prophet* (1913/1914) die Eingangshalle des Jüdischen Museums. Nach 1933 sollte es mehr und mehr „von der Bildfläche" verschwinden. Bis zum Herbst 1936 war das Gemälde noch in der Eingangshalle des Museums ausgestellt, wurde aber zuletzt im Oktober 1932 auf der Titelseite des Gemeindeblatts abgebildet. Das Gleiche gilt für Marc Chagalls kleinformatiges Meisterwerk *Jude im Gebet* von 1912/1913, das seit 1929 zur Kunstsammlung der Jüdischen Gemeinde gehörte. Das - nach heutiger Einschätzung - vermutlich bedeutendste Werk der Sammlung des Jüdischen Museums, fand nach 1933 in Publikationen, wie z.B. den Kalendern der Jüdischen Künstlerhilfe oder in Ausstellungskatalogen bzw. Rezensionen des Jüdischen Museums keine Erwähnung. Man kann dies nur konstatieren, denn sicher wissen wir nicht, ob diese Überlegungen eine Rolle gespielt haben, so wie auch die Entscheidung der Museumsleitung, ein Porträt (vermutlich ein Geschenk der Künstlerin Julie Wolfthorn) des von den Nazis verfemten Malers Christian Rohlfs, der in Ascona in der Schweiz lebte, dem Tel Aviv Museum zu übereignen, anstatt es in der eigenen Sammlung zu behalten.

Jakob Steinhardt Der Prophet, 1913/1914, Eigentum des Jüdischen Museums, Jüdische Gemeinde zu Berlin

Befürchtungen, dass Ausstellungen im Jüdischen Museum eventuell den Unmut der Machthaber auslösen könnten, hatten auch die beteiligten Künstler. So bat Ludwig Meidner seinen Freund Franz Landsberger ausdrücklich, seine Kunst in einer Rezension „nicht in den Himmel der Unsterblichkeit zu heben", da „ich eben jahrelang als ein ganz schrecklich maßloser Expressionist galt".⁵³ Die Verantwortlichen des Jüdischen Museums entschieden sich in der Meidner-Ausstellung 1934 bewusst für Werke mit religiöser Thematik wie *Betende Juden* (1934) oder *Oschamnu* (1933) – beide gehörten zum Museumsbestand – in denen es darum ging, wie es der Künstler selbst formulierte: „Nicht die Welt der äußeren Erscheinung wahr und ungehemmt widerzuspiegeln, sondern jene unerforschlichen Bezirke des Geistigen" aufzuzeigen. In einem ähnlichen Gegensatz

---

⁵² Bericht von Julius Rosenbaum an die Mitglieder der Ausstellungskommission der Frühjahrsausstellung 1935, adressiert an Erna Stein, Leiterin des Jüdischen Museums, 02.04.1935 über einen Besuch bei Ludwig Meidner Żydowski Instytut Historyczny im. Emanuela Ringelbluma, Warszawa (ŻIH), Karton B-441/442.

⁵³ Ludwig Meidner an Franz Landsberger, 21.02.1934, Ludwig Meidner Archiv Mathildenhöhe, Darmstadt, zitiert nach Cordula Frowein, Jüdische Künstler und die Ghetto-Ausstellungen im nationalsozialistischen Deutschland, in: Geschlossene Vorstellung. Der Jüdische Kulturbund in Deutschland 1933-1941, hrsg. v. d. Akademie der Künste, Berlin 1992, S.141, Anm. 14.

„zwischen der äußeren Ruhe der Form und dem starken seelischen Ausdruck"[54] stand das im Mittelpunkt der Ausstellung stehende, 1932 entstandene Porträt Meidners von Rabbiner *Dr. Leo Baeck*. Es gehörte ebenfalls zur Sammlung des Jüdischen Museum. In seiner würdevollen, doch Besorgnis ausstrahlenden Erscheinung gab das Porträt des geistigen Oberhaupts der deutschen Judenheit wohl am ehesten die Stimmungslage von Publikum und ausstellenden Künstlern wieder.

In seiner Rede zur Eröffnung der Frühjahrsausstellung am 5. Mai 1935 ging der Vorsitzende der Jüdischen Gemeinde, Heinrich Stahl, dann im Besonderen auf das Verhältnis von Künstler zu Kunstpublikum ein: „Nur durch die Berührung beider wird der wahre Sinn der Kunst ausgelöst. Ohne Beziehung zum Publikum müssen im Künstler die Kräfte zur Arbeit erlahmen, und ohne die Arbeit des Künstlers würde der Mensch die künstlerische Bereicherung seines Lebens bald entbehren."[55] Künstler und Publikum sollten in diesen Ausstellungen zueinander finden, wobei es vorrangiges Ziel war, möglichst viele Kunstwerke zu verkaufen. Eine reiche Auswahl an Landschaftsstudien, Bildnissen einzelner Personen und Familienporträts, sowie Interieurs und Stillleben stand dafür zur Verfügung.

oben links: Ludwig Meidner Oschamnu, *1934, Kohlezeichnung, Eigentum des Jüdischen Museums, ŻIH Bildarchiv*

oben rechts: Ludwig Meidner Betende Juden, *1934, Kohlezeichnung, Eigentum des Jüdischen Museums, ŻIH Bildarchiv*

unten rechts: Ludwig Meidner Dr. Leo Baeck, *1931, Eigentum des Jüdischen Museums, The Israel Museum, Jerusalem*

unten links: Heinrich Stahl, *Vorsitzender der Jüdischen Gemeinde zu Berlin,* eröffnet die Frühjahrs-ausstellung, *5.5.1935, Bildarchiv Abraham Pisarek*

---

[54] Irmgard Schüler, „Zwei betende Juden", in: Kalender der Jüdischen Künstlerhilfe 1936/37 – 5697/98, hrsg. v. d. Künstlerhilfe der Jüdischen Gemeinde zu Berlin.
[55] Anonym, Eröffnung der Frühjahrsausstellung, in: Gemeindeblatt der Jüdischen Gemeinde zu Berlin, 25. Jg., Nr. 19 (12.05.1935), S. 6.

Der Jüdischen Gemeinde ging es zuerst und vor allem um „produktive Künstlerhilfe", um „zwischen dem kunstschaffenden und kunstliebenden jüdischen Menschen" ein festeres Band zu knüpfen. Dies gilt auch für die Kalender, die von der Jüdischen Künstlerhilfe 1934/35, 1935/36, 1936/37 und 1937/38 herausgegeben wurden. Als Überblicksdarstellungen sollten sie das Schaffen „unserer jüdischen Künstler" bekannt machen. „Gerade heute, wo wir Juden aus allen Kunstvereinen ausgeschaltet sind, wo der Besuch einer Kunstausstellung nicht mehr ein gesellschaftliches Ereignis bedeutet, sollten wir uns stärker auf die künstlerischen Kräfte unter uns besinnen und ihnen in unserem Heim eine Pflegestätte schaffen."[56]

Künstler und Wohnort waren – zwecks Kontaktaufnahme – auf dem Innentitel aufgeführt. Die Werke folgten dann mit begleitendem Text auf den einzelnen Kalenderblättern. Dazwischen waren Anzeigen gesetzt, gestaltet von Heinz Wallenberg, wie die folgende: „Warum Kitsch schenken? Schenken Sie ein Werk von Künstlerhand! Ein Gemälde, eine Zeichnung, eine Plastik ist wertvoll und bringt Freude." Zwecks kostenloser Vermittlung und Beratung wurde an die Jüdische Künstlerhilfe verwiesen.

Ein weiteres Ziel war es, mit diesen Kalendern eine „kleine, jüdische Kunstgeschichte" zu präsentieren, die noch ihren Wert behalten sollte, „wenn das Kalendarium selbst seinen zeitbedingten Dienst getan hat". Für den ersten Jahrgang verfasste Max Liebermann ein Geleitwort. Die Gesamtleitung lag in den Händen von Erna Stein, Kustodin am Jüdischen Museum. Für Bild- und Textgestaltung waren Franz Landsberger und Max Osborn verantwortlich, die die Kalender der folgenden drei Jahre inhaltlich weiterführten, nachdem Erna Stein im Sommer 1935 – sie hieß inzwischen nach ihrer Heirat Erna Stein-Blumenthal – nach Palästina ausgewandert war.

Als Titelbild für den „Kalender der Jüdischen Künstlerhilfe" entschied man sich für einen Entwurf des Berliner Graphikers Fritz Salender: den Druck eines expressionistisch anmutenden Holzschnitts mit kräftigen Lettern, begrenzt am rechten Rand mit einem vertikalen Band mit der (jeweils wechselnden) Jahreszahl nach allgemeiner und jüdischer Zählung und versehen mit der Künstlersignatur SLD. Selbstbewusst und trotzig erstrahlt in Orange (1934/35) oder Rot (1935/36) der kraftvoll in sich verschlungene Davidstern, der gegen den zentrierten Hintergrund gesetzt ist.

oben: Titelblatt des Kalenders der Jüdischen Künstlerhilfe 1935-36, gestaltet von Fritz Salender

unten: Warum Kitsch schenken? Kalender der Jüdischen Künstlerhilfe 1934-35, Dezember 1935

---

[56] Kalender der Jüdischen Künstlerhilfe, 1934-1935.5695-5696, hrsg. v. d. Künstlerhilfe der Jüdischen Gemeinde zu Berlin, Vorwort.

oben links: Jakob Steinhardt Simchat Tora, 1934, Kalender der Jüdischen Künstlerhilfe 1934-35, September/Oktober 1934

oben rechts: Joseph Budko Aufbau, 1934, Kalender der Jüdischen Künstlerhilfe 1934-35, September 1935

links: Edith Samuel Puppen, ausgestellt auf der Frühjahrsausstellung jüdischer Künstler 1937, Kalender der Jüdischen Künstlerhilfe 1936-37, Januar/Februar 1937

Heinz Rosenthal Blick durchs Fenster, ausgestellt auf der Frühjahrsausstellung jüdischer Künstler 1935, Gemeindeblatt, 5.5.1935

Die aktuelle Kunstszene in Erez Israel fand Beachtung in Gemälden (Elias Newman, Reuven Rubin, Arye Peisak) und in Graphiken der vormals in Berlin lebenden Jakob Steinhardt[57] und Joseph Budko[58], ebenso waren plastische Beispiele (Seew Benzwi, Batja Lischanski), Architektur (Richard Kauffmann) und Photographie (Shmuel Joseph Schweig) vertreten. Das Gros der Kalenderblätter zeigte Werke von jüdischen Künstlern aus Deutschland und aus den verschiedenen Ländern Europas, aus Berlin, Dresden, Hamburg, Paris, Warschau und Lemberg. Marc Chagall, damals noch in Paris lebend, ist mit dem Gemälde *Rabbiner* und einer Radierung aus dem Zyklus „Mein Leben" (Berlin 1921) vertreten.[59] Auch bisher nur wenig bekannte Künstler, wie die Puppenmacherin Edith Samuel, erhielten durch die Publikation im Kalender der Jüdischen Künstlerhilfe öffentliche Aufmerksamkeit.[60] Erwähnenswert ist auch ein Kalenderblatt vom Februar 1936, ein Gemälde von Leonid Pasternak *Meine Kinder gratulieren*, entstanden anlässlich seiner Silberhochzeit 1914. Pasternak, über dessen Kunst der hebräische Dichter Chaim Nachman Bialik eine Monographie verfasst hatte, gehörte in den 1920er Jahren zu den in Berlin lebenden russischen Impressionisten. In der dargestellten Szene sieht man seine vier Kinder nebeneinander stehen, darunter auch sein ältester Sohn, Boris Pasternak, Schriftsteller und späterer Nobelpreisträger für Literatur.[61] Zur Sammlung des Berliner Jüdischen Museum gehörten die Pasternak-Werke: *Der Dichter Anski liest den Dybbuk im Haus des Verlegers Stybel in Korsinkino bei Moskau*, ca. 1919, *Leo Tolstoi im Kreise seiner Bauern* und ein *Selbstbildnis*, 1937.[62]

Nur vereinzelt ist in den Kalenderblättern etwas von der bedrückenden, unsicheren

---

[57] Jakob Steinhardt, *Blick in die Altstadt von Jerusalem* 1934, abgebildet in: Kalender der jüdischen Künstlerhilfe, 1935/1936, Juli 1936.

[58] Joseph Budko *Aufbau* (1934), abgebildet in: Kalender der jüdischen Künstlerhilfe, 1934-1935, September 1935, Text: Erna Stein.

[59] Marc Chagall, *Rabbiner*, abgebildet in: Kalender der jüdischen Künstlerhilfe, 1935/36, September 1936.

[60] Edith Samuel, *Puppen*, abgebildet in: Kalender der jüdischen Künstlerhilfe, 1936/37, Januar/Februar 1937.

[61] Leonid Pasternak emigrierte 1937 von Berlin nach England, er starb 1945 in Oxford. Das auf dem Kalenderblatt von Februar 1936 abgebildete Gemälde *Glückwunsch* (1914/1915) wurde 1981 von der Familie des Künstlers in Oxford an die Tretjakov-Galerie Moskau verkauft.

[62] Alle drei Werke befinden sich im Israel Museum, Jerusalem.

Stimmung zu spüren, die vor allem seit 1936 unter den deutschen Juden herrschte. Bemerkenswert allerdings ist, dass zunehmend in den Kunsthilfe-Kalendern verlassene Straßen und von Mauern begrenzte Hinterhöfe auftauchen. Beispiele dafür sind: *Abziehendes Wetter* von Heinz Rosenthal (Dez./Jan. 1937/38), *Berliner Straße im Schnee* von Minna Lewi (Januar 1938), *Hinterhof* von Ernst Rosenthal-Rosta (1936/37). Auch gibt es im Laufe der Jahre immer häufiger Darstellungen einzelner oder in enger Beziehung zueinander stehender Menschen. Ein Beispiel dafür ist die Plastik *Mutter und Kind* aus Kunststein der Münchener Bildhauerin Elisabeth Springer.[63] Auch dieses Werk gehörte zur Sammlung des Jüdischen Museums, ebenso wie Lesser Urys Monumentalgemälde *Moses sieht das gelobte Land*, das die Verantwortlichen als Titelbild für den Kalender 1936/37 auswählten. Von gleicher Stimmungslage ist auch das Titelbild des letzten Kalenders der Jüdischen Künstlerhilfe von 1937/1938 geprägt: das Gemälde *Barmizwah* der Berliner Künstlerin Beatrice Lion, ausgestellt auf der Frühjahrsausstellung jüdischer Künstler 1937 (Abb. 48). Dieser letzte Künstlerhilfe-Kalender umfasst nicht mehr das ganze Jahr 1938, sondern endet bereits mit dem Oktober 1938. Der Grund dafür war vermutlich der Mangel an ausreichendem Druckpapier.

Der Text zu dem Gemälde *Barmizwah* stammt von Max Osborn und war auf der letzten Seite abgedruckt. Osborn nennt es „eines der besten Werke jüdisch betonter Kunst in Deutschland", wobei die Stärke des Bildes nicht nur in seinen malerischen Elementen, liege, den „kräftigen, in starken Kontrasten zueinander abgestimmten Farben und dem klaren übersichtlichen Aufbau der Linien und Flächen" sondern vor allem in dem feinfühligem „Verständnis des innerlichen Lebens". Osborn schließt seine Beobachtung mit den Worten: „Wie eine jugendliche Unbefangenheit von einer ernsten Mahnung künftiger Gemeinschaftsverpflichtung gestreift wird, wie uralter religiöser Brauch einen eben erwachenden Geist in seinen Bann zieht, das ist mit schönstem Verständnis zum Ausdruck gebracht." Man merkt diesem Text an, dass es dem Verfasser, einst Deutschlands führender Kunstkritiker, gar nicht um die Kunst geht, sondern einzig um die Beschreibung jüdischer Innenwelt unter den Gegebenheiten der Zeit. Es sollte eine der letzten Äußerungen von Max Osborn vor seiner Emigration in Deutschland sein, das er wenige Monate nach Erscheinen des Kalenders über Frankreich in die USA für immer verließ. Er gehörte so zu jenen, die sich im letzten Augenblick retten konnten.

oben: Heinz Rosenthal Abziehendes Wetter, *Gemälde, ausgestellt auf der Frühjahrsausstellung jüdischer Künstler 1937, Kalender der Jüdischen Künstlerhilfe 1937-38, Dezember/Januar 1937-38*

darunter: Minna Lewi Berliner Straße im Schnee, *Gemälde, ausgestellt auf der Frühjahrsausstellung jüdischer Künstler 1937, Kalender der Jüdischen Künstlerhilfe 1937-38, Januar 1938*

---

[63] Abgebildet in: Kalender der jüdischen Künstlerhilfe, 1936-1937, Mai 1937, Text: Franz Landsberger.

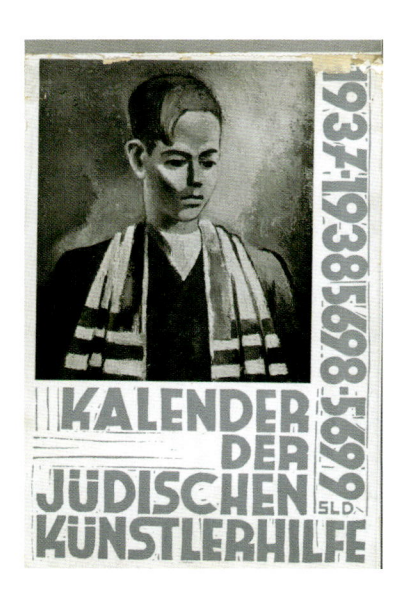

rechts: Elisabeth Springer Mutter und Kind*, ausgestellt auf der Reichsausstellung jüdischer Künstler 1936, Eigentum des Jüdischen Museums, Kalender der Jüdischen Künstlerhilfe 1936-37, Mai 1937*

links: Titelblatt des Kalenders der Jüdischen Künstlerhilfe 1937-38 mit Abbildung des Gemäldes von Beatrice Lion, Barmizwah, *ausgestellt auf der Frühjahrsausstellung jüdischer Künstler 1937*

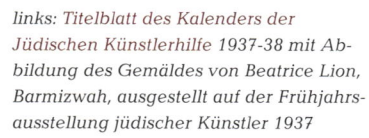

mitte: Ernst Rosenthal-Rosta Hinterhof, *vermutlich ausgestellt unter dem Titel* Hinterhausgarten *auf der Frühjahrsausstellung jüdischer Künstler 1937, Kalender der Jüdischen Künstlerhilfe 1936-37, Juni 1937*

Im Sommer 1938 schrieb der Journalist Hans Aufrichtig an Karl Schwarz in Tel Aviv: „Wir stehen hier in einem Auflösungsprozess, von dessen Intensität sich nur der einen Begriff machen kann, der ihn miterlebt."[64] Vereinzelt organisierte die Künstlerhilfe weiterhin Ausstellungen in Privaträumen, so eine Arno Nadel-Ausstellung im Februar/März 1938 bei Frau Gertrud Weil, Fasanenstraße 5,[65] wo bereits im Dezember 1935 die Lotte Laserstein Ausstellung gezeigt wurde. Bis März 1938 hatten in ihrem Privathaus 100 Veranstaltungen, Ausstellungen, Kammermusikabende und Rezitationen der Künstlerhilfe stattgefunden.[66]

Mit der Schließung des Jüdischen Museums im November 1938 kamen auch die Aktivitäten der Künstlerhilfe der Berliner Jüdischen Gemeinde weitgehend zum Erliegen. Die Künstlerhilfe war nun nicht mehr nur eine Einrichtung der Berliner Gemeinde, sondern eine „Dienststelle der Reichsvertretung der Juden in Deutschland zuständig für Fragen der Ausbildung von künstlerischem Nachwuchs im Reich und Gutachterstelle des Hilfsvereins der Juden in Deutschland für die Auswanderungs-Angelegenheiten von Künstlern."[67] Von „produktiver Künstlerhilfe" und Förderung zeitgenössischer jüdischer Kunst durch die Berliner Jüdische Gemeinde konnte nun keine Rede mehr sein. Für jeden Einzelnen ging es nur noch darum, das eigene Leben zu retten.

Leonid Pasternak Der Dichter Anski liest den Dybbuk im Haus des Verlegers Stybel in Korsinkino bei Moskau, *um 1919, Eigentum des Jüdischen Museums, The Israel Museum, Jerusalem*

[64] Brief von Hans Aufrichtig, Berlin, Vorstandsmitglied der Gesellschaft der Freunde der Hebräischen Universität und Bibliothek Jerusalem an Karl Schwarz, Tel Aviv, 18. 06.1938, Tel Aviv Museum of Art, Archiv.
[65] Das Jüdische Volk, 2. Jg., Nr. 5 (04.02.1938), S. 6.
[66] Das Jüdische Volk, 2. Jg., Nr.11 (18.03.1938), S. 6.
[67] Zeugnis der Künstlerhilfe für Fritz Segall, 16.05.1939, Akademie der Künste Berlin, Archiv, Kulturbund 1.53.163.

Max Liebermann

Die Rückkehr des Tobias / The Return of Tobias, 1934

Oil on canvas, 61.5 x 76.3 cm
On loan to the Jewish Museum, Berlin, prior to World War II
Restituted in 1952 to J.R.S.O (Jewish Restitution Successor Organization), Berlin
Transferred in 1955 to the Bezalel National Museum, predecessor of
The Israel Museum, Jerusalem

Restituted in 2011 to the heirs of Max and Martha Liebermann

Biografien der Autoren

Inka Bertz ist Leiterin der Sammlungen und Kuratorin für Kunst am Jüdischen Museum Berlin (Lindenstraße).

Emily D. Bilski studierte Kunstgeschichte an der Harvard University und an der New York University. Sie war mehrere Jahre als Kuratorin an den Jüdischen Museen in New York und München tätig. Zur Zeit arbeitet sie an der Arbeitsstelle „Martin-Buber-Werkausgabe" mit.

Sophie Buchholz studierte Erziehungswissenschaft, Jüdische Studien und Religionswissenschaft an der Universität Potsdam und ist seit 2009 Projektmitarbeiterin der Stiftung Neue Synagoge Berlin – Centrum Judaicum.

Rachel Cylus, B.A.-Studium der Geschichte an der Johns Hopkins University, Baltimore, Maryland, USA, Bundeskanzler-Stipendiatin der Alexander von Humboldt Stiftung 2010-2011 und Projektmitarbeiterin der Stiftung Neue Synagoge Berlin – Centrum Judaicum.

Anna Fischer, studierte Kunstgeschichte und Europäische Ethnologie an der Humboldt-Universität zu Berlin. Sie ist Mitarbeiterin der Stiftung Neue Synagoge Berlin und dort verantwortlich für die Museumssammlung sowie die Bildstelle.

Dr. Sibylle Groß studierte Kunstgeschichte, Klassische Archäologie und Germanistik in Trier, München und Freiburg i.Br. Seit 2001 erarbeitet sie das Werkverzeichnis und die Biografie des Malers Lesser Ury (1861-1931).

Jakob Hübner, Student der Kulturwissenschaften und -geschichte an der Europa-Universität Viadrina in Frankfurt (Oder), seit 2004 mehrfache Mitarbeit an Projekten der Stiftung Neue Synagoge Berlin – Centrum Judaicum und im Bundesarchiv.

Dr. Gideon Ofrat, lehrte 1971-1981 Israeli Drama an der Hebrew University, Jerusalem und 1972-1995 Kunsttheorie, Moderne Kunst und Israelische Kunst an der Bezalel-Kunstakademie, Jerusalem.

Dr. Chana Schütz ist stellvertretende Direktorin der Stiftung Neue Synagoge Berlin – Centrum Judaicum und Kuratorin der Ausstellung „Auf der Suche nach einer verlorenen Sammlung. Das Berliner Jüdische Museum (1933-1938)".

Dr. Hermann Simon ist Direktor der Stiftung Neue Synagoge Berlin – Centrum Judaicum und Kurator der Ausstellung „Auf der Suche nach einer verlorenen Sammlung. Das Berliner Jüdische Museum (1933-1938)".

Shlomit Steinberg ist Hans Dichand-Kuratorin für Europäische Kunst am Israel Museum, Jerusalem, und Dozentin für Museologie am Fachbereich Kunstgeschichte an der Hebrew University, Jerusalem.

Zur Schrift

Für die die Ausstellung *Auf der Suche nach einer verlorenen Sammlung. Das Berliner Jüdische Museum (1933-1938)* begleitenden Publikationen habe ich die Schrift *Feder-Grotesk* verwendet. Sie wurde 1910 von dem Schriftsetzer und Typografen Jakob Erbar (1878-1935) für die Schriftgießerei Ludwig & Mayer, Frankfurt am Main (1875-1985) entwickelt.

Es handelt sich bei dieser Schrift um eine *Groteske*, auch *Sans Serif* (französisch: ohne Serifen) genannt, die im Jugendstil Verwendung fand. Sie ist eine aus der *Antiqua* abgeleitete Schriftart, mit sehr gleichmäßiger Strichstärke, die keine Serifen besitzt.

Dieser Schrifttyp war im Verlauf des 20. Jahrhunderts in der Werbung sehr beliebt. Heute zählt er neben *Antiqua* und *Serifenverstärkten* als einer der drei Grundtypen im Bereich der Textschriften.

Genau diese Schrift fand Verwendung auf den Etiketten der Kunstsammlung der Jüdischen Gemeinde Berlin. Deshalb habe ich *Feder-Grotesk* für unser Ausstellungsprojekt digitalisiert.

Als Laufschrift wurde die von Jakob Erbar entwickelte Type *Candida* in den unsere Ausstellung begleitenden Veröffentlichungen genutzt.

Franziska Olhorn

Danksagung

Unser besonderer Dank gilt

Wolfgang Hänel
Sabine Hank
Grit Jagenow
Barbara Welker

und allen anderen Mitarbeitern der Stiftung
Neue Synagoge Berlin – Centrum Judaicum.

Wir danken darüber hinaus folgenden Institutionen und Personen:

American Jewish Comittee, New York
Charlotte R. Bonelli

Brandenburgisches Landeshauptarchiv, Potsdam
Monika Nakath

Bundesarchiv
Undine Beier
Simone Walther

Deutsche Nationalbibliothek, Frankfurt am Main
Renate Seib

Deutsche Nationalbibliothek, Leipzig
Jörg Räuber

Deutsch-Russischer Museumsdialog, Berlin
Regine Dehnel
Britta Kaiser-Schuster

Gedenkstätte Deutscher Widerstand, Berlin
Barbara Schieb
Johannes Tuchel

Hamburger Kunsthalle
Ute Haug

Institut für Zeitgeschichte München-Berlin
Ingo Loose

Instituto Moreira Salles, São Paulo
Cristina Zappa

The Israel Museum, Jerusalem
Miriam Apfeldorf
Adina Kamien-Kazhdan
Rachel Laufer
James Snyder
Shlomit Steinberg
Hank Vandoornik

The Jewish Museum New York
Susan Braunstein

Jüdische Gemeinde zu Berlin
Maria Iljina
Eleonora Shakhnikova

Koordinierungsstelle Magdeburg
Michael Franz

Kunstmuseum Gelsenkirchen
Leane Schäfer

Landesarchiv Berlin
Gisela Erler
Heike Schroll

Leo Baeck Institut, New York
Frank Mecklenburg

Militärgeschichtliches Forschungsamt, Potsdam
Aleksandar-Saša Vuletić

Muzeum Ziemi Lubuskiej, Zielona Góra
Login Dzieycż
Izabela Korniluk
Andrzej Toczewski

Die Neue Sammlung – The International Design Museum Munich
Josef Strasser

Open Museum, Tefen
Ruthi Ofek

Otto Schiff Housing Association, London
Brenda Feldman
Ashley Mitchell

Skirball Cultural Center, Los Angeles
Catherine Aurora
Grace Cohen-Grossmann
Emily Holm
Robert Kirschner
Jessica McLoughlin
Jeanie Rosensaft
Esther Swanston
Cynthia Tovar

Staatliche Museen zu Berlin, Stiftung Preußischer Kulturbesitz
Jörn Grabowski
Ursula Kästner
Ralf Wartke

Staatliches Historisches Museum, Moskau
Aleksej Konstantinowitsch Lewykin

Stiftung Deutsches Auswandererhaus, Bremerhaven
Katrin Quirin

Stiftung Jüdisches
Museum Berlin
Inka Bertz
Maren Krüger
Cilly Kugelmann
Aubrey Pomerance
Christiane Rütz
Katrin Strube
Ernst Wittmann
Valeska Wolfgram

Stiftung Stadtmuseum Berlin
Franziska Nentwig
Heike-Katrin Remus
Andreas Teltow
Alice Uebe

Tel Aviv Museum of Art
Ahuva Israel
Ruth Feldmann

Żydowski Instytut Historyczny
im. Emanuela Ringelbluma
(ŻIH), Warschau
Piotr Adamczyk
Eleonora Bergmann
Jürgen Hensel
Artur Pałasiewicz
Magdalena Sieramska

Villa Grisebach, Berlin
Bernd Schultz

Enno Aufderheide, Bonn

Vera Bendt, Berlin

Elżbieta Blumenbach, Berlin

Maike Bruhns, Hamburg

Valerij Brun, Moskau

Anna Czarnocka, Paris

Nadine Ebert, Berlin

Christine Fischer-Defoy, Berlin

Hans Günter Flieg, São Paulo

Martin Friedenberger, Berlin

Burkhardt Göres, Potsdam

Rony Golan, Tel Aviv

Ulrich Werner Grimm, Berlin

Ruth Groß, Berlin

Wera Herzberg, Berlin

Wolfgang Herzberg, Berlin

Holger Hübner, Berlin

Alisa Jaffa, London

Akim Jah, Berlin

Roe Jasen, New York

Leslie Leo Kikoler, Rio de Janeiro

Peter und Renate Kirchner, Berlin

Christoph Kreutzmüller, Berlin

Peter Landé, Washington

Juliane Lepsius, Düsseldorf

Willy Lindwer, Jerusalem

Udi Marom-Marcus, Tel Aviv

Angelika Menze, Poznań

Joachim Schlör, Southhampton

Lea Schrenk, Berlin

Diana Schulle, Berlin

Haim und Ruth Schwarz, Moshav Avigdor

Michael Schwarz, Herzliya

Susanne Thesing, Neudrossenfeld

Jannis Wagner, Berlin

Kurt Winkler, Berlin

Angelika Winkler-Wulkau, Berlin

Grischa Worner, Berlin

Impressum der Ausstellung

Auf der Suche nach einer verlorenen Sammlung.
Das Berliner Jüdische Museum (1933-1938)

10. September bis 30. Dezember 2011

Eine Ausstellung der Stiftung Neue Synagoge Berlin – Centrum Judaicum

Projektleitung	*Chana Schütz*
	Hermann Simon
Konzeptionelle Beratung	*Georg von Wilcken*
Gesamtgestaltung	*Franziska Olhorn*
Projektkoordination	*Anna Fischer*
Bildredaktion und Bildbearbeitung	*Anna Fischer*
Mitarbeit und Recherche	*Sophie Buchholz*
	Rachel Cylus
	Denise Foot
	Maria Fischer
	Jakob Hübner
	Stephan Kummer
	Nirit Neeman
	Kathrin Lacy Smith
	Matthias Thaden
Öffentlichkeitsarbeit	*Sarah Kuznicki*
Mitarbeit	*Corinna Sohst*
	Benjamin Rew
Übersetzung der Ausstellungstexte (englisch/deutsch)	*Belinda Cooper*
Restauratorische Betreuung	*Barbara und Roland Enge*
Technische Koordination	*Karl Vollprecht*
Ausstellungsaufbau	*Form art, Berlin*
Drucke	*Form art, Berlin*
	Olaf Gloede, Berlin
Hängung und Ausleuchtung	*Ronald Koltermann*
	Dieter Schultz
Transporte	*Hasenkamp Internationale Transporte*
	Globus, Israel
	Masterpiece, USA

Die Ausstellung wurde vor allem ermöglicht durch die Stiftung Deutsche Klassenlotterie Berlin. Wir danken ferner den Jüdischen Kulturtagen 2011 sowie privaten Spendern.

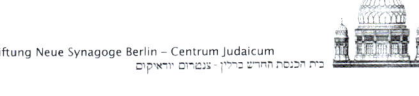